dtv

Die unwahrscheinliche, aber wahre Geschichte der Lily Sheil: In ärmsten Verhältnissen in den Slums von London geboren, im Waisenhaus aufgewachsen, zur Näherin ausgebildet, war Lily Sheil Dienstmädchen in Londoner Herrenhäusern, später umschwärmte Tänzerin in anzüglichen Hollywood-Revuen, schließlich Klatschjournalistin und – last but not least – Scott Fitzgeralds letzte Liebe. Die Biographie der unerschrockenen Sheilah Graham, wie sie sich selbst nannte, mutet an wie ein Filmstoff aus dem Hollywood der 40er- und 50er-Jahre. Das glamouröse London der 20er und 30er lebt auf, und die Jahrzehnte danach, als Amerikas Filmindustrie die Vereinigten Staaten mit mythisch gewordenen Filmen neu erfand.

Sheilah Graham (1904–1988), gebürtige Engländerin und naturalisierte Amerikanerin hat zwei *claims to fame*. Erstens kennt man sie als Fußnote in der Biografie des amerikanischen Erzählers F. Scott Fitzgerald – sie war die Geliebte seiner letzten Lebensjahre: 1940 starb er in ihrem Wohnzimmer in Hollywood an Herzversagen, erst 44 Jahre alt. Und zweitens war Sheilah Graham notorische Klatschkolumnistin in Hollywoods Goldenem Zeitalter – die Dritte in der »Unheiligen Dreifaltigkeit« neben Louella Parsons und Hedda Hopper. Ihre tägliche Kolumne *Hollywood Today* erschien 35 Jahre lang in weit über hundert Zeitungen in den ganzen USA. *Beloved Infidel*, ihre Erinnerungen an die tumultösen Jahre mit dem aggressiven und selbstzerstörerischen Alkoholiker Fitzgerald, wurden ein Bestseller, verfilmt mit Gregory Peck und Deborah Kerr.

Sheilah Graham
Gerold Frank

Die furchtlosen Memoiren der Sheilah Graham

Ein autobiographischer Roman

Aus dem Englischen
von Marguerite Schlüter

Deutscher Taschenbuch Verlag

›Die furchtlosen Memoiren der Sheilah Graham‹
erschienen als dreihundertster Band der Anderen Bibliothek,
begründet von Hans Magnus Enzensberger

FSC
www.fsc.org
MIX
Papier aus verantwortungsvollen Quellen
FSC® C019821

2012
Deutscher Taschenbuch Verlag GmbH & Co. KG,
München
Die Originalausgabe erschien 1958 unter dem Titel »Beloved Infidel«
bei Holt, Rinehart & Winston, Inc., New York.

[Im Limes Verlag, Wiesbaden, erschien 1968 die deutsche Erstausgabe]
Umschlagkonzept: Balk & Brumshagen
Umschlagfoto: Corbis/Bettmann
Satz: Greiner & Reichel, Köln
Druck und Bindung: C.H. Beck, Nördlingen
Gedruckt auf säurefreiem, chlorfrei gebleichtem Papier
Printed in Germany · ISBN 978-3-423-14085-0

Bin ich einst tot, mein Liebster,
sing keine Trauermessen;
pflanz mir zu Häupten Rosen nicht
noch schattige Zypressen:
Laß grünes Gras mich decken,
das Tau und Regen näßt;
und wenn ihr wollt, gedenket,
und wenn ihr wollt, vergeßt.

Christina Georgina Rossetti

Deutsch von Hans Hennecke

Lieber Scott,

Du wolltest, daß ich die Geschichte meines Lebens schriebe, und hier ist sie nun — so viel später. Ich war mir stets im Zweifel darüber, ob ich sie erzählen sollte. Ich fand sie interessant, doch ich scheute mich. Ich habe so viel über meine Herkunft zusammenphantasiert, ich führte so lange Zeit ein Leben hinter der Maske, daß ich es nicht über mich brachte, die Wahrheit zu enthüllen. Doch Du, der Du als einziger meine ganze Geschichte kanntest, warst fasziniert von allem — von dem Milieu, das ich geschaffen, den Eltern, die ich erfunden hatte, dem Namen, den ich mir gab —, und das machte mir Mut. »Du mußt deine Geschichte schreiben«, sagtest Du, und Du brachtest ein großes Notizbuch und zeigtest mir, wie ich anfangen sollte, indem ich alles aufschrieb, was mir in Erinnerung kam. Vielleicht hätte ich die Geschichte damals geschrieben, mit Deiner Hilfe, wenn Du weitergelebt hättest. Doch Du starbst, und mir stand weder der Sinn danach, noch hatte ich den Mut dazu. Voll Mitleid mit mir selbst ging ich nach London, fast wünschte ich mir, im Krieg umzukommen. Doch anstatt umzukommen, überlebte ich. Ich heiratete und baute mir ein neues Leben auf, und ich habe versucht, meinen beiden Kindern etwas von dem weiterzugeben, was Du mich lehrtest.

Als die beiden — *Wendy und Robbie* — noch klein waren, erwog ich von neuem, dies Buch zu schreiben. Doch ich war noch nicht soweit — und ich hatte Angst. Was würden sie von mir denken? Von uns? Würden sie verstehen, daß zwei Menschen einander leidenschaftlich lieben und doch zu dem Schluß kommen, daß sie nicht heiraten können?

Wie würden sie es aufnehmen, wenn sie erfahren mußten, daß ihre Mutter nicht aus einer wohlhabenden Familie von gesellschaftlichem Rang kam, wie sie vorgab, daß ihre Kinderbilder retuschiert worden waren, um sie so zu zeigen, wie sie niemals gewesen, daß selbst die Fotos von Onkeln und Tanten an den Wänden Fälschungen waren …

Doch der wichtigste Teil meiner Geschichte ist auch Deine Geschichte, und das half mir aus meinem Dilemma. Die Jahre vergingen, und ich las mehr und mehr über Dich in Büchern und Zeitschriften, und immer wieder dachte ich: Das ist nicht Scott, wie ich ihn kannte. Auf all diesen Seiten trat mir ein Mann entgegen, der mir oft ganz fremd war. Der Mann, den sie aus Deinen Briefen zusammenbastelten, aus Deinen Büchern und aus den schnellen, flüchtigen Blicken, die sie gegen Ende Deines Lebens erhaschten — er war nicht Scott Fitzgerald, wie ich ihn kannte. Und auch die anderen sollten wissen, daß Scott Fitzgerald zwar von einem Dämon, einem furchtbaren Dämon, verfolgt war, daß er jedoch gegen diesen Dämon angekämpft und ihn besiegt hatte, ehe der Tod ihn ereilte. Er starb nicht als Unterlegener.

Was meine persönlichen Ängste angeht, so habe ich sie von mir wegschieben können. Stückchen für Stückchen habe ich meinen Kindern die Wahrheit über meine Herkunft und Erziehung gesagt. Sie haben immer von Dir gewußt: sie wissen, daß Du etwas sehr Kostbares im Leben ihrer Mutter bist. Neulich erst fragte mich Wendy, als sie Deinen Namen las: »Ob er mich wohl gemocht hätte, Mutter?« Ich versuchte ihr zu erklären, warum wir nicht heirateten. »Ich konnte ihn nicht heiraten«, sagte ich, »weil seine Frau schwer krank in einem Sanatorium war, und er hatte eine Tochter, die er sehr liebte, er konnte sie beide nicht im Stich lassen.« Ich erzählte ihr von Deiner Verwandtschaft mit Francis Scott Key, und einmal, als sie das Star-Spangled Banner sang, wandte sie sich zu mir um und sagte ganz stolz: »Ich bin doch gewissermaßen verwandt mit F. Scott Fitzgerald, nicht wahr?« Und darauf fragte Robbie: »Ich bin auch mit ihm verwandt, Mami, nicht wahr?« — »Ja«, sagte ich, »ihr seid es alle beide — in gewisser Weise.« Ich sagte ihnen, daß Du sie gern gehabt hättest. Sehr gern.

Nachdem sie nun alt genug sind, um zu verstehen, und nachdem ich mich endlich überwunden habe, der Wahrheit rückhaltlos ins Auge zu sehen, kann ich meine Geschichte erzählen. Ich weiß, daß ich keinen Grund zur Furcht habe.

Sheilah

ERSTES BUCH

1-8

1

Mein wirklicher Name ist Lily Sheil, ein Name, der mich bis zum heutigen Tag in einem Ausmaß entsetzt, das ich nicht zu erklären vermag. Zwanzig Jahre lang ist er nicht über meine Lippen gekommen. Ich schreibe ihn hier zum erstenmal seit meiner Kindheit. Meine Kinder haben ihn nie gehört, auch sonst niemand von denen, die mich heute kennen: sie werden ihn auf dieser Seite zum erstenmal lesen. Klingt das unglaublich? Es ist wahr. Sein Klang läßt mir noch immer das Blut in die Wangen schießen, der kalte Schweiß bricht mir aus, ich möchte davonlaufen …

Das Faktum ist, daß meine Kindheit als Ganzes mir immer dunkel und geheimnisvoll war, und der Name, auf den ich getauft bin, ist unlösbar mit den Jahren verbunden, die ich so lange Zeit verborgen habe. Ich habe ihn wie die furchterregende Beschwörungsformel eines Zauberers betrachtet: Wenn ich mich so weit vergesse, ihn auszusprechen, wird mit einem Schlag alles zerstört werden, was ich so mühevoll aufgebaut habe, die Gegenwart wird versinken, und ich werde wieder sein, was ich war. Selbst jetzt kann ich es kaum über mich bringen, die Wahrheit über meine Vergangenheit zu berichten …

Der Anfang ist eine Busfahrt. Es ist ein offener Bus, in London, und wir sitzen oben, Tante Mary und ich. Nie zuvor war ich mit einem Bus gefahren. Ich war sechs und sehr aufgeregt, denn ich fuhr meiner neuen Schule entgegen.

»Du hast Glück, daß du dorthindarfst«, sagte Tante Mary. »Sie sind so nett dort zu den kleinen Mädchen …«. Ich nickte, doch ich hörte nicht zu. Es war Spätnachmittag, an einem Wintertag in London 1914, und ich saugte im Vorüberfahren hungrig die Bilder und Geräusche der Stadt in mich ein, die Menschen, die über die Straßen gingen, die funkelnden Leuchtschilder an den riesigen Gebäuden. Gebannt starrte ich eines von ihnen an: Es war eine wahre Schwelgerei in Farben, aus der sich das Wort BOVRIL bildete, Buchstabe nach Buchstabe, erst rot, dann blau, dann weiß. Als es aufflammte, tauchte es die ganze Straße in Rot, dann in Blau, dann in Weiß; und als es verlosch, huschten die Straße, die Häuser, die Dächer allesamt zurück in geheimnisvollen Schatten.

Wo ich jetzt hinkomme, dachte ich, werde ich ein richtiges Bett haben, ein ganz richtiges. Und meine Gedanken waren bei diesem Bett, als der Bus hielt. In der einen Hand hielt ich krampfhaft meine Wachspuppe, mit der anderen klammerte ich mich an Tante Marys Hand, und so kletterten wir aus dem Bus und gingen auf ein langgestrecktes Gebäude aus grauen Backsteinen zu. Als wir uns der Tür näherten, beugte sich Tante Mary zu mir herunter. »Nun denk schön dran«, flüsterte sie »sag nie, daß dein Pappi an Schwindsucht starb, sonst schicken sie dich weg. Und versuch, nicht zu husten — niemals!«

Dann waren wir in einem langen Flur, und Tante Mary führte mich zu einem Tisch, hinter dem eine große Frau ganz in Schwarz thronte. Ehrfurchtsvoll sah ich zu ihr auf. »Das ist sie, Lily Sheil«, sagte Tante Mary.

Die Frau richtete ihren Blick auf mich, und plötzlich hatte ich Angst. Ich zuckte zurück, aber Tante Mary hielt mich fest bei der Hand, und im nächsten Augenblick winkte uns die Frau weiter. Dann fand ich mich unerwartet in einem großen Raum mit andern Mädchen, und Tante Mary war nirgends zu sehen. Wie die andern tat ich, was man mir sagte. Ich legte meine Kleider in einem Häufchen auf den Boden. Verständnislos und daher ohne mich zu schämen, sah ich zu, wie ein älteres Mädchen vorsichtig mit einer Zange meine Kleider hochhob und sie in einen riesigen Bottich mit kochendem Wasser fallen ließ. Dann war ich in einem anderen Raum, wo ich auf einem harten Stuhl saß, ein Tuch um die nackten Schultern, während jemand mit einer kalten Schere durch mein Haar fuhr, wieder und wieder, bis es fast völlig heruntergeschoren war. Ich sah, wie mein Haar rund um mich zu Boden fiel, aschblond und sehr dick. Ich weinte nicht damals — warum, weiß ich nicht —, aber eine Woche später etwa, als mein Haar wieder geschnitten wurde und ich in die Höhe langte und meinen stachligen, beinahe kahlen Schädel fühlte, weinte ich bitterlich.

Ein Mädchen führte mich nach oben. Verblüfft starrte ich auf einen langen Raum voll kleiner weißer Toiletten. Nie hatte ich strahlend weiße Toiletten gesehen, und entzückt begann ich eine nach der anderen auszuprobieren, doch eine scharfe Stimme rief: »Komm her, Kind!«, und ich war in einem anderen riesengroßen Raum, voller Badewannen mit heißem Wasser und erfüllt von dem beißenden Geruch nach Karbolseife. Ich wurde gebadet, eingeseift und gründlich von Kopf bis Fuß geschrubbt und danach ebenso heftig trockengerieben.

Bekleidet mit wollenen Pumphosen, schwarzen Strümpfen und einem dunklen Sergekleid mit langen, bis zum Handgelenk zugeknöpften Ärmeln, stellte ich mich mit einem halben Dutzend anderer Neuankömmlinge in einer Reihe auf — alle mit kurzgeschorenem Haar —, und zwei und zwei gingen wir eine Treppe hinunter und auf einen zementierten Hof.

Plötzlich war Tante Mary neben mir, sie starrte auf mein geschorenes Haar. Ich drehte den Kopf noch rechtzeitig, um den Blick des Schreckens aus ihren Zügen weichen zu sehen. Sie kniete nieder und küßte mich. »Leb wohl, Lily«, sagte sie.

Ihre blauen Augen waren größer als je, und große Tränen standen darin. »Denk daran, du bist ein glückliches Kind, weil du hier sein darfst. Sie werden gut für dich sorgen. Und benimm dich, hörst du!«

Ich war im Ostlondoner Waisenhaus. Dort blieb ich, bis ich vierzehn war.

Wenn ich auf meine Kindheitsjahre zurückblicke, fällt es mir schwer, nicht zu glauben, daß sie vielleicht nie wirklich waren — daß ich alles bei Dickens oder in einem billigen Schauerroman der Zeit gelesen habe. Ich wurde im Londoner Ostend geboren, nicht weit vom Limehouse, in einer armseligen Mietskasernengegend, der Lower East Side von New York vergleichbar. Meine Mutter war Köchin einer Anstalt. Meinen Vater habe ich nicht gekannt. Er starb in Berlin an Tuberkulose, als ich elf Monate alt war. Warum er dorthin ging, was er dort tat, habe ich nie erfahren. Meine Mutter erzählte mir kaum etwas von ihm; und als ich alt genug war, neugierig zu sein, waren wir wie Fremde miteinander. Für mich war sie stets die kleine, müde Frau, die den Namen Mutter trug. Ich wußte, daß für andere Mädchen dies Wort eine Art Zauber barg, eine Wärme und Zärtlichkeit, nach der ich mich sehnte, die ich jedoch nicht empfinden konnte.

Bis ich sechs war, wohnten meine Mutter und ich in einem Erdgeschoßzimmer bei einer Heimwäscherin zur Miete. In dem Zimmer waren ein Bett und ein Sofa. Wir mieteten das Sofa von ihr: Es war unser Reich; tagsüber wohnten wir darauf; nachts schliefen wir darauf. Das Zimmer war vollgestapelt mit Wäsche, und beißender Seifengeruch mischte sich mit dem stechenden Geruch gekochter Kartoffeln, von denen wir, wie es schien, lebten. Ich sehe mich auf einer leeren Kiste sitzend und Mutter, die ein paar Löffel Kartoffelsuppe nimmt, und dann mich, wie ich mit demselben Löffel begierig esse, und wie wir beide Brotkanten in die Suppe tauchen, um unsere Mägen zu füllen.

Wenn meine Mutter fort und bei ihrer Arbeit war, machte ich mir immer Beschäftigung. Während die Wäscherin über ihr

Brett gebeugt arbeitete und mich dabei im Auge behielt, spielte ich auf dem Fußboden inmitten der Wäsche oder kroch auf den Steinstufen herum, die zur Straße führten, an Spiele verloren, die ich mit Hilfe von Stöcken und Kordelresten erfand.

Aus der Undeutlichkeit jener ersten Jahre tritt scharf umrissen der Tag hervor, an dem ich ins Waisenhaus gebracht wurde. Meine Mutter konnte nicht von ihrer Arbeit wegbleiben, und so tat ihr die Nachbarin, die ich Tante Mary zu nennen gelernt hatte — »Du hast keine richtigen Tanten, Lily, also tun wir so, als wär' sie deine Tante Mary« —, den Gefallen. Meine Mutter küßte mich, gab mir meine Puppe, Tante Mary nahm meine Hand in die ihre, und wir gingen fort.

An jenem Abend im Waisenhaus ging ich in einem riesigen, schwachbeleuchteten Schlafsaal zu Bett. Hohe Wände, ein kalter Holzfußboden und Reihe um Reihe eiserner Bettstellen. Im wollenen Nachthemd kroch ich unter meine Decke. Eine Frau kam herein. Sie war groß, ihre Augen hatten die Farbe des Regens. »Wir drehen jetzt das Licht aus«, sagte sie, »und ihr müßt brav sein. Kein Schwatzen mehr jetzt. Vergeßt nicht, auf die Toilette zu gehen. Wißt ihr alle, wo die Toilette ist?« — »Ja, Mum«, klang es in dünnem Chor, und das Licht verlosch.

Ich lag im Dunkel und spürte die Tränen aufsteigen. Ich lag in einem richtigen Bett, aber ich sehnte mich nach meiner Mutter. Ich hatte kein Verlangen danach, mit jemandem zu reden. Mir war seltsam zumute. Ich konnte nicht ausdrücken, was ich empfand. Heute erst weiß ich, daß es ein Gefühl der Kälte und Leere war, des Nirgendwohingehörens außer in das Bett, in dem ich lag.

Als ich so dalag, fiel mir plötzlich die kleine Tüte mit Bonbons ein, die Tante Mary mir dagelassen hatte. Man hatte sie mir nicht weggenommen. Bonbonlutschend fiel ich in Schlaf. Der Ort, an dem ich mich befand, war nicht besser und nicht schlechter als andere Anstalten dieser Art in England. Während der acht Jahre, die ich dort verbrachte, wurde ich nicht schlecht behandelt: Zweihundert Mädchen wie ich wurden korrekt, streng und mit gänzlicher Unpersönlichkeit versorgt. Wir erhielten regelmäßige Mahlzeiten: dünn mit Margarine bestrichenes Brot, wäßrigen Kakao und zweimal in der Woche Eintopf, doch die Portionen waren klein, es gab nie etwas nach, und wir hatten immer Hunger.

Wir lebten nach dem Glockenschlag. Morgens um halb sieben weckte uns eine Klingel, um sieben rief uns ein zweites Zeichen zum Frühstück nach unten, auf ein drittes begannen um acht unsere täglichen Pflichten — Böden schrubben, Täfelung polieren, Töpfe und Pfannen reinigen —, schließlich kündigte ein weiteres Klingeln den Unterricht an, dann das Mittagessen, dann die Freistunde, und so ging es den ganzen Tag, bis ein letztes Klingeln das Licht-aus anzeigte.

Wir wußten, daß wir anders waren. Bis zu unserem zwölften Jahr schor man uns alle vierzehn Tage die Haare, sowohl aus hygienischen Gründen als auch um uns leicht erkennbar zu machen, falls wir davonliefen. Wir waren Wohlfahrtszöglinge. Man lehrte uns Liebe zu Gott, König und Vaterland und Dankbarkeit gegenüber dem Kuratorium, jenen gütigen, geheimnisvollen Damen und Herren, die arme Kinder wie uns von den Straßen auflasen und uns zu Hausmädchen heranzogen, oder, wenn wir uns sehr aufgeweckt zeigten, zu Stenotypistinnen, ja sogar Sekretärinnen ausbildeten. Wir wußten, daß wir nicht waren wie andere Kinder. Wir waren drinnen, lebten hinter hohen Mauern und verschloßnen Toren, während sie draußen waren, die Freiheit besaßen, nach Lust und Laune zu spielen oder mit ihren Müttern und Vätern spazierenzugehen. Tag um Tag beobachteten wir sie von den vergitterten Fenstern unseres Schlafsaals aus. Und keins von ihnen hatte geschorene Haare.

Doch ich war verwirrt. Gehörte ich nicht doch zu jemandem? Ich hatte eine Mutter. Wenn ich aber eine Mutter hatte, warum war ich dann hier? Ich fragte Jessie Duchard, ein

Mädchen, das ein Jahr vor mir gekommen war. Sie war stupsnasig und vorlaut, hatte weit auseinanderstehende Augen und ein sorgloses Gemüt. Wie ich hatte sie ein Elternteil — einen Vater.

»Er wollte mich nicht«, erklärte Jessie. »Er sagte, ich sei im Weg, und auch sonst wollte mich keiner, also schickten sie mich hierher.« Und dann: »Dich haben sie auch deshalb hierhergeschickt. Deine Mutter wollte dich nicht.«

Ich glaubte ihr gern. Dunkel erinnerte ich mich, eines Tages gehört zu haben, wie Mutter und Tante Mary sich unterhielten. »Ein Jammer, daß sie so unansehnlich ist«, hatte Tante Mary gesagt. Atemlos hatte ich auf die Antwort meiner Mutter gewartet. Doch sie hatte nur tief geseufzt.

Also war es wahr. Ich war unansehnlich. Und sie wollten mich nicht.

Sooft ich einen Blick in den Spiegel wagte, fand ich lediglich meine Unansehnlichkeit bestätigt. Mein Gesicht war marmorbleich. Ich war dünn und knochig. Ich war ständig erkältet. Meine Augen waren gerötet, stets lief mir die Nase. Meine Ohren und mein Hals juckten von Ekzemen. Ich wußte, daß ich unattraktiv war; wenn die Kuratoren kamen, tätschelten sie mir nie im Vorübergehen den Kopf.

Wer sollte schon ein Mädchen wie mich wollen?

Wenn es Jessie war, die mir klarmachte, daß ich nicht anziehend war, so war auch sie es, die mir beibrachte, daß es Mittel und Wege gab, sich zu dem zu verhelfen, was man sich wünschte.

Im Sommer wurden wir samstags in Gruppen in einen kleinen Park geführt, wo wir uns ungestört auf den Schaukeln vergnügen oder mit wilden Beeren vollstopfen konnten, während unsere Erzieherinnen sich für ein paar Stunden davonstahlen. Eines Samstags, sobald die Erzieherinnen fort waren, führte mich Jessie aus dem Park hinaus. Ich war entsetzt: das hieß die Vorschriften verletzen. Ängstlich folgte ich ihr eine

Nebenstraße entlang, bis wir zu einem Kino kamen. Auf der Plakatwand über dem Eingang buchstabierte ich WILLIAM S. HART IN: DER REVOLVERHELD. »Mach, was ich mache«, flüsterte Jessie. Wir postierten uns zwischen der Kasse und dem Eingang, so daß jeder, der hineinwollte, an uns vorbeimußte. Sobald jemand sich dem Kassenschalter näherte, begann Jessie zu seufzen, als wolle ihr das Herz brechen.

Ich tat es ihr nach. Wir müssen einen seltsamen Anblick geboten haben, einander zum Verwechseln gleich mit unseren kahlen Köpfen, unseren Baumwollschürzen, die Gesichter sehnsuchtsvoll erhoben. Zwei oder drei Leute gingen an uns vorüber, ehe wir belohnt wurden. Ein Paar in mittleren Jahren, Eintrittskarten in den Händen, kam heran. Jessie schaute flehend auf die Frau, dann zum Kassenschalter hinüber und stieß einen tragischen Seufzer hervor.

Die Frau wurde weich. »Wollt ihr Kleinen hinein und den Film sehen?«

»Ach ja, Madam«, hauchte Jessie. »Wir schwärmen so für William S. Hart.«

Ich war sprachlos. Meine Augen hielten auch das Gesicht der Frau fest, ich beschwor sie buchstäblich, uns mit hineinzunehmen. Unaufhörlich gingen mir die Worte durch den Sinn: *O gib uns das Geld, gib uns das Geld, bitte gib uns das Geld.*

Die Frau öffnete ihr Portemonnaie. »Da habt ihr jeder einen Penny.« Sie lächelte zu uns herab. »Nun kauft euch Karten und vergnügt euch.«

Wir rannten zur Kasse, langten hinauf und ließen unser Geld hinklirren, bekamen die Karten und marschierten hinein. Es war die reine Seligkeit, da im Dunkel zu sitzen, die Augen auf die Leinwand gebannt, während William S. Hart über die Prärien des fernen Amerikas galoppierte, begleitet von der schwungvollen Musik, die der Pianist unterhalb der Leinwand aus seinem Kasten hämmerte. Dann starrten wir verschüchtert und ehrfürchtig auf etwas, was, wie ich heute weiß, harmlose kleine Komödien waren, auf den baumbestandenen Straßen von Los Angeles gespielt. Wir aber meinten den Himmel zu sehen. Wir schauten offnen Mundes auf die Märchenbuchhäuser mit ihren makellos gepflegten Rasenflächen, auf die elegant gekleideten Kinder mit ihren Ponys, auf die unglaublich üppigen Innenräume. Es schien so ein schönes, so ein *warmes* Leben zu sein, wo die Kinder frei waren und spielen durften, ohne daß Klingelzeichen sie durch den Tag kommandierten, Kinder mit lächelnden Eltern, die sie so liebevoll klapsten, wenn sie naseweis oder ungehorsam waren,

Wir traten hinaus in das strahlende Tageslicht.

»Mein Gott!« sagte Jessie, und in diesen zwei Wörtern lag alles, was wir empfanden. Wir seufzten. Diesmal war es echt.

Am nächsten Samstag erbettelten wir uns wiederum den Eintritt ins Kino. Auf dem Rückweg zum Park kamen wir an einem Fisch-und-Chips-Laden vorbei. Nur die untere Hälfte des Fensters war verglast und mit einem Schachbrettmuster in Rot und Schwarz bemalt. Und darüber wehten aus dem Innern, vom Dampf getragen, die himmlischsten Düfte heraus. Wir sahen zu, wie Männer und Frauen herauskamen, ihren Fisch mit Pommes frites in kleinen Papiertrichtern, aus denen sie im Gehen aßen.

Jessie und ich sahen uns an. Ohne ein Wort bauten wir uns vor dem Schachbrettmuster auf, reckten die Köpfe und begannen hungrig und laut zu schnüffeln und bittend jeden Vorübergehenden anzusehen. Auch das zahlte sich aus. »Schon gut, ihr Kleinen«, sagte ein stämmiger Mann im Vorübergehen. Er warf uns eine Münze zu.

Wir stürzten hinein. Hinter einer langen Theke, auf der große Büchsen mit Salz und Flaschen mit Weinessig aufgereiht standen, war ein Mann mit Schürze damit beschäftigt, Penny-Portionen von Fisch mit Chips zurechtzumachen. Er schaufelte einen Schöpflöffel voll Chips in einen halben Bogen Zeitungspapier, drehte ihn mit einer schnellen Bewegung seines Handgelenks zusammen und präsentierte ihn uns. Jessie salzte unsere Chips, begoß sie fachmännisch mit Weinessig, und heiß vor Siegesfreude schwebten wir hinaus und die Straße entlang, auf vollen Backen kauend.

Von nun an lernte ich schnell. Ich begann selbst zu fouragieren. Die anderen hatten Hunger. Ich hatte immer einen Wolfshunger. Eines Tages ging ich ohne bestimmtes Ziel einen langen Flur im Waisenhaus entlang und fand mich plötzlich in einem dunklen Raum inmitten gewaltiger Fässer voll Kakao, Zucker und Mehl. Mir kam eine Idee. Zucker und Kakao zusammen gekaut mußten fast so gut sein wie ein Schokoladenriegel. Mit den Händen begann ich Zucker und Kakao in meine Pumphosen zu schaufeln, die über dem Knie mit einem kräftigen Gummiband abschlossen. Ich konnte kaum davon watscheln.

An jenem Abend mampften Jessie und ich im Dunkel des Schlafsaals Zucker und Kakao, bis uns der Mund so trocken war, daß wir nicht mehr sprechen konnten. Jessie brachte ein Flüstern zustande: »Du bist wirklich gescheit, Lily. Man sollte es nicht glauben, wenn man dich so ansieht.«

Doch es war unnötig, daß Jessie mir das sagte. Ich hatte eine schnelle Auffassungsgabe: Ich war eine glänzende Schülerin. Wenn ein Sixpence als Preis für das Auswendiglernen eines Gedichts ausgesetzt wurde, schaffte ich es mit zweimaligem Durchlesen. Als ich zwölf war, hatte ich es zur Klassenersten gebracht. Mein Aufsatz *Warum England die Deutschen besiegte* wurde der gesamten Schule vorgelesen. Mich mit den anderen zu messen und zu gewinnen war genug, um mich tagelang in Begeisterung zu versetzen. Miß Walton, meine Lehrerin, die sah, mit welcher Anspannung ich mich an jedes Spiel, jeden Wettbewerb hingab, pflegte zu sagen: »Für dich ist es alles oder nichts, Lily, nicht wahr?« Und sie hatte recht. Wenn ich irgendwo als Zweite abschnitt, brach ich in Tränen aus: Ich mußte gewinnen. Ich war leicht gekränkt, immer bereit, blindlings zurückzuschlagen, ganz gleich, wer mich angriff. Einmal wurde ich sogar zur Vorsteherin, Miß Mead, zitiert, weil ich eine Lehrerin geschlagen hatte, die mir eine Ohrfeige gab. Ich konnte es nicht erklären. Es war eine reine Reflexhandlung. Damals wie später kämpfte ich bei jeder Herausforderung, als kämpfte ich um mein Leben.

Ungeduldig sah ich jeder Unterbrechung der täglichen Routine entgegen. Einmal im Jahr, zu Weihnachten, wurden wir ins Theater geführt, ins Weihnachtsspiel. Alle drei Monate war Besuchstag. Manchmal kam meine Mutter mich besuchen. Sie war eine Fremde, jemand mit warmen Händen, der mich zögernd küßte. Unweigerlich brachte sie mir eine Tüte zerbröckelter Kekse mit. Ich verschlang sie, während meine Mutter mich ausfragte. Unser Zusammensein war stets gequält und unbefriedigend. »Fühlst du dich wohl? Hustest du auch nicht? Bist du auch nicht ungezogen?« Ich nickte oder schüttelte den Kopf, mit vollem Mund und verlegen über ihre Freundlichkeit und Teilnahme; einerseits wollte ich, daß sie bliebe, und doch wünschte ich, daß sie ginge, nachdem ich nun meine Kekse hatte.

An einem Besuchstag kam Jessie aufgeregt angelaufen. Unerwartet war ihr Vater erschienen, und sie wollte, daß ich ihm guten Tag sagte. Ich fürchtete mich. Sie hatte mir einmal erzählt, daß er kaum je käme, weil er so viel trinke, daß er immerzu schläfrig sei. Eine Erinnerung aus der Vergangenheit verfolgte mich. Ich sah eine Menschenmenge auf der Straße: Ich spähte durch die Menschenmauer und sah einen Mann, der auf allen vieren in seinem eignen Unrat umhertappte und stöhnte, und einen Polizisten, der eimerweise Wasser über ihn schüttete, um ihn zu säubern. »Dieser verdammte Trunkenbold!« sagte jemand. Ein Schauder überlief mich — ich rannte davon. Jessies Vater jedoch erwies sich als dünner, reumütiger Mann mit schmächtigem Schnurrbart, der nichts sagte als: »Verflixt, das is aber 'n feiner Kasten, in den se dich da gebracht ham!« Jessie platzte fast vor Stolz. Jetzt konnte niemand bezweifeln, daß sie wirklich einen Vater *hatte*.

Am aufregendsten jedoch war der jährliche Besuch der Kuratoren. Tagelang waren wir damit beschäftigt, Messing zu polieren, die Böden zu wachsen, jeden Winkel zu säubern und zu schrubben. Dann drückten wir uns oben die Nasen an den Fensterscheiben platt. Endlich fuhren die riesigen schwarzen Limousinen vor, feierlich öffneten die Chauffeure die Wagentüren, und die Kuratoren stiegen aus.

Außer im Kino hatte ich nie so elegant gekleidete Leute gesehen. Mein Herz klopfte hart. Das, worauf ich wartete — wonach sich meine Blicke jedes Jahr sehnten —, war ein kleines blondes Mädchen, das geziert einem prächtigen Auto entstieg. Sie war die Tochter eines der Kuratoren. Als ich sie zum erstenmal sah, konnte sie kaum älter als ich sein — vielleicht acht oder neun. Sie war eine Vision aus einem Märchen. Lange goldene Locken fielen ihr bis auf den Rücken, sie war ganz in Weiß gekleidet — weißes Kleid, weißer Mantel, ein unter dem Kinn mit einer Schleife gebundener Hut, weiße Schuhe und weiße Handschuhe —, und ich starrte sie fasziniert an. Alles an ihr brannte sich in mein Gedächtnis ein. Sie schien an der Seite ihres Vaters dahinzugleiten, nicht zu gehen, und als sie sich bewegte, erahnte ich eben den Saum eines zarten rosafarbenen Petticoats. Ihre Haut war rosig und weiß, und sie sah so umhegt aus, so wohlgepflegt, bis hin zu dem weißen Muff, in den sie ihre kleinen behandschuhten Hände schob.

Ich weiß nicht, ob mir der volle Gegensatz zwischen uns bewußt wurde und wie heftig, doch ich wußte, wie ich aussah. Meine Hände waren rauh und rot, die Fingerknöchel voll aufgeplatzter Frostbeulen, mein Kopf war kahl, meine Nase war rot vom Schnüffeln, die schwarzen Strümpfe schlotterten in Falten um meine Besenstielbeine, meine Schuhe waren schwarz und klobig, meine Pumphosen stanken nach Kakao — Ach, die Tochter des Kurators! Wie wundervoll, dachte ich, ein Mädchen wie sie zu sein! Es war nicht Neid; man kann nichts neiden, was hoffnungslos außer Reichweite liegt. Ich konnte auf sie ebensowenig neidisch sein wie auf eine königliche Prinzessin. Sie symbolisierte alles, was die Welt da draußen zu bieten vermochte. Ich dachte einfach und leidenschaftlich, wie schön es sein müsse, so zu sein.

War es damals, daß ich mir selbst versprach, ohne mir dessen bewußt zu sein, daß ich eines Tages jenes Mädchen werden würde, leben würde wie sie und sein, wie sie war? Ich weiß es nicht. Ich erinnere nur, wie gering ich mich einschätzte, wie weltenfern voneinander ich uns wußte, als ich das reizende kleine Mädchen mit den goldnen Locken sah, so wohlgepflegt, so rosig und weiß, so schön und elegant, die Tochter des Kurators.

2

Plötzlich, mit vierzehn, endeten meine Tage im Waisenhaus. Es kam die Nachricht, daß meine Mutter operiert worden war und mich zu Hause brauchte. Das Gesetz bestimmte, daß man mindestens vierzehn sein mußte, ehe man aus der Schule genommen werden konnte. Miß Mead schüttelte den Kopf, als sie mir die Neuigkeit mitteilte. »Ich hatte gehofft, du würdest weitermachen und ein Stenografie-Maschine-Stipendium gewinnen«, sagte sie. »Du bist gescheit, Lily. Du verdienst etwas Besseres. Ich hoffe sehr, daß du eines Tages die Ausbildung nachholen kannst, die dir jetzt entgeht.«

Seltsam empfindungslos verließ ich ihr Büro. Selbst der Verlust des Stipendiums — der Traum aller Mädchen im Waisenhaus — schien unwirklich. Mich erregte einzig die überwältigende Tatsache, daß ich endlich nach draußen kommen würde.

Während der folgenden Woche nähte ich an meiner »Aussteuer« — einer kompletten Kleidergarnitur, die das Waisenhaus jedem scheidenden Mädchen mitgab. Und schließlich sagte ich Jessie, Miß Walton, Miß Mead Lebewohl und ging durch das hohe Portal. Ich hatte meine neuen Sachen an. Mein Haar, das während der beiden letzten Jahre hatte wachsen dürfen, war jetzt fast schulterlang, blond und kräftig; ich trug meinen ersten Hut, aus marineblauem Stroh mit flatterndem Matrosenband. In der Hand trug ich einen kleinen Blechkoffer mit meinen Habseligkeiten, zu denen dicke graue Pumphosen gehörten, schwarze Wollstrümpfe und zwei hochgeschlossene Baumwollnachthemden.

Auf einem Blatt Papier stand der Weg zur Wohnung meiner Mutter. Zum erstenmal bestieg ich allein einen Bus. Wieder fuhr ich oben, wie damals mit Tante Mary. Ich verzehrte mich fast vor Aufregung, vor Erwartung, im Bewußtsein des Alles-oder-nichts. Der Wind blies mir in das heiße Gesicht und ließ mein Hutband waagerecht flattern: Fest legte ich die Hand auf meinen Hut und fuhr dahin, das Gesicht nach vorn gerichtet, dem Wind entgegen.

Die Wohnung, in der meine Mutter jetzt lebte, lag auf der Rückseite einer Reihe gleichförmiger schiefergrauer Mietshäuser. Sie war klein und dunkel und bestand aus einem winzigen Wohnzimmer mit einem roßhaargepolsterten Sofa und Stuhl, einem kleinen, gemütlichen Schlafzimmer und einer kleinen Küche mit einem zweiflammigen Kohlenrost, der sowohl zum Heizen wie zum Kochen diente. Während der ersten Tage daheim genoß ich buchstäblich die Kleinheit der Räume. Nach dem riesigen Schlafsaal schienen sie mir gemütlich: Man konnte ihre vier Wände regelrecht fühlen. Ich war eingehegt, beschützt. Meine Mutter, die sich nur langsam von ihrer Operation erholte, war grauer als bei ihrem letzten Besuch, aber als sie mich in die Arme nahm, war ihr Körper so warm wie in meiner Erinnerung. In den folgenden Monaten versuchten wir einander kennenzulernen, aber es war schwierig. Wir konnten uns einander nicht mitteilen. Obwohl sie mich zweifellos liebte, fühlten wir uns verlegen und weit voneinander entfernt. Ich war dankbar, als ich in Mildred Bannock eine Freundin fand; sie wohnte in der Nachbarschaft und arbeitete im Kleidergeschäft ihrer Schwester.

Mildred war ein pummeliges Mädchen mit schmutzigbraunem Haar. Sie hinkte — und lebte fürs Tanzen. Sie lehrte mich tanzen, und ich wurde fast närrisch vor Begeisterung.

Das war Leben, Spannung — das war fast so gut wie Essen! Hingerissen wirbelte und drehte ich mich, führte schwierige Schritte aus, während wir die Melodien aus zwei beliebten Musicals summten, *Head Over Heels* und *Little Nelly Kelly*. Daheim machte ich die Hausarbeit im Foxtrottrhythmus. Ich tanzte zum Besen in die Ecke, nahm ihn auf, verneigte mich tief und tanzte kehrend mit ihm durch die Küche. Es ließ mich die Plackerei der Hausarbeit vergessen.

Eines Tages, als ich Mildred in ihrem Laden besuchte, lud uns ihre Schwester zum Mittagessen ein. Dankbar trottete ich mit ihnen zu einem Schnellrestaurant mit Milchbar um die Ecke. In der Teestube suchten wir uns einen kleinen Tisch. »Ich nehme Landjäger im Schlafrock«, sagte Mildred zu der Kellnerin. Ich saß stumm, ließ meine Blicke durch den Raum wandern und fragte mich vergebens: Was das wohl ist, Landjäger im Schlafrock? Dann fiel mir die Stille um mich her auf. Die Kellnerin, Block und Bleistift gezückt, sah mich an, und die anderen desgleichen. »Was möchten Sie haben, Miß?« wiederholte die Kellnerin ungeduldig. Ich starrte sie verständnislos an und begann zu stottern. Nie zuvor hatte mich jemand gefragt, was ich essen wollte. Man hatte mir das Essen vorgesetzt, und ich hatte es gegessen. Verzweifelt stieß ich endlich ein heiseres »Das gleiche« hervor und deutete auf Mildred. Ich ließ meine Tasche auf den Boden fallen, so daß ich mich bücken und mein feuerrotes Gesicht verstecken konnte. Ob diese Mädchen errieten, daß ich zum erstenmal in einem Lokal war? Doch sie schwatzten vergnügt, und als das Gericht kam — es stellte sich heraus, daß es eine in Teig gebackene Wurst war —, machten wir uns darüber her.

Beim Tee erzählte mir Mildred dann von den samstäglichen Tanzabenden in The Cottage, einem kleinen Tanzlokal in der Nähe. Sie kannte alle Jungen, die dort verkehrten. Nachdem ich nun gut tanzen konnte, wollte sie mich das nächste Mal mitnehmen. Es kostete nur sechs Pence.

Als ich meiner Mutter das erstemal davon sprach, sagte sie nein. »Ich möchte nicht, daß du in ein Tanzlokal gehst, Lily.« Und dann zögernd: »In Tanzlokalen verkehren schlechte Männer.«

Ich wußte, was sie meinte. Wenige Tage zuvor hatten die *News of the World* eine Geschichte von drei englischen Mädchen gebracht, die von einem südamerikanischen Sklavenring entführt worden waren. Ich hatte ihr den Artikel gezeigt. Passierte so was wirklich?

O ja, hatte meine Mutter ernst gesagt. Und sie setzte warnend hinzu, daß ich hübsch zu werden begänne. Männer würden mich belästigen. Ich war verblüfft. Hübsch? Ich glaubte ihr nicht. Doch sie fuhr fort. Schlechte Männer würden vielleicht versuchen, etwas mit mir anzustellen, und keiner würde mich dann mehr heiraten wollen. Ich würde eine alte Jungfer werden. Möglicherweise würden sie einem sogar irgendeine Droge eingeben, die einem die Fähigkeit nahm, zwischen Recht und Unrecht zu unterscheiden, so daß man ihre willige Sklavin wurde und ihnen folgte, wohin immer sie wollten. Das machte mir angst, und doch fand ich es aufregend, zu denken, daß ich die willige Sklavin eines Mannes werden könnte. Ich prüfte die Richtigkeit dessen, was sie gesagt hatte, indem ich Mildred fragte, und Mildred bestätigte es. Meine Mutter hatte recht. Und nicht nur das, ein Ehemann würde stets wissen, ob man schon vor der Heirat etwas mit einem Mann gehabt hatte. Er würde es *stets* wissen. Mildred und ich schworen uns, daß wir unseren Ehemännern rein gegenübertreten würden, wie groß auch die Versuchungen sein mochten.

»Aber Mutter«, widersprach ich jetzt. »Mildred geht immerzu tanzen. Wenn schlechte Männer in diesem Lokal verkehrten, würde sie überhaupt nicht hingehen. Sie ist ein braves Mädchen.«

Wir stritten uns, bis meine Mutter endlich einwilligte, mich zum Tanzen gehen zu lassen, sofern ich Mildred mitbrächte, damit sie sich selbst ein Urteil über ihren Charakter bilden könne. Mildred kam zu uns nach Hause. Meine Mutter sah sie kurz an und gab mir das Geld für die Tanzerei. Mildred war ganz einfach zu reizlos, als daß sie hätte schlecht sein können.

Als wir an jenem Samstagabend The Cottage betraten, war ich überwältigt. Der helle, rhythmische Klang der Musik fuhr mir ins Blut. Mildred, die Freunden zunickte und Grußworte zurief, packte mich bei der Hand und zog mich mit sich. An drei Seiten rings um die Tanzfläche saßen die Mädchen auf Bänken aufgereiht, während die Jungen umherwanderten und sie in aller Ruhe prüften und ihre Wahl trafen. »Setz dich dahin«, sagte Mildred und zeigte auf einen Platz auf einer der Bänke und hinkte über die Tanzfläche. Als ich mich wenig später umsah, tanzte sie beseligt.

Ich saß steif auf meiner Bank und wagte kaum aufzuschauen aus Angst, dem Blick eines der Jungen zu begegnen und dabei zu erröten. Ich hatte nie eine Bekanntschaft mit einem Jungen gehabt: ich hätte nicht gewußt, was sagen. Im Waisenhaus hatte es eine Abteilung für Knaben gegeben, doch sie lebten in einem eigenen Haus, das weltweit entfernt war. Ich hatte eine heimliche Romanze mit einem Jungen gehabt, doch wir hatten nie miteinander gesprochen. Einzig unsere Blicke waren sich jeden Sonntag in der Kapelle im Spiegel über dem Kopf des Organisten begegnet. Sooft dies geschah, war ich feuerrot geworden, und ich hatte weggesehen. Gelegentlich, wenn wir hintereinander den Raum verließen, hatte er einen kühnen Blick auf mich geworfen, doch ich hatte nicht gewagt, seinen Blick zu erwidern. Ich erfuhr, daß er Albert hieß. Des Nachts bildete ich mir ein, die Decke über meinem Bett sei ein magischer Spiegel und Albert, der im Schlafsaal auf der anderen Seite des Hofes lag, könnte mich sehen. Ich lag da, kein knochiges, langbeiniges Mädchen, sondern ein schönes, faszinierendes Geschöpf, während er mich voll Bewunderung ansah und nicht ahnte, daß ich wußte, daß er mich beobachtete. Ich drehte mich zur Seite, dehnte mich geschmeidig, hob verlangend die Arme über meinen Kopf, ahmte alle die Posen aller Sirenen nach, die ich auf der Leinwand gesehen hatte. Und Nacht für Nacht lächelte ich geheimnisvoll in Gedanken an Albert, der mich insgeheim beobachtete, versprach ihm unvorstellbare Freuden, obwohl ich keine Ahnung davon hatte, welcher Art diese Freuden sein mochten. Wie er mich bewunderte, wie himmlisch es war, bewundert zu werden, begehrt zu werden …

Meine Träumerei wurde unterbrochen. Ein Schatten fiel über mich, wie ich da auf der Bank in The Cottage saß, und ich sah vor mir ein Paar dunkle Hosen, die in spitz zulaufenden Schuhen endeten. Ich sah auf. Ein großer junger Mann, um die siebzehn, mit rötlichblondem Haar, das mit Brillantine zurückgebürstet war, bis es glänzte, sah auf mich herab. Sein Gesicht war völlig ausdruckslos. »Tanzen?« fragte er beiläufig.

Ich stand auf, unglaublich aufgeregt und unglaublich dankbar. Wir tanzten. Die Musik war zu Ende, wir tanzten von neuem. Nie hatte ich die Arme eines Jungen um mich gespürt. Er hielt mich fest, führte mich mit großem Geschick, und ich war in einem goldenen Nebelschleier, als wir so drehten und wirbelten. Sein Haar roch süß und vertraut, genau wie das Fensterputzmittel, das wir im Waisenhaus verwendet hatten, und er tanzte wunderbar. »Wie heißt du?« fragte er unbekümmert. Ich sagte es ihm. »Und du?« brachte ich fertig zu sagen. Meine Stimme war kaum mehr als ein Flüstern. — »Nenn mich Ginger«, sagte er. »Das tun alle.« Seine Unbefangenheit, seine Selbstsicherheit machten mich schwach. Mitten im Tanz nahm er meinen Arm und führte mich von der Tanzfläche. »Komm in den Garten«, sagte er. Es war keine Bitte; es war ein Befehl. Wir gingen einen düsteren Pfad entlang zu einer kleinen grünen Laube mit zwei Bänken. Dort war es sehr dunkel. Mein Herz schlug heftig. Ob er mich küssen würde?

Wir setzten uns, und prompt legte Ginger die Arme um mich und küßte mich.

Ich erlaubte mir, mich küssen zu lassen. Ich blieb völlig passiv. Ich machte nicht die geringste Bewegung. Ich war so schlaff und widerstandslos wie ein Sack. Küssen war etwas, was ein Junge mit einem Mädchen tat. Nach ein paar Minuten sagte Ginger: »Laß uns wieder hineingehen.« Wir gingen hinein und tanzten.

Von nun an wurde Tanzen mein Lebensinhalt. Ginger war ein Fang, der begehrteste Junge im ganzen Cottage, der vollendetste Tänzer, den es dort gab. Die Mädchen schwankten halb ohnmächtig in seine Richtung, wenn er auftauchte, sie behandelten ihn wie einen König, und er vergalt ihre Verehrung mit der Arroganz eines Königs. Ich ging jeden Samstagabend ins Cottage. Ginger tanzte mit mir. Wir hatten uns nicht viel zu erzählen. Regelmäßig sagte er: »Komm in den Garten«, und ich folgte ihm pflichteifrig, und dort im Dunkeln, in der Laube, begann er mich zu küssen, als Gunstbezeigung für mich. Ich nahm es als Gunstbezeigung. Ich war anspruchslos. Ich wunderte mich, daß er sich mit einem unbeholfenen, reizlosen Mädchen wie mir abgab.

Wenn er mich küßte, erglühte ich. Eine kleine Weile lang fühlte ich mich weit entrückt von Tellerwaschen und Bödenschrubben, von den Gedanken darüber, was wohl aus mir werden und ob ich je heiraten würde … So warm und fest von einem Jungen gehalten und geküßt zu werden, war besser als jeder mögliche Traum.

Jedesmal, wenn ich von einem Tanzabend heimkam, gab es Streit mit meiner Mutter. Von Woche zu Woche wurden wir einander fremder. Wir stritten über The Cottage, über ihre Warnungen, daß das Tanzen und die Jungen mich schließlich in Schande bringen würden. Wir stritten um Mildred, nachdem Mutter entschieden hatte, sie habe einen schlechten

Einfluß auf mich; über mein endloses Tagträumen; über meine ständige Lektüre von *Pearson's Weekly* und anderen billigen Zeitschriften. Einmal versuchte ich ihr zu erklären, was mir das Tanzen bedeutete: wie herrlich frei es mich machte. Doch sie sah mich nur mißtrauisch an. Wir konnten einander einfach nicht erreichen.

Als sie genügend gekräftigt war, um ihre Arbeit wiederaufzunehmen, konnte ich es nicht ertragen, daheimzubleiben. Es war wie eine Zwangsjacke. Ich haßte das ewige Scheuern und Putzen, das Einkaufen und Kochen — alles, was ich zu tun hatte, wenn sie fort war. Warum hatte sie mich dafür ein Stipendium aufgeben lassen? Ich hätte weiterlernen und Stenotypistin, vielleicht sogar Sekretärin werden können. Das schwelende Unbehagen kam zum Ausbruch, als ich mich eines Tages weigerte, Ofenschwärze auf den Kohlenbrenner aufzutragen. »Nein, ich tu's nicht«, rief ich. »Du gönnst mir nicht das kleinste Vergnügen. Du hast mich nur zum Arbeiten hierhergeholt! Ich wollte, ich wäre wieder im Waisenhaus!«

Das war das Grausamste, was ich ihr sagen konnte. Gekränkt und wütend ging sie auf mich los, die Hand zum Schlag erhoben: Ich wehrte den Schlag ab und schlug blindlings zu, so wie ich auf die Lehrerin im Waisenhaus losgeschlagen hatte. Ich war entsetzt, als ich fühlte, wie meine flache Hand schmerzhaft ihren Wangenknochen traf. Ich hatte nicht gewußt, daß das Gesicht meiner Mutter so weich, ihre Haut so glatt war.

Sie wich zurück und brach plötzlich, ihr Gesicht in den Händen bergend, in Tränen aus. Sie ließ sich auf einen Stuhl fallen und weinte, das Gesicht immer noch hinter den Händen verborgen. Ich war außer mir. »Weine nicht, weine nicht«, bat ich. Ich legte meinen Arm um sie. »Ich hab' es nicht tun wollen, Mutter, ach es tut mir so leid —«

Sie stieß meinen Arm weg. »Geh fort«, sagte sie weinend. »Laß mich allein. Geh fort, und such dir eine Stellung. Ich will dich nicht!«

Ich ging ins Waisenhaus. Ich erzählte Miß Walton, daß meine Mutter und ich uns gestritten hätten. Ob sie mir wohl eine Stellung irgendwo weg von zu Hause besorgen könne? Eine konnte sofort angetreten werden — die Stellung eines Zweitmädchens, in Brighton, achtzig Kilometer von London entfernt. Geboten wurden Essen und Wohnung und dreißig Schilling pro Monat.

Obwohl ich Hausarbeit haßte, nahm ich die Stellung an. Ich nahm sie, weil ich frei sein würde, selbständig, endlich Geld verdienen würde und es keine Lehrerin und keine Mutter geben würde, die mich herumkommandieren konnten. Ja, ich konnte meine Unabhängigkeit noch unterstreichen, indem ich jeden Monat ein paar Schilling nach Hause schickte — womit sich gleichzeitig das leise Schuldgefühl besänftigen ließ, das ich empfand.

Die Adresse, die man mir für Brighton gegeben hatte — das ein berühmtes Seebad ist —, erwies sich als stattliches vierstöckiges Haus mit blitzenden Messingbeschlägen und einem kunstvollen schmiedeeisernen Gittertor. Ich stieg die Eingangsstufen hinauf und klopfte schüchtern an der Tür, die sich nach einer Weile öffnete. »Ja?« fragte eine dickliche Frau in mittleren Jahren. — »Ich bin das neue Mädchen«, sagte ich entschuldigend.

Wortlos öffnete sie weit die Tür, um mich einzulassen. »Hier entlang«, sagte sie. Meine Füße versanken in dicken Teppichen, als ich ihr durch eine geräumige Eingangshalle und über scheinbar endlose Treppenfluchten bis zu einem kleinen Wohnzimmer im dritten Stock folgte. Sie betrachtete mich zweifelnd. Wie alt ich sei? Ich sagte es ihr, fast sechzehn. — »Sind Sie kräftig?« fuhr sie fort.

»O ja, Madam, ich bin sehr kräftig.«

»Sind Sie an Hausarbeit gewöhnt?«

»O ja, ich machte sie daheim und auch im Waisenhaus.« Einen Augenblick sah sie mich an. Dann sagte sie kurz: »Schön.

Heute abend gibt es nichts zu tun für Sie. Sie können jetzt in die Küche gehen und zu Abend essen. Gleich morgen früh fangen Sie an. Dann gebe ich Ihnen auch Ihre Uniform und die Häubchen.«

Plötzlich wurde mir bewußt, daß ich nie daran gedacht hatte, ich könnte das Häubchen eines Hausmädchens tragen. Ich hatte Hausmädchen im Kino gesehen — irgendwie bedeutete das gesteifte weiße Spitzending, das auf ihrem Kopf balancierte, ein Zeichen der Dienstbarkeit. Das war es, was einen wirklich zum Dienstboten machte. »Ich will kein Häubchen tragen, Madam«, platzte ich heraus.

Sie starrte mich an. »Warum nicht? Du lieber Himmel, Mädchen, warum denn nicht?« — »Ich will einfach nicht.« Ich würde als Dienstmädchen arbeiten, ich würde hart arbeiten, aber ich hatte das Gefühl, daß ich für den Rest meines Lebens ein Dienstbote bleiben würde, wenn ich mich nur einmal bereit fände, ein Häubchen zu tragen.

»So was Dummes hab' ich noch nie gehört«, sagte sie verärgert. »Wenn Sie hierbleiben wollen, mein Kind, werden Sie das Häubchen tragen wie alle Mädchen.«

»Nein, Madam«, murmelte ich jämmerlich und blickte zu Boden. »Das werde ich nicht.« Ich stand vor ihr mit gesenktem Kopf und sagte bei mir, *wenn sie verlangt, daß ich es trage, gehe ich. Ich geh' heim und söhne mich mit Mutter aus.*

»Oh«, rief sie ungeduldig aus. »Sie sind ein lästiges Ding. Ich glaube wirklich, ich muß Sie wegschicken und mich weiter umsehen.«

Ich schwieg.

Schließlich: »Nun, für den Augenblick wollen wir das Häubchen beiseite lassen.« Jetzt war sie ganz geschäftig. »Wir müssen Ihnen blaue Kleider zum Putzen beschaffen. Und ein schwarzes Servierkleid mit weißer Schürze.« Als ich nichts erwiderte, fragte sie mißtrauisch: »Sie werden die Schürze tragen?«

»Ja, Madam«, sagte ich, »ich werde die Schürze tragen.« — »Gut«, sagte sie. Es blieb ihr noch ein Punkt zu erledigen. Sie führte mich hinunter ins Erdgeschoß und in einen kleinen finsteren Raum. Er war mit einem runden Holztisch, einem Schaukelstuhl aus Korbgeflecht und einer Tischlampe möbliert. »Sie schlafen im vierten Stock, aber das ist Ihr Wohnzimmer«, sagte sie. »Nachdem Sie morgens heruntergekommen sind, haben Sie nicht mehr nach oben zu gehen, außer zum Umkleiden. Ich wünsche nicht, daß Sie den ganzen Tag über auf der Treppe herumlaufen.«

Sie umriß meine Arbeit. Jeden Morgen vor dem Frühstück hatte ich die Pflanzen zu gießen, den Boden im Erdgeschoß zu scheuern, die Eingangsstufen zu reinigen und zu weißen sowie die Messingbeschläge zu polieren. Ich hatte sämtliche Putzarbeiten zu machen, Frühstück, Mittag- und Abendessen zu servieren und das Geschirr zu spülen. Essen würde ich in der Küche. Ich dürfe keinen Besuch empfangen. Wenn ich das Haus verließ oder beträte, so habe das durch den Eingang im Erdgeschoß zu geschehen. Jeden Donnerstag, nachdem das Mittagsgeschirr gespült war, würde ich frei haben, und um zehn Uhr abends müsse ich zurück sein.

Während sie meine Pflichten aufzählte, ließ ich den Blick durch mein Wohnzimmer gleiten. Das Tageslicht kam durch ein einziges hohes, schmales Fenster, das außen mit Eisen vergittert war. Das Fenster lag unterhalb des Straßenniveaus, und ich sah vorbeieilende Füße. Während ich noch hinschaute, kam ein Hund angetrottet, blieb stehen und hinterließ seine Nachricht auf dem Gitter. Meine Arbeitgeberin folgte meinem Blick und verzog ihr Gesicht zu einer Grimasse des Ekels. »Das Gitter muß jeden Tag gründlich gereinigt werden«, sagte sie. »Und jetzt können Sie in die Küche gehen und zu Abend essen.«

In diesen ersten Tagen saß ich in meiner Freizeit in meinem Wohnzimmer und beobachtete die vorbeigehenden

Füße — hochhackige Schuhe, flache Schuhe mit Spazierstöcken, eng zusammengerollten Schirmen — wem gehörten sie, und wohin gingen sie so geschäftig? Alle außer mir, schien es, hatten ein Ziel. Ich schrie die Hunde an, die das Gitter zu einem regelmäßig besuchten Ankerplatz machten. Manchmal las ich. Es gab nur wenige Bücher im Haus, aber ich fand Exemplare von *Peg's Paper*, einem Groschen-Wochenblatt, und voller Eifer las ich von dem edlen hübschen Sohn des Fabrikbesitzers. Für gewöhnlich versuchte der Vorarbeiter der Fabrik, ein übler, skrupelloser Kerl, das unschuldige Arbeitermädchen zu schwängern, doch alles endete glücklich, weil sich der Sohn des Fabrikbesitzers in sie verliebte und sie heiratete. Ich las Romanzen von aristokratischen Mädchen, deren Leben in festen Bahnen verlief. Sie wurden in Roedean, einer der exklusivsten Schulen Englands, erzogen, und nach dem Besuch eines französischen Internats wurden sie bei Hof vorgestellt und heirateten unweigerlich Peers des Reiches. Dies war ihr Lebenslauf — immer. Ich liebte diese Geschichten.

Es war Donnerstag nachmittag, drei Uhr — mein erster freier Tag. Ich schlenderte über die Promenade, in meinem besten Staat: mit dem dunkelblauen Matrosenhut, weißer Bluse und blauem Rock, einem kurzen blauen Mantel. Mein blondes Haar, hinten mit einer schwarzen Schleife gehalten, reichte bis über die Schultern. Ich kam zu einer Bank an der Straße und setzte mich hin und träumte. Ich hatte sieben kostbare Stunden. Was sollte ich damit anfangen? Zunächst mal gab es die Aussicht auf etwas zu essen: ein Schinkenbrötchen mit einem Glas heißer Milch — das würde einen Schilling kosten. Dann sechs Pence fürs Kino ... Ich klimperte mit den Stunden meiner Freiheit in meiner Tasche, mit dem Geld spielend, das ich darin hatte, und fühlte mich sehr glücklich. Das war der Augenblick, für den ich lebte, meine kleine grüne Oase der Unabhängigkeit in der großen Wüste der Hausarbeit. So hart zu arbeiten und dann sieben Stunden völliger Freiheit zu haben — es war wie sieben Jahre!

Die Promenade lag fast menschenleer. Von meinem Platz aus sah ich das Orchesterpodium, das jetzt verlassen dalag, aber samstags und sonntags abends, wenn ich daheim sitzen mußte, von Musik belebt und erfüllt war. Ein Mann ging langsam vorüber und betrachtete mich eingehend. Ich wandte mein Gesicht ab, bis er vorbei war. Ich war aufgeregt und fürchtete mich ein wenig. Angenommen, er spräche mich an? Vielleicht würde ich an Bord eines Schiffes, das nach Südamerika fuhr, aufwachen, eine willige Sklavin. Die *News of the World* würden mein Bild bringen, meine Mutter würde rufen: »Ach, ich hab' sie gewarnt, ich hab' sie gewarnt …«

Das Tuckern eines Motorrads unterbrach meine Gedanken. Ich blickte auf und sah einen jungen Mann mit dunklem Haar, der langsam auf seinem Motorrad vorbeifuhr. Im Vorüberfahren lächelte er mir zu. Es war ein bezauberndes, ansteckendes Lächeln. Ich lächelte schüchtern zurück, ohne mir dessen richtig bewußt zu sein. Er fuhr noch ein paar Meter weiter, beschrieb dann unter ohrenzerreißendem Aufheulen seines Motors einen weitausschwingenden U-Bogen und kam am gegenüberliegenden Bordstein zum Stehen. Ich konnte ihn jetzt deutlich sehen. Er war hübsch und um die zwanzig. »Hallo«, sagte er, abermals lächelnd. »Bißchen spazierenfahren?«

Er sieht gewiß nicht aus wie ein Weißer-Sklaven-Händler, dachte ich. Das Einfachste war, zu nicken. Wenn ich den Kopf schüttelte, würde ich vielleicht Erklärungen abgeben müssen, und ich war nicht sicher, was ich dann sagen würde. Also nickte ich kaum merklich.

»Prima!« sagte er. »Steigen Sie auf …«

Er erklärte mir, wie ich mich im Seitensitz hinsetzen und meine Arme um ihn legen müsse. »Nun halten Sie sich gut fest, sonst könnten Sie runterfallen …« Gehorsam faßte ich ihn um die Taille. Die Wärme seines Körpers, das Gefühl der

Stärke, das von ihm ausging, taten mir wohl. Es gefiel mir, ihn so zu halten. Und los ging's. Wir fegten, zur Seite geneigt, um die Ecken, und ich hielt mich voll angenehmer Erregung fest. Ich hatte keine Angst. Ich hatte keine Angst herunterzufallen, und ich hatte keine Angst vor diesem fremden Mann. Wir fuhren ungefähr drei Kilometer bis zu den Hügeln von Sussex, einer weithin gedehnten grünen, wogenden Grasfläche.

»Wir wollen ein bißchen spazierengehen«, schlug er vor. Schweigend schlenderten wir ein paar Minuten dahin. Dann fragte er, ob ich in der Nähe wohne. Ja, sagte ich, ich lebte bei meiner reichen Tante in einem großen Haus, und ich erzählte ihm, wo es lag. Und weiter schwatzte ich: »Ich gehe gern spazieren, um an die Luft zu kommen, sie ist so gesund hier am Meer. Deshalb war ich auch auf der Promenade. Das Nichtstun ist so langweilig, wir haben drei Dienstboten, die alles machen.«

Er hörte lächelnd zu. Dann fragte er sanft: »Wie alt sind Sie?« — »Achtzehn«, sagte ich.

Er lachte, legte seinen Arm um mich, und während wir gingen, beugte er sich zu mir herunter und küßte mich. Sein Kuß war sanft. Wir gingen bis zu einem Grashügel. Wir waren ganz allein. Wir setzten uns ins Gras, der frische, duftende Wind blies, und er küßte mich. Ich fand es herrlich, so im Gras geküßt zu werden und geflüsterte Worte zu hören, weit und breit keine Menschenseele. Seltsamerweise hatte ich überhaupt keine Angst; er war lieb zu mir, und ich konnte niemand mißtrauen, der lieb zu mir war. Er erzählte von sich. Er hieß Ralph. Er war Bankangestellter und hoffte eines Tages Direktor zu werden, vielleicht sogar Präsident.

»Wenn ich erst mein Erbteil bekomme«, sagte ich, »wäre es nicht prima, wenn ich dann all mein Geld zu deiner Bank brächte?«

Er lachte und küßte mich wieder, es waren sanfte Küsse, und dann sagte er: »Ich bin verabredet — ich muß jetzt gehen.«

Als wir zu seinem Motorrad zurückgingen, wagte ich zu fragen: »Sehen wir uns wieder?« Ich könne ihn nächste Woche um die gleiche Zeit treffen. Gut, sagte er. Ich solle auf derselben Bank auf ihn warten, unserer Glücksbank.

»Ich fahr' dich heim«, sagte er, und ehe ich noch Zeit hatte, mir zu überlegen, was ich sagen sollte, hatte er mich schon vor dem Haus abgesetzt. Ich stand da und wußte, daß ich es nicht wagen würde, den Haupteingang zu benutzen. Einen angsterfüllten Augenblick lang dachte ich, er werde warten, bis ich hineinginge. Doch er sprang auf seine Maschine, winkte und war auf und davon. Als er außer Sichtweite war, machte ich auf dem Absatz kehrt und ging ins Kino. Ich nahm kaum wahr, was ich auf der Leinwand sah, ich dachte nur, das wird mein geheimes Leben sein: Ich werde bezaubernden Männern begegnen, künftigen Bankpräsidenten, ich werde sie für mich entflammen, sie werden mich küssen, bis sie an meinen Lippen vergehen.

Wurde ich hübsch, wie meine Mutter gesagt hatte? Mir fiel der reichverzierte bodenlange Spiegel in einem der Schlafzimmer ein. Jedesmal, wenn ich in diesem Raum saubermachte, hatte ich vor diesem Spiegel gestanden und mich betrachtet. Ich sah in ein etwas ängstliches Gesicht, rund und blaß, mit grünlichen Augen und glattem blondem Haar. Ich war nicht mehr so dürr. Langsam hob ich das formlose blaue Arbeitskleid und enthüllte meine Beine. Sie waren nicht mehr so mager. Meine Strümpfe schlugen schon lange keine Falten mehr. Meine Beine sind keineswegs schlecht, sagte ich zu mir selbst. Ob meine Mutter wohl recht gehabt hatte?

Die Stunden zogen sich langsam hin, bis wieder Donnerstag war. Um drei Uhr saß ich wartend auf unserer Bank. Und da saß ich den ganzen langen Nachmittag bis zum Einbruch der Dunkelheit. Er erschien nicht. Als ich aufstand, fühlte ich mich jämmerlich und reizloser denn je. Meine Mutter hatte unrecht, der Spiegel log. Was hatte ihn zur Sinnesänderung bewogen? Ich wiederholte mir jedes Wort unserer Unterhaltung, erinnerte mich daran, wie er ausgesehen und gelacht hatte, wie er mich geküßt und wie er gesagt hatte: »Gut. Und dann wartest du auf unserer Glücksbank.« Restlos unglücklich aß ich mein Sandwich und trank meine Milch und ging dann ins Kino. Man zeigte Gloria Swanson in *Mann und Frau*. Der Film hob meine Stimmung ein wenig. Ich hätte Gloria Swanson sein können, dachte ich, während ich das Kino verließ. In der Dunkelheit ging ich sinnlich und raffiniert, so wie Gloria Swanson. »Ach, Reginald«, flüsterte ich, »ich liebe dich so. Ich liebe dich. Ich liebe dich!«

3

Ich werde nie wissen, wie lange ich in Brighton geblieben wäre — wie lange ich Zweitmädchen geblieben wäre —, denn nach ein paar Monaten mußte ich meine Stellung aufgeben und schleunigst nach London zurückkehren. Meine Mutter war hoffnungslos krank.

Als ich sie in unserer kleinen Wohnung wiedersah, war ich entsetzt. Sie war grau und eingefallen. Das Gehen machte ihr Mühe, und sie war den größten Teil des Tages ans Bett gefesselt. Später erst erfuhr ich, daß ihre Krankheit Krebs war.

Unsere Streitigkeiten waren vergessen, und ich stürzte mich in die Aufgabe, sie zu pflegen. Ich kochte, kaufte ein, ich machte die Hausarbeit. Täglich badete ich meine Mutter. Zweimal wöchentlich kam eine Gemeindeschwester, deren Anweisungen ich gewissenhaft befolgte.

Doch Ungeduld und Langeweile verzehrten mich. Es half nicht, daß Mildred oft herüberkam, um mir die Zeit vertreiben zu helfen. Ein Tag ging in den anderen über, und Elend und Unzufriedenheit überkamen mich. Ich wollte fort — weg von der winzigen Wohnung, den Pflichten, der Enttäuschung über meine vergeblichen Versuche, es meiner Mutter behaglich zu machen, und dabei zu wissen, daß sie ständig Schmerzen hatte. Es war nicht leicht, sie zu pflegen, und mein Ressentiment wurde durch ihre Resignation, die Tatsache, daß sie niemals klagte, nur verstärkt.

Ich fühlte mich in der Falle, eingeschlossen und niederträchtig, weil ich wußte, daß ich diese Empfindungen nicht hätte haben sollen. Jeden Morgen stand ich voll Bitterkeit auf, mit dem einen Gedanken: Ich will hier raus, wohin, weiß ich nicht. Nachts schlief meine Mutter schlecht, aber für gewöhnlich wurde sie am Abend schläfrig und schlief ein. Dann schlich ich mich davon. Ich zog meine besten Sachen an — Bluse und Rock, meine hochhackigen Pumps und mein Prunkstück, einen schwarzen Tafthut mit sehr breitem Rand, den ich mir zu meinem sechzehnten Geburtstag gekauft hatte. Es war ein Zauberhut, denn ich konnte ihn auf meine jeweilige Laune abstimmen. Wenn ich geheimnisvoll aussehen wollte, schlug ich den Rand nach unten, um meine Augen zu verbergen. Wenn ich vom Winde verweht aussehen wollte wie Colleen Moore, schlug ich ihn hoch. Ich hatte angefangen, mir die Lippen zu färben, benutzte jedoch kein Rouge. Manchmal ließ ich mein Haar lang herunterhängen, hinten mit einem schwarzen Band gehalten. Wollte ich älter aussehen, so steckte ich es zu einem Knoten hoch unter dem schwarzen Hut, dessen Rand meine Augen beschattete.

Ich stahl mich aus der Wohnung und klapperte, ein wenig unsicher auf meinen hohen Absätzen, zum oberen Ende der Straße, wo ich auf den Bus Nr. 25 wartete. Er brachte mich zur Bond Street, durch das elegante West End, durch das Herz von London. Ich könnte kaum in Worte fassen, was ich eigentlich suchte. Ich wollte dorthin, wo Reichtum und Eleganz waren, wollte die schönen Geschäfte und Restaurants sehen, die flanierenden Damen und Herren, wollte die glänzenden Limousinen vorübersausen sehen, in denen wunderschön gekleidete Frauen und Männer mit Zylindern saßen — das alles war das West End bei Nacht für mich, ein Ort des Staunens und der Verzauberung, ein Ort zum Träumen.

Während ich auf den Bus wartete, lag der starke Geruch von Hopfen in der Luft. Er kam aus einer riesigen schwarzen

Brauerei auf der anderen Straßenseite. Mir wurde übel davon, und ich schauderte — das Grau, die Farblosigkeit der Straße, die Männer mit Wolljacken und Mützen, einige betrunken aus den Kneipen torkelnd, der Geruch der Wirtshäuser.

Wenn der Bus kam, kletterte ich aufs Oberdeck. Ich fuhr an den hohen Geschäftshäusern und Banken vorbei, deren riesige Büros alle hell erleuchtet waren. Im Vorbeifahren schaute ich hinein. Durch die Fenster sah ich Stenotypistinnen und Sekretärinnen mit Papieren in der Hand hin und her gehen. Ich beneidete sie, die da im Lichterschein in den Büros lachten. Manchmal sah ich Mädchen beisammenstehen und schwatzen, manchmal auch einen jungen Mann mit straff zurückgebürstetem schwarzem Haar, der bei ihnen stand und erzählte.

Wie zauberhaft, dachte ich, was für ein hinreißendes Leben das sein muß, wie gern hätte ich teil daran — wie traurig, daß ich davon ausgeschlossen bin!

In der Bond Street stieg ich aus. Jetzt kam der Genuß des langsamen Dahinschlenderns, ich kostete jeden Augenblick aus, betrachtete die Schaufenster und flanierte den Piccadilly hinunter. Ich wußte nicht, daß der Piccadilly gefährlich war, daß am Piccadilly seltsame Ausländer allein gehende Mädchen ansprachen.

Hier waren die Läden mit seltenen Büchern, einer am anderen. Ich betrachtete die wundervollen Einbände, das kastanienbraun-und-goldene Leder. Hier war ein Graveurgeschäft mit einem Schild: WIR RENOVIEREN IHRE AHNEN. Ich starrte auf die Fotos und Stiche von Großeltern und Urgroßeltern in ihren alten Rahmen, das »Vorher« und »Nachher«. Wenn ich bloß Ahnen hätte! Ich erinnerte mich daran, wie ich Jessie beneidet hatte, weil sie ein Medaillon mit dem Bild eines kleinen Bruders besaß, der vor ihrer Geburt gestorben war. Ich hatte nichts: weder Onkel noch Tante, weder Vettern noch Brüder oder Schwestern, keine Ahnen — ich bin allein mit mir verwandt.

Während ich weiterschlenderte, zogen die erlesenen Kleider in den eleganten Läden meine Blicke auf sich, dann in der Bond Street die funkelnden Juwelen im Fenster von Cartier. Da stand ich vor Cartiers Fenster und träumte. Was würde ich wohl empfinden, wenn ein Mann mir ein Halsband aus Diamanten und kleinen Rubinen überreichte und sagte: »Möchtest du das haben, meine Kleine?« Wenn ich eine große Schönheit wäre, würde da immer ein Peer des Reiches sein, der sagte: »Du bist so schön, meine Liebe, doch du wärst noch schöner, wenn ich dies Diamanthalsband um deinen Nacken legen dürfte.« — »Oh, ich bin nicht die Sorte Mädchen, für die Sie mich halten«, würde ich erwidern. »Ich bin ein anständiges Mädchen. Doch wenn Sie mir das Halsband unbedingt schenken wollen …« Und dann würde er es um meinen Hals legen, und ich würde ihm erlauben, mich zu küssen.

Es wurde allmählich dunkel. In der Dämmerung spielte ich ein Spiel. Männer gingen vorüber. Wenn sie mich anschauten, sah ich weg. Doch hin und wieder wagte ich ihren Blick mit der Andeutung eines Lächelns zu erwidern — nur um zu sehen, was geschehen würde. Dreist starrten sie mich an; es schienen mir ungemein böse Männer zu sein, mit scharfen und durchdringenden Augen. Ich wußte nicht, daß ich auf einer Straße ging, die den Prostituierten gehörte.

Ich wollte, daß die Männer mich ansähen. Ich spielte mein Spiel. Einmal sagte eine Stimme ein deutliches »Guten Abend«. Ich schenkte einem gesichtslosen Mann ein, wie mir schien, höchst geheimnisvolles Lächeln, wandte meinen Blick ab und ging weiter. Es war köstlich aufregend. Wenige Augenblicke später hörte ich Schritte hinter mir. Ich ging schneller. Die Schritte blieben dichtauf. Ich war nicht besonders ängstlich, denn rings um mich waren Menschen. Ich warf verstohlen einen schnellen Blick zurück: Ein gutrasierter junger Mann in grauem Anzug folgte mir auf den Fersen. Er holte mich ein. »Wohin gehen Sie?« fragte er mit angenehmer Stimme.

»Ach, nur spazieren«, sagte ich leichthin, obwohl mein Herz wild pochte.

Neben mir hergehend, fragte er: »Darf ich Sie begleiten?« — »Ich habe nichts dagegen.«

Ob ich kein bestimmtes Ziel hätte, fragte er. Gerade gegenüber lag der Charing-Cross-Bahnhof. — »Charing Cross«, sagte ich, »ich muß zum Zug.« Auf dem Bahnhof sprachen wir miteinander — ich habe keine Ahnung, worüber. Ich war wie im Fieber. *Dies geschah wirklich.* Ich war ausgezogen, einen Fisch zu fangen, und da hatte ich ihn — er war in meinem Netz! Ich hatte einen feinen Herrn getroffen! Unter all diesen vielen Leuten, die hin und her eilten und von denen keiner den anderen kannte, gab es für mich plötzlich ein bekanntes Gesicht.

Er wolle mich am folgenden Abend treffen, sagte er. Hier, bei diesem Pfeiler im Charing-Cross-Bahnhof, und wir würden zusammen ins Kino gehen.

Am nächsten Abend wartete ich im Charing-Cross-Bahnhof. Doch Brighton wiederholte sich haargenau. Der gutrasierte junge Mann erschien nicht wieder. Ach, die Qual dieses Wartens, wenn Menschen hin und her eilen, Menschen, die ein Ziel haben, ein Heim, Freunde und Menschen, die sie lieben, zu denen sie streben. Ich stand da, verzweifelt, wußte nicht, wohin ich blicken sollte. Während die Menschenmenge um mich brandete, versuchte ich so auszusehen, als ob auch ich ein Ziel hätte — und hatte doch keines. Und schließlich das schreckliche Aufdämmern der Erkenntnis, daß ich keines haben würde. Ich wartete eine Stunde, anderthalb, dann nahm ich tieftraurig den Bus nach Hause. Was ist das Leben? dachte ich. Ist es dies trübselige Warten darauf, daß etwas geschieht? Jeden Morgen voll Hoffnung aufzuwachen, in der Gewißheit, daß heute etwas ganz und gar Außerordentliches geschehen wird, und dann sehen, daß nichts geschieht …

So wanderte ich des Abends, wenn meine Mutter schlief, am Rande des Abenteuers dahin. Einmal wurden die Schritte hinter mir schneller, und ich ging langsamer, bis ein großer Mann neben mir war. Ich wagte nicht aufzusehen. Als wir unter eine Laterne kamen, warf ich einen schnellen Blick aus den Augenwinkeln auf ihn. Ein gewaltiger Schreck durchzuckte mich. Ich ging an der Seite eines kaffeebraunen Mannes. Doch er lächelte mir sehr sanft zu und sagte ruhig: »Sie sehen jung aus. Wie alt sind Sie?«

»Neunzehn«, sagte ich.

Er betrachtete mich nachdenklich.

»Wissen Sie«, sagte er, »Sie gehörten nach Hause. Sie sollten hier nicht herumlaufen.«

»Oh«, sagte ich, »mir gefällt's hier aber.«

Er schüttelte den Kopf. »Ich meine, Sie sollten nach Hause gehen.« Er rief ein Taxi an, drückte mir eine Zehnschillingnote in die Hand, half mir beim Einsteigen und fragte: »Wohin soll er Sie fahren?«

Ich war so verblüfft, daß mir nichts anderes einfiel als: »Charing-Cross. Dort bekomme ich einen Zug.«

Ich saß im Fond des Taxis. Ich betrachtete die zehn Schilling, sah dann aus dem Fenster auf die Leute, die zu Fuß gehen mußten, dann auf den Rücken des Fahrers. *Ich fahre* Taxi, sagte ich wieder und wieder bei mir. Ich konnte es kaum glauben. Als wir den Bahnhof erreichten, nahm ich meinen Bus und fuhr heim.

Eines Abends dann, kurz nach sieben, tippte ein Mann in mittleren Jahren, adrett mit grauem Homburg und Gamaschen, einen Spazierstock in der Hand, an seinen Hut und sagte: »Guten Abend.« Schüchtern lächelte ich ihm zu. Er fragte, ob ich in dieser Gegend wohnte. Nein, sagte ich, ich sei in London zu Besuch. Schweigend gingen wir einen Augenblick nebeneinanderher. »Ich gehe essen«, sagte er unerwartet. »Möchten Sie mitkommen?«

Wir waren an einem Restaurant mit verhangenen Fenstern vorbeigegangen, hinter denen sich seine Eleganz verbarg. Das Menü — in Französisch — war schmuck am Fenster ausgehängt. Wenn er mich nur in ein solches Lokal führen würde.

Ich nickte. »Ich habe nichts dagegen einzuwenden.« Das Restaurant, in das er mich führte, war elegant, Kellner im Frack bedienten die Damen und Herren an den Tischen. Hier wird es keinen Landjäger im Schlafrock geben, dachte ich. Doch seine Hand lag unter meinem Ellbogen, und wir gingen an den Tischen vorbei. »Wir gehen nach oben«, sagte er beiläufig. Ein kleiner Schauer durchrann mich. Ich hatte von abgeschlossenen Speisezimmern über öffentlichen Restaurants gelesen. Eduard der Siebte hatte immer seine Geliebten dorthin mitgenommen. Oben wurden wir in ein wunderhübsches kleines Zimmer geführt, dessen Tisch mit glänzendem Silber gedeckt war. Auf der einen Seite stand ein Sofa. Ein Kellner erschien und präsentierte uns respektvoll die Speisekarte. Sie war in Französisch abgefaßt.

Mein Begleiter wandte sich mir zu. »Wollen wir mit einer Suppe beginnen?«

Ich war entzückt. Kein Peer des Reiches hätte schmeichelhafter mit seiner Dame sprechen können. »Und nach der Suppe«, sagte er, »wie wäre es mit gebratenem Huhn, oder vielleicht Lammkoteletts?« Ich entschied mich für Lammkoteletts. Ich hatte noch nie Lammkoteletts gegessen, weil zu wenig Fleisch daran war, als daß jemand, der nicht reich war, sie sich hätte leisten können.

Es war ein wunderbares Abendessen. Ich aß schnell und soviel ich konnte. Er fragte mich über mich aus. Ich sagte, ich sei die Gesellschafterin einer reichen alten Dame, die in Brighton lebe, in einem sehr großen vierstöckigen Haus.

»Ab und zu muß ich einfach ein Weilchen nach draußen, und ich bin so gerne in London.« Ich sprach gefühlvoll, ich hatte Erfahrung in dieser Hinsicht, und ich hatte den Eindruck, daß er mit großer Aufmerksamkeit zuhörte, während er eine

Zigarette aus einer Spitze rauchte und hin und wieder sanft die Asche abklopfte. Als ich fertig gegessen hatte, lehnte ich mich zurück.

»Möchten Sie Kaffee?« fragte er. Ich nickte. Er zog meinen Stuhl zurück, als ich aufstand, und wir setzten uns aufs Sofa. Der Kellner kam mit dem Kaffee, den er auf einem Tischchen servierte, und zog sich zurück.

Mein Begleiter schenkte mir Kaffee ein. Während ich trank, fragte ich ihn schüchtern: »Was tun Sie?« — »Ich bin Importeur«, sagte er. Mehr erfuhr ich nicht, denn jetzt, nachdem ich meinen Kaffee hatte und er seine Zigarette, legte er seinen Arm um mich und küßte mich. Ich hatte keine Lust, ihn zu küssen, wollte ihn aber auch nicht kränken, denn er hatte mir solch ein teures Abendessen spendiert. »Du bist ein sehr hübsches Mädchen«, sagte er. Dann küßte er mich wieder. Als er mich zum drittenmal zu küssen versuchte, drehte ich mein Gesicht weg, und sein Griff um meinen Arm wurde härter. »Was ist los?« fragte er ärgerlich und zog mich grob an sich. Panik erfaßte mich. Mit aller Kraft riß ich mich los und sprang auf, meine Beine zitterten.

»Lassen Sie mich los!« stieß ich hervor. »Lassen Sie mich raus hier!«

Er blieb auf dem Sofa sitzen und sah mich an. »Warum bist du mitgekommen?« fragte er. In seiner Stimme schien mehr Neugier als Ärger zu schwingen.

Ich schämte mich. Ich hätte sagen mögen: Ich bin nicht die Sorte Mädchen, und es tut mir leid, daß ich diesen Eindruck bei Ihnen erweckt habe. Statt dessen sagte ich: »Ich dachte, wie hübsch es wäre, ein gutes Abendessen zu bekommen.« Kalt sah er mich an. »Dann geh«, sagte er, »du hast dein Essen gehabt.« Ich öffnete die Tür und rannte die Treppe hinunter und hinaus in die kühle Luft. Niemand würde ich davon erzählen. Niemand.

Als ich mich an jenem Abend in unsere Wohnung zurückstahl, hörte ich die schwache Stimme meiner Mutter aus ihrem Zimmer. »Lily? Wo warst du?« — »Im Kino, Mutter«, gab ich zur Antwort.

Heute noch frage ich mich, wer damals über mir wachte. Was schützte mich? Ich spielte mit dem Feuer. Ich war so verwundbar, und doch war ich beschützt.

Manchmal überredete ich Mildred, mit ins West End zu kommen und sich durch die Schaufenster verzaubern zu lassen, doch die eleganten Geschäfte und Restaurants, die flanierenden Damen und Herren waren ihr gleichgültig. Einmal nur zog sie der Traum in seinen Bann.

Als wir die Mall entlangspazierten, die lange, baumbestandene Prachtstraße, die zum Buckingham-Palast führt, stießen wir auf eine lange Reihe wartender Limousinen. Darin saßen die Töchter der Aristokratie, die bei Hof vorgestellt werden sollten. Der Palast war hell erleuchtet, und Zuschauer schwärmten aufgeregt umher. Von der Menge mitgerissen, spähten wir in das Innere der Wagen und stießen kleine Schreie aus angesichts der jungen Mädchen in ihren herrlichen Hofroben, ihrer Mütter und Tanten mit Brillanten und Tiaras. Auch Mildred gaffte, doch sie war's im East End zufrieden. Ihr genügten die Samstagabende im Cottage.

Mildred war es, die mich eines Samstags mit einem braunäugigen Jungen bekannt machte; er hatte rotblondes Haar, sprach bedächtig, aber was er sagte, das meinte er auch. Er arbeitete in einer Hemdenfabrik. Er hieß Leslie und war zwanzig. Leslie mochte mich; er wurde bald ein regelmäßiger Besucher. Sonntags abends lud er mich ins Kino ein, sobald Mutter eingeschlafen war. Doch bis sie einschlummerte, saßen wir auf unserem alten Roßhaarsofa und küßten uns. Dazwischen sprachen wir in regelmäßigen Abständen, damit Mutter wußte, daß wir uns anständig betrugen.

Ich genoß Leslies Küsse. Ich sehnte mich so nach Liebe —

ich wollte einem anderen Menschen so nahe sein wie nur möglich. Doch man hatte mir eingeprägt, daß die Folgen furchtbar seien. Für mich bedeutete Liebe Babys, und Mildred hatte mir die schauerlichsten Geschichten von Frauen in den Wehen erzählt, die sich um den Verstand schrien oder tot aufgefunden wurden. Sooft ich Leslie küßte, quälte mich dieser Konflikt — wie weit durfte ich beim Küssen gehen, küßte ich am Ende zu viel?

Aber Leslie nahm sich keine Freiheiten heraus. Er verehrte mich und wollte mich heiraten. Es war hübsch, jemand zu haben, der mich heiraten wollte, doch ich wollte nicht, daß es Leslie wäre. Er war liebevoll, er war verläßlich, aber er war nicht aufregend. Er war nicht das West End.

Meiner Mutter ging es zunehmend schlechter. Sie war an den verschiedensten Stellen wundgelegen und hatte qualvolle Schmerzen; wenn ich nachts aufwachte, hörte ich, wie sie sich im Bett hin und her warf. Sie war sehr tapfer und litt klaglos. Ich hatte keine Vorstellung davon, wie sehr sie leiden mußte. Ich war so in Anspruch genommen von meinen Träumereien, und meine Mutter lag im Sterben, ohne daß ich es wußte.

Ich ahnte nicht, wie furchtbar ihre letzten Tage waren. Ich hatte ihr nie nahegestanden. Von meinem sechsten bis zu meinem vierzehnten Lebensjahr war ich im Waisenhaus gewesen, und jetzt während ihrer tödlichen Krankheit war keine Wärme zwischen uns. Ich tat meine Pflicht, doch ohne Hingabe. Ich wusch ihre Wäsche. Ich half bei der Pflege, aber ich war beherrscht von dem Gedanken, daß es ein besseres Leben für mich geben müsse. Und sobald sie einschlief, entfloh ich ins West End oder versuchte zu vergessen, indem ich mit Leslie ins Kino ging.

Eines Abends, als Leslie und ich aus dem Kino kamen, lag ein Zettel auf dem Tisch. Man hatte meine Mutter ins Krankenhaus gebracht. Schuldbewußt stürzte ich dorthin und schlich auf Zehenspitzen in den Saal, in dem sie lag. Kreidebleich lag sie in einem Bett, um das man einen Wandschirm gestellt hatte. Sie entschuldigte sich, weil sie mich so in Schrecken versetzt habe. Ich durfte nur wenige Minuten bei ihr bleiben, und dann ging ich wieder nach Hause. Ein paarmal täglich kam eine Nachbarin, Mrs. Barton, nach mir sehen.

Jeden Morgen besuchte ich meine Mutter. Nach einer Woche brachte man sie heim. Zwei Männer trugen sie auf einer Bahre zu ihrem Bett. Als sie durchs Wohnzimmer getragen wurde, sah ich ihre Augen: Sie betrachtete den Raum, so genau sie nur konnte, aber so eindringlich — das Sofa, ihre Uhr, den kleinen Korbsessel —, als wisse sie, daß sie das alles zum letzten Mal sah, und wolle sich jede Einzelheit für immer ins Gedächtnis prägen.

Und eine Woche darauf war sie tot.

Warum konnte ich ihr während ihrer Krankheit nicht mehr Anteilnahme entgegenbringen? Sie wußte, daß sie nur heimkam, um zu sterben. Hätte ich es doch nur verstanden! Doch ich war gleichgültig gegen sie in ihren letzten Tagen. Jahre später kam mir der Gedanke, daß ich sie vielleicht auf diese Weise dafür strafte, daß sie mich ins Waisenhaus geschickt hatte. Doch was hätte die arme Frau anderes tun sollen? Ihr ganzes Leben lang kränkelte sie und war arm, ohne daß sie je geklagt hätte.

Ich war allein mit ihr, als sie starb. Ich saß im Wohnzimmer und hatte den Kopf in die Seiten der *News of the World* vergraben, als ich einen kleinen Seufzer hörte. Beinahe interesselos ging ich in ihr Zimmer hinüber. Sie war halb aus dem Bett; war herausgefallen. Ich hob sie auf — es war sehr schwer — und legte sie zurück auf ihr Kissen, und sie röchelte. Während ich mich noch abmühte, meine Mutter bequem zu betten, kam Mrs. Barton herein, die vorher bei ihr gesessen hatte und jetzt ausgegangen war, um einzukaufen.

»O du mein Gott!« schrie sie auf. Da sah ich, daß die

Augen meiner Mutter geschlossen waren. Plötzlich war der Raum voller Nachbarn. Woher sie gekommen waren, wieso sie es so schnell erfahren hatten, weiß ich nicht. Doch ich hatte das sonderbare Gefühl, ein unbeteiligter Zuschauer zu sein, unberührt von dem, was geschah …

Dann plötzlich weinte ich herzzerreißend, nicht über den Tod meiner Mutter, sondern über den Tod dieser armen, guten, klaglos duldenden Frau, die die Mutter des Mädchens in diesem Zimmer war.

4

»Nun passen Sie auf, meine Damen«, sagte der rotgesichtige Mann pedantisch. Er hielt eine kleine U-förmig gebogene, etwa fünf Zentimeter breite Bürste mit kurzem Holzgriff in die Höhe. »Sie werden bemerken, daß dies Instrument genau der Innenseite Ihrer Zähne angepaßt ist. Sie schieben es in den Mund« — er ließ die Tat dem Wort folgen — »und fahren kräftig damit auf und ab. Mehr ist nicht nötig.« Er führte eine neue Zahnbürste vor, die wie keine andere auf dem Markt die Rückseite der Zähne erreichte.

Mit einem Dutzend anderer Mädchen stand ich in einem halbleeren Lagerhaus und schaute ihm aufmerksam zu. Wir waren alle auf ein Inserat im *DAILY TELEGRAPH* hingekommen:

GESUCHT JUNGE DAMEN MIT GUTEN
ZÄHNEN ZUR VORFÜHRUNG NEUER
ZAHNBÜRSTE — KEINE VORKENNTNISSE

In der schrecklichen Woche nach der Beerdigung meiner Mutter hatte Leslie mir die Anzeige gezeigt. Er war mein Fels und Anker gewesen, bei dem ich Trost fand, denn nun hatte ich niemanden mehr.

Ich war allein und tat mir selbst leid. Doch mit dem Kummer zugleich überkam mich eine untergründige Erregung, die beinahe bis zur Oberfläche durchbrach, obwohl ich mich schämte, daß ich auf diese Art empfinden konnte. *Ich war frei.* Jetzt gab es niemanden mehr, der mich hindern konnte, das zu tun, was ich wollte, und dorthin zu gehen, wohin ich wollte.

»Ich sollte dich jetzt heiraten«, hatte Leslie gesagt, »damit du jemand hast, der für dich sorgt.« Doch mit Leslie verheiratet zu sein bedeutete das Ende aller Abenteuer, und dafür schien es mir noch zu früh. Vielleicht später. Leslie würde immer da sein, wenn ich ihn brauchte, dessen war ich gewiß.

Es war klar, daß ich mir eine Stellung suchen mußte. Meine Mutter hatte nicht einen Penny hinterlassen. Meine ganze Erbschaft bestand in einem kleinen, verblichenen Schnappschuß, den ich in ihrer Tasche fand. Es war ein Bild von mir im Alter von ungefähr zwei Jahren. In hochgeschlossenem Kittel und mit kleinen schwarzen Stiefeln saß ich auf einem Tisch und schaute jammervoll drein. Mit der rechten Hand umklammerte ich eine hölzerne Spule. Als ich das Foto betrachtete, mußte ich weinen. Offenbar hatte meine Mutter es ständig bei sich getragen.

Ein paar Tage nach der Beerdigung war ich mit meinem Sirenenhut und einem Mantel ausgezogen, den Mildreds Schwester für mich genäht hatte — knielang, aus schwarzem Satin mit langen perlschnurförmigen Fransen an Manschetten und Ellbogen. Ich raschelte beim Gehen und hielt es für den Gipfel der Eleganz.

Ich suchte keine Stellung als Zweitmädchen. Wenn ich Verstand hatte, warum ihn dann nicht nutzen? Ich würde eine gute Stellung finden — und sobald ich eine gefunden hätte, würde ich Leslie verlassen. Ich würde das East End verlassen. Ich würde den übelkeiterregenden süßlichen Geruch der Brauerei hinter mir lassen, den Anblick betrunkener Männer, die aus den Kneipen torkelten. Ich würde den Lärm streitender, einander beschimpfender Menschen hinter mir lassen, das Schreien der Frauen, die von ihren Männern verprügelt wurden, all die erschreckenden, niederdrückenden, entsetzlichen, schändlichen

Geräusche der Armut. Ach, wie gern würde ich das East End verlassen!

Ich entschied mich für die Oxford Street, Londons belebteste Einkaufsgegend, und nahm meinen ganzen Mut zusammen, um mein Glück in einem Geschäft nach dem anderen zu versuchen. Doch ich besaß keine Verkaufserfahrung; ich hatte keine Zeugnisse aufzuweisen; ich brachte es nicht über mich, zuzugeben, daß meine einzige bisherige Stellung die eines Zweitmädchens gewesen war. Am Ende zweier erfolgloser Tage war ich in Tränen aufgelöst, als Leslie, der treue Leslie, das Inserat im *Daily Telegraph* entdeckte. »Lily«, rief er, »das ist genau das richtige für dich. Du hast wundervolle Zähne!«

Leslie hatte recht. Für eine Engländerin hatte ich ausgezeichnete Zähne. Ich konnte dem Waisenhaus dankbar sein, daß es sie hatte kontrollieren lassen und mich mit einer Diät von wenig Süßspeisen und ohne Zuckerwerk aufgezogen hatte. Ich küßte Leslie dankbar, wusch mein Gesicht und meldete mich auf das Inserat.

Jetzt, nach feierlicher Prüfung unserer Zähne, hatte der rotgesichtige Mann sechs von uns ausgesondert. Wir wurden auf der Stelle engagiert. Er werde uns auf sechs elegante Geschäfte verteilen, erklärte er. Am nächsten Morgen sollten wir anfangen. Jede sollte in dem ihr zugewiesenen Geschäft an der Kosmetiktheke stehen und diese erstaunliche neue Zahnbürste vorführen. Das Gehalt betrug ein Pfund wöchentlich und Kommission. Er gab uns ein Standplakat mit, auf dem ein schönes Mädchen unsere Zahnbürste benutzte. Sorgfältig probte unser Arbeitgeber eine kleine Verkaufsansprache mit uns, die unseren Vorrat in wenigen Stunden dahinschmelzen lassen würde, wie er uns versicherte.

Ich hatte meine Stellung. Ich kam zu Gamage, einem Warenhaus in Holborn, nicht weit vom West End. Ich verlor keine Zeit. Noch am selben Nachmittag fand ich ein Zimmer in einer ehemals vornehmen Gegend des West End. Es war klein und muffig und ging auf eine schmale Seitenstraße; Zimmer und Frühstück kosteten zehn Schilling und sechs Pence die Woche, mehr als die Hälfte meines Gehalts — im East End hätte ich für ein Drittel der Summe ein Zimmer haben können. Doch ich nahm es. Wenn es auch nicht Mayfair war, das Herz des West End, so war es doch weit weg vom East End. Ich war zufrieden.

Ich sagte Leslie nichts. Ich sagte Mildred nichts. Ich verschwand ganz einfach. Ich trennte das East End mit einem Messer von mir ab, so scharf und skrupellos wie nur möglich.

Am nächsten Morgen war ich auf meinem Posten, ehe Gamage seine Pforten öffnete. Ich stellte mein Reklameschild in einem Eckchen der Kosmetikabteilung auf und probte meine Verkaufsansprache. »Guten Tag, mein Herr, oder meine Dame.« (Lächeln) »Haben Sie schon diese neue und ungewöhnliche Zahnbürste ausprobiert, die die *Rückseite* der Zähne reinigt und den Zahnverfall verhindert?« (Strahlendes Lächeln.) »Wenn Sie sie betrachten, werden Sie feststellen, daß sie sich von den üblichen Zahnbürsten deutlich unterscheidet, mit denen Sie die *Rückseite* Ihrer Zähne einfach nicht erreichen können.« (Drücken Sie dem voraussichtlichen Kunden eine Zahnbürste in die Hand und lächeln Sie.) »Zur Einführung haben wir einen Sonderpreis, mein Herr, oder meine Dame.«

Immer noch lächelnd drehte ich mich um und entdeckte eine überschlanke ältliche Frau mit gekräuseltem Haar, die hinter der Kosmetiktheke stand und mich beobachtete. Sie lachte. »Müssen Sie all das Zeug erzählen, um eine Zahnbürste zu verkaufen?« fragte sie betont freundlich. Sie streckte mir die Hand hin. »Ich heiße Ruth Houghton und arbeite in Kosmetik, bin also Ihre Nachbarin.«

»Ich heiße Lily Sheil«, sagte ich. Miß Houghton war so mitteilsam, daß ich ihr einfach nicht böse sein konnte. Sie taufte mich auf der Stelle »Sheilsy« und lieh mir ihren kleinen schwarzen Staubwedel, damit ich meine Ware abstauben konnte.

Der Pförtner öffnete den Haupteingang, und die erste Kundin des Tages, eine Frau mit großer Handtasche, kam hereingestürzt. Als sie näher kam, trat ich zwei Schritte vor — »Sie dürfen nicht zu aufdringlich sein«, hatte uns der rotgesichtige Mann eingeschärft —, baute mich vor ihr auf und strahlte sie an. »Haben Sie schon diese neue und ungewöhnliche Zahnbürste ausprobiert? ...« begann ich. Sie segelte an mir vorbei. Plötzlich war mein Vertrauen erschüttert. Vielleicht ist die Sache schwieriger, als ich ahnte, dachte ich.

Ein Mann in mittleren Jahren kam gemessenen Schrittes herein. Ich wartete, machte zwei Schritte vorwärts, lächelte strahlend und begann meine Rede. Er blieb stehen und hörte mir zu — ein Grinsen im Gesicht —, jedem meiner Worte. Als ich ihm eine Zahnbürste in die Hand drückte, nahm er sie.

»Schön, meine Liebe, wieviel kostet sie?« fragte er.

»Zwei und sechs, mein Herr.« Und eilig fügte ich hinzu: »Aber sie ist so viel besser als die anderen, und Sie werden bestimmt niedrigere Zahnarztrechnungen bekommen.« Ich wußte, daß die meisten Zahnbürsten nur die Hälfte kosteten. »Gemacht«, sagte er, »ich nehme eine.«

Erfolgstrahlend kehrte ich auf meinen Posten zurück. Miß Houghton blinzelte mir zu. Ich blinzelte zurück. Ich konnte also verkaufen.

Zwei Frauen kamen herein, tief im Gespräch. Sie schienen ärgerlich, als ich sie unterbrach. Sie kauften nicht. Dann betrat ein Mann das Warenhaus. Er kaufte eine Zahnbürste. Auch ein weiterer Mann kaufte eine. Es war klar, daß Männer mehr Interesse daran hatten als Frauen, die Rückseite ihrer Zähne zu erreichen, und ich dachte ein Weilchen darüber nach. Im Lauf des Vormittags verkaufte ich fünf Bürsten — an Männer. Am Ende des Tages hatte ich neun verkauft — an Männer. Ich beschloß, am nächsten Tag gar nicht erst den Versuch zu machen, an Frauen zu verkaufen. Mochten ihre Zähne verfaulen. Geschah ihnen recht.

Ich lernte, mit meinen Kunden zu scherzen, doch ich war auf der Hut. Als ein gutgekleideter Herr mit Melone sagte: »Meine Liebe, ein hübsches Mädchen wie Sie sollte nicht seine Zeit damit vergeuden, Zahnbürsten zu verkaufen. Hätten Sie nicht Lust, für mich zu arbeiten?« lächelte ich mit Grübchen in den Wangen, ließ mich aber nicht einwickeln. Doch immer wieder verweilten Männer, wenn sie kauften, um sich mit mir zu unterhalten. Ich sei hübsch, sagten sie; sie hätten Verwendung für ein Mädchen wie mich. Sie ließen für gewöhnlich ihre Geschäftskarte da. Dann sah ich zu Miß Houghton hinüber, lächelte und ließ die Karte in einen Zigarrenkasten fallen, in dem ich mein Wechselgeld aufbewahrte.

An einem regnerischen, stürmischen Dezembermorgen flog die Tür auf, und ein Mann stürmte herein. Er war schlank, trug einen Regenmantel und einen weichen Hut. Er kam schwungvoll herein, fast schien es, als hätten Wind und Regen die Eingangstür aufgeweht und ihn hereingeblasen. Er eilte an mir vorüber, und ich lief ihm nach — er war seit einer Stunde der erste Kunde — und rief beinah: »Mein Herr, haben Sie schon diese neue Zahnbürste ausprobiert, die die *Rückseite* der Zähne reinigt?«

Er fuhr herum und starrte mich an. Seine Augen waren dunkelblau, seine Haut war tief gebräunt, und sein dunkles Haar hing ihm tief in die Stirn. Er schien um die vierzig. Unvermittelt erstrahlte sein Gesicht in einem wunderschönen Lächeln.

»Donnerwetter!« rief er aus. »Sie sind verdammt hübsch!« Ich war hingerissen von seiner tiefen, melodischen Stimme. Ohne ein weiteres Wort abzuwarten, nahm er die Zahnbürste und betrachtete sie. »Donnerwetter!« rief er aus. »Das ist ein komisches Ding — wenn Sie das verkaufen können, können Sie alles verkaufen.« Er wandte sich mir zu und sagte mit beinah jungenhaftem Eifer: »Ich handle mit Eisen und Stahl, aber ich habe eine Modewarenabteilung, in der ich ein Mädchen wie Sie gebrauchen könnte. Sie sind wirklich so hübsch, daß Sie alles, was ich führe, verkaufen könnten!«

Das alles hatte ich schon vorher gehört. Ich hatte nicht die Absicht, mich um einen Verkauf prellen zu lassen. »Sie reicht bis auf die *Rückseite* der Zähne, mein Herr, wo der Verfall —« Er hörte nicht zu. »Ausgezeichnet«, sagte er. »Ausgezeichnet. Ich nehme eine. Genau das Mädchen, das ich suche. Hier« — er gab mir eine Pfundnote und zog eine Visitenkarte aus der Westentasche —, »hier ist meine Karte. Rufen Sie mich an, vergessen Sie's nicht?«

»Oh, danke sehr, mein Herr«, sagte ich triumphierend. Ich wickelte die Zahnbürste ein und gab ihm heraus. Er verstaute seinen Einkauf und eilte hinaus, offenbar hatte er völlig vergessen, was er eigentlich hatte kaufen wollen, als er hereingestürmt war. Ich warf einen Blick auf seine Karte, blinzelte Miß Houghton zu und ließ die Karte in den Zigarrenkasten fallen.

An diesem Abend betrachtete ich mich gründlich im Spiegel, wie ich es schon so oft getan hatte. War ich wirklich so hübsch? Durfte ich den Komplimenten, die mir die Männer machten, Glauben schenken? Das Gesicht, das mir entgegensah, war nicht mehr rund, sondern herzförmig. Mein aschblondes Haar, das immer so strack und glanzlos gewesen war, fiel jetzt in natürlichen Wellen herab. Meine Nase hatte sich aus einem winzigen Stups zu einem Gebilde von beachtlicher Länge entwickelt. Graugrüne Augen, ein Mund in eleganter, einem klassischen Bogen ähnlicher Linienführung und ein vollkommener englischer Teint, sahnig, rosa und weiß … Ich *war* hübsch.

Ich begann mich in den Glauben zu hüllen, daß ich jene geheimnisvolle Eigenschaft besäße — was immer es sein mochte —, die die Männer anlockte. Die anderen Mädchen im Erdgeschoß besaßen sie nicht in diesem Maß. Miß Weymouth von der Papierwarenabteilung war hübsch, aber irgendwie fehlte ihr diese Eigenschaft. Frauen, nicht Männer hielten sich bei ihr auf, um zu plaudern. Miß Knight, Handschuhe und Taschen, war attraktiv und klein und trug ihr Haar in herausfordernden Ponys, doch sie besaß jene Eigenschaft nicht. Was immer es sein mochte, ich besaß es, und ich war dankbar dafür.

Drei Wochen vergingen — und meine Anstellung endete. Unerwartet tauchte eines Montagmorgens kummervoll dreinschauend der rotgesichtige Mann auf. Die Firma würde liquidiert. Sie könne die Provisionen, die am Ende des Monats abgerechnet werden sollten, nicht auszahlen, obwohl ich erfolgreich gearbeitet habe. Er könne mir noch ein Wochengehalt zahlen. Es tat ihm ehrlich leid.

Ich war zerschmettert. Meine Stimme zitterte, als ich es Miß Houghton erzählte. — »Was wirst du anfangen, Sheilsy?« fragte sie. Ich wußte es nicht. Wovon sollte ich mich ernähren? Meine enorme Miete von zehn und sechs bezahlen? In der Hand hielt ich meinen Wochenlohn von einem Pfund, und in meinem Portemonnaie waren ein paar Schillinge, die ich gespart hatte. Ich mußte eine andere Stellung finden. Mir sank der Mut beim Gedanken daran, daß ich diese Qual von neuem auf mich nehmen sollte. Doch entsetzte mich die Vorstellung, ins East End zurückzukehren, vielleicht Leslie zu heiraten, der in einer Hemdenfabrik arbeitete.

Dann fiel mir der Mann im Regenmantel ein. »Donnerwetter —«, hatte er gesagt. Seine Stimme war so sanft gewesen, sein Lächeln so jungenhaft. Er hatte vertrauenerweckend gewirkt. Doch welches war seine Karte?

Mit Miß Houghtons Hilfe ging ich den Inhalt meines Zigarrenkastens durch. Ich befingerte jede Karte, laut den Namen lesend und grübelnd: Ist es diese? Dann erinnerte ich mich daran, daß er gesagt hatte: »Ich handle mit Eisen und Stahl, aber ich habe eine Modewarenabteilung ...« Wir kramten die Karten durch, es waren ungefähr zehn. Und da war sie:

THE JOHN GRAHAM CO.
EISEN- UND STAHLFABRIKATION
MAJOR JOHN GRAHAM GILLAM, D. S.O.
GENERALDIREKTOR

Auf die Rückseite war eine Telefonnummer gekritzelt. Ich wartete zwei Tage, ehe ich Major Gillam anrief. Tief beeindruckt hatte Miß Houghton mir erklärt, daß D. S. O. — Distinguished Service Order — Kriegsverdienstorden hieß und nur vom Victoria-Kreuz übertroffen wurde, Englands höchster Auszeichnung für militärische Tapferkeit. Seine Majestät Georg V. hatte eigenhändig im Buckingham-Palast Major Gillam den Orden angeheftet! Ich konnte es kaum glauben, daß ein D. S. O. mich als Angestellte haben wollte. Als ich anrief, sagte eine Mädchenstimme aufgeregt: »Er hat Sie überall gesucht, Miß Sheil. Selbst mit der Zahnbürstenfirma hat er sich in Verbindung gesetzt.« Einen Augenblick darauf hörte ich eine tiefe, melodische Stimme: »Oh, Miß Sheil, gestern war ich bei Gamage, und man hat mir gesagt, Sie seien fort, ohne eine Adresse zu hinterlassen. Sie versprachen, mich anzurufen — warum haben Sie es nicht getan?«

»Wollen Sie mich noch haben?« platzte ich heraus.

Er lachte. »Wie lange brauchen Sie, um herzukommen?« Eine Stunde später saß ich ihm in seinem Büro gegenüber. Donnerwetter, natürlich hatte er es ernst gemeint. Er wollte mich anstellen.

Ich versuchte mich geschäftsmäßig zu geben. »Wie hoch ist das Gehalt?« fragte ich formell.

Wieviel hatte ich bei Gamage bekommen?

»Ein Pfund zehn«, log ich.

»Dann gebe ich Ihnen zwei Pfund zuzüglich Provision.«

»Das ist fein«, erwiderte ich gelassen, doch mein Herz schlug schnell. Zwei Pfund — zuzüglich Provision! Provision, die ausbezahlt würde! Einen Augenblick sah er mich an, dann sprang er vom Schreibtisch auf. »Ich werde Ihnen das Büro zeigen.«

Die John Graham Company hatte zwei große Zimmer und einen Lagerraum inne. Im Lagerraum waren seine Modeartikel — lackierte Tabletts, Polituren und Reinigungsmittel, Modeschmuck, Reisenecessaires, Autouhren, Briefmarkenkassetten und Brieftaschen. Und an einer Wand reihenweise Kartons mit fußhohen Tischlampen.

»Sehen Sie sich die an«, sagte er und zog eine hervor. »Das ist eine Selbstschaltlampe. Schauen Sie.« Er hob die Lampe hoch — sie ging an — und stellte sie wieder ab. »Ganz einfach«, sagte er, »wenn man sie ausmachen will, hebt man sie wieder hoch. Genial, nicht wahr?«

Ich war beeindruckt.

»Dies ist einer der Hauptartikel, die Sie verkaufen werden. Ich gebe Ihnen eine Liste der Geschäfte, die Sie besuchen«, erklärte er. »Natürlich fange ich gerade erst an, sie zu vertreiben, aber es ist Ihr Arbeitsbereich. Es ist Ihre Abteilung. Sehr bald werden Sie Angestellte unter sich haben. Sie werden bestimmt gut zurechtkommen.«

Ich spürte Gewissensbisse. »Ich habe wirklich sehr wenig Erfahrung, Major Gillam ...«

Doch er tat es mit einer Handbewegung ab. »Ich sagte Ihnen schon, wer diese absurde Zahnbürste verkaufen kann, kann alles verkaufen. Ich mache mir keine Sorgen um Sie, Miß Sheil.« Er begleitete mich zur Tür. »In Ordnung?« fragte er. Sein Gesicht leuchtete auf. »Donnerwetter, bin ich froh, daß Sie angerufen haben! Also, Sie kommen dann morgen früh?« Ich lächelte und nickte und ging.

Auf dem Weg zurück in mein Zimmer dachte ich: Wenn das so weitergeht, werd' ich in Mayfair landen, ehe ich mich's versehe. Jetzt verdiene ich schon doppelt soviel wie vorher. Ich sah mich im Zimmer um — immer war es dunkel, ein dünner gelber Schal lag über dem Sofa, um einen gezackten Riß zu verdecken, ein kleines Waschbecken mit einem Sprung — ich marschierte treppab und klopfte bei meiner Wirtin. »Ich möchte ein Vorderzimmer«, sagte ich. Sie gab mir eines für zwölfundsechs, dessen Fenster auf die breite Straße ging. Ich brachte meine Habseligkeiten in das neue Zimmer und dachte dabei, daß meine Mutter es ihr ganzes Leben lang nie zu einem Vorderzimmer gebracht hatte, in das die Sonne schien. Ich hatte es in drei Wochen geschafft. An jenem Abend saß ich in einem Sessel und sah durch das Fenster auf den Verkehr hinaus. Wie freundlich Major Gillam gewesen war, wie liebenswürdig sein Benehmen, wie gütig sein Lächeln! Er war kein Mann, der auf Handgreiflichkeiten aus war. Er behandelte mich mit Achtung und Liebenswürdigkeit. Und er war ein reifer Mann, kein Ginger oder Leslie — ein Mann von Welt. Ich sah es an der Eleganz seines Anzuges, der Ritterlichkeit, mit der er mich zur Tür geleitet hatte. Er ist hübsch, dachte ich, tapfer, bezaubernd — er ist der attraktivste Mann, dem ich je begegnet bin!

5

Als ich am nächsten Morgen zur Arbeit kam, saß Major Gillam gemütlich hinter seinem Schreibtisch und las die *Times*. »Guten Morgen, guten Morgen«, rief er. Er ließ die Zeitung sinken und sah mir lächelnd zu, während ich meinen schwarzen Satinmantel auszog und ihn sorgfältig in einen Schrank hängte. »Ich möchte, daß Sie sich in aller Ruhe mit Ihrer Arbeit vertraut machen«, sagte er. »Wollen mal sehen.« Er sah sich um. Im Lagerraum waren einige Gros von Ketten aus Kunstperlen, die zu einem Preis von umgerechnet zwei Mark verkauft wurden. Ich könne den Versuch machen, einige Muster in den Läden anzubieten, meinte er, und er gab mir eine Liste der Geschäfte, in denen ich mein Glück versuchen sollte.

Meine Ware in ein kleines braunes Köfferchen gepackt, begab ich mich auf meine erste Tour als Vertreterin der John Graham Company, Modewarenabteilung. Das Ergebnis war erschreckend. Nach drei Tagen war es mir nicht gelungen, auch nur eine einzige Kette zu verkaufen. »Modeschmuck? Nicht im Januar, Miß. Vor Weihnachten hätten Sie uns besuchen sollen.«

Überall das gleiche Lied.

»Machen Sie sich nichts draus«, sagte Major Gillam. »Vielleicht liegen wir falsch mit unserer Terminplanung. Wir werden versuchen, sie vor Ostern anzubringen.« Er lächelte. »Legen Sie sie einfach an ihren Platz zurück. Ich habe hier etwas anderes, Miß Sheil, etwas meiner Ansicht nach wirklich Erstklassiges.«

Es erwies sich als eine neue Autopolitur namens »Suji-Muji«. »Enthält eine orientalische Ingredienz von größter Wirksamkeit«, erklärte Major Gillam. »Sie könnten es in der Great Portland Street versuchen — dort gibt's Dutzende von Autosalons — und ich bin sicher, daß Sie Erfolg haben werden.« Er tätschelte meinen Arm. »Einfach lächeln«, sagte er. »Ihrem Lächeln kann niemand widerstehen.«

»Mit meinem großen Kinohut und mit schleppendem Mantel kam ich mir als phantastische Erscheinung vor, doch die Verkäufer in den Salons waren ungewöhnlich weltmännische junge Leute, die sich nicht leicht von etwas beeindrucken ließen. Ich kam mir sehr auffallend vor, als ich den ersten Autosalon betrat und mit strahlendem Lächeln nach dem Geschäftsführer fragte. Ich strahlte den gutaussehenden Mann mit glänzendgewachstem Schnurrbart an, der auf mich zukam. »Ich habe eine neue Autopolitur anzubieten, die berühmte orientalische Suji-Muji-Paste. Ich würde Ihnen gern zeigen, wieviel besser sie ist als alles, was Sie bisher benutzt haben.«

Der Geschäftsführer fuhr sanft mit einem Finger über seinen Schnurrbart und betrachtete mich mit einem belustigten Funkeln im Auge. »Suji — was, Miß?« fragte er.

Mit Würde wiederholte ich den Namen: »Suji-Muji. Darf ich sie vorführen, Sir?«

Inzwischen waren drei oder vier Verkäufer zu uns getreten, jeder mit leuchtender Krawatte und weißem, aus der Brusttasche hervorquellendem Taschentuch. Sie hörten mit beachtlichem Interesse zu.

Der Geschäftsführer grinste. »Schön«, sagte er, »da drüben steht ein Wagen, den Sie dafür benutzen können!« Von den Männern gefolgt, ging ich zu dem Wagen. »Würden Sie bitte am unteren Stoßfänger demonstrieren.« Er erklärte, daß er nicht riskieren könne, eine sichtbare Stelle verflecken zu lassen.

Es blieb mir nichts anderes übrig, als mich auf alle viere niederzulassen und die Politur an der bezeichneten Stelle aufzutragen. Ich machte mich an die Arbeit. »Sehen Sie«, sagte ich sorgfältig formulierend, »man benötigt nur eine kleine Menge.« Ich sah auf und bemerkte, daß die Zuhörer sich gegenseitig Blicke zuwarfen. »Und mit diesem Tuch, das der Büchse beigegeben ist, entnehmen Sie eine kleine Menge und reiben sanft hin und her, hin und her —« Während ich rieb, sah ich mit hoffnungsvollem Lächeln auf. Einige der Herren hatten die Position gewechselt und verfolgten nun meine Arbeit von der Rückseite. Schamlos beäugten sie mich, während ich auf allen vieren polierte: Ich hatte das Gefühl, daß meine Kleider so gut wie durchsichtig wären, doch ich machte verbissen weiter. »Und nun sehen Sie, wie sauber und glänzend es ist!«

Ich erhob mich. Das Ende des Stoßfängers glänzte wie ein Spiegel. Die Männer sahen mich an und nickten beifällig. »Prima Ware«, sagte einer und kniff ein Auge zu.

»Wollen Sie bitte hier herüberkommen, Miß«, sagte der Geschäftsführer. — Er kaufte eine Dose Politur. Als ich ihm herausgab, senkte er die Stimme. »Was haben Sie später vor?«

Ich war äußerst ungehalten. »Ich bedaure«, sagte ich eisig. »Ich verkaufe woanders Suji-Muji, danke sehr.«

Ich stelzte hinaus. Wie konnte er es wagen, mich als Handelsvertreterin nicht seriös zu behandeln!

Nach wenigen Tagen ließ sich ein niederdrückender Mangel an Nachfrage nach der orientalischen Suji-Muji-Paste feststellen. Als ich Major Gillam davon in Kenntnis setzte, blieb er unverändert gelassen. »Sie werden noch lernen, daß die Terminplanung das Allerwichtigste ist«, erklärte er. »Wir werden einen neuen Versuch starten, wenn es ein paar Tage hintereinander geregnet hat und die Autos gewaschen und poliert werden müssen. Machen Sie sich keine Sorgen, bitte«, fuhr er fort. »Ich sagte Ihnen ja schon, daß ich alles mögliche zu verkaufen habe, wobei Sie mir helfen können.« Ein ganz *reizender* Mann! sagte ich bei mir.

»Eine Arbeit habe ich Ihnen noch nicht erklärt«, sagte er. »Wie Sie wissen, habe ich ein großes Versandgeschäft und muß jede Woche eine riesige Zahl von Briefen hinausschicken. Könnten Sie heute abend etwas länger bleiben und mir dabei helfen?«

Ich war so dankbar für das Gehalt, das er mir weiterhin zahlte, für seine Unbekümmertheit angesichts meines Mißerfolges als Verkäuferin, für seine Liebenswürdigkeit, daß ich seine bereitwillige Sklavin war. »Aber ja, gern.«

Um fünf Uhr dreißig saß ich ihm an seinem Schreibtisch gegenüber. Er war damit beschäftigt, die Briefe zu unterschreiben, die die Mädchen für ihn getippt hatten. Wenn er mit einem fertig war, schob er ihn mir zusammen mit dem Umschlag hin. Ich steckte den Brief ein, leckte die Klappe an und klebte ihn zu. Dann beleckte ich eine Briefmarke und klebte sie darauf. Ab und an sah er auf: »Sind Sie müde? Macht es Ihnen auch bestimmt nichts aus?«

Glücklich leckte ich an einem Umschlag und schüttelte den Kopf. »Aber nein, es macht mir Spaß.«

Ein Umschlag verlangte Auslandsporto. Er ging nach Paris. »Oh, diesen Namen kenne ich«, rief ich aus. »Channel!« (Ich sprach es aus wie unser englisches Wort für den Kanal.) Chanel war ein berühmtes Parfum, das wußte ich.

Major Gillam lächelte mir zu. »Es ist ein französischer Name, Lily. Man spricht es Scha-nel aus.« Ich fühlte mich gedemütigt. Wenn ich aus vornehmer Familie wäre und ein französisches Pensionat besucht hätte, würde ich mich jetzt nicht mit einem derart peinlichen Fehler blamieren. Ein wenig später, als ich die *Times* durchblätterte und darauf wartete, daß er weitere Briefe fertigmachte, bemerkte ich: »Was da in der Zeitung steht über die Debuntanten, die bei Hof vorgestellt werden, ist so interessant —«

Er lachte schallend. Erstaunt sah ich auf. »Entschuldigen Sie, Lily«, sagte er. »Aber es heißt Debütantinnen, nicht Debuntanten.« Und wieder lachte er. »Mein Gott, wie komisch!« Ich wurde rot, lachte aber mit. Ich konnte Major Gillam nicht böse sein. Während ich ihm da so gegenübersaß, glühte ich vor Begeisterung. Jetzt war ich es, die da in einem hellerleuchteten Büro saß und mit einem bezaubernden Mann lachte und plauderte, und Arbeiterinnen aus dem East End, die vielleicht gerade in einem Bus vorbeifahren und sehnsüchtig in die Fenster spähen mochten, sie würden nun *mich* sehen und beneiden. Ich verdanke diesem Mann so viel, dachte ich.

Eines Abends, als er den letzten Brief unterschrieben hatte, lehnte er sich aufatmend zurück. »Weiß Gott, es war ein langer Tag«, sagte er. »Beinah sieben Uhr. Hätten Sie Lust, mit mir zu Abend zu essen?«

Ich errötete. »Pst — — — so was sollten Sie nicht sagen.«

Er sah überrascht aus. »Warum denn nicht?«

Ich versuchte ihm zu erklären, daß es sich nicht gehöre, da ich für ihn arbeitete. Wenn ich ihn mir auch nicht als einen der Männer vorstellen konnte, die mir am Piccadilly nachgegangen waren, so wußte ich doch, daß Mädchen, die ihren Arbeitgebern Vertraulichkeiten erlaubten, unweigerlich zum Schluß ihre Stellung verloren. Und wenn mich Major Gillam auch faszinierte und ich ihn bewunderte, waren doch zwei Pfund die Woche zuzüglich Provision zu kostbar, um sie aufs Spiel zu setzen.

Eine Woche verstrich, ehe ich einwilligte. Und dann war es eine Auslandsreise, die es statthaft erscheinen ließ. Major Gillam hatte, wie ich inzwischen wußte, Niederlassungen in Frankreich und in Belgien — zumindest Geschäftsverbindungen. An einem Wochenende mußte er nach Brüssel fahren. Er fragte, ob ich ihn bis nach Dover begleiten und zum Fährschiff bringen wolle.

Ich war begeistert. Das war die Rolle einer Privatsekretärin — den Chef zum Fährschiff zu begleiten —, und einen Mann beim Aufbruch zum Kontinent zu verabschieden ließ einen am großen Abenteuer teilhaben. Der Kontinent — das war dunkel, golden, geheimnisvoll! Ich sollte einen Mann auf den Weg nach Europa bringen!

Einmal schon war ich mit der Bahn gefahren, nach Brighton. Damals war ich in der dritten Klasse gereist. Diesmal saß ich in einem Abteil erster Klasse. Major Gillam nahm mich mit in den Speisewagen mit seiner Eichenholztäfelung und den weichgepolsterten Sitzen. Ein Kellner schwebte um uns herum, und ich futterte Käse und Brötchen und kam mir restlos schwelgerisch vor, wie ich da mit meinem vornehmen Chef unter den andern Erster-Klasse-Passagieren saß.

Dann verabschiedete ich ihn. Er sagte mir Lebewohl und schob sein Gesicht vor, und automatisch küßte ich ihn auf die Wange.

Während ich zum Zug zurückging, schwebte ich auf Wolken. Ich kam an einem Telegrafenbüro vorbei. Spontan setzte ich mein erstes Telegramm auf — an Major John Gillam, Brüssel: ICH HOFFE SIE SIND GUT ANGEKOMMEN — GRÜSSE LILY. Ich fühlte mich kühn und weltgewandt.

Nun hatten wir etwas miteinander gemeinsam. Als Major Gillam mich bei seiner Rückkehr zum Abendessen einlud, nahm ich an.

Er führte mich in den Mars, ein gemütliches kleines Lokal in Soho. Es war nicht so imposant wie das verhangene Restaurant bei der Bond Street, doch mir gefiel die Atmosphäre. Der Oberkellner geleitete uns unter Verneigungen zu einem Tisch, auf dem eine elektrische Kerze unter rosafarbenem Schirm summte. In der Nähe saßen Theaterbesucher im Abendanzug: Ihre Gegenwart gab mir ein angenehm prickelndes Gefühl. Die Spezialität des Mars war Seezunge. Mir schmeckte sie so ungemein gut, daß ich sogar die Gräten in den Mund stopfte, als Major Gillam gerade nicht hinsah.

Bald wurde der Mars eine feste wöchentliche Einrichtung für uns, meist an den Tagen, an denen ich Überstunden machte, um ihm bei der Post zu helfen. Stets trug ich mein einziges Komplet — den schwarzen Satinmantel, den ich auch bei Tisch anbehielt. Doch sooft ich mich vorbeugte, um ein Brötchen zu nehmen oder Major Gillam eine Frage zuzuflüstern, hingen Fransen ins Essen.

»Wirklich, meine Liebe«, sagte er eines Tages, »das sollten Sie nicht tun. Sie sollten den Mantel ablegen.«

Und danach begann Major Gillam, freundlich und mit äußerstem Taktgefühl meine Tischmanieren zu verbessern. Ich war verblüfft darüber, was ich alles nicht wußte. Wie man ein Fischmesser benutzt, um den Fisch zu entgräten; was man mit den Gewürzen anfängt — im Waisenhaus hatten wir nicht einmal Pfeffer und Salz auf dem Tisch gehabt. Er brachte mir bei, nicht die Ellbogen aufzustützen, nicht mit Messer und Gabel zu gestikulieren und beide ordentlich nebeneinander auf den Teller zu legen, wenn ich fertiggegessen hatte. Er lehrte mich, geduldig zu warten, bis alle Speisen serviert waren — soweit ich zurückdenken konnte, hatte ich in dem Augenblick, in dem man mir etwas zu essen hinstellte, begonnen, es hinunterzuschlingen, so als fürchtete ich, jemand könne es mir wegnehmen.

Er lehrte mich, bei Begrüßungen »Wie geht's« zu sagen, nicht als Frage, sondern als feststehende Floskel. Fast väterlich sanft sagte er zu mir: »Sie schnüffeln ständig, Lily — *putzen* Sie doch lieber Ihre Nase.« Unglücklich sagte ich: »Im Waisenhaus hatten wir keine Taschentücher.« Er brachte mir bei, nicht »Verzeihung?« zu fragen, wenn ich etwas nicht ganz verstanden hatte. »Sagen Sie einfach ›Wie bitte?‹. Es klingt weniger elegant, ist aber korrekt.« Er lehrte mich, aufzustehen, wenn eine ältere Dame ins Zimmer kam, hingegen entspannt sitzen zu bleiben, wenn ein Mann an unseren Tisch trat, um mit uns zu plaudern. Und ich beherzigte alles und war ihm dankbar, denn er war so gütig.

Er sprach auch über meine Kleider mit mir. Wir waren vielleicht dreimal im Mars gewesen, als er davon anfing. »Was ich jetzt sagen werde, wird Sie möglicherweise kränken, Lily, aber das ist nicht meine Absicht. Sie müssen wirklich einiges an Ihren Kleidern ändern, und ich werde Ihnen dabei helfen.« In plötzlicher Enttäuschung dachte ich: Oh, sie waren also nicht so hübsch, wie ich dachte!

»Sehen Sie«, erklärte er, »Sie sind mein Schaukasten. Sie sind die Vertreterin der John Graham Company in der Öffentlichkeit, müssen also gut gekleidet sein, damit unsere Kunden den Eindruck haben, wir machten gute Geschäfte. Sie verstehen mich doch?«

»Ja, gewiß«, sagte ich, obwohl ich nicht ganz mitkam.

»Gut«, sagte er. »Bitte denken Sie nicht, daß ich irgendwelche Hintergedanken hätte. Ich werde Sie zu meinem Schneider schicken, damit er Ihnen einen neuen Mantel macht. Das als erstes.« Alarmiert sah ich auf, und er fügte eilends hinzu: »Vergessen Sie also nicht — Sie sind mir in gar keiner Weise verpflichtet. Ich betrachte das einfach als nüchterne geschäftliche Erwägung meinerseits.«

Ich war nicht wirklich alarmiert. Es war mir einfach unmöglich, Major Gillam böse Absichten zu unterstellen. Ich dachte lediglich: Ist es nicht erstaunlich, daß ein Mann von so vornehmem Wesen, mit solchem Charme und so guter Erziehung eine Lily Sheil überhaupt beachtet, ja Lust verspüren kann, sich mit einem so armen und ungebildeten Mädchen wie mir zu unterhalten, das von nichts eine Ahnung hat? Und ist es nicht wundervoll, dachte ich weiter, daß ich hübsch bin? Das ist das größte Geschenk, das mir je zuteil wurde, daß ich hübsch geworden bin.

Ich ging zu seinem Schneider und suchte mir einen entzückenden dunkelroten Mantel mit schwarzem Samtkragen aus. »Sehr schön«, sagte er beifällig. »Jetzt werden Sie nicht mehr in alles hineintunken.« Ich lachte. »Jetzt«, sagte er, »brauchen Sie einen neuen Hut. Ich meine, was Sie da tragen, ist nicht das Rechte für Sie. Und Sie brauchen Schuhe und eine Handtasche und dazu passende Handschuhe.«

Dann: »Finden Sie nicht, daß Ihre Hände sehr rauh sind? Ich kenne junge Damen, die jeden Abend ihre Hände mit Glyzerin und Rosenwasser behandeln. Ich werde es Ihnen besorgen.« Er erklärte mir auch, was ich zur Nagelpflege tun müsse. Ich hatte noch nie etwas von Maniküre gehört. Er kaufte mir ein Manikürbesteck.

»Warum gehen Sie nicht mal zum Friseur und lassen sich Ihr Haar richten?« fragte er. Ich war gekränkt. »Gefällt es Ihnen nicht so, wie es ist?« — »Es ist sehr hübsch ...«, antwortete er, »aber ich meine, ein Friseur könnte es noch besser zur Geltung bringen.«

Wer konnte dem widerstehen?

Ich begann einiges über Major Gillam in Erfahrung zu bringen. Er hatte seinen D.S.O. vor Gallipoli erworben, äußerte sich aber sehr zurückhaltend über seine Heldentat. »Nun ja, eine militärische Operation, an der ich beteiligt war.« Und damit war das Thema für ihn erledigt. Er war Junggeselle, um die zweiundvierzig — fünfundzwanzig Jahre älter als ich. Er war in Birmingham geboren. Vor dem Krieg hatte er sich für Literatur und Theater interessiert, hatte zu den ersten Mitgliedern des Birminghamer Repertoiretheaters gehört und kurze Zeit mit Cedric Hardwicke und Melville Cooper und anderen, die sich später einen Namen machten, gespielt. Weil seine Familie eine Bühnenlaufbahn mißbilligte, war er in die Firma H.M. Tennant & Söhne, Eisen- und Stahlwaren, eingetreten. Es wurde mir klar, daß er aus einer achtbaren Familie des Mittelstands kam, sich aber in allen Gesellschaftsschichten auskannte und zurechtfand. Ich hätte keinen kenntnisreicheren und hingebungsvolleren Lehrmeister finden können.

Ich meinerseits war ungemein lernbegierig, brannte darauf, gute Manieren zu erlangen und nicht allein meine Aussprachefehler zu korrigieren, sondern meinen Anflug von

Cockney-Akzent überhaupt. Dem Waisenhaus mußte ich zumindest dafür dankbar sein, daß es mich von der Straße weggebracht hatte, wo ich unweigerlich das reinste Cockney angenommen hätte. Je länger ich mit Major Gillam zusammen war, um so mehr begann ich auf meine Sprechweise zu achten. Ich erzählte ihm alles über mich. Ich schämte mich meiner geringen Grundlagen, des Waisenhauses, des East End, doch ich vertraute ihm. Es schien, als habe er mich zu seinem Schützling erkoren, um mich zu einer wirklichen jungen Dame zu formen, die er als seine Vertreterin losschicken oder zum Essen in den Mars führen konnte, ohne fürchten zu müssen, daß sie ihn möglicherweise blamierte.

Eines Abends, als wir spät noch arbeiteten, sagte er: »Ich muß heute abend zu einem Regimentsessen, Lily. Wollen Sie mit mir nach Hause kommen, während ich mich umkleide?« Ich ging mit in seine Wohnung. Ein livrierter Portier empfing uns, an seine Mütze tippend, öffnete uns die Aufzugtür; und während wir nach oben fuhren, dachte ich, wie großartig, in einem Haus mit Aufzug zu wohnen und nicht steinerne Treppen klettern zu müssen, auf denen man immerzu arme Frauen mit Einkaufskörben oder schmutzige müde Männer mit Arbeitermützen trifft.

Major Gillam schloß seine Tür auf und ließ mich in eine behagliche Wohnung eintreten. Es waren zwei Zimmer — ein kleines, gemütliches Wohnzimmer mit tiefen schwarzen Ledersesseln, und daran angrenzend ein Schlafzimmer mit Bad.

»Ich habe keine Küche«, sagte er, »aber ich kann Essen kommen lassen.«

Ich ließ mich in einen der ledernen Sessel sinken. Ob ich etwas zu trinken wolle? Ich schüttelte den Kopf. Alkohol reizte mich nicht: einzig Essen. Als ob er meine Gedanken gelesen hätte, sagte er: »Sie müssen etwas essen.« Er klingelte, und als ein Boy erschien, bestellte er süße Brötchen und eine Flasche Ingwerbier. »Sind Rosin' in den Brötchen?« fragte ich. Er lachte.

»Ja, aber es wäre besser, wenn Sie es Rosinen aussprächen.« Mein ganzes Leben lang hab' ich Rosin' gesagt, dachte ich, wieviel muß ich noch lernen!

Dann goß er sich einen Scotch mit Soda ein, und wir machten es uns bequem, er mit seinem Drink, ich mit meinem Tablett mit Essen und Ingwerbier. Er erzählte mir mehr über sich. Seine Leidenschaft galt weder Eisen und Stahl noch den Modeartikeln. Er wollte schreiben. Er verbrachte Stunden im Lesesaal des Britischen Museums, wo er Militärgeschichte und Altertümer studierte, und sandte Artikel darüber an die Zeitungen. Es bekümmerte ihn, daß die John Graham Company nicht so florierte, wie er gehofft hatte. Eine ältere, ziemlich reiche Schwester finanzierte ihn, und er wollte sie nicht enttäuschen. Er zeigte mir eine Fotografie, die aufgenommen worden war, als er nach der Ordensverleihung den Buckingham-Palast verließ. Seine Schwester stand voll Stolz an seiner Seite. Er sprach mit Wärme von ihr und, wie ich zu spüren meinte, mit einem Anflug von Besorgnis. Doch er hoffte zuversichtlich, daß die Geschäfte sich bald bessern würden. Er setzte großes Vertrauen in unsere Modewarenabteilung. Ostern stand vor der Tür, und er war sicher, daß ich nun jeden Artikel, den wir auf Lager hatten, verkaufen würde. »Ich werde mir Mühe geben«, sagte ich, »ganz gewiß.«

Er kam auf mich zu und küßte mich. Er war sehr sanft, sehr zärtlich. Wieder küßte er mich, leidenschaftlich diesmal, und ich erwiderte den Kuß — ich war gänzlich hingerissen. Alles wäre möglich gewesen. Doch Major Gillam richtete sich unvermittelt auf. »Ich muß baden und mich umziehen«, sagte er. Und er ging hinaus.

Ich fand nichts Unrechtes daran, daß ich in seiner Wohnung war, auch nicht daran, daß er mich küßte. Ich war selbständig und niemandem als mir selbst verantwortlich.

Als er nach einer Weile in voller Uniform aus seinem Zimmer kam, blieb mir die Luft weg. Er trug einen Degen, und seine Brust glänzte von Orden und Bändern. Er sah einfach fabelhaft aus! »Wir müssen jetzt gehen«, sagte er.

Plötzlich mochte ich nicht gehen. »Darf ich noch ein bißchen bleiben? Ich hab' noch gar keine Lust, heimzugehen.« Überrascht sagte er: »Aber natürlich. Fühlen Sie sich ganz zu Hause.« Er sah sich um. »Sie haben diese Brötchen und das Ingwerbier — haben Sie sonst noch irgendeinen Wunsch?«

»Nein danke«, sagte ich. »Es ist einfach so gemütlich hier, daß ich zu gern noch ein wenig dabliebe.«

Ich brachte ihn zur Tür. Einen Augenblick lang stand er da und betrachtete mich, ein leichtes Lächeln umspielte seinen Mund. »Sie sind ein sehr naives Mädchen, Lily.« Er küßte mich, und weg war er.

An meinen süßen Brötchen knabbernd, wanderte ich durchs Zimmer, befingerte seinen Pfeifenständer, betrachtete die Fotografien an der Wand. Eine farbige war bezaubernd; offensichtlich stellte sie meinen Arbeitgeber dar, im Alter von zwei oder drei Jahren, in blau-weißem Matrosenanzug, mit goldblonden Locken bis auf die Schultern, ein Springseil in der Hand. Was für ein eleganter kleiner Junge er gewesen war! Ich probierte den einen Lehnsessel aus, dann den anderen. Ich spähte in sein Schlafzimmer: auf dem Ankleidetisch waren männliche Toilettenutensilien — Rasierapparat, Rasierwasser, Talkumpuder. Ich roch an dem Rasierwasser und probierte den Puder auf meiner Wange aus. Ich schlenderte umher und guckte ins Badezimmer. Es war fürstlich, Boden und Wände blau gekachelt. Die Wanne war riesig und aus strahlend weißem Porzellan. Ein neues Stück Badeseife lag in dem rechteckigen Drahtkörbchen und nicht weit davon eine lange Holzbürste, mit der man sich bis zum Kreuz hinunter schrubben konnte. Nie hatte ich dergleichen benutzt.

Ich dachte an die alte spinnenähnliche Badewanne in meiner Pension, und ein unwiderstehlicher Zwang überkam mich. Ich nahm ein Bad. Ich zog mich aus und stieg in die tiefe

Wanne und dehnte mich wohlig fast eine Stunde lang in dem duftenden Schaum, der nach Pinien roch, und ich dachte an die antiseptische Seife im Waisenhaus und die beißende, in den Augen brennende Seife der Wäscherin, bei der wir gewohnt hatten ...

Dann zog ich mich an, brachte alles in Ordnung und ging nach Hause.

Als begehrter Junggeselle besuchte Major Gillam jede Woche zwei oder drei Abendgesellschaften oder sonstige Veranstaltungen. Häufig begleitete ich ihn nach dem Büro nach Hause, um, während er badete und sich umzog, süße Brötchen zu verspeisen und Ingwerbier zu trinken und in seinen Zeitschriften zu lesen. Wenn er dann fort war, nahm ich mein Bad. Es störte mich nicht, wenn Major Gillam abends in seinen Club ging. Es war so vergnüglich, so luxuriös, seine Wohnung ganz für mich zu haben: Ich bewunderte Major Gillam, ich arbeitete gern für ihn. Das alles war so viel mehr, als ich mir je erhofft hatte.

Manchmal, wenn ich so in dem warmen, duftenden Wasser lag und traumverloren mit der langen Bürste meinen Rücken massierte, spielte ich mit der Vorstellung, wie es mir wohl gefallen würde, Mrs. John Graham Gillam zu sein — doch dann schob ich den Gedanken von mir weg. Er war so viel älter; und weshalb sollte er Lily Sheil heiraten wollen? Gelegentlich, wenn wir im Büro waren, sagte er impulsiv: »Sie sind so schön«, und küßte mich verstohlen, wenn niemand hinsah.

Einmal hatte er, halb neckend, hinzugefügt: »Ich wünschte, ich könnte Sie heiraten, doch ich bin meiner Schwester so verpflichtet.« Ich glaubte nicht, daß es ihm ernst wäre. Es konnte nicht sein Ernst sein. Major Gillam war ein eingefleischter Junggeselle. Ich war sein Schützling: Er fand mich hübsch und amüsant und lernbegierig und unendlich dankbar. Sein Schützling, nicht mehr.

6

Er hatte rotblondes Haar, ein rosiges Gesicht und war gut gekleidet. Seit fast zwanzig Minuten hatte er mich beobachtet.

»Möchten Sie nicht einmal diese Selbstschaltlampe probieren, Madam?« fragte ich eine korpulente, grauhaarige Frau. »Sehen Sie: anheben — und sie brennt. Wiederum anheben — und sie schaltet sich aus. Genial, nicht wahr?«

Ich stand in der John-Graham-Ausstellung auf der Hausfrauenmesse der Londoner *Daily Mail*. Major Gillam hatte eine kleine Koje gemietet in der Hoffnung, daß wir auf diese Weise unseren Vorrat von Selbstschaltlampen loswürden. Der rotblonde junge Mann, um die Fünfundzwanzig, hatte eine Lampe gekauft, war ein paar Meter weitergegangen und stand nun da herum und beobachtete mich. Jetzt nahm er offensichtlich seinen Mut zusammen und trat heran, während die korpulente Frau weiterging. Hastig sagte er: »Sie mögen nein sagen, Miß, aber man kann mich nicht hängen, weil ich gefragt habe. Würden Sie mit mir am Samstag abend essen gehen? Und später vielleicht ins Kino?«

So lernte ich George Nelson kennen, der ein Lebensmittelgeschäft besaß und mich bei unserem zweiten Rendezvous seiner Mutter und seiner Schwester Helen vorstellte. George kannte interessante Lokale, und er tanzte gut. Jetzt hatte ich jemanden, der mich abends ausführte, wenn Major Gillam mit seiner Schwester essen ging oder seinen Club aufsuchte.

Georges Schwester Helen war vielleicht ein Jahr älter als ich. George erzählte stolz, daß ein Millionär sich um sie bemühe.

»Ein Millionär?« fragte ich ehrfürchtig. »Glaubst du wirklich, daß er eine Million Pfund besitzt?«

George nickte feierlich. »Vermutlich eher an zwei. Heißt Monte Collins. Er hat Grundstücke in der City und so viel Geld, daß er nicht weiß, wohin damit. Und er mag Helen ...« Er zeichnete ein verlockendes Bild von Mr. Collins, der hart gearbeitet hatte, aber auch ein wildes Leben geführt und für seine Favoritinnen mit dem Geld nur so um sich geworfen hatte. Jetzt, nachdem er siebenundvierzig geworden war, wollte er zur Ruhe kommen. Er wollte ein liebes, dankbares Mädchen heiraten, eine Familie gründen und eine Dynastie schaffen, die würdig wäre, seinen Namen weiterzutragen.

Ein paar Tage später kam George mit aufregenden Neuigkeiten. Mr. Collins hatte uns eingeladen, Helen und ihn in seine Loge im Duke of York Theatre zu begleiten. Mr. Collins würde Helen und George abholen, und anschließend sollte ich zusteigen. George frohlockte: Mr. Collins hatte bereits seine Mutter kennengelernt, und seine Einladung machte ganz den Eindruck, daß er gern ein Mitglied der Familie werden wollte.

Ich stürzte los, um passende Kleider zu beschaffen. Ich lieh mir ein grünes Abendkleid und ein schwarzes Abendcape. Als ich das Kleid anprobierte, dachte ich: Angenommen, ich gefiele Mr. Collins besser als Helen? Angenommen, er verliebte sich leidenschaftlich in mich und wollte mich heiraten und zu seiner Erbin machen? Major Gillam würde sich freuen, wenn sein Schützling einen richtiggehenden Millionär erwischte. Und doch erzählte ich aus irgendeinem Grund meinem Chef nichts davon.

Ich wartete am Fenster. Ich hörte die Klingel und warf verstohlen einen Blick nach draußen. Da, vor meiner Pension, wartete der längste, glänzendste schwarze Wagen, den ich je gesehen hatte. Es konnte nur ein Rolls-Royce sein. Ein livrierter

Chauffeur stand wartend am Wagenschlag. Unten am Haus, den Finger nervös auf die Klingel gepreßt, wartete George.

So anmutig ich konnte, schwebte ich hinunter. George half mir beim Einsteigen. Im riesigen Fond, der in elegantem Grau gepolstert war, saß Helen, ganz in Blau, neben einem ziemlich kleinen, schweren Mann. Sein Gesicht wirkte im schwachen Deckenlicht rötlich und faltig, und unter seinen dunklen Augen saßen kleine Säcke. »Guten Abend«, sagte er mit sanfter Stimme. Er rückte näher an Helen heran, um für mich Platz zu machen. »Bitte steigen Sie ein.«

George setzte sich nach vorn zum Fahrer, Helen und ich saßen zu beiden Seiten von Mr. Collins, der stark nach Talkumpuder und Kölnischwasser roch. Während der Fahrt wurde nur wenig gesprochen. Helen kicherte und nannte Mr. Collins Monte, während ich in ehrfürchtigem Schweigen dasaß. Im Theater nahmen Helen und ich befangen unsere Vordersitze ein, während die beiden Herren hinter uns Platz fanden. Ich habe nicht die geringste Erinnerung an das Stück. Ich erinnere mich lediglich daran, beinahe wie an eine körperliche Empfindung, daß Mr. Collins' dunkle Augen sich in meinen Rücken bohrten. Ich wagte mich nicht umzudrehen, denn ich wußte, daß ich ihm dann unmittelbar in die Augen starren würde.

Im Wagen später sagte Mr. Collins: »Laßt uns zu mir nach Hause fahren und ein Glas Sekt trinken.« Als wir dort ankamen, öffnete ein Butler die Tür zu einer riesengroßen, dick mit Teppichen ausgelegten, ganz in Schwarz und Gold gehaltenen Wohnung. Die Möbel, die Tische, die Stühle, die reichen Brokatbehänge von der Decke bis zum Fußboden, alles war schwarz und gold. Überall spürte ich Reichtum.

Der Butler kam mit einer kunstvoll angeordneten Platte voll kleiner Sandwiches und Sekt in einem Eiskübel herein. George tat, was er konnte, um mich zu unterhalten, damit Mr. Collins sich um Helen kümmern sollte, doch Mr. Collins — wie, nach meiner späteren Erfahrung, die meisten reichen Männer — tat das, wozu er Lust hatte. Er unterhielt sich mit mir. Ich fühlte Mitleid für Helen, die zunehmend verdrießlicher wurde, konnte jedoch meine freudige Erregung nicht verbergen. Ein Millionär! Und er interessierte sich für *mich*. Wir standen beieinander, und Mr. Collins schenkte den Sekt aus und reichte uns feierlich die Gläser. Plötzlich war ich sehr kühn. Ich sah ihn an, hob mein Glas und warf ihm einen Blick zu, der ganz gewiß schüchtern war, den ich jedoch für absolut herausfordernd hielt, und sagte laut: »Auf unsere Freundschaft!« Ich sah ein klägliches Lächeln auf Georges Gesicht und gänzliche Verblüffung in Helens. Sie hatten gesehen, wie unsere Blicke sich trafen und einander nicht losließen. Dann stimmten sie alle ein: »Auf unsere Freundschaft!«, und wir tranken. Der magische Augenblick war gekommen — und ich hatte ihn genutzt. Mr. Collins und ich hatten Kontakt zueinander gefunden. Die nächste halbe Stunde verging wie ein Traum. Wir tranken Sekt und verschlangen die herrlichen Sandwiches. Ich saß mit übereinandergeschlagenen Beinen und vornehm gehaltenen Händen. Ich wußte, daß eine Frau aus dem Mittelstand niemals gewagt hätte, die Beine übereinanderzuschlagen. Ich hatte das irgendwo gelesen, vielleicht in den Romanzen von Charles Gavis, in denen schöne, hochgeborene Damen der Gesellschaft, die Federschmuck im Haar trugen, mit ihrem ungezwungenen Benehmen gelassene Industriekapitäne verwirrten.

Als die Zeit zum Aufbruch gekommen war, versuchte George etwas vom verlorenen Terrain wiederzugewinnen. »Lily wohnt näher«, sagte er zu Mr. Collins. »Wir können sie zuerst absetzen.« — »Nein«, sagte Mr. Collins einfach. »Ich setze erst Sie und Helen ab.« George wurde rot, schwieg aber.

Inzwischen wurde es mir unbehaglich. Ich hatte noch nie im Leben Sekt getrunken. Ich wäre liebend gern mal verschwunden, brachte es aber nicht über mich, einen Millionär zu fragen: Bitte, wo ist die Toilette? Ich hielt es für unschicklich, oder zumindest für wenig geschmackvoll, einem Mann gegenüber derart intime Dinge zu erwähnen. Während wir nun dahinfuhren, wuchs meine Verzweiflung. Als wir George und Helen vor ihrer Wohnung im Norden der Stadt absetzten, faßte ich beinahe Mut, mich zu entschuldigen und für einen Augenblick ins Haus zu eilen. Doch das wäre noch auffälliger gewesen. Ich werde es mit Willenskraft schaffen, dachte ich. Es einfach vergessen. Aber ich vergaß es nicht. Während der langen Fahrt zurück zu meiner Pension in dem herrlichen Wagen neben Mr. Collins, auf dem herrlichen grauen Polster, nahm meine Verzweiflung ständig zu. Er unterhielt sich mit mir: Jetzt war es soweit, daß meine Misere mir die Luft nahm. Ich sprach in Stakkato-Ausbrüchen, ich hüpfte buchstäblich auf meinem Sitz herum, während ich versuchte, angeregt über das Stück zu plaudern.

Dann siegte die Natur. Ich konnte es nicht verhindern. Ich wußte, was los war. Ich kämpfte in Pein und Scham dagegen an, doch ich vermochte mich nicht länger zu beherrschen. Mein Gott, dachte ich, *das hellgraue Polster. Vielleicht sieht man's nicht. Vielleicht bemerkt er es nicht. Ich wollte, ich wäre tot.*

Der Wagen hielt vor der Pension. Mr. Collins knipste das Deckenlicht an. Er stieg aus und half mir heraus. Während er das tat, warf ich einen angstvollen Blick auf die Stelle, an der ich gesessen hatte. Da war ein großer schwarzer Kreis so groß wie der Vollmond. Eine Welle der Demütigung überkam mich, so daß ich beinah ohnmächtig geworden wäre. Das hatte ich mit seinem herrlichen Wagen angestellt. Ganz zu schweigen — zuckte es mir durch den Kopf — von dem geliehenen Kleid und Cape.

In jener Nacht weinte ich mich in den Schlaf. Ich werde ihn nie wiedersehen, dachte ich. Er ist Millionär. Ich werde ihn nie wiedersehen. Die einzige große Chance, die ich je im Leben haben werde, habe ich verpatzt. Es hätte *wahr* werden können. Ich hätte für den Rest meines Lebens reich sein *können*!

Am nächsten Tag kam ein Anruf von Mr. Collins. Ob ich Lust hätte, mit ihm bei Skindles in Maidenhead-on-Thames zu Mittag zu essen? Ich dachte, er hätte nichts gemerkt!

Bei Skindles war Mr. Collins die Fürsorglichkeit selbst. Er wollte alles von mir wissen, und ich erzählte ihm von Major Gillam und meiner Arbeit. Er wollte wissen, ob ich schon oft ausgegangen sei. Was ich mit meiner Freizeit anfinge? Er fragte mich gründlich aus, und ich erzählte ihm, was ich für angemessen hielt.

Als wir aufbrechen wollten und er mir schon in meinen roten Mantel geholfen hatte, machte er eine kurze Kopfbewegung in Richtung auf das rückwärtige Ende der Halle. »Den Gang entlang geht es zur Damentoilette«, sagte er.

Ich rannte fast dorthin. Doch ich wußte, daß er Bescheid wußte — und alles war gut. Der Traum konnte noch immer wahr werden.

Offensichtlich sprach mein Mißgeschick überzeugender für meinen Charakter als alles, was ich hätte sagen können. Wenn ich zu schüchtern war, um nach der Toilette zu fragen, mußte ich gänzlich unschuldig sein. Das war es, worüber er Gewißheit haben wollte: ein schönes, tugendhaftes, armes Mädchen, das dankbar für das Privileg wäre, seine Frau zu sein.

Mr. Monte Collins umwarb mich. Daran bestand kein Zweifel. Die arme Helen blieb auf der Strecke. Ehe ein Monat um war, trafen wir uns zweimal jede Woche, sonntags und mittwochs. An den übrigen Abenden traf ich mich weiterhin mit Major Gillam. Ein paarmal in der Woche ging ich in seine Wohnung zu süßen Brötchen, Ingwerbier und meinem Bad. Manchmal spielten wir eine Platte und tanzten: er war ein ausgezeichneter Tänzer; er küßte mich, und ich drückte mich an ihn, fühlte mich warm und beschützt. Es versetzte mich immer in Erregung, mit Major Gillam zusammenzusein.

Eines war sicher. Mit Mr. Collins gab es keine Erregung. Unsre Routine lag im vorhinein fest, so als wäre ich seine bezahlte Gesellschafterin. Sonntags abends, punkt acht Uhr, holte mich sein Rolls-Royce ab. Die Pensionsbewohner tuschelten, wenn ich herunterkam und den riesigen Wagen bestieg. Ich genoß die Fahrt zu seiner Wohnung, aber beim Gedanken an die Begegnung mit Mr. Collins wurde ich zunehmend düsterer.

Er pflegte selbst zu öffnen. In einen schwarz-samtnen Hausrock gekleidet, küßte er mich feierlich auf die Wange, es war ein sanfter Kuß, eine flüchtige Berührung, dann zog er mich über die Schwelle. Sorgsam nahm er mir Mantel und Hut ab und geleitete mich zu einem schwarz-goldfarbenen Sofa. Davor war ein niedriger vergoldeter Tisch, auf dem Sekt im Eiskübel und Sandwiches bereitstanden.

Jetzt bemerkte ich, daß er nicht so massig war, wie ich nach seinem Gesicht mit den Hängefalten erwartet hatte: Seine Füße waren überraschend klein; seine Augen waren dunkel und traurig; sein Haar schien immer feucht, doch es war nicht feucht, es war schwarz und ziemlich dünn. Er roch immer stark nach dem Puder, mit dem er sich nach dem Rasieren die Wangen betupfte. Er sprach langsam und deutlich und hatte eine Art, mich nach einer scheinbar beiläufigen Bemerkung heimlich von der Seite anzusehen, so als wolle er mich ertappen.

Wenn ich so mit ihm in seiner luxuriösen Wohnung saß, fühlte ich mich eingesperrt. Die stets zugezogenen schwarz-goldfarbenen Vorhänge vor den schmalen, hohen Fenstern, die dicken weichen Teppiche mit den schwarzgoldnen Motiven, das schwarzgoldne Dekor ringsum ließen mich nach Luft ringen. Major Gillams Wohnung war freundlich, bequem, anheimelnd. Dies hier war förmlich und abweisend. Lebten so die Reichen?

Ich hörte ihm zu. Für gewöhnlich sprach er von seiner Kindheit, seinem Ringen um den Erfolg, dem Zwang, wach und geschickt zu sein, um sich den Forderungen des Alltags gewachsen zu zeigen. Oder er sprach über einen Geschäftsabschluß, der ihm noch mehr Geld einbringen würde. Ich versuchte verzweifelt, etwas zu finden, was ich sagen konnte. Ich trank Sekt mit einem Millionär, der mich gern hatte — und ich fühlte mich so bedrückt, daß ich kaum zu atmen vermochte.

Der Butler füllte meinen Teller erneut mit Sandwiches. Als ich im Handumdrehen den zweiten Teller leerputzte, legte Mr. Collins seine Hand auf die meine. »Kennst du die Geschichte von den beiden kleinen Jungen, Lily? Einer aß einen Apfel. Der andere sagte: ›Gib mir den Krotzen. Los — gib mir den Krotzen!‹ Darauf der erste: ›Bei dem Apfel bleibt kein Krotzen!‹« Und den Blick auf mich gerichtet, lachte Monte schallend. Höflich lachte ich auch, obwohl ich es nicht komisch fand. Ich lernte, daß man über den Witz eines reichen Mannes lacht, auch wenn man selbst die Zielscheibe ist. Irgendwie fand der Abend sein Ende. Mr. Collins preßte keusch seine Lippen gegen meine Wange und entließ mich nach Hause.

Mittwochs abends führte er mich zum Essen aus, ins Cafe de Paris, eines der teuersten Londoner Tanzlokale. Wenn der Rolls vor meiner Pension vorfuhr, erwartete mich Monte im Fond. Während er mir beim Einsteigen half, küßte er mich auf die Wange. Dann, nachdem er sorgsam eine Decke über meine Knie gebreitet hatte, überreichte er mir feierlich eine Schachtel Pralinen. »Oh, danke Monte«, sagte ich und öffnete sie und begann eine Praline nach dem andern in den Mund zu stopfen. — »Iß lieber nicht zuviel davon, Lily«, pflegte er aufgeräumt zu sagen. »Du wirst dir den Appetit verderben.« Worauf ich den Kopf schüttelte: »Du weißt, daß du dir um meinen Appetit keine Sorgen zu machen brauchst«, sagte ich schelmisch.

Wenn wir in dem Restaurant angelangt waren, bestellte ich gegrillten Steinbutt, für den ich schwärmte. Monte bestellte Roastbeef. Und während ich aß, sah er mich an so wie ich den gegrillten Steinbutt. Nach dem Dessert bot er mir eine Zigarette an, und ich nahm sie und rauchte gleichgültig, wie eine Dame von Welt. Immer tranken wir Sekt.

»Möchtest du tanzen, Lily?« fragte er dann. Ich tanzte mit ihm. Er war ein schwerfälliger Tänzer, hopste buchstäblich von einem Fuß auf den andern. Und während er herumhopste, sang er den Text des neuesten Hits in mein Ohr:

Du mußtest es sein,
du mußtest es sein,
ich ging umher und suchte so sehr
ein Herz, das mich treu sein lehrt,
nach dem mich Sehnsucht verzehrt …
Sei, wie du magst …
du mußtest es sein.

Dann entfernte er sein Gesicht von meinem, sah mich mit seinen dunklen, traurigen Augen bedeutungsvoll an und begann einen neuen Schlager in mein Ohr zu singen. Während ich mit dem hopsenden und schnaufenden, singenden und an meinem Ohr nuckelnden Monte tanzte, konnte ich nicht umhin, flüchtige Blicke zu den anderen Männern auf der Tanzfläche schweifen zu lassen, Männern, die schlank waren, elegant, langbeinig, Männern, die anmutig mit schönen, gelangweilten Frauen tanzten. Ach, wenn ich nur mit diesem großen blonden Herrn tanzen könnte! Wenn ich bloß mit Johnny Gillam tanzen könnte!

»Flirtest du mit diesem Mann?« hörte ich Montes Stimme, scharf und streng.

»Aber nein, Monte«, sagte ich. »Natürlich nicht. Ich habe nur mal hingesehen.«

Wir tanzten eine Weile. Ich konnte meine Blicke von den jungen Leuten nicht lösen, den jungen Lords, die so vergnügt, so hübsch über die Tanzfläche glitten. »Also Lily, ich habe gesehen, wie du diesem Mann da drüben zugelächelt hast —«

»Ich hab' ihm nicht zugelächelt, Monte, bestimmt nicht …« Ich flirtete tatsächlich nicht. Ich sah voll Sehnsucht zu den anderen hinüber. Ich dachte, Monte betrachtet sich als einen guten Fang. Wenn ich meine Karten richtig spiele, wird er mich heiraten, und ich werde reich sein, und die ganze Welt wird mir offenstehen. Aber, dachte ich traurig, ist das alles? Wird er das Ende der großen Sehnsucht und des großen Abenteuers sein?

Nie küßte mich Monte auf den Mund, nie versuchte er mich zu streicheln, nie zeigte er die geringste Zärtlichkeit. Ich hatte das Gefühl, daß er mich nicht wirklich liebte. Er will mich kaufen wie ein Schmuckstück, dachte ich. Und er beobachtet mich, gründlich, abschätzend, er prüft die Ware, ehe er den Handel abschließt. Und doch, einen reichen Mann zu haben — ach, wenn es nur nicht Monte Collins sein müßte!

Major Gillam erzählte ich nichts von meinem Millionär-Verehrer. Ich brachte es einfach nicht fertig. Vielleicht fürchtete ich, er könne sich gekränkt fühlen, oder vielleicht — und ich glaube, das war die Wahrheit — begann ich mich in ihn zu verlieben.

Ich wußte inzwischen, daß er seiner Schwester gegenüber schwer verschuldet war — tatsächlich war die John Graham Company vom Erfolg weit entfernt. Ich wußte, daß er nur sehr wenig von dem Modeschmuck verkauft hatte, von der Autopolitur, den Selbstschaltlampen, dem Dutzend andrer Artikel, die er immer zu teuer einkaufte und zur falschen Zeit zu verkaufen versuchte. Doch ich begann mich in seine Sanftheit zu verlieben, seine Zärtlichkeit, seine Hinnahme meiner selbst, so wie ich war, seine Überzeugung, daß ich unwiderstehlich schön sei und überall Erfolg haben könnte, wo ich mich nur darum bemühte. Ich begann mich in seinen unerschütterlichen Optimismus zu verlieben, seine lebhafte, jungenhafte Einstellung der Welt gegenüber. Mit Major Johnny Gillam war alles möglich: Wo immer er war und wo immer er sich bewegte, war das Leben ein erregendes Abenteuer.

7

In der Woche, in die mein achtzehnter Geburtstag fiel, machte Johnny eine unerwartete, atemraubende Geste. Ob ich Lust hätte, an seiner Stelle nach Paris zu fahren? Um Parfum einzukaufen? Er hatte weiteres Kapital aufgebracht und war überzeugt, daß wir preiswertes französisches Parfum mit beträchtlichem Gewinn verkaufen könnten. Er selbst hatte keine Zeit wegzufahren. Und ich könnte praktisch Geschäft und Vergnügen verbinden und die Reise als Geburtstagsgeschenk der John Graham Company betrachten. Ich war außer mir. Paris! Vielleicht sogar ein französisches Pensionat, schoß es mir durch den Kopf. Wie lange würde ich dort bleiben können?

Oh, vierzehn Tage etwa, meinte Johnny, der über meine Aufregung lächelte. Selbst wenn ich nur ein paar Tage bliebe, dachte ich, so könnte mir doch niemand abstreiten, daß ich ein französisches Pensionat *besucht* hatte.

Ich eilte mit der Neuigkeit zu Monte Collins. In meinen Augen hatte ich neue Bedeutung gewonnen. Auch Monte war beeindruckt. »Ich bedaure es wirklich, wenn du wegfährst, Lily«, sagte er bedächtig; »aber in gewisser Hinsicht ist es mir wiederum angenehm. Es gibt mir Gelegenheit, gründlich nachzudenken« — er hielt inne und sah weg —, »vielleicht wird sich danach dein ganzes Leben ändern.« Er warf mir einen schnellen Blick zu.

Ich zeigte keine Empfindung. Ich würde auch gründlich nachdenken müssen. Wie sollte ich mein Problem lösen? Ich war fast sicher, daß ich Johnny liebte, aber Johnny schien nichts von meinen Gefühlen zu ahnen, so wie er nicht ahnte, daß ich einen ungeheuer reichen Verehrer hatte, den abzuweisen ich vielleicht nicht den Mut haben würde.

Ich fuhr nach Paris. Kaum in dem Hotel angelangt, in dem Johnny für mich ein Zimmer bestellt hatte, machte ich mich auf den Weg zu einem berühmten Pensionat, dem Cœur de Sevigne in Neuilly. Der Herr Direktor war entrüstet. Sich für vierzehn Tage einschreiben? Unmöglich. Als ich hilflos fragte, was ich denn dann tun könne, wußte er lediglich die Berlitz School vorzuschlagen. Vielleicht würde man dort eine Studentin für vierzehn Tage aufnehmen. So viel wußte ich, daß die Berlitz School kein Pensionat war — doch es *war* eine französische Schule. Also meldete ich mich bei der Berlitz School an.

Die Abwicklung meines Auftrags für die John Graham Company nahm wenig Zeit in Anspruch. Wenn ich keinen Unterricht hatte, fuhr ich mit dem Bus durch Paris, vom Montmartre zum Montparnasse, gierig das Licht und die Fröhlichkeit in mich aufnehmend, oder ich fuhr mit der Métro und blätterte dabei in einem französisch-englischen Wörterbuch. Ich lernte eifrig. Nie wieder sollte jemand hören, wie ich mich blamierte, indem ich Channel sagte statt Chanel oder Debuntantinnen oder Schämps Ilissies.

Wenn ich an Monte dachte, begannen sich meine Gedanken hilflos im Kreis zu drehen. Seine Worte konnten nur bedeuten, daß er sich in seiner vorsichtigen, geschäftsmäßigen Art darauf vorbereitete, mir einen Heiratsantrag zu machen. Und wenn er um meine Hand anhielt, wie konnte ich es wagen, nein zu sagen? Wer war ich, daß ich diese Chance zurückwies: reich zu werden, Sicherheit für den Rest meines Lebens zu erlangen, mit einem glanzvollen Schlag die Entbehrungen, die Hilflosigkeit und die Demütigungen der Armen beiseite zu fegen, die Düsterkeit und Hoffnungslosigkeit und das Elend, die mühsame, habgierige, seelentötende Existenz des East End? Dann dachte ich an Johnny. Die ausgefallensten Phantasiebilder gingen mir durch den Kopf. Vielleicht würde Monte sterben, nachdem ich ihn geheiratet hatte, und dann würde ich zwei Millionen Pfund besitzen und Johnny heiraten und seiner Schwester das Geld zurückzahlen können, und wir würden bis ans Ende unserer Tage miteinander glücklich sein. Doch angenommen, Johnny, der edle Johnny, würde mich für das verachten, was ich getan hatte? Dann wäre mein Opfer vergeblich, und ich wäre Witwe, mit achtzehn, verachtenswert und ungeliebt — ich kam zu keinem Ergebnis.

Als die vierzehn Tage um waren, fühlte ich mich noch nicht soweit, nach London zurückzukehren. Wenn ich noch weitere zwei Wochen die Berlitz School besuchen könnte, so würde ich gewaltige Fortschritte machen, dessen war ich sicher. Und ich konnte dem, was mich in London erwartete, nicht ins Auge sehen. Noch nicht. Ich schrieb Johnny und bat darum, noch vierzehn Tage bleiben zu dürfen. Ich studierte an der Berlitz School, um mich zu bilden. Vielleicht, so schrieb ich, würde ich durch einen glücklichen Zufall einen sensationellen Abschluß in Modewaren machen, der weit mehr einbringen würde, als die Mehrkosten ausmachten.

Das Telegramm, das ich erhielt, war kurz. »Unmöglich mehr Geld zu schicken.« Ich erinnere mich noch daran, wie ich es zusammenfaltete und in meine Tasche steckte und langsam den Boulevard des Italiens entlangging mit dem traurigen Gedanken: Ich muß zurück, ich muß zurück.

Als ich in mein Zimmer zurückkam, um zu packen, erwartete mich ein Eilbrief. Er war von Monte Collins. Als ich ihn öffnete, flatterte mir ein Scheck über hundert Pfund entgegen.

»Meine liebe Lily«, schrieb er. »Ich sende Dir das Geld, weil mir einfiel, daß Du während Deines Aufenthalts in Paris vielleicht gern ein paar Kleider kaufen würdest. Ich möchte, daß Du alles für Kleider ausgibst und Dir eine Freude machst. Nach Deiner Rückkehr werde ich eine schwerwiegende Frage an Dich richten.«

Aus den tiefsten Abgründen der Verzweiflung fühlte ich mich zur Ekstase emporgerissen. Einhundert Pfund! Plötzlich betrachtete ich Monte mit anderen Augen. Einen flüchtigen, winzigen Augenblick, für die Dauer eines Herzschlags hatte sich die Tür zur Zukunft geöffnet, nur einen Millimeter weit, und ein winziger Lichtschein war hervorgedrungen — und doch, wie hell, wie blendend hell erschien diese Zukunft! Ich überlegte nicht länger. Ich begann Kleider zu kaufen. Ich bewog ein Mädchen aus meiner Berlitz-Klasse dazu, mit mir in die eleganten Geschäfte zu gehen, und dort gab ich das ganze Geld bis auf den letzten Pfennig aus. Es war damals eine noch viel größere Summe — ein Vermögen, das ich einzig zu meinem Vergnügen ausgeben durfte.

Ich erfüllte mir all meine Wünsche. Mein Leben lang hatte ich nur dunkle Farben getragen, weil sie praktischer waren. Die Armen konnten sich keine hellen Farben leisten. Jetzt kaufte ich ein schimmerndes weißes, silbergetüpfeltes Abendkleid, ein blaßblaues Kleid, einen beigefarbenen Mantel mit Luchskragen und einen hellblauen Mantel und dazu passend Handschuhe, Hut und Schuhe. Ich hatte keine Ahnung von Schnitt oder Stoffen — meine Kenntnis reichte nicht über Baumwolle, Flanell und Serge hinaus —, doch ich wußte genug, um miteinander harmonierende Farben zu wählen.

Nachdem meine Garderobe komplett war, marschierte ich zu Elizabeth Ardens Pariser Salon. Die Indifferenz der Angestellten schüchterte mich ein; mit einem schnellen Blick schienen sie mich zu vernichten, auf der Stelle schienen sie zu wissen, daß ich Lily Sheil war, Waise und Dienstmädchen, doch ich äußerte meine Wünsche laut und deutlich. »Ich möchte eine Gesichtsmassage.« Ich ließ alles machen, was es nur gab, von der Pediküre bis zur garantiert faltenentfernenden Gesichtsmaske. Und dann tat ich einen ungeheuren und für mich gewagten Schritt. Ich ließ mir die Haare abschneiden. Da saß ich in dem Sessel bei Elizabeth Arden und sah zu, wie mein goldenes Haar rings um mich zu Boden fiel. Doch ich empfand kein Gefühl der Panik. Ich dachte daran, wie weit ich mich vom Waisenhaus entfernt hatte! Ich würde als eine neue strahlende Persönlichkeit nach London zurückkehren, mit neuen Kleidern, neuem Gesicht, neuer Frisur, mit der neuerworbenen Sicherheit meiner Berlitz-School-Bildung. Um London zu blenden. Um Johnny zu blenden. Und vor allem, um Monte Collins zu blenden, wie es nur die künftige Mrs. Monte Collins vermochte.

Als ich Johnny schließlich wiedersah, erklärte ich ihm, daß ich meine Ersparnisse dazu verwandt hätte, noch in Paris zu bleiben. Ich mußte ganz einfach diesen Studienmonat zum Abschluß bringen. Mein kurzgeschnittenes Haar ließ ihn jeden Vorwurf vergessen, den er im Sinn gehabt haben mochte.

Tags darauf besuchte ich Monte in meinen Pariser Kleidern. Er zog mich über die Schwelle und hielt mich einen Augenblick lang auf Armeslänge von sich weg. Schüchtern legte ich meinen neuen Mantel ab, dann den Hut — und stand da in meinem entzückenden blauen Kleid.

Sein Gesicht hellte sich auf. »Sehr hübsch, dein Haarschnitt«, sagte er. »Macht dich erwachsener. Es gefällt mir.« Ich war erleichtert. »Und das Kleid?«

»Ja«, sagte er. »Dreh dich um.« Ich drehte mich um.

»Ja, es steht dir sehr gut.« Und dann: »Setz dich, meine Liebe.« Er führte mich zum Sofa und betrachtete mich nachdenklich. Dann setzte er sich neben mich und sagte mit dem Anflug eines Lächelns: »Ich habe etwas für dich, Lily.« Sehr langsam griff er in seine Westentasche und zog eine kleine viereckige Schachtel hervor. Mein Gesicht beobachtend, öffnete er sie behutsam. Ich schnappte nach Luft. Es war ein Verlobungsring mit einem riesigen Brillanten. Immer noch den Blick auf mein Gesicht gerichtet, nahm er meine linke Hand und streifte feierlich, langsam den Ring über den dritten Finger.

»Du wirst meine Frau sein, Lily«, sagte er.

Er fragte mich nicht, ob ich ihn heiraten wolle. Es kam ihm gar nicht in den Sinn, daß ich etwas anderes als ja sagen könnte. Er erwies mir eine große Gunst. Ich war schrecklich aufgeregt. Ich streckte meine Hand aus, hielt den Ring hoch und drehte ihn hin und her, damit das Licht darauffiel. In dem dunklen Zimmer fing der große, viereckige Stein Feuer. *Der muß doch Tausende gekostet haben!* dachte ich. »Oh, danke dir, Monte«, hauchte ich. Er legte sein Gesicht an meines und küßte mich sanft auf die Lippen. Es war das erste Mal.

Ich schmiegte mich an ihn auf dem Sofa und lehnte den Kopf an seine Schultern, während ich meine Hand hochhielt und das Funkeln und Blitzen des Brillanten betrachtete.

Er rückte von mir weg. »Liebst du mich?« fragte er.

»Aber ja, Monte«, sagte ich. »Ich liebe dich.«

»Ich liebe dich, Lily«, sagte er. Er war noch immer recht zurückhaltend, und ich war verkrampft, denn ich hatte einen Millionär eingefangen. Hypnotisiert starrte ich auf den Brillanten. Niemand würde ihn je für echt halten.

Ich hörte ihn voll Zufriedenheit sagen: »Und gleichzeitig habe ich dir das da gekauft.« — Mit Anstrengung riß ich meine Blicke von dem Ring los. Monte, der die Augen nicht von meinem Gesicht ließ und jeden Augenblick genoß, öffnete ein langes, schmales Samtkästchen. Ich starrte darauf — da glitzerte auf seidenem Untergrund ein Brillantarmband. Ein Dutzend Brillanten, zwei Dutzend — ich vermochte die Steine nicht zu zählen! Er streifte das Armband über meine gelähmte Hand. Und urplötzlich war ich nicht mehr so erregt. *Aber jetzt, mit alldem muß ich ihn nehmen* — dachte ich. Mein Dankeschön klang mühsam in meinen eignen Ohren, als ich ausrief: »Ach Monte, das ist ja so herrlich, so wundervoll, nie hätte ich auch nur geträumt ...«

Er war noch nicht fertig. Wie ein vergnügter Nikolaus brachte er aus einer Brustinnentasche ein weiteres schmales schwarzes Samtkästchen zum Vorschein. Darin lag eine Brillantbrosche. Ich war sprachlos. Nie zuvor hatte ich solchen Reichtum gesehen.

»Steh auf, Lily«, sagte er sanft. Ich erhob mich wie ein Automat, und sorgsam steckte er mir die Nadel an. Ich stand da, brillantenstrahlend, und alles, was ich zu denken vermochte, war: *Wann werde ich Johnny sehen?* Und: *Wie sehr wünschte ich mir, daß mich das aufregen würde. Ich weiß, es ist phantastisch, was da mit mir geschieht. Phantastisch, phantastisch, phantastisch …!*

8

Jeden Samstagnachmittag fuhren mein Verlobter und ich über Land, um Häuser anzusehen. Er hatte das Datum für die Hochzeit festgesetzt: vierzehn Tage nach Ostern. Ich war wie eine Frau, die von einem Zauber gebannt ist. Wir wanderten durch riesige Herrenhäuser, während Agenten in meine Ohren leierten. Ich war betäubt. Ich war dazu verurteilt, lebenslänglich die Frau von Monte Collins zu sein, ein Urteilsspruch, dessen Vollstreckung ich befürchtete, dem ich mich jedoch nicht zu entziehen vermochte. Sooft wir ein Haus verließen, fragte mich Monte: »Hat dir das gefallen? Hat dir das gefallen?«, und einmal fügte er hinzu: »Eine Menge Platz da« — beinah hätte er mich in die Rippen geknufft — »für Babys!« Glänzender Laune, lachte er in sich hinein. Ich empfand überhaupt nichts. Ich saß in der Falle.

Warum, so fragte ich mich, zog er mich nicht in seine Arme, warum hielt er mich nicht fest und küßte mich leidenschaftlich? Vielleicht hätte ich dann den Mann in ihm zu sehen vermocht, unter dem Puder, durch das Geld, und hätte mich in ihn verliebt. Doch er sparte mich auf; heute weiß ich, daß er, der so ausschweifend gewesen war, der so viele Frauen besessen hatte, mich für die Hochzeitsnacht aufsparte, so daß jede seiner Berührungen keusch war und kalt und entmutigend. Johnny war es — Johnny, dem ich nicht von Monte zu sprechen vermochte —, der mich feurig küßte, mir seelischen Auftrieb gab und mich vor Liebessehnsucht atemlos machte. Wenn ich verheiratet war, würde ich es ihm sagen. Dann konnte es nicht mehr ins Gewicht fallen.

Die Entscheidung fiel jedoch schneller, als ich erwartete.

»Ich würde gern zu Ostern mit dir nach Brighton fahren«, hatte Monte gesagt. Und er hatte eiligst hinzugefügt: »Es ist alles völlig korrekt — wir werden selbstverständlich in verschiedenen Stockwerken wohnen.«

Brighton. Das war poetische Gerechtigkeit. Ich war als Zweitmädchen von dort weggegangen: Als eine Dame in Seide und Juwelen würde ich zurückkehren.

Ich log Johnny an. Er hatte vor, Ostern mit seiner Schwester zu verbringen und Verwandte in Wales zu besuchen. Was würde ich an den Feiertagen tun? Ich sagte ihm, Ruth Houghton von Gamage hätte mich übers Wochenende nach Brighton eingeladen.

Als Monte und ich in Brighton ankamen, bezogen wir das beste Hotel des Ortes, das Metropole; mein Zimmer lag im dritten Stock, seines im vierten.

Am ersten Abend gingen wir zum Dinner hinunter. Ich kleidete mich sorgfältig an. Ich trug mein schimmerndes weißes, silbergetüpfeltes Abendkleid. Auf meiner linken Schulter glitzerte die Brillantbrosche; an meinem Handgelenk gleißte das Brillantarmband; an meinem Ringfinger blitzte der Brillantring. Wir betraten den Speisesaal, und anmutig, hoheitsvoll folgte ich dem ehrerbietigen Maître d'hotel — während Monte die Nachhut bildete — zu einem Vorzugstisch am Rande einer kleinen Tanzfläche. Wir setzten uns und gaben unsre Bestellung auf. Ich sah auf die tanzenden Paare ringsum. Wir kannten niemanden. Schweren Herzens dachte ich: Ich langweile mich jetzt schon, und dabei hat unser Ausflug grade erst begonnen.

Plötzlich fühlte ich, wie mir langsam eine heiße Röte ins Gesicht stieg. Es war einfach unglaublich. Ich blickte unmittelbar auf Johnny, der allein an einem kleinen Tisch an der Wand saß. Weniger als sechs Meter saß er von uns entfernt, und in seinem Gesicht war ein Ausdruck, der sich jeder Beschreibung entzieht. Was mußte er denken! Wie gelähmt saß ich da.

In diesem Augenblick erhob sich Johnny entschlossen und ging erbarmungslos auf unseren Tisch zu. Er sah mich nicht an. Mit seiner leisen Stimme sprach er höflich Monte an: »Ich kenne die Dame. Gestatten Sie, daß ich mit ihr tanze?«

Verblüfft warf Monte mir einen scharfen Blick zu, dann Johnny. Er war überrascht, verärgert, schöpfte Verdacht. »Bitte sehr«, murmelte er. Johnny bot mir die Hand. Ich wandte mich Monte zu. Kaum wissend, was ich tat, zog ich meinen Ring aus und drückte ihn Monte in die Hand. »Halt ihn fest! Halt ihn für mich!« stieß ich hervor. »Er weiß nicht, daß wir verlobt sind!«

Und davon glitt ich in Johnnys Armen.

Er steuerte mich in die Mitte der Tanzfläche. »Von wem hast du diesen Schmuck?« fragte er gebieterisch.

»Von diesem Mann«, keuchte ich. »Wir sind verlobt.« Es blieb mir nichts andres übrig, als die volle Wahrheit zu sagen. »Er will mich heiraten.«

Montes Tisch war noch in Sicht, als wir zum Ende der Tanzfläche gelangten. Ich sah, daß er mich belauerte wie eine Katze die Maus, jede Bewegung meiner Lippen belauerte, meine Augen, Johnny belauerte, wie er mich in den Armen hielt, mit mir tanzte. Plötzlich wußte ich, daß ich Monte nicht heiraten konnte, Millionen oder nicht. Ich klammerte mich an Johnny. »Willst du mich wirklich heiraten?« flüsterte ich ihm ins Ohr. Einen Augenblick lang stand er still, wie vom Donner gerührt. Dann drückte er mich fester an sich.

»Ja«, sagte er. »Ja, Lily!«

»Wann?«

»Auf der Stelle!«

Ich nickte. »In Ordnung. Dann laß uns auf der Stelle heiraten.«

Wir hörten auf zu tanzen. Johnny brachte mich an meinen Tisch, verbeugte sich vor Monte und verließ den Speisesaal. Ich sollte ihn am nächsten Morgen anrufen.

Zitternd setzte ich mich hin.

Unheilvoll fragte Monte: »Lily, was bedeutet dir dieser Mann?«

»Es ist Major Gillam«, stammelte ich, »der Mann, für den ich arbeite.«

»Der Mann, für den du arbeitest?« Monte zermalmte die Worte. Er gab ihnen einen häßlichen Klang. »Nun, dieser Mann liebt dich. Das sieht jeder.« Hart packte er meine Hand. »Was hat sich da hinter meinem Rücken abgespielt?«

Es war zuviel. Ich explodierte. »Wenn du meinst, es sei da irgend etwas zwischen mir und meinem Chef ...« Ich riß mir das Brillantarmband ab und schleuderte es ihm hin. »Ich hab' dir deinen Ring zurückgegeben«, rief ich. »Jetzt kannst du auch dein Armband haben!« Meine Finger zitterten so, daß ich kaum die Brosche zu lösen vermochte. »Und das da auch!« schrie ich und feuerte sie quer über den Tisch. »Ich will dich nie wiedersehen!« Ich sprang auf und stürzte aus dem Speisesaal. Ich war zu erregt, um auf den Lift zu warten. Außer mir rannte ich hin und her, bis ich die Angestelltentreppe fand, jagte in mein Zimmer hinauf und versperrte die Tür. Zitternd saß ich auf meinem Bett. Mein Kopf war ein einziger Wirbelsturm. Ich war wütend auf mich selbst, weil ich so habgierig gewesen war, auf Monte, weil er mich in Versuchung geführt hatte, auf Johnny, weil er nicht längst von mir Besitz ergriffen hatte. Immer aufs neue spielte ich mir die Szene im Speisesaal vor. Was für eine gewaltige Geste ich da gemacht hatte — einen Millionär wegzuwerfen für einen Mann, von dem ich wußte, daß er bald bankrott sein würde. Doch ich war entzückt über die Tatsache, daß ich Johnny heiraten würde. Ich liebte ihn. So einfach war das. Ich würde den Mann heiraten, den ich liebte.

In dieser Nacht legte ich meine Kleider nicht ab. Die ganze Nacht lang saß ich auf dem Bett, voll Erregung, unruhig, von Schauern geschüttelt, abwechselnd glücklich und angstvoll. Ich wiederholte mir Wort für Wort, was ich gesagt hatte, was Monte, was Johnny gesagt hatte, doch kein einziges Mal fragte ich mich, ist es richtig, was ich da tue? Ich hatte es getan. Die Kühnheit meiner Handlung, die Verwegenheit meines Verzichts nahmen mir den Atem. Ich empfand ein kleines Bedauern wegen der Brosche. Den Ring und das Armband hätte ich nicht behalten können, wohl aber die Brosche …

Irgendwann in dieser langen Nacht blickte ich auf und sah den Morgen durchs Fenster dämmern. Ich mußte mit Johnny reden: Ich rief ihn an. Er kam auf mein Zimmer, wir frühstückten, und damit ich ihm alles erzählen konnte, ohne daß wir unterbrochen würden, unternahmen wir eine lange Autobusfahrt. Johnny hörte mir voll Anteilnahme zu, schüttelte den Kopf. »Ich hatte nicht die mindeste Ahnung — warum hast du dich mir niemals anvertraut? Diesen schrecklichen Mann hättest du keinesfalls heiraten können!« Doch als ich von unserer Heirat sprach, meinte Johnny leicht unbehaglich: »Ich glaube, ich müßte wirklich erst mit meiner Schwester darüber sprechen.«

»Nein, Johnny«, sagte ich. Ich hatte Angst, daß sie wütend sein und vielleicht sogar unsere Heirat verhindern könnte. Wir kamen überein, daß wir sofort nach London fahren, auf einem Standesamt heiraten und unmittelbar darauf wieder nach Brighton zurückkehren wollten, um dort unsere Flitterwochen zu verbringen — den Rest unserer Ferientage.

Wieso war er überhaupt nach Brighton gekommen? Warum war er nicht in Wales?

Er war im Begriff gewesen, dorthin zu fahren. Plötzlich schien ihm sein Vorhaben langweilig. Er hatte Sehnsucht nach mir. Er fuhr nach Brighton, nahm sich im Metropole ein Zimmer und verbrachte den ganzen Tag damit, in jeder kleinen Pension, in jedem bescheidener gelegenen Hotel nach Miß Houghton und mir zu suchen. Schließlich war er, restlos entmutigt, zum Abendessen ins Metropole zurückgekehrt. Er sah gerade in dem Augenblick von der Speisekarte auf, als ich meinen Einzug hielt — brillantenstrahlend, geleitet von einem sich verneigenden Oberkellner und gefolgt von einem schlurfenden untersetzten Mann mit Säcken unter den Augen. »Ich war einfach sprachlos«, sagte Johnny. »Ich war überzeugt, daß du ein gefallenes Mädchen seist. Verloren, verdorben, mir für immer verloren ...«

Als wir von unserer Busfahrt zurückkamen, fand ich ein Blatt Papier unter meine Tür geschoben. Eine Nachricht von Monte: »Meine liebe Lily. Ich bin sehr unglücklich und tief enttäuscht, wie du dir denken kannst. Wenn du eine Erklärung abzugeben hast, bin ich bereit, sie anzuhören.«

Jetzt noch hätte ich alles wenden, hätte ich mich mit Monte Collins aussöhnen können.

Ich ließ den Augenblick verstreichen.

Zehn Minuten später saßen Johnny und ich in einem Taxi, das uns zum Bahnhof brachte, zum Zug nach London.

Um elf Uhr an jenem Morgen standen wir vor dem Beamten auf dem Standesamt in der Henrietta Street, nahe beim Covent Garden. Zwei Putzfrauen waren unsere Trauzeugen. Sie lehnten ihre Mops an die Wand, trockneten sich die Hände an der Schürze ab und stellten sich lächelnd neben uns auf. Ich trug das blaßblaue Kostüm, das ich in Paris mit Montes Geld gekauft hatte. Bei dem Gedanken daran empfand ich leichte Gewissensbisse. Doch es war weit anständiger, wenn ich Johnny heiratete, als wenn ich Monte geheiratet hätte, ohne ihn zu lieben.

Drei Minuten nach elf war ich Mrs. John Graham Gillam.

Ich zitterte, als der Standesbeamte die Worte herunterleierte. Doch ich war sehr glücklich. Bis zu diesem Augenblick hatte Lily Sheil allein gegen die Welt gestanden, eine sehr unsichere Welt. Von nun an waren wir zu zweit, standen zusammen, Johnny und ich.

ZWEITES BUCH

9–14

9

Es war acht Uhr vormittags. Die Morgensonne schien strahlend durch das Schlafzimmerfenster des gemütlichen Apartments mit Zimmerservice, das wir in der Oxford Street bezogen hatten. Johnny schlief friedlich. Ich stand auf, zog mich an, nahm zwei Schilling von dem Kleingeld, das er auf dem Frisiertisch hatte liegenlassen, und stahl mich hinaus. Ich war eine Frau ohne Beruf. Zum erstenmal hatte ich nichts zu tun, als mich zu amüsieren. Nun, da ich seine Frau war, hatte Johnny erklärt, könne ich nicht länger im Büro arbeiten.

Ich bummelte durch die Straßen. *Mrs. John Graham Gillam*! Ich deklamierte den Namen. Noch nach einem Monat hatte ich mich nicht daran gewöhnt. *Die Frau von Major John Gillam, D. S. O.* Eine Frau mit einer Position. Ich betrat einen Süßwarenladen, kaufte mir für vier Pence Toffees und schlenderte bonbonlutschend weiter.

Ich war glücklich. Zugegeben, es hatte eine schwierige Episode gegeben — Johnny zögerte, seiner Schwester Mitteilung von unserer Heirat zu machen. Mir wurde klar, daß er sie weit mehr fürchtete, als ich geahnt hatte. Doch sie würde es uns nie verzeihen, wenn sie es von Dritten erführe. Ob ich wohl, fragte Johnny einen Tag nach der Rückkehr von unseren Flitterwochen, einen Besuch bei ihr machen und es ihr sagen würde? Er war überzeugt, daß ich sie für uns gewinnen würde.

Ich hatte mich gefürchtet, doch wie stets, wenn eine unangenehme Aufgabe vor mir lag, übernahm ich sie. Ich traf sorgfältige Vorbereitungen. Ich trug ein konservatives Kostüm, wenig Make-up, bürstete mein Haar streng nach hinten und machte, bewaffnet mit einer unauffälligen Tasche und dezenten, eleganten Handschuhen, Besuch bei Mrs. William Gillam Ashton. Johnny probte meinen Auftritt und sagte unglücklich: »Ich sollte dich nicht hinschicken, du bist so jung, aber ich weiß, wenn sie dich sieht, wird sie so bezaubert sein, wie ich es war …«

Mein Herz klopfte heftig, als ich an der Tür ihrer Wohnung in einem unaufdringlich teuren Apartmenthaus in Knightsbridge läutete. Ein adrettes kleines Hausmädchen ließ mich eintreten. Ich wartete im Salon, auf dem Rand eines Stuhls sitzend. Bald darauf öffnete sich eine Tür, und ich erkannte die Dame, die so stolz an Johnnys Arm gehangen hatte, als er mit seinem D. S.O. den Buckingham-Palast verließ. Ich erhob mich. »Ich bin Lily Sheil aus dem Büro«, sagte ich.

Sie streckte mir die Hand hin. »O ja. Mein Bruder hat mir von Ihnen erzählt.« Sie bat mich, Platz zu nehmen, ließ sich selbst in einem Sessel nieder und sah mich fragend an. Die Rede, die ich eingeübt hatte, löste sich in nichts auf. Ich wußte nicht, wie ich anfangen sollte. Stammelnd sagte ich: »Ich hoffe, es wird Sie nicht …« Ich stotterte — plötzlich unverfälschtes Cockney sprechend in dem Bemühen, elegant zu wirken: »Ich hoffe, Sie werden nicht zu sehr erschrecken …« Ich sah, wie sie nervös wurde, ihre Hände sich um die Sessellehnen krampften. »John und ich haben vorigen Samstag geheiratet.«

»O nein!« rief sie und brach in Tränen aus. Ich wußte nicht, was tun. Verlegen stand ich auf und ging zu der Weinenden hinüber. »Nun, so schlimm ist's ja nicht, wirklich nicht —«, sagte ich tröstend. Ich tätschelte ihre Schulter, als sei sie ein Kind. Ich hatte keine Ahnung, was ich tat. »Ich werd' ihm eine gute Frau sein, bestimmt. Weinen Sie nicht, bitte weinen Sie nicht ...«

Durch ihre Tränen sah sie mich an. »Ich will ihn nie wiedersehen, solange ich lebe, das können Sie ihm ausrichten.« Sie fand ihre Beherrschung wieder. Sie putzte sich die Nase. »Ich mache Ihnen keinen Vorwurf, ich mache es ihm zum Vorwurf. Sie wissen doch wohl, daß er Bankrott machen wird? Von mir wird er keinen Pfennig mehr bekommen.«

»Er ist sehr unglücklich, Mrs. Ashton«, sagte ich, »er möchte Ihnen nicht weh tun. Er liebt Sie sehr.« Sie stand auf, wieder den Tränen nahe. »Das können Sie ihm von mir ausrichten« — ihre Stimme erhob sich zum Schreien —, »ich will ihn nie wiedersehen, ich bin fertig mit ihm. Wenn er kein Geld hat, mag er Bankrott machen! Er hat sich sein Bett gerichtet, nun soll er drin liegen.« Sie drehte sich um und stürzte hinaus.

Ich nahm Tasche und Handschuhe auf und ging.

Johnny war aufs äußerste bestürzt. Nun mußte ich ihn trösten. »Mach dir keine Sorgen«, sagte ich. »Wir werden auch ohne deine Schwester irgendwie zurechtkommen.« Er lächelte mir zu. »Ach, früher oder später werde ich mich mit ihr aussöhnen«, sagte er. »Natürlich werden wir zurechtkommen. Es ist Frühling, ich rechne auf eine erstklassige Saison ...« Voll Energie erhob er sich. »Du wirst schon sehen, zum Donner.« Ich küßte meinen Johnny.

Noch immer an meinem Bonbon lutschend, kam ich jetzt an einem Obstgeschäft vorbei. Büschel riesiger blauer Trauben glänzten im Fenster. Prompt kaufte ich ein halbes Pfund und verspeiste sie im Weitergehen. Es war so herrlich, sich selbst zu verwöhnen. Frisches Obst — eine Delikatesse, die wir im Waisenhaus nur selten zu sehen bekamen — riß mich noch immer hin. Für den Rest meines Lebens würde ich nie genug davon kriegen können.

Ich stand da und betrachtete ein mir wohlbekanntes Schaufenster. WIR RENOVIEREN IHRE AHNEN. Johnny besaß viele Familienfotos, um die Wände unserer Wohnung damit zu schmücken. Ich besaß keine. Ich erinnerte mich des verblichenen Schnappschusses von mir, den ich in der Tasche meiner Mutter gefunden hatte. Ich rief mir Johnnys bezauberndes Kinderbild ins Gedächtnis. Und in diesem Moment fiel mein Blick auf zwei völlig gleich gerahmte Farbfotografien: irgend jemandes Kinder. Plötzlich kam mir eine Idee. Warum sollte ich nicht meinen Schnappschuß renovieren und dann wie den von Johnny kolorieren lassen können?

Später an diesem Tag eilte ich mit den beiden Fotos zu dem Graveur. Ob er das kleine Mädchen auffrischen könne? Und diesem kleinen Jungen anpassen? Und ihr statt des billigen, hochgeschlossenen Kittels schicke Kleider im Zeitstil geben? Und farbig?

Er nickte. »Wir lassen den Kopf, wie er ist, richten das Haar, ziehen ihr ein hübsches Kleidchen an. Wir setzen sie auf einen Stuhl, statt auf den Tisch — überlassen Sie es nur mir.« — »Würde ein kleines Mädchen aus reichem Haus jener Zeit nicht etwas Eleganteres in der Hand halten als eine hölzerne Spule?« fragte ich.

Nachdenklich spitzte er die Lippen. »Würde Ihnen eine Blume gefallen?« fragte er.

Eine Woche danach trat ich triumphierend aus seinem Geschäft. Da war ein reizendes, antik gerahmtes Foto von Johnny, ein blondhaariger kleiner Prinz. Und da war ein Foto in genau dem gleichen Rahmen — allem Anschein nach vom selben Fotografen aufgenommen — von mir. Ich saß nicht mehr auf einem Tisch, sondern auf einem kostbaren, kunstvoll geschnitzten Stuhl. Ich trug ein duftiges blaues Kleid mit gebauschten Prinzeßärmeln, mein Haar war blond und gelockt, meine Augen waren blau, und in der Hand hielt ich eine Narzisse. Auf dem ursprünglichen Foto waren meine Mundwinkel unglücklich nach unten gezogen; jetzt, durch die Magie von Kleid und Hintergrund, erschien ich schmollend und launenhaft, so wie man es von einem hochmütigen und vornehmen kleinen Mädchen erwarten konnte.

»Eine fabelhafte Idee!« war alles, was Johnny bewundernd hervorbrachte, als ich ihm die beiden Fotos zeigte. Er sah mir zu, während ich sie nebeneinander aufhängte. Ich weidete mich an dem meinen. Mochte ich auch immer noch keine Fotografien von meinen Vorfahren besitzen, jetzt jedenfalls hing hier an der Wand, jedermann sichtbar, der Beweis dafür, daß ich ein wohlgepflegtes, wohlbehütetes rosa-und-weißes kleines Mädchen von vornehmer Herkunft gewesen war.

Johnny fand meine Versuche, etwas Besseres aus mir zu machen, lobenswert. »Es ist gar nicht abzusehen, wie weit du es bringen wirst«, pflegte er zu sagen. »Du kannst einfach alles erreichen, wenn du es dir fest vornimmst.«

Ich glaubte ihm. Doch was war es, das ich erreichen wollte? In jenen ersten Monaten war ich damit zufrieden, London zu erforschen, impulsiv alles an Süßigkeiten zu kaufen, was mir unterkam, und des Abends mit meinem gutaussehenden Mann an meiner Seite die Schaufenster zu betrachten.

Eines Abends, als wir an der Auslage einer Putzmacherin vorbeikamen, blieb ich stehen und rief aus: »Juii! Was'n Hut!« Johnny zuckte regelrecht zusammen. »Lily«, sagte er, beinahe scharf, »wir müssen unbedingt etwas mit deiner Art, dich auszudrücken, unternehmen.« Ich war den Tränen nahe. Schämte er sich? Fühlte er sich gedemütigt durch meine Art zu reden, jetzt, da ich seine Frau war? Zuvor hatte er es amüsant gefunden. — »Schau, Liebling«, begann er noch einmal, sanft, »du wirst jetzt allerlei Leute kennenlernen, und ich möchte nicht, daß du in Verlegenheit kommst. Sag bitte nicht wieder ›Juii!‹ oder ›Jesses!‹. Sag überhaupt nichts, ehe du deinen Satz nicht korrekt beginnen kannst. Und wenn du etwas sagst, mach eine Bemerkung, die deine Gedanken wiedergibt. Nicht

›Was'n Hut!‹, sondern ›Ist das nicht ein wunderschöner Hut!‹ oder« — er hatte seine gute Laune wiedergefunden — »›Ich hätte zu gern einen solchen Hut‹.«

Er hatte recht. Wenn ich seine Freunde kennenlerne, dachte ich — ein falsches Wort, und ich hab' mich verraten. Mein aufgefrischtes Foto wird dann zur Lächerlichkeit.

Ich brütete darüber, um so mehr, als mir mein Nichtstun plötzlich langweilig zu werden begann. Selbst unbegrenzter Bonbongenuß fing an, seinen Glanz zu verlieren. Die Wochenenden ausgenommen, an denen wir nach Brighton fuhren, wo wir Pferde mieteten und Johnny mir das Reiten beibrachte, verstrichen meine Tage mit einer Langsamkeit, die mich rasend machte.

Ich versuchte mein Unbefriedigtsein zu verbergen, doch eines Tages kam Johnny heim und fand mich in Tränen. »Ich bin so allein«, jammerte ich. »Ich weiß nichts mit mir anzufangen.«

Also machte Johnny den Vorschlag — es war wieder eine seiner typischen atemraubenden Gesten —, ob wir mich nicht an der Royal Academy für Schauspielkunst einschreiben lassen sollten. Der Direktor, Kenneth Barnes, kannte Johnny vom Birmingham Repertory. Ein Sprechkursus würde Wunder an mir tun, fuhr Johnny begeistert fort; und wenn schon er es nicht zu einer Bühnenlaufbahn gebracht hatte, warum sollte es nicht mir gelingen? »Du bist klug, du bist schön«, sagte mein Meister. »Warum sollst du dich nicht für die Bühne ausbilden lassen?« Ich war entzückt. Ich konnte es kaum glauben. Doch wenn Johnny so zuversichtlich war, vielleicht *konnte* ich wirklich Schauspielerin werden. Vielleicht würde ich sogar ein bißchen Geld verdienen und meinem Mann helfen können, seine Schulden zu bezahlen. Denn wenn auch Johnny den von seiner Schwester prophezeiten Bankrott hatte vermeiden können, so war er doch immer noch in finanziellen Schwierigkeiten. Mehr als einmal war ich heimgekommen und hatte ein Ultimatum des Hausbesitzers wegen der Miete vorgefunden und einen bekümmerten Johnny: »Du wirkst so überzeugend — kannst du nicht zu ihm gehen?« Und ich war zu dem Hauswirt gegangen und hatte einen Aufschub erreicht.

Ich bewarb mich um die Aufnahme in die Akademie am selben Tag wie ein dicklicher, unbeholfener Mann Ende der Zwanzig, der noch unfähiger schien als ich. Im Vorzimmer, als er darauf wartete, vorgelassen zu werden, setzte er sich auf seinen Hut. Später, als er weggehen wollte, schlug er sich plötzlich an die Stirn — wo war sein Hut? — und begann ihn überall zu suchen, bis er ihn schließlich zusammengedrückt auf seinem eigenen Stuhl entdeckte. Mit rotem Kopf schnappte er ihn sich, schoß verstohlene Blicke in alle Richtungen und schlängelte sich entschuldigend hinaus, während alles kicherte. Aber nachdem er zum erstenmal im Unterricht vorgesprochen hatte, kicherte keiner von uns mehr über Charles Laughton. Er war der Paradeschüler der Akademie.

Selbst heute weiß ich nicht, weshalb man mich aufnahm. Ich besaß keinerlei schauspielerische Begabung, ich war außergewöhnlich gehemmt und hatte regelrechte Angst, auch nur den Mund aufzumachen. Ich kann mir nur vorstellen, daß Mr. Barnes Johnny einen Gefallen tun wollte.

Die qualvollste Prüfung stand mir in einem von Nancy Price geleiteten Dramenkurs bevor. Sie war eine bekannte Charakterdarstellerin. Jeder Schüler mußte einen kurzen Monolog aus *Romeo und Julia* vortragen. Als die Reihe an mir war, stand ich auf und legte los mit Julias Versen:

O, swear not by the me-uen,
th'inconstant me-uen,
that monthly changes in her circled orb —

O schwöre nicht beim Mond,
dem wandelbaren,
der immerfort in seiner Scheibe wechselt —

Miß Price unterbrach mich scharf. »Bitte, Mrs. Gillam, es heißt nicht me-uen. Es heißt *moon*. Sagen Sie ›moon‹.«
»Meuen«, sagte ich. Wenn ich aufgeregt war, verstärkte sich mein Cockneyakzent.

Miß Price schüttelte den Kopf. »Sagen Sie, ›es ist noontime‹ (Mittagszeit).«

»Es ist ne-uen time«, sagte ich.

»Also wirklich!« Miß Price wurde allmählich ärgerlich, obwohl sie wußte, daß ein Cockneyakzent kaum auszumerzen ist. Sie zitierte mich vor die Klasse, die aus etwa dreißig hochnäsigen jungen Herren und Damen bestand, von denen viele die Universität absolviert hatten, und ließ mich wiederholen, »Moo — moo — moo.« Ich war den Tränen nahe.

Später, in Johnnys Armen, weinte ich. »Nun, nun ...«, tröstete er mich. »Wir werden zusammen üben.« Er postierte mich vor den Spiegel und ließ mich meine schwierigsten Vokale durchgehen. Wieder und wieder paukte er sie mir ein. »Du machst den Mund zu weit auf«, sagte er schließlich. »Hast du mal aufgepaßt, wenn Leute mit einer sorgfältigen Erziehung sprechen? Sie bewegen die Lippen kaum merklich. Versuch's mal.«

Obwohl es half, hatte ich die größten Schwierigkeiten. Manchmal wurde meine Sprache zu gekünstelt. Eines Tages hörte ich mich zu Laughton sagen, der wegen Krankheit gefehlt hatte: »Ich hoofe, es geht Ihnen wieder besser ...« Am liebsten wäre ich in den Boden gesunken.

In einer Klasse spielte ich die Königin neben Laughton als König im *Hamlet*. Ich war so unmöglich, daß man mich nach der ersten Probe ersetzte.

Der einzige Kurs, in dem ich bestehen konnte, war mimische Darstellung. Ich spielte das Hinterteil eines bockenden Pferdes, und weil niemand mein Gesicht sah und ich keinen Text zu sprechen hatte, gelang es mir, recht komisch zu sein.

An der Akademie lernte ich, mich zu schminken. Ich lernte, wie man einen Raum betritt, und ich verbesserte tatsächlich meine Aussprache. Doch es war ein scheußliche Zeit. Nach meinem *Hamlet*-Fiasko sagte eines der Mädchen zu mir: »Mrs. Gillam, Sie mit Ihrem hübschen Gesicht sollten sich nicht an Shakespeare versuchen — musikalische Komödien wären das Richtige für Sie.« Ich lächelte und nahm es als Kompliment, aber ich wußte, daß sie eigentlich hatte sagen wollen: Sie mit Ihrem me-uen und ca-ow sind einfach lächerlich, wenn Sie sich an Shakespeare wagen. Die Farce endete nach drei Monaten, als ich einen strengen Brief von Mr. Barnes erhielt, der mit der Mahnung schloß: Es ist unbedingt erforderlich, daß Sie bessere Leistungen zeigen.

»Ich geh' nicht mehr hin«, sagte ich zu Johnny. »Es ist besser, selbst aufzuhören, als hinausgeworfen zu werden.« Vielleicht, sagte ich, hätte das Mädchen recht gehabt. Vielleicht könnte ich mit musikalischen Komödien Erfolg haben. Schließlich war ich gut in mimischer Darstellung. Ich sang und tanzte gern, und alle sagten, ich sei hübsch. Mein Mann stimmte mir bei. Es wäre höchst nützlich, wenn ich zur Bühne gehen und Geld verdienen könnte — höchst nützlich. Ich sah den Mann, den ich geheiratet hatte, lange an. Er war süß, bezaubernd, großzügig — doch meine Zukunft würde unsicher sein, wenn ich sie in seine Hände legte. Ich mußte irgendeine Art von Karriere aufbauen, um uns beiden zu helfen.

Voll Optimismus lieh sich Johnny neues Geld von einer Kreditfirma, und unverzüglich schrieb ich mich für Kurse in Ballett, Steptanz und Stimmbildung ein. Mit wilder Entschlossenheit studierte und übte ich den ganzen Tag, sang und tanzte durch die Wohnung, während ich meine Hausarbeit tat. Ich probte Ballettschritte, indem ich den Küchentisch als Ballettstange benutzte, und machte Hockübungen mit dem Bettpfosten als Stütze. Nach einem Monat verkündete ich: »Johnny, ich glaube, ich bin bereit für einen Job«, und machte mich daran, die Musikrevuen abzuklappern. Als ich im Begriff war loszuziehen, warnte er mich: »Bewirb dich nicht als Mrs. Gillam, Lily. Es wird dir hinderlich sein. Kein Produzent mag eine Hausfrau engagieren.«

»Aber ich kann nicht als Lily Sheil auftreten«, sagte ich. »Ich hasse diesen Namen. Er steht für all das, was ich vergessen will.« Nicht einmal Johnny wußte, wie leidenschaftlich ich in dieser Hinsicht empfand — wie unverkennbar mein Name die Armut und das Elend meiner Kindheit, die demütigenden Umstände meiner Erziehung in alle Welt hinauszuposaunen schien.

»Nun«, sagte Johnny nachdenklich, »wir werden einen neuen Namen für dich finden müssen.«

Und im Handumdrehen, während ich wartete, erfand er einen. Aus Miß Houghtons Sheilsy machte er Sheila und fügte Graham, seinen mittleren Namen, hinzu. Ich probierte ihn auf der Zunge, und er gefiel mir. Er schrieb ihn auf einen Notizblock: Sheila Graham.

Gemeinsam prüften wir ihn. Ich nahm Johnnys Bleistift und setzte ein h an das Ende von Sheila. »Warum das?« fragte Johnny.

»Ich weiß nicht«, sagte ich vergnügt. »Es sieht einfach eleganter aus.«

Doch einen Vertrag zu bekommen, selbst als Ensembletänzerin, war schwieriger, als ich gedacht hatte. Eine Woche lang machte ich die Runde, doch erfolglos. Dann aber kam ich genau im rechten Augenblick ins Strand Theatre. In Archie de Bears Show *Punchbowl*, die in drei Wochen nach langer Laufzeit zu Ende gehen sollte, war gerade eine Ensembletänzerin durch Krankheit ausgefallen. Er betrachtete mich.

»Haben Sie ein gutes Battement?«

»Ja, das habe ich«, sagte ich.

»Wie hoch?«

»So hoch.« Ich warf die Beine mit aller Kraft hoch.

»Nun ja«, sagte er ohne Begeisterung. »Schön, Sie können anfangen. Montag. Gehalt: drei Pfund.«

Es war Freitag. Mir blieb das Wochenende, um die Tänze zu lernen. Ich eilte nach Hause. »Es ist geschafft!« rief Johnny jubelnd aus. »Das ist der Anfang. Du wirst ein Star werden!«

»Ach, Johnny«, sagte ich, und wir begannen zu üben. An einer Stelle sollte mich einer der Ensembletänzer auf seine Schulter wirbeln. Er sollte mit gebeugten Knien dastehen, die Hände eng vor dem Körper verschränkt: Ich sollte Anlauf nehmen, in seine Hände springen, er würde mich herumwirbeln und in die Höhe, so daß ich auf seine Schulter zu stehen kam. Johnny und ich übten es im Schlafzimmer. Immer aufs neue warf ich ihn um, und wir stürzten zu Boden, lachend und weinend. Doch ich lernte es.

»Denk dran«, sagte Johnny, als er mich zum Bühneneingang brachte, »immer lächeln. Niemand kann deinem Lächeln widerstehen.«

Ich hatte schreckliche Angst — zitterte buchstäblich vor Angst —, doch Johnnys Vertrauen hielt mich aufrecht. Wie ein mächtiger Turm stand er im Hintergrund des Theatersaals, wo ich ihn sehen konnte. Auf der Bühne versuchte ich im Schritt zu bleiben, indem ich die Füße des Chorgirls neben mir beobachtete. Ich konzentrierte mich angespannt. Plötzlich wurde mir bewußt, daß ich den Kopf gesenkt hielt und die Stirn runzelte. *Oje, ich muß doch lächeln*, schoß es mir durch den Sinn. Ich sah unvermittelt hoch und strahlte ins Publikum, sah dann wieder nach unten — und fand bis zum Ende nicht mehr in den Schritt. Die Ballettmeisterin war unbarmherzig. »Ach, was war ich für ein Versager!« klagte ich Johnny.

»Nein, das warst du nicht«, sagte er hartnäckig. »Als du aufsahst und lächeltest, gewannst du die Herzen aller Zuschauer.« Ich war gerührt, obwohl ich überzeugt war, daß keiner einen anderen Eindruck gewonnen hatte als den, daß ich ein überaus unbegabtes Chorgirl war, das nicht Schritt hielt.

Programmgemäß ging *Punchbowl* drei Wochen später zu Ende, doch nicht ehe ich einen neuen Triumph gefeiert hatte. Beim jährlich abgehaltenen Motor-Show-Ball in der Albert Hall gewann ich den Londoner Theater-Schönheitspreis — einen Silberpokal — als das schönste Revuegirl von London. Tänzerinnen aus allen Revuen beteiligten sich an dem Wettbewerb: Wir tanzten Charleston und Black Bottom und paradierten dann vor den Juroren. Auf meinem Pokal war, außer meinem Namen Sheilah Graham, die Inschrift graviert: *Sei treu sei tapfer und mögest du glücklich sein.* Wie in Trance ging ich nach Hause.

Was nun? Mein Preis gab mir Selbstvertrauen. *Alles* war möglich — wenn ich es, wie Johnny gesagt hatte, ernsthaft wollte. Voll Entzücken erinnerte sich Johnny, daß der Theaterschriftsteller John Drinkwater, den er vom Birmingham Repertory her kannte, mit C.B. Cochran befreundet war, dem bekannten Musicalproduzenten. Cochran war der Ziegfeld von London: zu Cochrans jungen Damen zu gehören war ebenso rühmlich, wie ein Ziegfeld-Girl zu sein. In einem Brief, der beredt meine Schönheit und Begabung pries, beschwor Johnny Mr. Drinkwater, meinetwegen an den Produzenten zu schreiben. Das Ergebnis war eine Einladung, mich bei Mr. Cochran selbst vorzustellen, der im London Pavillon eine neue Show vorbereitete.

Ich eilte dorthin, mit der Musik zu *Rose Marie*, das ich in meinem Stimmbildungskurs studiert hatte, und mit meinem knappen Kostüm aus *Punchbowl*. Im verdunkelten Theater saß Mr. Cochran mit drei Assistenten. Eine Reihe anderer Mädchen hatten sich gerade produziert. Als mein Aufruf kam, trat ich auf die leere Bühne und begann mit »Rose Marie, I love you …«

Ich hatte kaum eine halbe Strophe hinter mich gebracht, als einer von Mr. Cochrans Assistenten rief: »Das genügt. Lassen Sie sehn, wie Sie tanzen.«

In drückender Stille tanzte ich ein paar Runden und stahl mich dann fast von der Bühne, gänzlich entmutigt. Ich hatte die Seitenkulissen erreicht, als eine hohe, dünne Stimme, die nur die von Mr. Cochran sein konnte, sagte: »Notieren Sie den Namen dieses letzten Girls.« Ich machte auf dem Absatz kehrt und schoß zurück auf die Bühne und schrie ins weite Dunkel der Sitzreihen: »Oh, Mr. Cochran, ich bin das Girl! Ich bin Sheilah Graham, und John Drinkwater hat Ihnen meinetwegen geschrieben.«

Schweigen. Dann Cochrans Stimme:

»Bitte kommen Sie ins Parkett herunter.« Ich ging hinunter ins Parkett. Mr. Cochran war behäbig, hatte ein rotes Kindergesicht und leuchtendblaue Augen. »Setzen Sie sich hier neben mich, meine Liebe«, sagte er. Er betrachtete mich wohlgefällig. Ich war ziemlich rundlich und straff und drall. »Nun —«, begann er.

»Ich möchte nicht bloß im Ensemble tanzen, Mr. Cochran«, fiel ich ihm ins Wort. »Ich möchte was Beßres leisten.«

Wieder sah er mich an, leicht amüsiert. Ich wußte, daß ich frech war, aber ich wollte ihm zu verstehen geben, daß ich nicht das typische Revuegirl war, wenn ich auch das hübscheste Revuegirl Londons sein mochte.

»Mein Ensemble wird klein sein«, sagte Mr. Cochran langsam, »jedes Girl wird Gelegenheit haben, zu zeigen, was es kann.« In seinem Gesicht entdeckte ich den Ausdruck, den ich von meinen Kunden bei Gamage kannte.

Er engagierte mich mit einem Gehalt von vier Pfund wöchentlich für die Tanzgruppe von *Ein verdammtes Ding nach dem andern*, eine neue Rodgers-und-Hart-Show. Mein Aufstieg begann!

10

In ihrer Garderobe im London Pavilion saß ich zu Füßen der großen Mimi Crawford, des Stars von *One Dem Thing After Another.* »Wie wird man ein Star?« fragte ich sie wißbegierig.

Sie war ihrer selbst so sicher, diese zierliche blaßblonde Schönheit mit riesengroßen blauen Augen in einem kleinen herzförmigen Gesicht. »Denken Sie an nichts andres als an Ihre Rolle, wenn Sie auf der Bühne stehen«, sagte sie. »Konzentrieren Sie sich allein darauf, und Sie werden Erfolg haben.«

Ich beherzigte ihren Rat. Ich war die dritte von rechts in der Gruppe, und ich mußte bloß Schritt halten, lächeln und im richtigen Augenblick Pirouetten drehen, doch jede Minute, die ich nicht auf der Bühne war, stand ich wie angenagelt in der Kulisse und studierte Mimi Crawford. Ich verfolgte jede ihrer Bewegungen, jede Wendung ihres Kopfes, ihre koketten Blicke, die hin und herhuschenden Fußspitzen, das verführerische Drehen. Ich hatte mir eingeredet, daß ich als Ersatz für sie einspringen würde. Warum, kann ich nicht erklären: Niemand hatte mir diese Idee suggeriert. Doch ich glaubte damals, daß ich vor Ehrgeiz zerspringen würde, wenn ich kein Ziel hätte, an das ich mich klammern konnte. Ein Star werden, das war etwas, woran man sich klammern konnte. Und ich setzte meine wild entschlossenen Tanz-, Ballett- und Stimmbildungstudien fort.

Meine Konzentration auf ihre Rolle fiel Miß Crawford auf die Nerven. Schließlich erklärte sie William Ring, dem Regisseur: »Wenn Sie dies Mädchen nicht aus der Kulisse holen, mache ich nicht weiter.« Mr. Ring erlaubte mir, von einem anderen Beobachtungsposten aus zuzusehen. Ich prägte mir ihre ganze Rolle ein, lernte ihre Lieder, einschließlich eines, das ich Johnny zu Hause gern vorsang:

Mary Make-Believe,
träumt den ganzen Tag,
Mary Alles-nur-Schein
weint für sich allein,

weil keiner sie nehmen mag,
jeder nennt sie nur
Mary Make-Believe.

Wie stets machte Johnny mir Mut. Wenn mein eigener Ehrgeiz keine Grenzen kannte, so kannte Johnnys Ehrgeiz für mich sie noch weniger. Er kam zu jeder Vorstellung, stand im Hintergrund des Parketts, applaudierte heftig und holte mich nach Beendigung der Show am Bühnenausgang ab. Unsere Ehe blieb geheim. Den anderen Girls hatte ich Johnny als meinen Onkel vorgestellt, einen mir zärtlich zugetanen älteren Verwandten, der mein ständiger Begleiter und Chaperone war.

Doch dies Verbergen der Wahrheit führte zu unerwarteten Schwierigkeiten. Da man annahm, daß ich allein stünde, war ich Freiwild für die jungen Männer der Gesellschaft, die für Mr. Cochrans junge Damen großes Interesse zeigten. Wir alle erhielten Einladungen zum Abendessen von Londons lebenslustigen Burschen und jungen Adligen. Für die Mädchen war das die strahlende Chance: Mehr als eine war aus einer Cochran-Gruppe zur Herrin über ein großes Vermögen und zur Trägerin eines stolzen Namens aufgestiegen. Doch ich lehnte unweigerlich alle Einladungen ab. Selbst wenn Elsa, eine bezaubernde Brünette, die eine Neigung zu mir gefaßt hatte, mich zu Viererverabredungen aufforderte, mußte ich nein sagen.

Eines Abends reichte mir Elsa mit triumphierendem Lächeln eine Visitenkarte. Darauf stand: Sir John Carewe-Pole, Bart. (Baronet). Auf die Rückseite war in einer zierlichen Handschrift geschrieben:

Man sagt, daß Sie keine Einladungen annehmen und darin keine Ausnahme machen. Ich habe mit meinem Regiment auf das Gegenteil gewettet! Ich würde mich hochgeehrt fühlen, wenn Sie nächsten Samstag mit mir dinieren wollten.

J. C. P.

Elsa beobachtete mich, während ich las. Ich schüttelte den Kopf. »Also wirklich, Sheilah«, rief sie aus. »Du kannst ihm nicht absagen. Er ist der hübscheste Mann in der Garde! Du kannst nicht bis an dein Lebensende bei deinem Onkel hocken!«

Johnny und ich diskutierten den Fall ernsthaft. Früher oder später würde ich eine Einladung annehmen müssen — oder bekanntmachen, daß wir verheiratet waren. Was sollte ich tun?

»Ich glaube, du solltest Carewe-Pole lieber zusagen«, meinte Johnny schließlich. Er sprach nicht als Ehemann, sondern als Beschützer eines Protegés. »Es wird vermutlich ein ganz besonderes Erlebnis für dich sein, der Gast von jemandem wie John Carewe-Pole zu sein. Er wird dich zweifellos zu Ciro einladen, und du wirst dich glänzend unterhalten und nach Herzenslust tanzen können. Ich bin überzeugt, daß er ein anständiger Bursche ist. Du bist jung — warum sollst du dich nicht amüsieren?«

Als der Samstag kam, erwartete mich am Bühnenausgang ein großer, dunkelhaariger Mann mit einem kleinen, gestutzten

Schnurrbart. Im Frack mit weißer Binde sah er ganz besonders gut aus. Er verneigte sich und verkündete: »Miß Graham, ich bin John Carewe-Pole. Sehr sportlich von Ihnen, meine Einladung anzunehmen.« Er führte mich zu einem Taxi und half mir beim Einsteigen.

Schweigend fuhren wir dahin. Ich fühlte mich sehr unbehaglich. Ich war noch nie mit einem Adligen zusammengewesen. Eröffnete man selbst die Unterhaltung, oder wartete man, bis man angeredet wurde?

Mein Begleiter wandte sich mir mit bezauberndem Lächeln zu: »Mir hat Ihre Revue gefallen — sehr gut.«

Ich hätte gern etwas Anmutigeres gesagt als nur »Danke«, doch mir fiel nichts ein. »Danke«, sagte ich.

»Ihr Tanz in der ersten Nummer ...«, fuhr er gewandt fort, »Sie ragten heraus, Miß Graham. Wirklich.«

Ich schwieg. »Es ist sehr freundlich, daß Sie das sagen«, sagte ich dann. Johnny hatte diese Wendung einmal gebraucht.

»Sie müssen wissen, daß Sie sehr hübsch sind«, sagte er, »doch das werden Ihnen schon andre Männer gesagt haben.« Unbehaglich nickte ich.

»Wie lange sind Sie schon beim Theater?« — »Ungefähr drei Monate«, murmelte ich. Jetzt kam zu meinem Unbehagen noch Unruhe hinzu. Ich mochte es nicht, wenn man mich ausfragte.

»Drei Monate? So.« Er glättete seinen Schnurrbart. Ich fühlte seinen Blick auf mir. »Muß ein faszinierendes Leben sein, nicht wahr?«

»Ja«, sagte ich, sorgfältig Worte mit Vokalen wählend, die ich beherrschte, »das ist es. Doch es ist nicht so einfach, wie es sich ansieht. Ich muß jeden Tag proben und Tanz- und Gesangsunterricht nehmen ...«

Höflich hörte er mir zu. »Daran habe ich nie gedacht, müssen Sie wissen.« Wieder schwieg er. Dann unerwartet: »Haben Sie irgend etwas getan, ehe Sie zur Bühne gingen?«

Nahezu in Panik zermarterte ich mir das Gehirn. Wenn er mich doch nur küssen wollte, so daß ich keine weiteren Fragen zu beantworten brauchte! Irgendwie brachte ich eine Antwort zustande.

Als wir unser Ziel erreichten — es war Ciro —, bestellte ich Grapefruit, die ich immer mit Eleganz assoziiert hatte, danach Seezunge und Kaffee und ein Schokoladen-Eclaire. Sir John bestellte Sekt zum Essen. Ich aß mit äußerster Sorgfalt. Dann tanzten wir, meist schweigend.

Er sah Leute, die er kannte, und grüßte sie. Ich sah keinen, den ich kannte. Dann setzten wir uns wieder. Das Schweigen war qualvoll. Der Abend ging zu Ende, wir sagten einander Lebewohl. Ich hatte bei Ciro zu Nacht gegessen und getanzt. Er hatte seine Wette gewonnen. Und ich sah Sir John Carewe-Pole, den hübschesten aller Gardeoffiziere, nie wieder.

Mimi Crawford strotzte nach wie vor von Gesundheit, und ich wartete auf meine Stunde. Ende November wurden alle von Cochrans jungen Damen in das Foyer des Königlichen Theaters beordert, um Programme für eine Wohltätigkeitsvorstellung zu verkaufen. Ich nahm zusammen mit den andern meinen Platz ein. Ein Mann schlenderte vorüber, und ich sprach ihn an: »Möchten Sie nicht ein Programm kaufen, mein Herr?«

Er war ein dünner, langgliedriger Mann mit langer Nase und langgezogenem Gesicht, langem Kinn. »Mit Vergnügen«, sagte er. Er warf mir einen schnellen Blick zu. »Kennen wir uns nicht? Ich bin sicher, daß ich Sie schon irgendwann gesehen habe ...«

Ich war sicher, daß er mich nie zuvor gesehen hatte. Etwas distanziert sagte ich: »Ich bin Sheilah Graham. Ich gehöre zu Cochran's Young Ladies.«

Während er mich noch immer nachdenklich betrachtete, sagte er: »Mein Name ist A.P. Herbert.« Meine Überheblichkeit verwandelte sich in ehrfürchtige Scheu. Ich hatte von diesem Mann gelesen. Er war der berühmte Mitarbeiter des *Punch*, Komponist komischer Opern, die an Londoner Bühnen gespielt wurden.

»Ich hab's!« Sein Gesicht erhellte sich. »Ich habe Sie mit einem Mann im Lesesaal des Britischen Museums gesehen. Was um alles in der Welt treibt eine von Cochran's Young Ladies im Britischen Museum für Studien?«

Ich wurde rot. Mr. Herbert hatte Johnny und mich gesehen. Johnny hatte Material für einen Zeitungsartikel gesucht, den er anzubringen hoffte. Ich hatte mir die Zeit mit der Lektüre einer ungekürzten Ausgabe der *Arabischen Nächte* vertrieben, die ich unanständig und faszinierend fand.

»Ich lese viel«, erwiderte ich, seiner Frage ausweichend. »Ich bereite mich darauf vor, ein Star zu werden.« — »Tatsächlich?« Er sah mich interessiert an. Worin bestand meine Vorbereitung? Ich begann ihm von meinen Stunden zu erzählen, meinem Wunsch, mich weiterzubilden, meinem Traum, ein Musical-Star zu werden. »Warum singen Sie mir nicht einmal vor«, regte er an. »Vielleicht kann ich Ihnen behilflich sein.« Er fügte hinzu, daß er in unsre Vorstellung im Pavilion hineinschaun wolle.

»Ach, bitte tun Sie das«, sagte ich. »Sie werden mich erkennen — ich bin die dritte von rechts.«

Ein paar Tage darauf schickte er mir eine Nachricht hinter die Bühne des Pavilion und bat darum, mich einmal nachmittags mit einigen seiner Lieder aufsuchen zu dürfen. Johnny stimmte zu: A.P. Herbert war eine ausgezeichnete Bekanntschaft für mich. An dem Nachmittag, als Mr. Herbert mich besuchte, ging Johnny diskret ins Kino. Stolz bat ich Mr. Herbert in unsre kleine Wohnung. Irgendwo hatte ich gelesen, daß Schwarz elegant sei, und so hatte ich für unser Wohnzimmer eine schwarze Tapete mit kleinen orangefarbenen Schmetterlingen ausgesucht. Es war unruhig und abscheulich, aber mir erschien es sehr schick.

Mr. Herbert war einfach bezaubernd. Er setzte sich an unser gemietetes Klavier, und ich sang seine Lieder. »Sehr gut«, sagte er ermutigend. »Sie müssen unbedingt weiter Gesangstunden nehmen.« Er betrachtete die Fotos an der Wand und schien gebührend beeindruckt. »Wer ist das?« fragte er und zeigte auf einen verschwommenen Schnappschuß, den Johnny während unsrer Flitterwochen von mir gemacht hatte.

Plötzlich brauchte ich mehr Familie als bloß mich selbst. »Meine Schwester Alicia«, sagte ich.

Mr. Herbert starrte wieder auf das Foto, dann auf mich. »Erstaunlich! Ist sie Ihre Zwillingsschwester?«

»O nein«, beeilte ich mich zu sagen, »sie ist etwas älter als ich. Aber jeder bemerkt die Ähnlichkeit.«

Er starrte unverwandt auf meinen Schatz, mein renoviertes Kinderbild auf seinem Ehrenplatz neben dem von Johnny. »Das hier sind natürlich Sie«, sagte er zu meinem Entzücken. »Und das da?« Er deutete auf Johnnys Foto.

Einen Augenblick lang war ich verdutzt. Dann fielen mir Jessie und ihr kleiner Bruder ein.

»Mein Bruder Daniel«, sagte ich. »Er starb, ehe ich auf die Welt kam.«

»Ach, wie traurig«, murmelte Mr. Herbert teilnahmsvoll.

Wenige Tage danach kam er an einem Sonntagnachmittag vorbei, um mir Lieder aus seiner neuen Operette vorzuspielen. Nachdem er sie auf dem Klavier durchgespielt hatte, sah er mich geheimnisvoll an und verkündete: »Ich habe ein Gedicht geschrieben, das ich *Die dritte von rechts* nenne. Möchten Sie es hören?«

»Oh«, rief ich, »Sie haben etwas für mich geschrieben!«

Er grinste und begann zu rezitieren:

Die dritte von rechts

Mr. Mumjumbo hat mir die Zukunft gesagt,
und es scheint, ich bin einfach prima.
Bin liebenswert, freundlich, voll Ehrgeiz, gebildet,
und vermutlich heirate ich einen Grafen.
Auf Kultur, sagt er, bin ich eingeschworen,
und geschäftstüchtig bin ich bis über die Ohren.
Bestimmt werd' ich große Karriere machen.
Schön — doch wieso bin ich dann noch im Chor!

Hingerissen lauschte ich:

Alle lieben die dritte von rechts,
ich fülle das Haus Tag für Tag;
ich könnte agieren, wenn man mich ließe —
schließlich hab' ich die Leute glauben gemacht, daß ich tanzen kann;
vielleicht wünscht das Publikum uns weiter nichts als reizvoll
wir aber woll'n Desdemona sein.

Ich könnte tragisch und heiser und mißtönend sein,
vielleicht wär' Ophelia mein Part —
wenn der Direktor auch meint, ich sei 'ne wilde Hummel,
ich kann ihm versichern, ich lebe der Kunst.
Manchmal träum' ich, ich trät' vor den Vorhang,
den Blumenregen erhaschend, oder säß' in der Jury
beim Kostümfest, doch wenn ich erwache,
bin ich noch immer im Chor.

Bewegt sagte ich: »Sie haben genau erkannt, was ich fühle!« Voll Vergnügen deklamierte Mr. Herbert die letzte Strophe:

Alle lieben die dritte von rechts
ein Jammer, daß meine Augen so strahlen,
keiner glaubt, daß ich tiefgründig bin,
eine Art ruhender Vulkan.
Rühmen Sie nicht meine Figur!
Ich wünscht', sie wär' größer,
denn mich zieht's zur Großen Oper.

Ein paar Wochen später erschien *Die dritte von rechts* im *Punch*. Einer von Englands berühmtesten Autoren hatte mich in einer der berühmtesten Zeitschriften Englands unsterblich gemacht!

Um elf Uhr vormittags kam der Anruf. Mimi Crawford war erkrankt. Ich sollte für sie einspringen!

Mein Herz begann zu hämmern. Krieg's nicht mit der Angst, sagte ich mir. Sonst wirst du nicht imstande sein, es hinzulegen, wenn es soweit ist. Ich raste ins Theater. Dort packte Mr. Ring, der Regisseur, meine Hand. »Gott sei Dank, ich dachte schon, Sie schaffen's nicht mehr!« Er führte mich in Mimi Crawfords Garderobe. Garderobieren, den Mund voller Stecknadeln, umschwirrten mich und paßten mir Mimis Kostüm an. Ich versuchte nicht an die Prüfung zu denken, die vor mir lag — allein auf diese Bühne zu treten, allein im strahlenden Scheinwerferlicht zu stehen, zu singen, zu tanzen, zu spielen, während aller Augen allein auf mich gerichtet waren. Ich wagte nicht, daran zu denken: wenn ich meinem Herzen erst einmal erlaubte, zu schnell zu schlagen, würde es mir die Kehle zuschnüren, so daß kein Wort herauskäme. Und ich dachte, das ist Johnnys Triumph, denn das Theater war nicht meine Idee gewesen, es war ganz allein Johnnys Idee.

Aus der Kulisse hörte ich die Ankündigung: »Heute übernimmt Miß Sheilah Graham die Rolle von Miß Mimi Crawford« — und das enttäuschte Aufseufzen des Publikums.

Dann kam Mr. Rings gespannte Stimme: »Achtung, Sheilah — zwei Minuten … eine Minute … dreißig Sekunden … auf die Bühne!«

Mit einer ungeheuren Fanfare setzte die Ouvertüre ein, und ich eilte hinaus und stand zitternd hinter den geschlossenen Vorhängen. Ich hatte einen großen Auftritt zu absolvieren, mußte hinter den Vorhängen hervortreten, sie teilen und im Scheinwerferlicht in Positur stehen, die Arme ausgebreitet, den Kopf hochgereckt, um dann erst mit meinem Lied zu beginnen. Als ich so dastand und auf meinen Einsatz wartete, schoß mir der verzweifelt-verrückte Gedanke durch den Kopf: Angenommen, meine Hände würden gelähmt! Doch nein. Es war alles oder nichts, und ich schaffte es. Im richtigen Augenblick teilte ich die Vorhänge und stand da im goldenen Nebel, mit hocherhobenem Kopf und lächelnd, und ich dachte nur noch das eine: *Hab keine Angst, du wirst nicht versagen, gib alles, was du hast,* zittre nicht, gib ihnen alles — Applaus brandete auf, ein Akkord erklang vom Orchester, und meine Stimme ertönte glockenklar.

Es ruft mich die Stimme der Wüste,
sie ruft mich immerfort …

Dann kam donnernder Applaus aus dem Parkett. Ich stürzte hinter die Bühne, um das Kostüm zu wechseln. »Sehr gut!« Das war Mr. Ring. »Machen Sie so weiter!« Er flatterte um mich herum.

An jenem Abend konnte einfach nichts schiefgehen. Ich hatte keine klare Vorstellung von dem, was ich tat. Ich imitierte ganz einfach Mimi Crawford bis zum winzigsten Zurückwerfen einer Haarlocke. Ich bewegte mich in jenem goldenen Nebel, ich badete im Applaus, in der großen Woge von Zuneigung und Bewunderung, die mir vom Zuschauerraum her entgegenschlug.

Ungläubig las ich am nächsten Tag meine erste Erwähnung in der Zeitung:

CHORGIRL GELINGT SPRUNG IN DEN RUHM —

so stand unter meinem Foto zu lesen. Und die Story, die neben dem Bild herlief, begann mit den Worten: »Ihre blonde Schönheit und süße Stimme entzückten gestern abend im Pavilion das bis auf den letzten Platz gefüllte Haus ...«

Sieben freudetrunkene Vorstellungen lang, bis Mimi Crawford wiederkam, spielt ich ihre Rolle. Mitten in dieser Serie brachte mir ein verzückter Johnny den *Daily Express* vom 28. August 1927. Da war wieder mein Foto, und darunter stand:

EINE GEBORENE SCHAUSPIELERIN

Miß Sheilah Graham übernahm mit großem Erfolg die Rolle Mimi Crawfords in ›One Dam Thing After Another‹. Die begabte junge Darstellerin war nicht einmal als Zweitbesetzung vorgesehen, sondern sie sprang ohne eine einzige Probe für Miß Crawford ein. Sie tat es so erfolgreich, daß ihr bereits eine Sprechrolle in der nächsten Inszenierung der Revue zugesagt wurde, obwohl sie noch Anfängerin ist ... Mr. Cochran ist entzückt von ihrer Begabung und äußerte dem Schreiber gegenüber heute abend, daß er sie für eine der vielversprechendsten jungen Schauspielerinnen Londons hält.

Es war unglaublich. Ich las es, Johnny las es, las es noch einmal. »Ich wußte es«, sagte er. »Nichts kann dich mehr aufhalten. Nichts!«

Mr. Cochran schickte mir ein Gratulationsbriefchen und fügte einen Zehnpfundbonus bei. Außerdem bat er mich, in sein Büro zu kommen, das hoch über der Bühne lag.

»Sie haben Ihre Sache sehr gut gemacht, meine Liebe«, sagte er. Er war guter Laune. Ich hatte gehört, daß Ersatzschauspielerinnen des öfteren Angebote erhielten, in einer Hauptrolle auf Tournee zu gehen. Ich setzte alles aufs Spiel. »Ich habe ein Angebot erhalten, auf Tournee zu gehen, Mr. Cochran. Doch ich würde gerne bei Ihnen bleiben, wenn eine Chance besteht, endgültig aus dem Ensemble herauszukommen.«

Er kam hinter seinem Schreibtisch hervor und hob, indem er mir die Hand unters Kinn legte, mein Gesicht dem seinen entgegen. Sanft sagte er: »Aber natürlich werden Sie bei mir bleiben, meine Liebe. Ich mache einen Star aus Ihnen.«

Ungeachtet meiner Dankbarkeit dachte ich: *O mein Gott, wie soll ich damit fertig werden?* Mr. Cochran war ein gütiger Mann, hatte jedoch, was Frauen betraf, einen schlechten Ruf. *Dieser Mann kann mich zum Star machen. Wie weit muß ich dafür gehen?* Ich wollte nicht, daß Mr. Cochran mir mehr bedeutete als ein Arbeitgeber. Einen kalten Klumpen in der Magengrube, ging ich heim.

Eine Woche danach lud er mich ein, mit ihm und einigen Freunden — darunter der berühmte Bühnenschriftsteller Frederick Lonsdale und Lady Diana Cooper — zu Mittag zu essen. Mit Johnnys Segenswünschen ging ich hin. Endlich war ich in die richtigen Kreise gelangt! »Beobachte und höre zu«, empfahl er mir.

Während der ganzen Mahlzeit war ich qualvoll gehemmt. Ach, wer so sein könnte wie diese Menschen! Mühelos sprechen, akzeptiert werden — ja mehr, berühmt sein! Und doch, während ich so beobachtete und zuhörte, war ich seltsam enttäuscht. Stumm saß ich da, lächelte höflich, hörte aufmerksam zu und dachte: Darüber reden sie also? Ich hatte geglaubt, so markante Persönlichkeiten sprächen in erhabener, eleganter Ausdrucksweise über höchst bedeutsame Dinge. Doch gerade sagte Lady Diana zu einer anderen Dame: »Haben Sie gesehen, wie Iris gestern abend angezogen war?« Und ein anderer Gast bemerkte: »Mein Gott, sooft ich Louise diese abgedroschne

Geschichte von dem Polizisten und dem Amerikaner erzählen höre ...«

Ich hörte ihnen zu und lernte, was leichtes Geplauder hieß. Es hieß, leise zu lachen und zu sagen: »Nein, ist das aber mal drollig, finden Sie nicht auch?« Und: »Wenn ich mich nach Tisch nicht frisieren lasse, fühle ich mich für den Rest des Tages einfach scheußlich ...«

Sie sprachen von ihren jüngsten Heiraten und Scheidungen, über ihre Diät und ihre Krankheiten. Darüber also redet man, dachte ich, wenn man sich nichts zu sagen hat.

Und plötzlich wurde es mir klar: *Das kann ich auch.* Wenn ich auch mit vierzehn die Schule verließ und nicht den Mund auftun kann, ohne meine Ignoranz zur Schau zu stellen oder in meinen Cockneyakzent zurückzufallen, das kann ich. Um sich durchzumogeln, selbst bei den Gebildeten und Berühmten, braucht man bloß beiläufig über Trivialitäten zu reden — oder hämisch über irgendwen. Mehr braucht es nicht, sobald man in diesen magischen Kreis aufgenommen ist. Ich *kann* in ihn eindringen, dachte ich.

Dessen war ich sicher, als Cochran mir, nachdem *One Dam Thing After Another* zu Ende gegangen war, einen Vertrag für drei Revuen gab und eine Sprechrolle in seiner nächsten Produktion, Noël Cowards *This Year of Grace*. Ich sollte zusammen mit Jessie Matthews, Tilly Losch und anderen Stars auftreten. Mein Vertrag garantierte mir zehn Pfund pro Woche und für die dritte Show eine Erhöhung auf zwanzig Pfund.

So war ich imstande, Johnny mit seinen wachsenden Schulden wesentlich zu helfen. Ich konnte nur staunen, daß ich so viel Glück gehabt hatte. Ich war neunzehn und verdiente mehr, als ich mir je erträumt hatte.

Johnny war sehr stolz. »Ich hab's dir gesagt«, meinte er. »Man beginnt dich richtig einzuschätzen. Jetzt wird alle Welt in dir das sehen, was ich schon immer in dir sah. Es gibt nichts, was du nicht leisten könntest!«

11

Mr. Noël Coward drückte seine Zigarette aus. »Nein, nein«, sagte er ungeduldig. »So ist es nicht richtig!« Er eilte auf die Bühne. »Ich werde es Ihnen zeigen.« Ich hatte nicht erwartet, Mr. Coward je zu begegnen. Doch während einer Probe mit den Hauptdarstellern von *This Year of Grace* in einem Saal in Soho kam Cochran mit einem schlanken, nervösen, zigarettenrauchenden Herrn herein, den ich nach den Fotos, die ich von ihm gesehen hatte, sofort erkannte. Ich wurde nervös. Er wird meinen Schwindel sofort durchschauen und wissen, daß ich nur ein paar Monate lang Tanz- und Gesangsunterricht gehabt habe. Doch ich mußte weitermachen, und während er und Cochran im leeren Parkett Platz nahmen, ging ich meine Rolle mit einem der männlichen Hauptdarsteller durch.

Da geschah es, daß Mr. Coward aufsprang und auf die Bühne kam.

»Also«, sagte er und nahm mich in die Arme. »Nun schaun Sie mich mal an, als ob Sie mich nicht goutierten ...«

Ich war nicht sicher, was goutieren bedeutete, und so schenkte ich ihm prompt mein strahlendstes Lächeln.

»Nein, nein, nein!« Seine Stimme wurde zu einem dünnen Tremolo. Ich hätte weinen mögen. Er warf die Hände in die Luft und blickte zu Cochran hin. Verzweifelt dachte ich, *er weiß, daß ich eine Schwindlerin bin.*

Von seinem Platz aus sagte Cochran ruhig: »Sheilah, Sie können mehr, als Sie da zeigen.«

Wir versuchten es von neuem, und diesmal schaute ich ihn seelenvoll an, statt ihm einen vernichtenden Blick zuzuwerfen. »O du mein Gott«, sagte Coward und gab auf. »Lassen Sie uns die nächste Szene probieren.«

Hier hatte ich zu singen:

Ich bin bloß eine Naive
und werd' es mit zweiundachtzig noch sein,
jedes rüde Wort
ist mir ein Tort.
Ich liebe das Drama sehr,
doch voll mädchenhafter Abwehr
vertrau ich stets nur den Großen.

Ich hätte das Lied als Burleske bringen müssen, den Text in großäugiger Unschuld hervorlispelnd. Statt dessen sang ich es ganz ernsthaft. Jahre später, als ich in Hollywood den Sunset Boulevard entlangging, wußte ich genau, wie ich es damals hätte singen müssen; und als Noël Coward nach Hollywood kam, sang ich es ihm vor, und er lachte: »Ja, genau so hätten Sie es singen sollen.« Jetzt aber saß er finster im Parkett; und als ich ein paar Minuten darauf in seine Richtung blickte, waren sowohl er als auch Cochran gegangen.

Die Premiere sollte in Manchester sein. Ich war angespannt und nervös. In einer Nummer mußte ich auf der Spitze Pirouetten drehen, aber meine Riste waren zu schwach. Ich konnte nicht leichthin das ausführen, was andere Jahre der Übung gekostet hatte. Unter dem langen Tanzkleid, das gnädig meine gebeugten Knie verbarg, schwankte ich herum wie eine Betrunkene.

Am Premierenabend erlebte ich beinah eine Burleske vom Alptraum eines Stümpers. Ich hatte auftretend mit einem hohen Battement die Bühne zu überqueren. Die Musik schwoll an, Ich trat auf. Die Zuschauer empfingen mich mit donnerndem Beifall. Ich strahlte voll Selbstvertrauen. *Ich werd's ihnen zeigen.* Ich warf das Bein, so hoch ich konnte — mein linker Fuß rutschte unter mir weg, und ich setzte mich mit einem Bums auf die Bretter.

Der Beifall verwandelte sich in Gelächter. Meine Wangen brannten, als ich mich aufrappelte. Jetzt fand ich nicht mehr in den Takt zurück. Das Gelächter ging in Gebrüll und Gekreisch über — ich stolperte über die Bühne, machte halben Herzens Versuche, die Beine hochzuwerfen, das Lächeln war mir im Gesicht festgefroren, ich war unerträglich gedemütigt, und doch sagte ich mir unaufhörlich, *du darfst nicht weinen, du darfst nicht weinen, du hast noch eine Nummer.*

Dann war ich von der Bühne und stürzte in die Kulissen, um mein Kostüm zu wechseln. Plötzlich sah ich Sterne: Ich war hinter der Bühne in einen riesigen Papiermaché-Felsen gerannt, der für eine Loreley-Nummer Verwendung fand. Der Krach hallte durch das ganze Theater.

Das gab mir den Rest. Ich lag da und weinte und weinte. Selbst Cochran, der tröstend seinen Arm um mich legte, konnte mich nicht dazu bewegen, vor dem großen Finale noch einmal auf die Bühne zu gehen.

Doch als wir drei Wochen später in London Premiere hatten, lachte mir das Glück. *This Year of Grace* war ein Bombenerfolg und ich mit ihm. Die Kritiken waren schmeichelhaft; in allen Zeitungen erschienen Bilder von mir: »Sheilah Graham lacht« … »Auf dem Weg zum Ruhm« … »Die kleine Sheilah Graham, das Chorgirl mit dem romantischen Aufstieg zum Ruhm«. Und nach ein paar Wochen: »Sheilah Graham, eine von Mr. Cochrans bezaubernden jungen Damen, die so erfolgreich in *This Year of Grace* auftritt«.

Und mit dem Andauern meines Glücks wuchs mein Dilemma. Ich war verheiratet, meine Ehe war ein Geheimnis, und ich ging mit Männern aus. Sir John Carewe-Pole war der erste gewesen. Nun führte mich Cochran, der mich als seinen neusten Star herausstellte, zum Abendessen aus. Und viele seiner Freunde wollten mich gern kennenlernen. Andre Einladungen kamen. Es war unmöglich, im Pavilion in einer Starrolle aufzutreten, ohne sich alsbald von galanten Bewunderern umringt zu sehen. Allabendlich füllten sich die Proszeniumslogen mit Männern in strahlend weißer Hemdenbrust und Frack, die, wenn sie wollten, nur die Hand auszustrecken brauchten, um einen zu berühren, wenn eine Drehung oder ein Schritt einen in ihre Nähe brachte. Zuweilen saß dort der Prinz von Wales; stets aber waren in diesen Logen die bestaussehenden, die bezauberndsten und elegantesten Männer Englands zu finden.

Eines Abends ließen zwei gutaussehende Männer in der Loge keinen Blick von mir. Als ich vorbeitanzte, hörte ich deutlich: »Hallo, du hübsches kleines Lämmchen.« Ich lächelte und tanzte vorüber. Eine Woche später saßen dieselben Männer in der Loge. Und wieder diese seltsame Begrüßung: »Hallo, du hübsches kleines Lämmchen.«

An jenem Abend warteten nach der Vorstellung drei Limousinen, um die Mädchen der Truppe zu einem Junggesellenessen ins Savoy Hotel zu bringen. Unsere Tischherren waren Offiziere der Königlichen Garde. Wir saßen an einer langen Tafel mit herrlichem Essen und Sekt, mit Geschenken für jede von uns — Puder, Lippenstift, seidene Strümpfe. Nach einer Weile schlenderte ein junger Mann herbei und setzte sich neben mich. Er wurde mir vorgestellt: Captain Ogilvy. Später erfuhr ich, daß er der Ehrenwerte Bruce Ogilvy war, Oberstallmeister des Prinzen von Wales. Dann trat ein älterer Mann mit blauen Augen und rotem Schnurrbart — durch den er zischte, wenn er aufgeregt war — hinzu und setzte sich mir zu Füßen. Es war Sir Richard North, in den Fünfzigern und unser Gastgeber. Beide hatten in der Proszeniumsloge im Pavilion gesessen. Sir Richard war es, der mich mit »Lämmchen« angeredet hatte. Doch ich beachtete ihn nicht, weil ich von Bruce fasziniert war. Er war etwa achtundzwanzig, und auffallend hübsch: blaue Augen mit langen schwarzen Wimpern, eine gerade Nase, ein gestutzter Garde-Schnurrbart, eckige hohe Wangenknochen und ein gleichgültiger Gesichtsausdruck, der eine schelmische Amüsiertheit zu verbergen schien. Wenn er lachte, schnaubte er — ich fand das unwiderstehlich.

Ob ich am nächsten Donnerstag nach der Vorstellung wieder zum Abendessen kommen und fünf von Cochran's Young Ladies mitbringen wolle? Außerdem wollte Sir Richard wissen, ob ich ihm die Ehre geben würde, am kommenden Sonntag in seinem Stadthaus Tee zu trinken.

All das hatte ich mit Johnny besprochen. Wir waren übereingekommen, daß es mir in meiner Karriere voranhelfen würde, wenn ich ausginge. Gleichzeitig würde es dazu dienen, daß ich Erfahrung sammeln und mich entwickeln und lernen würde, mich in der Oberschicht zu behaupten. Also nahm ich die Einladungen von Sir Richard North und dem Ehrenwerten Captain Bruce Ogilvy an.

An jenem ersten Abend brachten mich Bruce und Richard gemeinsam nach Hause; im Taxi hielt der eine meine rechte, der andere meine linke Hand. An der Tür verabschiedeten sie sich. Ich schwebte hinein, um Johnny von meinem abendlichen Triumph zu erzählen, wie ein junges Mädchen seiner Mutter berichten würde. Ich erzählte ihm, wie sie mich bewunderten, wie sie mir das Gefühl gaben, schön und begehrenswert zu sein, wie jeder mich wiedersehen wollte, wie anziehend Bruce war, daß seine Mutter, die verwitwete Gräfin von Airlie, eine der diensttuenden Hofdamen der Königin war. Ich berichtete, daß Sir Richard ungeheuer reich war, er hatte große Rennställe in Irland und liebte es, Parforcejagden zu reiten, und daß er gesagt hatte, er hätte sich immer gewünscht, eine Tochter wie mich zu haben. Ich erzählte Johnny, wie respektvoll, wie schwärmerisch, wie bezaubernd diese Männer gewesen waren.

Johnny war hell begeistert. Sein Schützling gewann Zutritt zu immer höheren Kreisen.

Von da an war ich jeden Donnerstagabend Ehrengast beim Mitternachtssouper im Savoy. Wenn ich die Speisekarte aufschlug, entdeckte ich, daß jedes Gericht meinen Namen trug: »Potâge à la Belle Sheilah«, »Poulet polonaise à la Belle Sheilah«, »Bombe à la Belle Sheilah«. Ich war das Lämmchen, das Opferlamm, von Wölfen verfolgt, und alles geschah so feurig, mit so viel Charme und Sorglosigkeit, daß es mir vorkam wie ein Märchen.

Und ich — ich wollte alles genießen, was dieses verzauberte Leben zu bieten hatte. Ich ging häufig mit dem Ehrenwerten Captain Bruce Ogilvy aus und mit Sir Richard North. Ich tanzte mit ihren Freunden aus den Irish and Welsh Coldstream Guards. Und jedesmal war ich weniger linkisch, mein Akzent weniger auffallend. Meine Stimme, die etwas von Johnnys tiefer, klangvoller Färbung angenommen hatte, gewann nun einen Hauch von Bruce' ruhigem Schleppen hinzu — dem Kennzeichen der oberen Klassen. Jetzt wiederholte ich das Geplauder, die Nichtigkeiten, die ich beim Lunch mit Lady Diana Cooper gehört hatte. Es war mehr als ausreichend, denn bei den Savoy-Soupers gab es ebensowenig geistvolle Diskussionen wie bei den andren Gesellschaften, die ich besuchte. Es galt als geschmacklos, mit seinem Wissen zu paradieren. Es gab nur Gelächter und wunderschöne Komplimente und bewundernde Blicke. Jetzt war *ich* es, die leise lachte und sagte: »Nein, ist das aber mal drollig, finden Sie nicht auch?« Gelegentlich machte ich eine witzige Bemerkung, und sie lachten, und dann dachte ich vergnügt: Sieh an, auch ich kann amüsant sein.

In dieser Welt nahm man nichts ernst. Eines Nachmittags nahm ich eine Einladung von Bruce an, bei ihm in der Wohnung seiner Mutter Tee zu trinken, während sie auf dem Land war. Es war ein heimlicher Besuch. Als wir so beisammensaßen, hörten wir, wie sich die Eingangstür öffnete und schloß. Stumm saßen wir da; ein paar Minuten später schlich Bruce auf Zehenspitzen zur Tür und versuchte sie zu öffnen — und wandte sich zu mir um. »Mutter — sie hat abgeschlossen, und ich habe keinen Schlüssel! Wie sollen wir hier hinauskommen?« Und plötzlich, in einem Ausbruch von Heiterkeit: »Mein Gott, was wird die Königin sagen!«

Es war eine Welt wie aus *Alice im Wunderland*, in der Bruce erzählen konnte, daß er gerade aus der Garde-Messe kam, wo der Prinz von Wales — er nannte ihn »PraggerWagger« — und ein halbes Dutzend andrer Jungs den Nachmittag damit zugebracht hatten, über die Tische bockzuspringen. Oder in der wir beim Tanzen im exklusiven Embassy Club an seiner Königlichen Hoheit vorbeikamen, der mit einer bezaubernden jungen Dame tanzte. »Ach Bruce«, flüsterte ich, »laß uns nah am Prinzen vorbeitanzen.« Er tat es. Die beiden Männer nickten sich zu, und die Blicke Seiner Königlichen Hoheit glitten über mich hin. Später erzählte mir Bruce: »PraggerWagger wollte wissen, wer die hübsche Blondine war, mit der ich tanzte.« — »Und was hast du gesagt?« fragte ich atemlos. — »Ich hab' ihm deinen Namen nicht genannt«, gab er mit schalkhaftem Lächeln zurück. »Ich möchte nicht, daß er dich mir wegschnappt.« Wer hätte je gedacht, daß der Prinz von Wales sich nach mir erkundigen würde!

Meine Vergangenheit war mir so fern wie der Traum eines Fremden. Doch einmal kam ich nur knapp davon. Eines Nachmittags, als ich mit Elsa auf einen Bus wartete, hörte ich eine Stimme rufen: »Lily! Lily Sheil!«

Ich fiel fast in Ohnmacht. Ich brachte es fertig, mich umzudrehen. Da, über die Straße auf mich zueilend, momentan vom Verkehr aufgehalten, war Leslie! Leslie, älter geworden, doch unverkennbar Leslie! Er winkte aufgeregt. Einen Augenblick lang stand ich wie gelähmt. Dann packte ich Elsas Hand und begann zu laufen. »Schnell — da kommt der Bus …«

Ich rannte, und Leslie rannte hinter mir drein. Es war wie ein Alptraum, in dem einen etwas unvorstellbar Böses verfolgt und man stillzustehen scheint, wie schnell man auch läuft … Doch wir erreichten den Bus, kletterten hinein, er fuhr an. Von Schwäche übermannt, klammerte ich mich an einen Halt.

Ich erzählte Johnny nichts davon, als ich heimkam. Er versuchte seine Geldsorgen zu vergessen, indem er einen Artikel über Ostereier schrieb, den er einer Zeitung zu verkaufen hoffte. Er hatte viele Artikel losgeschickt, aber noch keinen einzigen verkauft.

Ein bißchen scharf vielleicht, weil ich von meinem Erlebnis noch erregt war, sagte ich: »Ach Johnny, du vergeudest deine Zeit. Kein Mensch interessiert sich für Ostereier.«

Ärgerlich warf Johnny seinen Bleistift hin. »Nun, und wofür interessieren sich die Leute, wenn du schon so gescheit bist?«

Ich dachte nach. »Erinnerst du dich an meinen ersten Abend in *Punchbowl*, als ich aus dem Bühnenausgang kam?« Ich war hinuntergeeilt in der Erwartung, den schmalen Gang gedrängt voll mit Männern zu finden, die mit den Girls anbändeln wollten — Männer in Frack und Zylinder, in der einen Hand ein Bukett und in der andern Brillanten. Statt dessen standen da bloß zwei schmuddelige Teenager, die ein Starautogramm wollten. »Ich glaube, die Leute würden sich für die Erinnerungen eines Chorgirls interessieren.«

»Weiß Gott!« Jetzt war er begeistert. »Das ist ein Einfall!« Er rieb sich die Nase. »Warum schreibst *du* nicht was darüber?«

Ich war verblüfft. Doch wenn man es bedachte, im Waisenhaus hatten meine Aufsätze allen gefallen. Sie waren sogar vorgelesen worden. Mit einem Bleistift und einem Notizblock mit gelbem Papier setzte ich mich hin und schrieb: »Der Mann, der mit Revuetänzerinnen anbändelt. Von einem Chorgirl.« Nachdem mein Mann meine Grundschul-Orthographie und

-Grammatik verbessert hatte, schickten wir das Manuskript an den *Daily Express*. Ich hatte bereits gelernt, stets das höchste Ziel anzuvisieren, und der *Express* war eine von Londons verbreitetsten Zeitungen.

Jeden Morgen erwartete ich, daß die Post meinen Artikel zurückbrächte. Tage vergingen. Schließlich konnte ich die Spannung nicht länger ertragen. In der Pause eilte ich eines Abends zum Telefon hinter der Bühne und rief den *Daily Express* an, verlangte mit dem Literaturredakteur selbst zu sprechen, Mr. Reginald Pound. Unglaublicherweise kam er selbst an den Apparat. »Vor etwa vier Wochen habe ich Ihnen einen Artikel geschickt, und er ist bis jetzt nicht zurückgekommen. Ich möchte wissen, ob Sie ihn drucken werden.« Ich nannte ihm meinen Namen.

»Seltsam, daß Sie grade heute abend anrufen«, sagte er. »Wir bringen ihn morgen.«

Ich mußte mich hinsetzen. Dann kam ich wieder zur Besinnung. »Morgen!« kreischte ich beinah. »Das ist wunderbar. Bekomme ich etwas dafür?«

Ich hörte ihn lachen. »Ich habe ein Honorar von zwei Guineen angesetzt.«

»Wann drucken Sie?« fragte ich benommen.

»Heute nacht.«

»Meinen Sie, ich könnte vorbeikommen und sehen, wie es gedruckt wird?«

»Aber gewiß«, sagte er.

Kaum daß die Vorstellung beendet war, eilten Johnny und ich zur Fleet Street. Zwar war Mr. Pound nach Hause gegangen, doch er hatte Anweisung gegeben, uns in die Setzerei zu führen und uns meinen Artikel im Satz zu zeigen. Zum erstenmal roch ich Druckerschwärze.

In dieser Nacht konnte ich kaum schlafen. Wie wunderbar war das! Ich hatte einen *Einfall* gehabt. Ich hatte meinen Einfall zu Papier gebracht. Man zahlte mir zwei Guineen dafür!

Am nächsten Tag stand mein Artikel im Literaturteil, gegenüber dem Leitartikel. Prompt rief ich Cochran an und A.P. Herbert: »Versäumen Sie nicht, heute den *Express* zu lesen. Es steht ein Artikel von mir drin.«

Im Pavilion gratulierten mir alle, insbesondere Mr. Cochran. »Hinter Ihrer hübschen Stirn geht eine ganze Menge vor, nicht wahr?« sagte er. Mr. Herbert kam, um mich zu beglückwünschen und mir Tips für die Regeln des Aufbaus zu geben. Als ich mich erneut ans Schreiben machte, brummte mir der Kopf mit Vorschriften, was man durfte, was nicht. Voll Befangenheit schrieb ich nacheinander vier Artikel — und brachte keinen unter. Ich versuchte es mit einem fünften — und als auch der zurückkam, gab ich auf. Zu viele Probleme beunruhigten mich jetzt — und vielleicht war die Schriftstellerei nicht so leicht, wie ich gedacht hatte.

This Year of Grace war die erste — und letzte — Revue meines Vertrages, in der ich auftrat. Denn ohne daß ich es wußte, begannen mich Belastungen, die zu groß für mich wurden, zu zermalmen.

Mr. Cochran war sehr aufmerksam; immer noch väterlich, immer noch gutmütig, führte er mich häufig zum Lunch aus. Wenn wir im Taxi saßen, küßte er mich. Ich fand mich in einem Dilemma: wie konnte ich vermeiden, was unausweichlich schien? Gleichzeitig war ich besorgt wegen meiner Rolle in der Revue: in dem Maß, in dem sich meine Unerfahrenheit erwies, war meine Rolle Stück um Stück beschnitten worden. Offensichtlich war ich für die kompliziertere Routine unzulänglich. Verzweifelt bemühte ich mich, mit Mädchen Schritt zu halten, die seit ihrer Kindheit getanzt hatten.

Daheim lasteten Johnnys Finanzprobleme schwer auf uns, obwohl er sie zu verbergen suchte. Er konnte jedoch nicht leugnen, daß mein Gehalt uns ernährte. Unsre Rechnungen waren stets überfällig. Meine Gespanntheit nahm zu. Ich fand mich Tag und Nacht auf einem wilden Karussell. Am Morgen Stunden, am Nachmittag Proben, am Abend Vorstellungen, um Mitternacht Soupers, eine fortgesetzte Folge von Amüsement, Tanzen, Essen, Sekttrinken, und sehr wenig Schlaf. Erschöpfung verfolgte mich.

Es wurde schwieriger, mein Doppelleben aufrechtzuerhalten — als Sheilah Graham, in Begleitung von Bruce Ogilvy, für den ich mehr Zuneigung empfand, als ich hätte empfinden dürfen, von C. B. Cochran, der sich äußerst um mich bemüht zeigte, und von Sir Richard North, der mir wachsende Neigung entgegenbrachte — und als Mrs. John Gillam, die in der Wigmore Street einkaufte und die Kaufleute zu bewegen wußte, geduldig auf ihr Geld zu warten. Ich begann unter quälenden Kopfschmerzen zu leiden und unter Verdauungsstörungen, die so schlimm waren, daß ich mich vor Schmerzen krümmte. So klein auch meine Rolle in *This Year of Grace* geworden war, mußte ich doch feststellen, daß ich ständig meinen Text vergaß und unvermittelt in hemmungslose Weinkrämpfe verfiel.

Ein Lied aus der Revue ging mir ständig durch den Sinn:

Tanz, tanz, tanz, meine Kleine,
die Jugend entflieht mit dem Rhythmus, der in deinem Kopf hämmert.
Tanz, tanz, tanz, meine Kleine,
so besessen von dem Zweitbesten,
nie wirst du Ruhe finden …

Ja, dachte ich, das bin ich — tanzen und tanzen, schneller und schneller drehend …

Als es so weit war, brachte mich Cochran in ein Dilemma.

Ich hatte Johnny dazu bewogen, mit mir für ein Wochenende völligen Ausspannens in das Seebad Torquay zu fahren. »Meine Liebe«, sagte Mr. Cochran, und er nahm mein Kinn zwischen Daumen und Zeigefinger, »telegrafieren Sie mir, wo Sie wohnen. Ich werde kommen und Sie besuchen.«

Nachdem ich lange verzweifelt überlegt hatte, wie ich ihn entmutigen könnte, ohne ihn zu kränken, schickte ich ihm ein Telegramm aus Torquay, das ich für genial hielt: ENTZÜCKT SIE ZU SEHEN GESCHÄFTSZEIT NEUN BIS ACHTZEHN UHR.

Er kam nicht nach Torquay. Nach London zurückgekehrt, fragte ich ihn ein wenig besorgt: »Warum kamen Sie nicht, wie Sie vorhatten?«

Kurz angebunden erwiderte er: »Mir paßte Ihre Geschäftszeit nicht.«

Ich hatte einen Verehrer verloren. Das trug nicht dazu bei, meine seelische Verfassung zu verbessern.

Schließlich war es Sir Richard, der das Karussell zum Stillstand brachte. Ich hatte oft bei ihm zu Hause zu Mittag gegessen, in einem schmalen, eleganten grauen Backsteinhaus, in dem glänzendes Mahagoni und funkelndes Silber den beherrschenden Eindruck machten und überall schöne Bilder und Jagdstiche hingen. Nach dem Kaffee pflegte Sir Richard zu meinen Füßen am Boden zu sitzen, meine Hand zu streicheln und mit seinen blaßblauen Augen zu mir aufzusehen. »Mein kleines Lämmchen«, sagte er und küßte mir die Hand. »Nie hatte ich jemand, für den ich so gern hätte sorgen mögen wie für Sie.«

Sir Richard hatte nie geheiratet. Er war aus dem indischen Verwaltungsdienst ausgeschieden, und er sprach oft davon, daß er keine Familie hatte, was erklärte, warum er so verschwenderisch Abendeinladungen und Feste für junge Leute gab. Er hatte mir Geschenke geschickt, riesige Mengen der erlesensten Konserven von Fortnum und Mason — gekochten Salm, geräucherte Forelle und Schinken, Kiebitzeier —, und einmal kam hinter der Bühne eine Kiste mit Grapefruits für mich an, die den Poststempel »Florida, USA« trug.

Bei einem meiner Besuche in seinem Heim zeigte er mir seine Sammlung von Stahlstichen. Er verharrte vor einer wunderbar kunstvollen Waldszene: Bäume, Zweige, Ranken, Blätter. »Dies ist ein höchst ungewöhnlicher französischer Stich«, sagte er. »Wie gefällt er Ihnen?«

Mit möglichst intelligentem Gesichtsausdruck studierte ich, was da an der Wand hing.

»Oh, es ist wunderschön.«

»Sehen Sie genau hin — fällt Ihnen nichts auf?«

Ich schüttelte den Kopf. »Aber so schaun Sie doch, meine Liebe ...« und da, schwach geätzt zwischen den Zweigen, waren nackte Männer und Frauen beim Liebesspiel.

Abgestoßen fuhr ich zurück und warf ihm verstohlen einen ängstlichen Blick zu, doch er lächelte sehr vergnügt auf mich herab. Ist es nicht seltsam, dachte ich, daß dieser Mann an etwas Derartigem Gefallen findet, wenn doch die Liebe etwas so Schönes sein kann? Doch er war unverändert gütig zu mir und sprach häufig von seiner Einsamkeit. Einmal sagte er lächelnd: »Ich würde Sie gern adoptieren«, und ich lachte. Doch es kam der Nachmittag, an dem er mit aller Feierlichkeit sagte: »Ich meine es ernst. Ich möchte Sie gesetzlich adoptieren. Sie werden meine Tochter sein, Sheilah.«

Ich wollte nicht seine Tochter sein. Als er mich in einem Augenblick bedrängte, in dem ich zunehmend geistesabwesend war, platzte ich unvermittelt heraus: »Das können Sie nicht, Sir Richard. Das können Sie nicht. Ich bin verheiratet.«

So, dachte ich — nun ist es heraus. Die Maskerade ist vorbei.

Er wurde bleich, dann rötete sich sein Gesicht. Meine Worte schienen ihn in eine sonderbare Erregung zu versetzen. Er begann durch seinen Schnurrbart zu zischen. »Das spielt keine Rolle. Sie müssen sich auf der Stelle scheiden lassen.«

»O nein, nein, nein«, rief ich. »Das könnte ich niemals tun.« Voll Eifer fuhr er fort, als habe er mich überhaupt nicht gehört. »Das läßt sich ganz leicht arrangieren. Ich werde der Gegenspieler sein ...«

Ich brach in Tränen aus und konnte nicht mehr aufhören zu weinen. Er zeigte sich tief betrübt. »Es tut mir leid — ich bestehe nicht darauf, wenn Sie nicht wollen. Denken Sie darüber nach ...« Er schien so ehrlich bekümmert, daß ich ihm schluchzend alles anvertraute — die Last, die es bedeutete, meine Ehe geheimzuhalten, den Kampf, den ich führte, um mit den Mädchen in der Revue Schritt zu halten, mein Kopfweh, meine Verdauungsstörungen, meine Erschöpfung. »Ich werde Ihnen sofort meinen Arzt schicken«, sagte er.

Sein Arzt war Partner von Sir Henry Simpson, dem Arzt der Königin. Er untersuchte mich; Sir Henry persönlich wurde konsultiert: Ich litt an äußerster Erschöpfung und war am Rande eines völligen Nervenzusammenbruchs.

Meine Verdauungsstörungen rührten von einem entzündeten Blinddarm her, der unverzüglich entfernt werden mußte. Ich mußte auf der Stelle aus der Revue ausscheiden und ein Krankenhaus aufsuchen. Sir Richard übernahm die Kosten.

Der Urteilsspruch war eine Befreiung für mich. Endlich kam ich aus dieser Mühle heraus. Man würde für mich sorgen. Ich suchte ein sehr in Mode stehendes Krankenhaus in der Nähe der Harley Street auf, und Sir Henry operierte mich. Als alles vorbei war, sagte Sir Richard: »Sie müssen zur Erholung in ein warmes Klima gehen. Ich werde Sie nach Südfrankreich schicken.« Als ich protestierend sagte, ich könne nicht zulassen, daß er so viel für mich tue, wischte er meinen Widerspruch beiseite. Es mache ihm Vergnügen, mir behilflich zu sein. Ich könne meinen Mann mitnehmen und so lange bleiben, bis ich mich wieder gekräftigt fühlte.

Im Hotel Eden am Cap d'Ail in Südfrankreich verlebte ich mit Johnny meinen einundzwanzigsten Geburtstag. Er war unglücklich, gedemütigt, gereizt — doch er wußte, daß wir nicht imstande waren, die Rechnung zu bezahlen. »Die Geschäfte werden sich bessern«, sagte er. »Dessen bin ich sicher.« Er überschlug die Arztkosten, die Kosten für die Operation, das Krankenhaus, das Hotel und trug die Summe in ein kleines Buch ein. »Ich werde es ihm sehr bald zurückzahlen«, sagte er. Wer hätte sich von Johnny scheiden lassen können?

Und doch war Sir Richard nahe herangekommen. Allmählich wurde meine Ehe mit Johnny eine Ehe nur dem Namen nach. Ich bin überzeugt, daß dies einen wesentlichen Teil zu meiner Trübsal beitrug. War doch Johnny wirklich zu dem zärtlichen älteren Verwandten geworden, als den wir ihn hatten erscheinen lassen: Vater, Mutter, Bruder, Vertrauter. Ohne es zu wollen, hatte ich begonnen, mich nach einem gleichaltrigen Ehemann zu sehnen, der schrecklich besitzerstolz, eifersüchtig auf jeden anderen Mann wäre — nach dem Liebhaber, nicht dem Beschützer.

Auch das freie, ungebundene Theaterleben ließ deutlich werden, was meiner Ehe fehlte. Hier war die Liebe etwas ungemein Aufregendes, ein vulkanisches Ereignis, bei dem Impuls und Gefühl sich austobten. In dieser unkonventionellen, impulsiven, leidenschaftlichen Welt waren die Menschen ständig verliebt — in aller Öffentlichkeit tauschten sie Küsse und Zärtlichkeiten; hinter der Bühne stieß man alle Augenblicke, wenn man eine Treppe hinuntereilte oder in die Garderobe stürzte, auf Pärchen in so enger Umschlingung, daß man den Eindruck hatte, nichts könne sie auseinanderreißen.

Ich hatte immer gemeint, Küssen sei etwas, was man im verborgenen tut, im Dunkel einer Gartenlaube, im Fond eines Wagens, in der Abgeschiedenheit seiner Wohnung. Im Theater bedeutete Liebe Lieben in der großen romantischen Tradition — man wagte alles, schenkte alles, ohne an den Preis oder die Folgen zu denken. Es war ein unerträglich erregendes, ein strahlendes, glänzendes überwältigendes Erlebnis — und keiner sagte: Das ist unrecht. Und wenn eine Liebesgeschichte zu Ende war, wenn der Mann einen verließ, wie er es tun mußte, war auch der Kummer, wenngleich überwältigend, erregend. Es war die Ekstase des Jung- und Ungehemmtseins, des köstlichen Reagierens auf schneller schlagende Pulse, auf die einladenden Blicke und die dargebotenen Herzen der gutaussehenden Männer, die einem den Hof machten. Aus dieser Welt zu Johnny zurückzukehren, zu Johnny mit seinen Problemen, Johnny, der, wie liebenswert er auch sein mochte, doch mehr väterlicher Ratgeber war als Gatte …

12

Zuweilen, wenn ich Ursache und Wirkung zu ergründen suche, staune ich darüber, wie sehr die Ereignisse ein Leben bestimmen. Meine Krankheit und Rekonvaleszenz in Südfrankreich entfernten Johnny von der John-Graham-Gesellschaft. Seine Abwesenheit führte schließlich, als wir im Frühjahr 1929 nach London zurückkehrten, zum Bankrott der Firma. Gezwungen, sich nach etwas anderem umzusehen, wurde Johnny Generalvertreter einer aufstrebenden Ziegel- und Zementfabrik. Hier, wo persönlicher Charme mehr wog als ausgeprägter Geschäftssinn, war Johnny überaus erfolgreich. Zum erstenmal, seit wir verheiratet waren, gelang es uns, aus dem finanziellen Treibsand herauszukommen.

Das war gut so. Nachdem um unsere Ehe kein Geheimnis mehr war, wurde es Zeit, ein neues Kapitel aufzuschlagen. In Südfrankreich waren Johnny und ich zu dem Entschluß gelangt, daß wir uns aus jeder weiteren Verpflichtung gegenüber Sir Richard lösen mußten. Ich hatte Zeit gehabt, über diesen Mann nachzudenken. Wenn auch Sir Richard niemals die Grenzen des Anstandes verletzt hatte, die seltsamen Stiche an seinen Wänden, sein Schmachten mir zu Füßen, seine sonderbare Erregung bei dem Gedanken, mich zu adoptieren — all das beunruhigte mich. Ich wollte ihn nicht wiedersehen. Ich schrieb ihm einen Brief, in dem ich unsere Dankbarkeit zum Ausdruck brachte und versprach, daß wir ihm so bald wie möglich alles zurückzahlen würden, jedoch keinen Zweifel daran ließ, daß mein Mann und ich es vorzögen, seine Hilfe nicht länger in Anspruch zu nehmen. Irgendwie würden wir schon zurechtkommen. Offensichtlich tief verletzt, beantwortete Sir Richard diesen Brief nie.

Wir waren erst ein paar Tage wieder in London, als Cochran anrief und mich ausschalt, weil ich meine Ehe vor ihm geheimgehalten hatte. Wenn ich wolle, sagte er, so könne ich eine Rolle in *Bitter Sweet* haben, das er als nächstes zu produzieren plante. Doch ich war noch nicht wieder soweit, auf die Bühne zurückzukehren. Vielleicht spürte ich, ohne es zu wissen, daß meine Bühnenlaufbahn zu Ende war. Mir wurde jetzt klar, daß das Ganze eine ungeheure Qual gewesen war.

Ein paar Monate lang ruhte ich aus, las und saß im Hyde Park in der Sonne und erprobte mein Französisch an den Kindermädchen, die dort täglich mit ihren Schutzbefohlenen erschienen. Mit dem bißchen, was ich auf der Berlitz School gelernt, und dem, was ich mir darüber hinaus in Frankreich angeeignet hatte, sprach ich gar nicht schlecht.

Und dann begegnete ich Judith Hurt, die mir eine Welt eröffnete, vor der alles verblaßte, was die Bühne zu bieten hatte.

Miß Hurt und ihre Mutter kamen aus Schottland. Während wir fort waren, hatten sie die Wohnung im dritten Stock der Wigmore Street 128, direkt über der unseren, bezogen. Zunächst traf ich meine neue Nachbarin auf der Treppe — auffallend klein und zartgliedrig, mit pikantem Gesicht, hellblondem Haar und der rosigsten Haut und den blauesten Augen, die ich je gesehen hatte. Ungefähr in meinem Alter, führte sie ein lebhaftes gesellschaftliches Leben. Ständig polterten junge Leute aus Oxford und Cambridge die Treppen hinauf und hinunter, und ich erhaschte oft ein flüchtiges Bild von ihr, wie sie, eine gepflegte junge Dame, mit flatterndem Mantel hinabeilte. Wir lernten uns kennen, als sie fragte, ob sie ihre Buketts in unserem Eisschrank aufbewahren dürfe, der auf dem Treppenabsatz stand. Sie war hübsch, bescheiden und liebenswürdig, und ich mochte sie ungemein.

Eines Nachmittags machte ich mich gerade zu meinem Spaziergang im Hyde Park auf, als sie und ein großer, auffallend bebrillter junger Mann, Schlittschuhe über die Schulter geworfen, die Treppe hinabeilten. »Oh, Mrs. Gillam«, begrüßte mich Judith vergnügt und stellte mir ihren Begleiter, Jock West, vor. Hinter seinen dicken Brillengläsern schien mich Mr. West aus großer Distanz zu begutachten, doch er lächelte liebenswürdig, als er meine Hand ergriff. »Wir gehen ins Grosvenor House Schlittschuh laufen«, sagte Judith. »Hätten Sie nicht Lust, mitzukommen?«

»Oh«, sagte ich verlegen. »Ich kann nicht Schlittschuh laufen.«

»Ich werde es Ihnen beibringen. Mit Vergnügen«, sagte Jock West. »Bitte kommen Sie doch mit, Mrs. Gillam — wir können Schlittschuhe für Sie dort leihen.«

Ich ging mit ihnen zur elegantesten Eislaufbahn Londons. Jock brachte mir bei, mich auf dem Eis zu bewegen. Während Judith und ich, auf einer Bank sitzend, ihm zusahen, wie er eine Folge anmutiger Dreier ausführte, bemerkte sie: »Jock ist sehr befreundet mit meinem Vetter. Sie waren beide zusammen im Pop in Eton.«

»O ja«, sagte ich und hatte keine Ahnung, was sie meinte. Ein paar Minuten später auf dem Eis, als ich an Jocks Arm graziös dahinglitt und -schlitterte, sagte ich: »Judith erzählte mir, daß Sie im Pop waren.« Das schien ihn zu freuen, und so fügte ich hinzu: »Bitte erzählen Sie mir doch mehr davon.« Er tat es mit Vergnügen. Es stellte sich heraus, daß Pop der exklusivste Gesellschaftsclub von Eton war, dessen Mitglieder den größten Teil ihrer Zeit damit zu verbringen schienen, sorgfältig praktisch alle andern auszuschließen. Von Jock erfuhr ich, daß Judith in der Nähe von Aberdeen zu Hause war, daß sie und ihre Mutter nur für die Saison eine Wohnung in London nahmen und daß sie mit einem Pop-Alumnen verlobt war, der sich gegenwärtig in Schottland aufhielt.

Wir verstanden uns prächtig. Ich lernte schnell Schlittschuh laufen: jede Art Sport hatte mir immer gelegen. Ich kaufte mir einen roten Rollkragenpullover und einen kurzen schwarzen Glockenrock, der meine Beine zur Geltung brachte. Schlittschuh laufen im Grosvenor House als Gast von Jock West oder Judith Hurt, oder Squash und Tennis, das ich beides unter Jocks Anleitung spielen lernte, traten jetzt an die Stelle meiner Nachmittage im Hyde Park. Johnny, stark von seinem neuen Beruf in Anspruch genommen, der ihn häufig auf Verkaufsreisen durchs Land führte, verfolgte meine Fortschritte mit Befriedigung. Im Grosvenor House kannte jeder jeden; und für sie war ich die junge, hübsche Mrs. Gillam, deren Mann offenbar wenig in Erscheinung trat und die als recht kühn galt, weil sie früher einmal auf der Musical-Bühne gestanden hatte.

Eines Nachmittags, als ich meine Dreier übte, glitt ein Mann von militärischer Haltung, mit blondem, an den Schläfen ergrauendem Haar zu mir heran und stellte sich vor. Er hieß Jack Mitford. Er habe mich des öfteren mit Jock West auf der Eisbahn gesehen. Ob ich Lust hätte, mit ihm Walzer zu tanzen? Wir tanzten miteinander. Er war ein fabelhafter Eisläufer und erklärte mir, wie ich mein Figurenlaufen verbessern könnte. Später lud er mich zu einem Drink ein. An der Bar trat ein rotgesichtiger Mann zu uns und schlug ihm herzhaft auf die Schulter. »Darf ich Ihnen Captain Gill vorstellen?« fragte Jack. Er nannte ihn »Gillo«. Gillo, erfuhr ich, war einer der besten Spieler in der englischen Polo-Nationalmannschaft. Wir setzten uns an einen kleinen Tisch, und die beiden Männer sprachen über einen neuen Club, den sie gründen wollten: Er sollte International Sportsman's Club heißen, und Captain Gill würde den Posten des Sekretärs übernehmen. Er sollte einer beschränkten Zahl internationaler Mitglieder beiderlei Geschlechts offenstehen; seine Anlage im Grosvenor House, komplett mit Eisbahn, Squashplätzen, Schwimmbecken und Aufenthaltsräumen, sollte den außerhalb Londons oder im Ausland lebenden Mitgliedern als Stadtaufenthalt dienen. Dem Gründungskomitee gehörten bereits der Aga Khan, Commodore Vanderbilt, der Herzog von Westminster an sowie der Herzog von Alba, der Earl of Lonsdale, eine Reihe französischer Fürsten und italienischer Barone … Ich schluckte, als ich das hörte. Das wird einer der vornehmsten, blaublütigsten Clubs der Welt werden! dachte ich.

Als ich Johnny davon erzählte, war er beeindruckt. Ich war mit Jack Mitford Schlittschuh gelaufen? Das konnte nur der Ehrenwerte Jack Mitford sein, der Bruder von Lord Redesdale und Onkel Nancys, Unitys und fünf weiterer Mitford-Mädchen und eines Mitford-Sohnes, Tom. Die Mitfords, erklärte mir Johnny, waren eine der ältesten Familien, älter noch als die königliche Familie. Nun kam ich in Kontakt mit Englands bester Gesellschaft — mit Adels- oder Grafschaftskreisen, die sich von der Londoner oder Stadtgesellschaft unterschieden. Die Grafschaftsgesellschaft war weniger weltmännisch und weniger reich — es waren echte Adlige. »Wäre es nicht famos«, fuhr Johnny hingerissen fort, »wenn du diesem neuen Club beitreten könntest? Die Leute, die du dann kennenlernen würdest …«

»Aber Johnny«, protestierte ich. »Das ist lachhaft. Es besteht für mich keinerlei Aussicht, in einen solchen Club aufgenommen zu werden. Wer sollte mich denn überhaupt vorschlagen?«

»Jack Mitford«, sagte Johnny. »Das ist schon einer. Und Gill ist der zweite. Wenn er Sekretär wird, hat er eine ganze Menge mitzureden.«

Es erwies sich als viel einfacher, als ich gedacht hatte. Als ich das nächste Mal mit Jack Mitford an der Bar saß, sagte ich: »Ich wäre glücklich, wenn ich Ihrem Club beitreten könnte.

Dann könnte ich jederzeit eislaufen. Meinen Sie, Captain Gill und Sie könnten mich vorschlagen?«

»Nun«, sagte er, »ich denke, das ließe sich machen, Sheilah. Wir wollen Gillo fragen.« Gillo war im Clubsekretariat, das gerade angefangen hatte zu arbeiten. In bezug auf Gillo war ich hoffnungsvoll. Er war ein ritterlicher Offizierstyp, und vor wenigen Tagen erst hatte er, als er hinter mir her eine Treppe hinaufging, ausgerufen: »Mein Gott, was für Fesseln!« Worauf ich ihm süß zugelächelt hatte. Als wir ihm nun meinen Wunsch vortrugen, sagte er nur: »Aber natürlich.«

Ich wurde vorgeschlagen — Mrs. John Gillam, die Frau von Major John Gillam, D.S.O. — und als Mitglied aufgenommen.

Lily Sheil war Mitglied des International Sportsman's Club.

Ich gab einen Empfang in unserer Wohnung. Vergnügt plaudernd waren um ein riesiges Omelette, das ich zubereitet hatte, versammelt: Judith Hurt, ihre engste Freundin, Lady Joan Villiers, Tochter des Earl of Clarendon, Jock West, Captain Gill und Jack Mitford. Jock entlockte meinen Gästen immer neue Lachsalven mit einer umwerfend komischen Geschichte, in der er und seine Kameraden vom Pop »abwechselnd den König von Siam in den Hintern getreten« hatten. Ich eilte mit Tee und Marmelade hin und her und mochte meinen Augen kaum trauen. Da saßen diese Leute in *meiner* Wohnung auf dem Boden und verspeisten *mein* Omelette. Wenn es doch nur wahr wäre, dachte ich, wenn ich doch nur eine von ihnen *wäre*!

Eines Abends im Januar lud Jack Mitford Johnny und mich zum Essen ein. Die Rede kam auf die Schweiz. In ein paar Tagen würden die Mitfords nach St. Moritz fahren. Ich sollte als ihr Gast mitkommen. Auch Judith Hurt und ihre Mutter würden in St. Moritz sein. Und viele ihrer Freunde.

»Natürlich mußt du fahren«, sagte Johnny später. »Denke doch nur — vierzehn Tage in der Schweiz zusammen mit den

Mitfords!« Ich staffierte mich mit einem Skianzug, schweren Stiefeln und warmen Pullovern aus — und in jenem Winter des Jahres 1930 begleitete ich die Mitfords nach St. Moritz. Dort lernte ich Jacks Bruder kennen, Lord Redesdale, das Familienoberhaupt, der aussah wie ein alter Sachsenkönig, ein blonder, blauäugiger Riese mit mächtigem Kopf, breiten Schultern und einem Falkenausdruck im scharfgeschnittenen Gesicht. Ich lernte auch Lord Redesdales Sohn kennen, Tom Mitford, eine jugendliche Ausgabe seines Vaters und, mit einundzwanzig, einer der hübschesten jungen Männer, die mir je begegnet waren. Neugierig starrte ich Tom Mitford an. Wie mußte er sich vorkommen, als einziger Sohn neben sieben Schwestern? Unerhörte Phantasien wirbelten in meinem Kopf. Immer hatte ich mir Kinder gewünscht, um eine Familie zu haben, doch darin waren Johnny und ich erfolglos gewesen. Vielleicht konnte ich mir noch immer eine adlige Familie aufbauen. Ich würde mir Tom Mitford als Vater erwählen, und meine Söhne würden Sachsenkönigen gleichen …

St. Moritz war ein weiteres Märchen, das Wirklichkeit wurde. Ich lief Ski und Schlittschuh. Ich fuhr Skikjöring. Als Schützling der Familie Mitford saß ich bei den Mahlzeiten an langer Tafel neben ihren Freunden, und ich hörte zu, wie sie vom Französischen zum Deutschen überwechselten, dann zum Italienischen, und alle Sprachen makellos beherrschten, und ich dachte: *Wie wenig weiß ich doch!* Ich wurde Lord Grinthorpe vorgestellt, Lord Bradbourne, dem Duc de Yonne. Es war ein Genuß, sie sprechen zu hören: diese bezaubernden Stimmen, so wohlmoduliert, so angenehm für das Ohr, was für vornehme Leute! Sie waren aufmerksam zu mir, liebenswürdig — sie mochten mich gern —, und wieder lebte ich von Komplimenten. Es war angenehm, zu hören, ich sei hübsch, aber als Jack Mitford bemerkte: »Sie haben eine so bezaubernde Stimme, Sheilah«, war ich außer mir vor Stolz. Es war, als hätte ich ein Diplom erlangt. Nach der Rückkehr nach

London ging das Märchen weiter. Nun wurde ich gemeinsam mit Johnny eingeladen, das Wochenende in den Häusern des Grafschaftsadels zu verbringen, zu reiten, Tennis zu spielen, zu schwimmen, im Gras zu liegen und mich am Abend elegant anzuziehen und Billard zu spielen. Ich dachte nur wenig darüber nach, was in der Welt vorging. Die Grafschaftsgesellschaft gab sich nicht den Anschein, mit der Zeit Schritt zu halten. Es waren schwierige Zeiten für England; das Pfund begann unter den Goldstandard zu sinken, die Arbeitslosigkeit nahm zu, und es herrschte große Unzufriedenheit — doch das alles schien mir sehr, sehr fern.

An einem Wochenende fand ich mich als Gast bei einer Jagdgesellschaft bei Lord Brougham and Vaux, in sportlichem Kostüm, mit derben Schuhen und dicken grauen Wollstrümpfen, das wahre Abbild einer Dame der Grafschaftsgesellschaft. Lord Brougham and Vaux bewohnte ein Schloß mit Burggraben. Wir dinierten in einer großen, prunkvollen Halle; Ahnenbilder blickten auf uns herab, es gab livrierte Diener und einen riesigen Kamin, über dessen Sims das Familienwappen prangte. Ich war begeistert. Ich brachte es nicht über mich, zu schießen, doch ich fand es großartig, mit den Schützen zu gehen, auf meinem Jagdstuhl zu sitzen und die Treiber zu beobachten, die sich durchs Unterholz vorarbeiteten und auf die Anweisungen unseres Gastgebers mit »Yes, m'lord« und »No, m'lord« antworteten. In meinem Zimmer lachte ich vor Wonne und seufzte bei dem Gedanken: *Wie bin ich nur hierhergekommen? Aber ist es nicht wundervoll!* Als die Jagd beendet war, bekam ich sechs Paar Fasanen und kehrte nach London zurück, die toten Vögel im Gepäck, mit denen ich nichts anzufangen wußte.

Vorsichtig tastete ich mich in dieser verzauberten Welt voran. Ich war aufgenommen worden: Man hatte mich akzeptiert. Doch an jeder Ecke lauerte Entlarvung. Ich zweifelte keinen Augenblick daran, daß diese Menschen mir überlegen waren. Sie waren mir rechtmäßig überlegen durch Geburt, Milieu, Bildung, durch die Gelassenheit, mit der sie sich zugehörig wußten. Sie hatten keine Geheimnisse zu verbergen, mußten keinen Schein aufrechterhalten — brauchten keine unwürdigen Beweggründe zu unterdrücken, die Furcht oder Zwang entsprangen. Deshalb, glaubte ich, waren sie etwas Besseres als ich, und aus diesem Grund würden sie schockiert sein, wenn sie die Wahrheit über mich erführen, würden sich hintergangen fühlen und keine andere Wahl haben, als mich auszustoßen.

Es bedeutete, daß ich ständig auf der Hut sein mußte. Wenn andere Frauen von den Schulen sprachen, die sie besucht hatten, von ihrer Vorstellung bei Hof, zitterte ich. Ich fürchtete mich, wenn von Vettern und Verwandten die Rede war. Keiner hatte je einen Vetter oder Onkel oder eine Tante von Mrs. Gillam getroffen, nicht einmal eine Schulkameradin. Ich hätte geradesogut vom Himmel gefallen sein können.

Ich erinnerte mich eines schrecklichen Augenblicks in St. Moritz, als ich mit Lord Long of Wraxall und seiner Mutter eislaufen gegangen war. Sie machten mich mit einer bezaubernden dunkeläugigen Frau bekannt. Ich hatte sie beim Bobrennen gesehen und bei den Kostümfesten im Palace Hotel. »Wollen wir zusammen laufen?« fragte sie lächelnd. Arm in Arm glitten wir im gleichen Rhythmus über das Eis. Wir waren ganz allein. Ohne ihr Tempo zu verlangsamen, sagte sie: »Sie sind eine Abenteurerin, nicht wahr?«

Es war, als hätte sich plötzlich gähnend das Eis vor mir aufgetan. Arm in Arm mit ihr dahingleitend, dachte ich verzweifelt: Was soll ich darauf antworten? Nach einer kleinen Weile sagte ich: »Ja, das bin ich.« Und als das heraus war, war ich wieder ruhig. Sie wußte Echtes vom Unechten zu unterscheiden. Wenn sie wollte, konnte sie mich bloßstellen. Doch ich wußte, daß sie es nicht tun würde. Als ich sie wiedersah, lächelte sie liebenswürdig. Sie ließ kein Wort bei irgendwem verlauten.

Ich *hatte* Glück. Die Menschen meiner Umgebung waren vornehm, und das Kennzeichen ihrer Vornehmheit war, daß sie einen kaum je in Verlegenheit brachten. Ich konnte sicher sein, daß die Honorable Ursula Bowater, die Tochter von Lord Dawson of Penn, sich nie mit der Frage an mich wenden würde: »Sind Sie bei Hof vorgestellt worden, Sheilah?« Oder fragen würde: »Welche Schule haben Sie besucht?« Gleichwohl war ich auf fast jede Frage vorbereitet, die mir hätte gestellt werden können — wenn jemand so unglaublich taktlos gewesen wäre, sie mir zu stellen.

Die Story, die ich kursieren ließ, war, daß ich die Tochter von John Lawrence und Veronica Roslyn Graham war — beides solid klingende Namen. Wir hatten in Chelsea gewohnt, einem eleganten und zugleich unkonventionellen Londoner Viertel. Diese leicht bohemehafte Vergangenheit mochte jede mögliche Seltsamkeit, jeden Ausrutscher in meinem gesellschaftlichen Auftreten erklären. Mein Vater, der beträchtlichen Grundbesitz in der City sein eigen genannt hatte, war auf einer Geschäftsreise in Deutschland gestorben, als ich noch klein war. Ich hatte Hauslehrer gehabt und dann ein Pensionat in Paris besucht. Meine Mutter starb, als ich siebzehn war; fast unmittelbar darauf hatte ich Major Gillam, D. S. O., geheiratet.

Es war eine gute Story. Es fehlte darin nur ein wesentlicher Punkt. Ich war nicht bei Hof vorgestellt worden. Alle jungen Frauen des Kreises, in dem ich mich so entzückt und doch angstvoll bewegte, hatten mit achtzehn ihren Hofknicks vor den Majestäten gemacht.

»Wenn wir bloß auch das noch fertiggebracht hätten!« sagte ich zu Johnny.

Und noch während ich das sagte, sah ich in seinen Augen einen neuen ingeniösen Gillam-Plan aufleuchten. »Weißt du, daß wir dich auch jetzt noch vorstellen lassen können?« sagte er nachdenklich. »Auch wenn du keine Debütantin bist?« Er erklärte mir, daß die Debütantinnen in der Regel erneut bei Hof vorgestellt würden, wenn sie heirateten. Man mußte lediglich von jemandem vorgestellt werden, der selbst bereits bei Hof vorgestellt war.

Natürlich hatte ich keinen Verwandten, der dafür in Frage gekommen wäre, doch Johnny erinnerte sich einer bezaubernden Frau, der Gattin des Colonel Arthur Saxe, der mit ihm bei Gallipoli gewesen war. Mrs. Saxe, zu ihrer Zeit eine allgemein beliebte Debütantin, lebte jetzt in bescheidenen Umständen außerhalb Londons. Sie würde vielleicht gern die Gelegenheit nutzen, wieder bei Hof zu erscheinen …

Er schrieb ihr. Zu meinem größten Erstaunen bedeutete Mrs. Saxe, daß sie Major Gillams Frau mit Vergnügen bei Hof einführen werde, wenn er es möglich machen könne, daß sie ein dem Anlaß entsprechendes Abendkleid von Norman Hartnell (dem Schneider der Königin) bekomme. Und so geschah es. Mein Name wurde ordnungsgemäß dem königlichen Haushofmeister mitgeteilt. Als Antwort erhielten wir nach einiger Zeit eine imposante Einladung. Sie lautete:

Im Auftrage Ihrer Majestäten beruft der Haushofmeister Major John Gillam und Gattin zur Cour im Buckingham-Palast am Dienstag, dem 9. Juni 1931, abends 9.30 Uhr.

Damen: Hofkleidung *mit* Federn und Schleppe.
Herren: Großer Hofanzug.

Als Major hatte Johnny bei Hofzeremonien Anspruch auf Diplomatenrang. Von Moss Brothers lieh er sich einen Diplomaten-Hofanzug: Kniehosen, schwarze Strümpfe, einen schwarzsamtenen Cut mit Silberknöpfen, weiße Binde, Hemd und Weste — und er trug den Degen, den ich bei meinen Besuchen in seiner Junggesellenwohnung immer bewundert hatte.

Am Abend der Vorstellung bei Hof bog unser gemieteter Daimler mit Chauffeur und Lakai langsam in die Mall ein und reihte sich in die lange Schlange der Wagen, die stundenlang darauf warteten, durch die Tore des Palasts eingelassen zu werden. Der Palast erstrahlte im Lichterglanz. Ringsum wogte die Menge — Hunderte von Angestellten auf ihrem Weg nach Hause, Büroangestellten, Männern mit Melonen, Stenotypistinnen, Verkäuferinnen —, und viele rannten aufgeregt von einem Wagen zum andern, spähten ins Innere und stießen Rufe der Begeisterung aus über das, was sie da sahen. In elfenbeinfarbener Hofrobe, drei weiße Straußenfedern im Haar, saß ich königlich zwischen Mrs. Saxe, die eine Tiara und Federn trug, und Johnny, der in seinem Hofanzug und dem hohen federbebuschten Hut prangte.

»Och! Schau mal die Brillanten!« und »Sieh mal die! Möcht' wohl wissen, wer das ist!« und »Mensch — toll! Is' die nich' wunderschön!« Die Ausrufe der Menge, die hingerissenen Blicke, der Ausdruck von Ehrfurcht, Neid und Erregung, den ihre Gesichter spiegelten ...

Ob eine Mildred unter ihnen war? Und eine Lily? Wer vermag meine Gefühle nachzuempfinden?

Dann glitt unser Wagen lautlos vorwärts und kam vor den Stufen des Palasts zum Stehen. Lakaien in der königlichen Livree sprangen herzu, uns beim Aussteigen zu helfen: Wir stiegen eine riesige geschwungene Treppe empor und warteten in Zweierreihe vor dem Thronsaal mit bleichen, aufgeregten Debütantinnen und denen, die sie einführen sollten. Die Prozedur verlief so, daß man eintrat, seinen Namen ausgerufen hörte, bis zu einem bestimmten Punkt vor die Majestäten hintrat, seinen Hofknicks machte und dann langsam rückwärts schreitend den Saal verließ.

Jetzt kam mir meine Theatererfahrung zugute. Ich wußte, wie man einen Raum durchschreitet, wie man den Kopf hoch trägt und vor einem Publikum auftritt. Als ich den Thronsaal betrat und der Anblick der ganzen Szenerie auf mich eindrang, blieb mir beinahe der Atem weg. Im Glanz der königlichen Staatsroben saßen da König Georg V. und Königin Mary. Hinter den Majestäten stand der Prinz von Wales und neben ihm der Herzog von Gloucester, Prinz George, Prinzessin Mary, Prinzessin Alice, die verwitwete Marquise von Milford Haven — ich konnte sie nicht alle benennen. Und hinter der königlichen Familie in leuchtendbunten geordneten Reihen die Peers des Reiches in Samt und Hermelin. Einen verzweifelten Augenblick lang dachte ich, ob ich wohl über meine Schleppe stolpere? Ob meine Federn herunterfallen? Wird mir schlecht? Ich hörte die Stimme des Haushofmeisters dröhnen. »Mrs. Arthur Saxe stellt Mrs. John Gillam vor.«

Langsam schritt Mrs. Saxe vorwärts und versank im Hofknicks. Jemand berührte meinen Arm, und ich folgte ihr auf Schleppenlänge. Und dann stand ich unmittelbar vor dem König und der Königin und versank langsam in einem tiefen Hofknicks. Ich hob den Blick und wagte es, den Majestäten direkt ins Gesicht zu schauen. Königin Mary schien ziemlich gelangweilt; der König sah mich, wie mir schien, durchbohrend an; doch hinter ihnen blinzelte mir Pragger-Wagger zu! — oder zumindest sah es so aus, als blinzle er mir zu. In seinem Blick stand eine belustigte Frage, so als hätte er sagen wollen: »Sind wir uns nicht schon irgendwo einmal begegnet?«

Ich erhob mich und ging, meine Schleppe zur Seite schwenkend, rückwärts hinaus, wo ich mich mit den andern in einem riesigen Vorzimmer wiederfand. Dort warteten wir, bis der König und die Königin mit ihrem Gefolge vorbeischritten. Wir bildeten Spalier, und als sie erschienen, verneigten sich die Herren, und die Damen versanken im Hofknicks. So verharrten wir, bis die königliche Prozession vorüber war — erst kamen der Haushofmeister und sein Stab von Bediensteten, allesamt rückwärts gehend und sich verneigend, dann der König mit der Königin, denen zwei Ehrenpagen die langen Schleppen trugen, und zuletzt die Mitglieder der königlichen Familie. Als das gesamte königliche Gefolge an uns vorbeigezogen war, erhoben wir uns und verließen gleichfalls den Raum.

Im Erdgeschoß aßen wir später Kuchen und Sandwiches von goldenen Tellern und tranken Sekt aus edlem Kristall, und anschließend führte uns Johnny ins Quaglino, Londons elegantestes Restaurant. Siegesstolz tanzte ich. Wir hatten es geschafft! Würde wohl irgend jemand, der Judith Hurt und mich sah, den geringsten Unterschied zwischen uns bemerken? dachte ich frohlockend.

13

Darauf bedacht, meine Worte sorgfältig zu wählen, sagte ich »How do you do« und reichte meine Hand anmutig dem blendend schönen jungen Mann, der sich darüberneigte.

Tom Mitford hatte uns miteinander bekannt gemacht. »Darf ich Ihnen meinen Vetter Randolph Churchill vorstellen, Sheilah«, hatte er gesagt.

Wir waren bei Quaglino, wohin mich Johnny vor Monaten am Abend meiner Vorstellung bei Hof ausgeführt hatte. Von Tom und Jock und anderen Etonzöglingen hatte ich viel über Winston Churchills geistreichen und arroganten Sohn gehört. Jetzt, Anfang Zwanzig, war er bereits eine Legende. Seine Eitelkeit hatte ihn, wie man mir erzählte, in Eton wie Oxford zu einem der unbeliebtesten Studenten gemacht. Doch in diesem Augenblick, als er zu einem Drink zu uns herüberkam, bemerkte ich keine Arroganz an diesem ungewöhnlich attraktiven jungen Mann, sondern einzig seinen Charme. Er war groß und schlank, hatte aristokratische Gesichtszüge, eine frische, rosige Hautfarbe und weiches braunes Haar. Er und Tom machten sich über mich lustig. »Tatsächlich habe ich eigentlich immer an der Gestalt *Mr.* Gillams herumgerätselt«, sagte Tom. »Es ist eine Art Mysterium um ihn. Ich glaube, es *gibt* gar keinen Mr. Gillam — oder doch, Sheilah?« Ich lächelte bezaubernd und schwieg. Damals und später, als ich ihn näher kennenlernte, betrachtete ich Randolph mit einer gewissen

Scheu. Bei all meiner Bewunderung für die Elite war ich mir doch bewußt, daß diejenigen, die ich bislang gekannt hatte, keine Intellektuellen waren und es auch gar nicht sein wollten. In Randolph begegnete mir zum erstenmal in der Oberschicht der Intellekt — und es war eine verwirrende Begegnung, denn ich entdeckte, daß er für fast alles, was ich bewunderte, nichts als Verachtung übrig hatte.

Randolph und Tom aßen oft miteinander zu Mittag; ihr Tisch bei Quaglino war der Treffpunkt für politisch interessierte junge Leute, und ich war ein häufiger Gast. Ich lernte dort einen rothaarigen, sommersprossigen Mann mit dicken Brillengläsern kennen — Brendan Bracken. Voll Eifer sprachen sie von der Zeit, da Winston Churchill, gegenwärtig erfolgloser Parlamentsabgeordneter von Epping, wieder zur Macht gelangen würde. Das Land brauche ihn dringend, sagte Randolph.

Jemand erwähnte Stanley Baldwin, den Expremier. »Ein Trottel — ein Schwachkopf!« schnaubte Randolph verächtlich. Höhnisch äußerte er sich über Ramsay MacDonald. Er und die andern sprachen geringschätzig von verschiedenen Unterhausabgeordneten. Während ich Randolphs verächtlichen Worten über Ramsey MacDonald lauschte, dachte ich: Es zählt nicht, was du erreichst — es zählt nicht, daß du gescheit bist und überall der Erste. Was allein zählt ist, daß du nicht adlig bist. Das verdammt dich auf ewig — und wenn du auch englischer Premierminister wirst. Es zeichnet dich wie ein Brandmal. Du kannst es nicht auslöschen. Du magst es versuchen, und vielleicht werden es manche Leute nicht bemerken, andere aber werden es sehen — gleichgültig, wie unsichtbar es werden mag. Und du wirst niemals wissen, wann du jene triffst, die es sehen.

Tom Mitford fuhr in Ferien nach München, um ein paar Tage mit seiner Schwester Unity zu verbringen, die dort ein Pensionat besuchte. Randolph begann, mich zum Abendessen zu Quag auszuführen. Eines Abends war Charlie Chaplin unter seinen Gästen. Meine Ehrfurcht angesichts der Begegnung mit einem so großen Künstler verflog vor Chaplins verblüffender Servilität gegenüber Randolph. »Natürlich, Sie haben stets alle Vorteile genossen«, sagte Chaplin. »Ich nicht. Ich mußte mir alles, was ich besitze, erkämpfen.« Fast entschuldigend erzählte er von seiner Kindheit, der Armut seiner frühen Jahre, seinem Existenzkampf als Varieté-Conferencier. »Wie glücklich Sie sind, mit dem Namen Churchill zur Welt gekommen zu sein«, fuhr er fort, »in Reichtum und Stand geboren zu sein.« Das waren genau die Empfindungen, die auch ich hatte, doch es schockierte mich, sie von Chaplin ausgesprochen zu hören.

Randolph war höchst herablassend. »Nun ja, Sie haben hart gearbeitet, um zu werden, der Sie sind — doch ich glaube nicht, daß mein Leben in irgendeiner Hinsicht leichter ist.«

Chaplin schüttelte den Kopf. Ich wurde wütend. Weshalb fühlte er sich diesem gönnerhaften jungen Mann unterlegen? Wenn mir die High-Society Ehrfurcht einflößte, so war das begreiflich, schließlich war ich in allem und jedem ein Eindringling. Chaplin aber war ein Genie. Wie konnte er es wagen, sich selbst zu demütigen!

Die Unterhaltung wandte sich Ramsay MacDonalds Partei zu, und Chaplin begann mit einer längeren Analyse von MacDonalds Problemen. Randolph unterbrach ihn. »Ach, um Himmels willen, Charlie, hören Sie auf! Sie haben keine Ahnung von dem, worüber Sie da reden.« Ungezogen beugte er sich an Chaplin vorbei nach vorn, um seine Zigarette im Aschenbecher auszudrücken, ohne auch nur eine Entschuldigung anzudeuten. »Lassen Sie uns über Dinge reden, von denen Sie etwas verstehen. Erzählen Sie uns von Hollywood, Charlie.«

Widerspruchslos nahm Chaplin die Maßregelung hin. Geistreich erzählte er jetzt von der amerikanischen Filmkolonie. Wie wunderbar muß es sein, dachte ich, in Amerika zu leben, wo einen die Leute nach dem eigenen Wert beurteilen. Die Amerikaner fragen nicht nach Geburt und Erziehung. Ja, sie bewundern einen, wenn man den Aufstieg wagt, wenn man nach Reichtum, Einfluß und Erfolg strebt.

Als wir das Restaurant verließen, warteten wir in der Halle auf Randolphs Wagen. Eine Menge Menschen versammelte sich und starrte Chaplin an. Er belohnte sie, indem er einen kleinen Ausschnitt aus seiner berühmten Vagabundennummer zum besten gab — seinen kleinen plattfüßigen Lauf, der in einem unsicheren Schwanken auf einem Fuß endet. Die Menge klatschte Beifall.

Ich kam heim zu Johnny. »Du hast Charles Chaplin kennengelernt!« rief er aus. »Denk nur! Du hast mit Charles Chaplin zu Abend gegessen!«

Ich aber dachte, vielleicht sollte man einer Berühmtheit nie zu nahe kommen. Es war eine Lektion, die ich in Hollywood noch weit eindrucksvoller lernen sollte.

Als Tom Mitford aus München zurückkam, hatte er nur ein Gesprächsthema. »Ich habe den faszinierendsten Mann meines Lebens getroffen!« rief er aus. »Ganz und gar erstaunlich. Wenn er spricht, reißt er einen glatt hin! Der beredteste Mann, dem ich je begegnet bin.« Es war Adolf Hitler. Verächtlich sagte Randolph: »Dieser kleine Mann mit dem Schnurrbart — sei nicht albern, Tom.« Doch Tom ließ sich nicht beirren. Unity hatte ihm voll leidenschaftlicher Bewunderung Hitler vorgestellt — ganz Deutschland würde ihm folgen, und zwar sehr bald, erklärte sie nachdrücklich. Sie waren beide von Hitler in seine Wohnung eingeladen worden. Das Erlebnis hatte sie beeindruckt. Gewiß, einige von Hitlers Ideen waren schockierend, und doch — Tom und Randolph begannen eine lange Debatte über die historische Rolle von Demokratie und Faschismus.

Ich hatte keine Ahnung, wovon sie da redeten, obwohl auch ich von Hitler gelesen hatte. Wenn sie solche Themen diskutierten oder des weiteren über Japans Einmarsch in die Mandschurei debattierten oder über andere Ereignisse, von denen ich absolut nichts wußte, lächelte ich, hörte zu und lächelte. Niemand ließ sich herab, nach meiner Meinung zu fragen, und ich machte keinen Versuch, eine zu äußern. Ich war der dekorativen Wirkung wegen da. Ich trug mein Lächeln wie eine Maske, um dahinter meine Unzulänglichkeit zu verbergen, und war dankbar, daß sie weiter nichts von mir erwarteten.

Doch ich kam von diesen Mittagessen wütend über mich selbst heim. Ich pflegte dann in den International Sportsman's Club zu eilen und meine Enttäuschung auf dem Squashplatz abzureagieren. Ich hatte es im Squash zu großer Geschicklichkeit gebracht und gehörte der Damenmannschaft an. Ich spielte wild, trainierte wild. Zuweilen sagten Jock oder Judith: »Warum spielen Sie so hart, Sheilah? Es ist doch nur ein Spiel.« Doch sie verstanden nicht, daß für mich das Squashspielen zu den wenigen Gelegenheiten gehörte, bei denen ich keinen Schein aufrechterhalten mußte. Wenn ich den kleinen schwarzen Ball schlug, fühlte ich mich frei, fühlte mich gleichwertig und überlegen, fühlte mich ungebrochen und aufrichtig.

Tag für Tag bemerkte ich während meines Trainings den Spielführer der Herrenmannschaft, der mit demselben Eifer trainierte. Es war der Marquess of Donegall, der zum ältesten britischen Hochadel gehörte. Lord Donegall machte sich ein Vergnügen daraus, sich im Journalismus zu versuchen. Seine Gesellschaftsspalte erschien allwöchentlich im *Sunday Dispatch*, und ich verfolgte sie gewissenhaft, um mich auf dem laufenden zu halten.

Ich bewunderte seine Lordschaft von weitem. Er lebte in einer Welt des Vergnügens, der Titel und des Geldes, reiste ständig umher, hielt sich in Frankreich, Italien und Spanien auf, beim Duc de X und dem Earl of Y. Gelegentlich sah ich ihn mit einer Gesellschaft von Freunden bei Quaglino erscheinen; mit Kratzfüßen und Verneigungen geleiteten ihn die Kellner zu seinem Tisch. Er trug so erhabene Titel. Er war Marquess and Earl of Donegall, Earl of Belfast, Viscount Chichester of

Ireland, Baron Fisherwick of Fisherwick, Hereditary Lord High Admiral of Lough Neagh und hatte noch ein halbes Dutzend andere Titel.

Eines Tages beendeten wir gleichzeitig unser Training und trafen uns beim Ausgang. »Ich habe Ihnen zugesehen«, sagte er. »Sie spielen gut.« Er lud mich zum Cocktail ein. »Wieso lernen wir uns jetzt erst kennen?« fragte er.

»Ach«, sagte ich vage, »ich reise ziemlich viel.« Donegalls Frage hatte ihre Berechtigung, denn er kannte alle Welt. Er war etwa siebenundzwanzig, ein schlanker, attraktiver Mann, elegant gekleidet, hatte dunkelbraunes, untadelig frisiertes Haar, große, ungemein sympathische braune Augen und kleine , zarte Hände. Er war jungenhaft, lachte gern, und ich hörte zu, wie er erzählte. »Für morgen habe ich versprochen, zu den Plunketts zu gehen, und am Donnerstag hat mich Westminster nach Schottland eingeladen ...« Er rasselte all die bezaubernden Dinge herunter, die ich in seiner Spalte gelesen und selbst zu kosten begonnen hatte.

Ich versuchte mir Lord Donegall zu angeln. Eine Woche später gab es nach einem Squashturnier eine kleine Party für Spieler der Damen- und Herrenmannschaft. Ich trug ein hübsches Röckchen und einen roten Pullover. Lord Donegall betrat den Raum und sah sich um. Unsre Blicke trafen sich: Ich lächelte ihm zu. Er kam zu mir herüber und ließ sich auf der Armlehne meines Stuhles nieder. Wie ich beim Spiel abgeschnitten hätte? — »Ach, ich habe gewonnen.« — »Ausgezeichnet!« sagte er. Auch er hatte sein Spiel gewonnen. »Wissen Sie«, sagte ich, »daß Sie der Freund eines meiner Freunde sind — ich meine Tom Mitford.« Wir sprachen von Tom. »Kennen Sie Dennis Bradley?« fuhr ich fort. Er war auch einer von Jocks Oxforder Freunden. Donegall nickte. — »Werden Sie zu Dennis' Cocktailparty nächste Woche gehen?« fragte ich ihn. Er sah auf mich herunter. »Gehn Sie hin?«

»Ja.«

»Dann gehe ich auch«, sagte er lächelnd.

Ich ging allein zu Dennis Bradleys Party, und Lord Donegall brachte mich nach Hause. Johnny war an diesem Abend zu einem seiner Regimentsessen gegangen; er würde sich mittelalterlich vorkommen unter lauter feschen jungen Leuten, murrte er. Seine Lordschaft verabredete sich für den folgenden Tag mit mir zum Mittagessen.

Und damit begann unsere Freundschaft. Ich erzählte ihm genug von mir, um zu verstehen zu geben, daß ich eine verheiratete junge Frau der Gesellschaft sei, die über ihre Zeit verfügen konnte. Wäre ich Miß Graham gewesen und nicht Mrs. Gillam, so hätte Donegall Einzelheiten über meine Familie, meine Erziehung und anderes wissen wollen. So aber sprachen wir statt dessen von gemeinsamen Freunden, Jagden in Northumberland und vom Skilaufen in der Schweiz. Es faszinierte ihn, zu hören, daß ich auf der Musical-Bühne gestanden hatte, und es beeindruckte ihn, daß ein Aufsatz von mir in der Zeitung gedruckt worden war.

Wir kamen großartig miteinander aus. In den folgenden Monaten begleitete er mich zu vielen gesellschaftlichen Veranstaltungen. Ich war sein Gast in Ascot und besuchte mit ihm eine elegante Bootsparty auf der Themse. Stundenlang fuhren wir über Land; schließlich sagte Donegall: »Ich liebe Sie, Sheilah. Ich möchte Sie heiraten.« — »Ach, Don!« sagte ich. Ich nahm es als Scherz. Ich liebte ihn nicht. Und wer könnte sich das vorstellen — Lily Sheil, Ihre Gnaden Marchioness of Donegall? Mein Sohn würde der Earl of Belfast sein und meine Tochter Lady Wendy Chichester! Nein, nie würde ich etwas Derartiges zuwege bringen. »Wie Sie wissen, habe ich bereits einen Gatten«, sagte ich. — »Man kann sich scheiden lassen ...«, sagte er. Ich lachte. »Sie meinen's ja gar nicht ernst, Don. Außerdem wäre es Ihrer Mutter nicht recht.« Es war allgemein bekannt, daß die Marchioness of Donegall höchst unnahbar war, was ihren Sohn betraf. — »Vielleicht haben Sie recht«, sagte er kläglich. Dann lächelte er. »Aber vergessen Sie nicht, daß ich um Sie angehalten habe.«

Vielleicht war es die anregende Atmosphäre an Randolph Churchills Tisch bei Quag, die mich veranlaßte, meine schriftstellerischen Versuche wiederaufzunehmen, um mich selbst noch einmal dessen zu versichern, daß ich mehr konnte als lächeln. Vielleicht auch hatte Lord Donegalls Antrag, mochte er auch an den Haaren herbeigezogen sein, neue Zweifel an meiner Ehe mit Johnny in mir geweckt. Eines Nachmittags jedenfalls setzte ich mich hin und schrieb, ohne einen Gedanken an A.P. Herberts Kompositionsregeln zu verschwenden, einen Artikel herunter, dem ich die Überschrift gab: *Ich heiratete einen fünfundzwanzig Jahre älteren Mann. Von einer jungen Ehefrau.* Ich schickte ihn an die *Sunday Pictorial.* Er wurde angenommen. Als man mir den Scheck gab, sah ich mit Erstaunen, daß er auf acht Guineen lautete.

Langsam trat ich aus den Geschäftsräumen der *Pictorial* auf die Fleet Street. Die schmale, belebte Durchgangsstraße war um diese Zeit fast leer. Es war dämmrig. Im Dämmerlicht ging ich die Fleet Street entlang und wiederholte mir in Gedanken voll Erstaunen: Mit meinem Gehirn habe ich aus nichts acht Guineen gemacht! Das ist meine eigentliche Karriere, dachte ich. Journalistin. So werde ich reich und berühmt werden.

Einem Impuls folgend, schrieb ich einen Brief an *The Saturday Evening Post*, soviel ich gehört hatte, Amerikas weitverbreitetste Zeitschrift, und fragte, ob dort Interesse an Artikeln bestehe, die ich aus England schicken könnte. Ich legte dem Brief Belegdrucke meiner Artikel bei. Während ich noch auf Antwort wartete, nahm die *Daily Mail* ein zweites Stück von mir an: *Baby oder Auto, von einer Jungverheirateten.* Auto wählte ich, weil ich wußte, daß das am meisten Sensation machen würde.

Meine Anfrage bei der *Post* brachte einen Probeauftrag, Lord Beaverbrook zu interviewen. Der englische Schriftsteller J.B. Priestley hatte in einer beißenden Attacke Amerika als einfältig und ungebildet bezeichnet — und das nach seiner Rückkehr von einer lukrativen Vorlesungstournee durch Amerika. Jedermann in den USA war darüber empört. Wie dachte Beaverbrook über diesen Landsmann, der Amerika seine Gastfreundschaft — und sein Geld — in derart unfairer Manier vergalt und zurückzahlte?

Ich schrieb mein Gesuch um ein Interview mit Lord Beaverbrook. Die Antwort lautete: »Lord Beaverbrook ist abwesend.« Er war auf seinen Landsitz gefahren, nach Cherkley Court, ungefähr fünfundsiebzig Kilometer von London entfernt. Ich machte mich an die Verfolgung. In Cherkley Court verstellte mir der Butler den Weg. Als ich darauf bestand, daß er mich anmelden müsse, kam er zurück und verkündete eisig: »Seine Lordschaft empfängt Sie nicht.« Und machte mir die Tür vor der Nase zu.

Tags darauf fuhr ich wieder nach Cherkley Court, und wieder vertrat mir der Butler ungerührt den Weg. »Er muß mich empfangen!« Ich weinte beinahe. Diesmal kam die Mitteilung: »Lord Beaverbrook sagt, so viel Ausdauer müsse belohnt werden. Er ist bereit, Sie morgen nachmittag um zwei Uhr in der Stadt zu empfangen.«

Als ich in Beaverbrooks Stadthaus vorsprach, wurde ich in einen hohen Empfangssalon geführt, den das Bild einer strahlend schönen Frau beherrschte. Plötzlich öffnete sich eine Tür, und eine kleine, gnomengleiche Gestalt hüpfte ins Zimmer. Ich sah vor allem einen großen Kopf, durchdringende Augen und einen ungemein breiten, ausdrucksvollen Mund. Es war Lord Beaverbrook. Er bemerkte, daß ich das Porträt ansah. »Das ist meine Frau. Ist sie nicht wunderschön?« sagte er anpreisend.

Ich brachte ein Nicken zustande. In Gegenwart dieser komprimierten, federnden Energie fühlte ich mich kraftlos.

Seine Lordschaft schien jeden Augenblick vor reiner Vitalität explodieren zu wollen. Ohne Einleitung sagte er emphatisch: »Nein, Miß Graham, ich werde Ihnen nicht das Interview geben, das Sie haben möchten. Priestley schreibt für mich, und ich sage nichts gegen meine eigenen Autoren. Wenn ihm Amerika nicht gefällt, so ist das seine Sache. Aber hören Sie zu — ich werde Ihnen eine bessere Story liefern.« Er führte mich zu einem Sofa. »Ich werde Ihnen sagen, warum der Völkerbund aufgelöst werden sollte. Ich werde es für Sie schreiben, und Sie können sagen, Sie hätten es geschrieben. Geben Sie es den Hearst-Blättern hier, und man wird Ihnen zwanzig Pfund dafür zahlen.«

Ich sank in die Polster zurück und dachte: Ist das nicht wunderbar? Was für eine glückverheißende Art, meine neue Karriere zu beginnen! Die Sonne malte leuchtende Muster auf den riesigen Perserteppich, der den Boden bedeckte. Beaverbrook starrte mich an. Und wieder schoß er unvermittelt Worte auf mich ab wie Kugeln aus einem Gewehr: »Reiten Sie?«

Ein wenig aus der Fassung gebracht, antwortete ich: »Ja, Lord Beaverbrook.«

»Wollen Sie heute nachmittag mit mir in Cherkley ausreiten?« fragte er gebieterisch.

Schwach sagte ich, ich sei entzückt. Ja, ich hatte daheim ein Reitkostüm, nicht allzu weit von hier. Das ist einfach phantastisch, dachte ich. Da stehe ich einlaßbegehrend vor seiner Tür, und im nächsten Augenblick lädt er mich ein, mit ihm auszureiten. Das ist ja noch besser, als wenn ich das Interview hätte machen können!

Er sprang auf, hüpfte zu einem Schreibtisch und drückte einen Knopf. »Mein Chauffeur wird Sie heimfahren, damit Sie Ihre Reitsachen holen können. Machen Sie schnell!«

Eineinhalb Stunden später ritten wir auf zwei herrlichen Pferden einen stillen Pfad in seinem Wald in Cherkley entlang. Wir plauderten, und er sagte: »Übrigens möchte ich Sie mit

Mrs. Robert Carter bekannt machen.« Ich sah ihn verblüfft an. Wir waren allein. Er gluckste. »Sie reiten sie.«

»Sie meinen dies Pferd?« fragte ich zweifelnd.

Er nickte. »Und dies« — er tätschelte die Schulter seiner Stute —, »dies ist Lady Kitty Wallace.«

Ich kicherte. »Ziemlich ungewöhnliche Pferdenamen!«

Ein koboldartiges Grinsen spielte um seinen Mund. »Alle meine Pferde heißen nach meinen Favoritinnen.«

Ich dachte eine Weile darüber nach. Es klang empörend, doch ich war mir nicht sicher. »Nun«, bemerkte ich leichthin, und fragte mich, ob ich damit mehr sagte, als ich meinte, »ich hoffe, Sie werden eines Tages ein Pferd nach mir nennen.«

Er rieb sich mit der Spitze seiner Reitgerte die Wange. »Vielleicht tue ich das«, sagte er und grinste wieder. Dann begann er von sich zu erzählen. Er sprach unaufhörlich und explosiv, während wir dahinritten. Er erzählte von seinem Vater, der in Kanada gelebt hatte und ein armer Mann gewesen war. Er sprach vom Tod seiner Frau, erzählte mir, daß er allein mit seiner kleinen Enkelin Jean lebe und wie lächerlich es sei, daß er vierzig Bedienstete zu seiner Verfügung habe. Gelegentlich stellte er mir eine Frage, doch er ließ mir kaum Zeit, sie zu beantworten. Als wir unseren Ritt beendet hatten, sagte er: »Sie werden doch natürlich mit mir zu Abend essen und über Nacht bleiben? Wir essen ziemlich spät.«

Ich war in einer Zwickmühle. Der beste Ausweg war, die Wahrheit zu sagen. »Ich würde mit Vergnügen annehmen, Lord Beaverbrook, doch ich muß meinen Mann anrufen und es ihm sagen.«

Ein Anflug von Verärgerung verdunkelte sein Gesicht. »Oh, Sie sind verheiratet!« Schärfe lag in seinem Ton. »Natürlich, rufen Sie ihn an.« Er zeigte mir den Weg zum Telefon. Doch ich spürte, wie er sich distanzierte. Ich rief Johnny an, und zum erstenmal machte Johnny Schwierigkeiten, anstatt, wie ich angenommen hatte, von diesem Coup begeistert zu sein.

»Bist du sicher, daß es richtig ist, wenn du dort übernachtest?« hörte ich ihn fragen. Beaverbrook stand dicht neben mir und trommelte ungeduldig mit den Fingern. Während ich in die Muschel sprach, schaute ich zu ihm hin.

»Natürlich ist nichts dabei, Johnny.«

Doch Johnny zeigte sich nicht beruhigt. »Ist sonst noch jemand da?« verlangte er zu wissen. »Kannst du nicht frei reden?« Ich war wütend. Ich wollte ein gutes Interview haben. Zum Essen wurden noch andere Gäste erwartet. »Lord Beaverbrook steht neben mir, Johnny. Alles ist in bester Ordnung.« Also gab Johnny nach. Doch als ich den Hörer auflegte, hatte sich Beaverbrook merklich zurückgezogen.

Nach dem Essen versammelten wir uns in einem kleinen Vorführungsraum, wo Lord Beaverbrook sich anschickte, seinen Gästen die neuesten amerikanischen Filme zu zeigen. Als wir wartend dasaßen, kam ein Lakai herein und flüsterte ihm etwas zu. Lord Beaverbrook wandte sich mir zu und sagte: »Der Wagen für Sie steht bereit.«

Ich wurde nach London zurückgeschickt. Den Tränen nahe, fuhr ich heim und tröstete mich nur mit dem Interview, das er für mich zu schreiben versprochen hatte. Doch als es kam, las ich das Manuskript mit wachsender Bestürzung. Beaverbrook in der Person Sheilah Grahams beschrieb, wie ich darauf gewartet hatte, daß er von einem Ausritt zurückkäme. Als er schließlich hoch zu Roß erschien, war mein erster Eindruck gewesen: Das ist Napoleon. Denn der Mann, zu dem ich aufschaute, hatte ganz die Haltung dessen, der sein Schicksal meistert. Und so ging es drei Seiten lang weiter. Abschließend wurde die Auflösung des Völkerbundes gefordert. Diese Forderung hatte er vor Wochen in seiner Presse erhoben.

Das taugt nichts, dachte ich. Dafür wird keiner etwas zahlen. Ich hatte mich nicht geirrt. Keiner tat es. Als ich Beaverbrook mitteilte, daß ich das Interview bei den Hearst-Redakteuren nicht hatte loswerden können, sandte er mir selbst einen Scheck über zwanzig Pfund. »Sagen Sie ihnen, sie sollten es vergessen sein lassen«, sagte er.

Ein paar Tage später dröhnte eine herzliche Stimme aus meinem Telefon. Sie gehörte Lord Castlerosse, einem von Beaverbrooks berühmten Leitartiklern. »Ich habe gehört, daß Sie Max auf seinem eignen Grund und Boden Trotz geboten haben. Sehr geschickt! Ich würde Sie gern kennenlernen.« Und er fragte, ob ich mit ihm zu Mittag essen wolle.

Als wir beim Lunch saßen, sagte er: »Ich kenne diese Völkerbundsgeschichte ganz genau — ich habe eine viel bessere Idee für Sie.« Er schlug mir vor, ich solle einen Artikel über die vier »Pressemagnaten« Englands schreiben: Lord Beaverbrook, Lord Rothermere, dem die *Daily Mail* gehörte, Lord Riddell, Besitzer der *News of the World*, und Lord Camrose, Besitzer des *Daily Telegraph*. »Das können Sie jeder amerikanischen Zeitschrift verkaufen und sich einen Namen damit machen«, versicherte er mir. »Ich werde Ihnen dabei helfen.« Er würde dabei so weit gehen, den Teil über Beaverbrook selbst zu schreiben, und mir sagen, wo ich die nötigen Informationen über die anderen finden könnte.

Im Vergleich zu den frivolen Sachen, die ich bisher geschrieben hatte, war dies ein bedeutender Artikel. Mit beiden Füßen sprang ich auf diese Chance. Lord Castlerosse hielt sein Versprechen. Sein Stück über Beaverbrook war witzig und zynisch. Ein Absatz lautete: »Als Kind hatte ich eine Gummipuppe mit breitem Gesicht und Mund, und wenn ich sie in der Mitte zusammendrückte, streckte sie die Zunge heraus. Diese Puppe glich Lord Beaverbrook; und wie bei Gummi weiß man auch bei ihm nie genau, wie weit er gehen wird.« Ich plagte mich mit dem übrigen Teil des Artikels ab. Und ich verkaufte ihn für fünfundzwanzig Guineen an *Nash's* Magazin, wo er ziemlichen Wirbel machte. Ich war Mitarbeiterin eines Magazins!

Als Gegenleistung bat mich Lord Castlerosse um einen Gefallen. Seine von ihm heißgeliebte Frau hatte ihn verlassen.

Ich sollte Lady Castlerosse aufsuchen und mich als Reporterin vorstellen, die den Auftrag hatte, über ihre Freundschaft mit einem südafrikanischen Diamantenmillionär zu schreiben.

Lord Castlerosse rechnete darauf, daß die Drohung des Bloßgestelltwerdens sie in seine Arme zurücktreiben würde.

Böse auf mich selbst und in der Hoffnung, daß sie mich abweisen würde, suchte ich sie auf. Doch als ich gemeldet wurde und sie den Grund meines Besuches erfuhr, kam sie so schnell die Treppe herunter, daß man ihr Kleid rascheln hörte. Entsetzt sagte sie: »Aber Sie können doch darüber nicht schreiben!«

Ich schämte mich bodenlos. Es war schändlich, einer anderen Frau etwas Derartiges anzutun. Doch mein Besuch erreichte seinen Zweck: Sie kehrte zu ihrem Mann zurück. Ich hatte einen bedeutenden Mann zum Freund gewonnen, aber um einen empörenden Preis. Es lehrte mich eine alte Wahrheit, an die zu glauben ich mich lange geweigert hatte — man bekommt nur selten etwas umsonst.

Jetzt stöberte ich anstelle von Johnny in der Bibliothek nach Material für Artikel. Ich studierte die amerikanischen Zeitungen und fand oft zu meinem Erstaunen denselben Artikel in einem Dutzend verschiedener Blätter. Ich fragte Lord Castlerosse, wie das möglich sei. »Syndikat«, erklärte er. Amerika besaß Hunderte von Zeitungen, jede für eine bestimmte Gegend. Statt seinen Artikel an eine einzige Zeitung zu verkaufen, verkaufte man ihn an fünfzig oder hundert — und erhielt ein entsprechend höheres Honorar.

Das ist ja fabelhaft, dachte ich: das ist *die* Lösung. Ich *muß* nach Amerika. Dort werde ich an der Last meiner Vergangenheit nicht so schwer zu tragen haben: Ich werde mich selbst ernähren und auf eigenen Füßen stehen. Zumindest konnte ich es versuchen.

Je mehr ich darüber nachdachte, um so verlockender schien mir die Idee. Ich konnte nach Amerika als englische

Autorin gehen, die der Langeweile der High-Society entflohen war, um Karriere zu machen. Ich würde eine Frauenspalte für amerikanische Zeitungen schreiben. Offenbar hatte ich ein gewisses Gespür, über Themen zu schreiben, die Frauen interessierten — Liebe, Ehe, Männer. Ich verstand viel von Männern. Ich hatte sie so gründlich studiert, daß ich die Frauen darüber fast vergessen hatte. Ich glaubte eine tiefe Einsicht in menschliche Beweggründe — in das Leben selbst gewonnen zu haben. Als ich mit Johnny darüber sprach, fing auch er Feuer. »Erst gehst du, und dann komme ich nach«, sagte er. Er mußte seine Stellung halten. Er wußte, daß es mir allein leichter fallen würde, denn ich war jung und hübsch, und viele hilfreiche Hände würden sich mir entgegenstrecken. Wenn ich zusammen mit meinem mittelalterlichen Mann käme, würde mir keiner helfen wollen. Und so wurde es abgemacht. Doch mir war klar, daß dies das Ende unserer Ehe bedeutete. Wenn Johnny sich ebenfalls dessen bewußt war, so sagte er doch nichts. Obwohl ich wußte, daß ich mich nie gänzlich würde von Johnny lösen können, sowenig wie man sich von seinen Eltern lösen kann — immer würde er für mich meine Familie bleiben —, wußte ich doch, daß ich nicht mehr lange seine Frau würde sein können. Irgendwo mußte ich wieder Liebe finden.

14

Gewappnet mit hundert Dollar, einem Rückfahrbillett, nur für den Notfall, und einer ganzen Tasche voll Empfehlungsschreiben, kam ich im Juni 1933 in den USA an. Das bedeutendste Pressesyndikat Amerikas war, wie man mir gesagt hatte, die North American Newspaper Alliance in New York, unter der Leitung von John Wheeler. Als ich sein Büro betrat, konnte ich nicht ahnen, daß ich dem Mann gegenüberstand, der lange Jahre mein Arbeitgeber sein würde. Ich sah einen rosiggesichtigen, robust wirkenden Mann vor mir, der in seinem Drehstuhl herumschwang und mich scharf ansah, wie ich da mit eifrigem Lächeln hereinkam. Er hatte eine halbgerauchte Zigarre im Mund, trug einen grünen Augenschirm und sprach mürrisch. Sein nahe dem Times Square gelegenes Büro war sparsam und einfach möbliert und mit ein paar Weltkriegsfotos geschmückt, auf denen ich ihn erkannte, viel jünger und noch robuster aussehend. Zigarre, Augenschirm, Mürrischkeit und alles übrige ließen ihn haargenau so erscheinen, wie ich mir nach den amerikanischen Filmen einen bedeutenden New Yorker Zeitungsboß vorgestellt hatte.

Er las mein Empfehlungsschreiben und kaute dabei seine Zigarre von einer Seite zur anderen. »Lassen Sie mal sehn, was Sie gemacht haben«, sagte er unvermittelt. Ich öffnete einen großen Umschlag und zog einen Abdrucksbeleg meines Artikels über die Männer, die mit Revuegirls anbändeln, hervor. Er überlas ihn schnell. »Nicht das, was wir brauchen«, bellte er und gab ihn mir zurück. Wie eine Mutter ihrem Kind Süßigkeiten zuteilt — immer nur eines auf einmal, um es nicht zu verwöhnen —, holte ich einen zweiten Ausschnitt hervor. Auch diesen tat er ab. Als er mir den dritten zurückgab, sank mir der Mut. Ich reichte ihm den ganzen Umschlag. Er ging das restliche Material durch und verweilte bei dem Artikel über junge Frauen und Ehemänner im mittleren Alter. Er las ihn durch. »Recht gut«, sagte er.

Da ich Ungewißheit nie ertragen konnte, platzte ich heraus: »Werden Sie mir also einen Vertrag geben?«

Er sah mich an. »Das weiß ich noch nicht«, sagte er trocken. »Ich schlage vor, daß Sie eine Reihe von Ausschnitten hierlassen und sich in ein paar Tagen wieder mit mir in Verbindung setzen.«

Ich wagte zu sagen: »Ich hoffe, Sie werden mir gleich einen Vertrag geben, Mr. Wheeler. Sie müssen wissen, daß ich mich nicht nur bei Ihrem Syndikat bewerbe.«

Zum erstenmal lächelte er. »Setzen Sie sich in ein paar Tagen mit mir in Verbindung«, wiederholte er. Er stand auf und brachte mich zur Tür.

Mr. Wheeler gefielen meine Artikel. Ich war ganz offensichtlich noch zu sehr Anfängerin, um eine Spalte zu schreiben, die gleichzeitig von einer ganzen Reihe von Zeitungen übernommen wurde, doch er empfahl mich an Albert J. Kobler, den Verleger des *New York Mirror*. Im Vertrauen auf meine englischen Ausschnitte wurde ich für vierzig Dollar pro Woche engagiert. Mr. Wheeler, dessen Rat ich erbat, schlug vor, ich solle mir zusätzlich etwas verdienen, indem ich den Zeitungen seine NANA-Spalten verkaufte, und so lief ich in meiner Freizeit herum und suchte die verschiedenen Chefredakteure auf. Mary Dougherty, Frauenblattredakteurin beim *Evening Journal*, kaufte nichts, gab mir aber einen Tip. »Sie sollten Ihre

Eindrücke von New York aufschreiben. Warum tun Sie das nicht für uns?«

Ich hatte bereits eine feste Vorstellung von New York gewonnen. Ich beschloß, für Miß Dougherty eine schockierende, aufsehenerregende Story zu schreiben. Unter der Überschrift »Wer betrügt am meisten in der Ehe?« untersuchte ich die Gewohnheiten der Franzosen, Engländer, Deutschen und Amerikaner und kam zu dem Schluß, daß die Engländer sich am meisten schuldig machten. Ich erklärte die Ménage à trois als für England alltäglich. »Es ist nichts Ungewöhnliches, daß alle drei — Mann, Frau und Liebhaber — unter einem Dach wohnen, wobei der Liebhaber die Rechnungen bezahlt und der Ehemann tut, als bemerke er nichts«, schrieb ich. Bei den Franzosen, fuhr ich provozierend fort, war die beliebteste Redewendung: »Que voulez-vous?« — Was erwarten Sie denn anderes — wenn ein Mann die Nachmittage mit seiner Geliebten verbrachte und die Nächte mit seiner Frau. Die Deutschen, erklärte ich, waren zu schwerfällig, um sich darüber aufzuregen. Was nun Amerika betraf, so gestand ich, daß mein erster Eindruck von New York zwei Aspekte gezeigt hatte: erstens frauenlose Männer, weil die Frauen samt und sonders die heiße Stadt verlassen hatten und aufs Land gegangen waren, und zweitens teppichlose Wohnungen, weil man die Teppiche wie die Frauen den Sommer über weggeschickt hatte. Diese beiden Aspekte gehörten zusammen, erklärte ich, denn unweigerlich amüsierten sich die frauenlosen Männer mit jungen Damen in den teppichlosen Wohnungen. Ohne das Faktum, daß Alimentenjagd die Hauptbeschäftigung der amerikanischen Frauen ist, schloß ich, würden die Amerikaner am meisten betrügen.

Ich schickte den Artikel an das *Evening Journal* und machte mich an die Arbeit für den *Mirror*, wo ich über belanglose Ereignisse berichtete. Am nächsten Morgen entlud sich die Spannung. Das *Evening Journal* bat mich dringend in die

Redaktion. Mein Artikel war kolossal! Sobald ich — während meiner Mittagspause beim *Mirror* — die Redaktion betrat, wurde ein Fotograf gerufen, der mich in einem halben Dutzend Posen aufnahm — am Telefon, an der Schreibmaschine, den Leser anlächelnd. Sie wollten mich als ihre Entdeckung des Jahres ankündigen — Sheilah Graham, die kesse, schmissige Journalistin aus England. Zu welchem Honorar ich bereit sei, für sie zu arbeiten?

»Hundert pro Woche«, sagte ich. Ich hatte immer eine Vorliebe für große, runde Summen.

Im Jahr 1933 war selbst eine kesse, schmissige Journalistin aus England keine hundert Dollar pro Woche wert. »Wir können Ihnen fünfundsiebzig Dollar wöchentlich zahlen«, konterte Miß Dougherty.

Fünfundsiebzig Dollar vom *Evening Journal* plus vierzig Dollar vom *Mirror* machte hundertundfünfzehn Dollar wöchentlich — »Das ist akzeptabel«, sagte ich würdevoll.

»Fein«, sagte Miß Dougherty. Ich wurde engagiert.

Die Geschichte platzte am folgenden Tag, als meine Story im Journal erschien. Der *Mirror* erhob heftigen Protest. Wie konnte ich für das *Journal* arbeiten, wenn ich vom *Mirror* bezahlt wurde? Und beim *Journal* rief mich eine eisige Miß Dougherty zu sich. Es kostete einige Zeit, sie davon zu überzeugen, daß ich so unerfahren in den journalistischen Gepflogenheiten war, daß ich nichts Unkorrektes darin gesehen hatte, zur gleichen Zeit für zwei verschiedene Zeitungen in derselben Stadt zu arbeiten. Ich war gezwungen, den *Mirror* aufzugeben. Doch ich war über Nacht zur ausgewachsenen Zeitungsschriftstellerin geworden, meine Artikel erschienen dreimal wöchentlich unter der ins Auge springenden Schlagzeile: SHEILAH GRAHAM SAGT.

In den zwei Jahren, die ich in New York verbrachte, wurde ich, was zu sein ich vorgegeben hatte — eine professionelle

Journalistin. Wie auf der Bühne war ich eine Amateurin, die lernte, sich neben Professionals zu behaupten. Es gelang mir durch eine Kombination von Kühnheit, Unverschämtheit und Verzweiflung. Ich war der Typ von Reporter, der durchs Schlafzimmerfenster einsteigt, um das Foto zu stehlen, das der Stadtredakteur verlangt. Ich fürchtete mich entsetzlich in kleinen Flugzeugen — und doch stieg ich mit einem winzigen, offenen Zweisitzer auf, um über Lindberghs Rückkehr von seinem Flug zum Dach der Welt zu berichten. Ich fürchtete mich davor, irgendwie in Berührung mit Gewalttätigkeit zu kommen, und doch wohnte ich dem Hauptmann-Mordprozeß bei, interviewte Frauen, unmittelbar nachdem sie erfahren hatten, daß man ihren Mann in einem Kampf zwischen Gangsterbanden umgebracht hatte, und stattete sogar Al Capones Haus in Florida einen verstohlenen Besuch ab, um den Lesern des *Evening Journal* sein verschwenderisches Innere zu beschreiben.

Ich machte vor nichts halt, und alles hatte seinen Wert für mich. Als ich den Auftrag erhielt, die bekannte Schriftstellerin Dorothy Parker, die für den *New Yorker* schrieb, zu interviewen, fragte ich sie, ob es stimme, daß sie sich gerade habe tätowieren lassen — und wo? Sie lachte entschuldigend. »Ja, es stimmt — doch leider nur am Arm«, und sie bat mich zu einem Cocktail ins Haus. Ich wurde losgeschickt, um den Theaterkritiker, George Jean Nathan, den man damals überall zusammen mit Lillian Gish sah, zu fragen: »Wann werden Sie Miß Gish heiraten?« Es war eine unverschämte Frage. Er lächelte. »Ich kann Ihnen nicht sagen, wann ich heiraten werde — doch ich will Ihnen sagen, warum ich sie nicht heiraten werde« — und so bekam ich eine noch bessere Story.

Während der ganzen Zeit war John Wheeler mein Freund und Berater. Als mir die provokanten Ideen für SHEILAH GRAHAM SAGT ausgingen, schlug er vor: »Schreiben Sie einen Aufsatz, in dem Sie fordern, daß man alle Hunde aus

New York hinauswerfen solle. Sagen Sie, daß es lächerlich ist, Hunde in Stadtwohnungen zu halten — unfair gegenüber Hund und Herr.« Ich tat es, und das *Evening Journal* sah sich voll Entzücken von wütenden Briefen überschwemmt, die forderten, Sheilah Graham solle dahin zurückkehren, woher sie gekommen sei. Wheeler war es, der mich in die Welt der amerikanischen Verleger und Anzeigenspezialisten einführte. Ich lernte den Verleger Herbert Bayard kennen, Bruce Barton, den Leiter der bekannten Reklameagentur, Deak Aylesworth, den Präsidenten der NBC, Kent Cooper, den Generaldirektor der Associated Press. Durch die Bekanntschaften, die ich machte, und mit Hilfe meiner Empfehlungsschreiben fand ich bald Zugang zum mondänen New Yorker Leben.

Statt Quag war es jetzt der Stork Club, in dem Quentin Reynolds und Deems Taylor Reden schwangen; an die Stelle der Schlösser in Northumberland traten Landhäuser in Connecticut, wo ich, auf dem Boden sitzend, George Gershwin am Klavier lauschte und den Stimmen von Gene Tunney und Heywood Broun. Jetzt spielte ich Tennis im Piping Rock Club auf Long Island und ritt auf Vincent Astors herrlichem Besitz in Rhinebeck.

Und während so die Monate dahingingen, suchte ich ständig zu lernen. Ich entdeckte, daß die Amerikaner anders waren als die Engländer. Sie schämten sich nicht, Kenntnisse zu zeigen, waren vielmehr eifrig darum bemüht; es galt ihnen nicht als geschmacklos, ihr Wissen zur Schau zu stellen, sich gegenseitig auf den Zahn zu fühlen, herauszufordern und in leidenschaftliche Diskussionen zu verwickeln. In der gebildeten englischen Gesellschaft zeigte keiner, wieviel er wußte. Das taten Bloomsbury-Intellektuelle und jene komischen Typen, die im Hyde Park auf die Seifenkisten kletterten. Auf den Partys, die ich jetzt besuchte, entdeckte ich eine neue Facette Amerikas — zum erstenmal begegnete ich weiblichen Intellektuellen voll

Anmut und Charme. In England waren die intellektuellen Frauen, mit denen ich in Berührung gekommen war, magere, verdrießliche Frauen gewesen, streng und spartanisch, die der Gelehrsamkeit einen unangenehmen Beigeschmack gaben. Es waren Frauen, die niemals Spaß am Essen zu haben schienen: Ich hoffte, nie so gebildet zu werden, daß es mir egal war, was ich gerade aß.

Neidvoll beobachtete ich Dorothy Parker. Alles, was diese herzliche, attraktive Frau sagte, schien gedruckt zu werden. Die Männer sammelten sich in Scharen um sie. Siehst du, dachte ich, eine Frau braucht nicht strahlend schön zu sein, um Bewunderer anzuziehen, es gelingt ihr auch, wenn sie eine hohe Intelligenz besitzt und sprühenden Witz und eine Menge von dem weiß, was in der Welt vorgeht. Und es wurde mir klar, daß ich es in Amerika schwerer haben würde, nur mit einem Lächeln und einem hübschen Gesicht durchzukommen.

Auf einer Abendgesellschaft lernte ich Clare Boothe kennen, die Theaterschriftstellerin, die als Clare Boothe Luce später Botschafterin in Italien wurde. Sie besaß eine kühle Schönheit, einen scharfen Verstand und Talent. Der Abend war qualvoll für mich. Etwa zwanzig Gäste waren anwesend, ein Querschnitt durch New Yorks literarische und Theatergesellschaft, und die Party knisterte förmlich von Epigrammen und geistreicher Konversation. Jemand schlug ein Spiel mit hypothetischen Fragen vor: Angenommen, Präsident Roosevelt, Papst Pius und George Bernard Shaw stürben: wessen Tod würde den größten Verlust für die Welt bedeuten? Wenn sich Shakespeare und Platon heute begegneten, wie würde ihre Unterhaltung verlaufen? Alle äußerten sich dazu, nur ich nicht. Der Abend ging seinem Ende zu, und ich hatte nichts gesagt. Verzweiflung befiel mich. Irgendwie mußte ich mich am Gespräch beteiligen. Mich quälte das verzweifelte Gefühl, völlig außerhalb dieser glänzenden Versammlung zu stehen. Miß Boothe, die brillant gesprochen hatte, schwieg einen Augenblick, öffnete eine rubinbesetzte Puderdose und puderte sich die Nase. Ich öffnete den Mund und sagte in die Totenstille hinein: »Das ist eine sehr hübsche Puderdose.« Niemand antwortete. Miß Boothe sah mich an, puderte sich fertig, ließ ihre Puderdose zuschnappen, steckte sie wieder in ihre Handtasche und sprach weiter. Sonst sagte ich kein Wort an jenem Abend. Ich ging heim und weinte.

Es war Balsam für mein Ego, als ich einen zärtlichen Brief von Lord Donegall erhielt. Er denke unablässig an mich, schrieb er. Er bedaure es, daß er mich vor meiner Abreise nicht mehr gesehen habe. Mit getrennter Post schicke er mir eine bedeutsame Platte und bitte mich, sie so bald wie möglich abzuhören.

Als die Platte ein paar Tage später eintraf, legte ich sie auf meinen Plattenspieler, setzte mich mit einem Korinthenbrötchen und einem Glas Milch gemütlich zurecht und hörte zu. Seine Stimme erklang: »Sheilah, Liebling. Ich habe mir die verschiedensten Möglichkeiten ausgedacht, zu formulieren, was ich sagen möchte, und die einfachste ist die beste. Ich möchte dich heiraten, sobald du frei bist. Ich hoffe, Mutter für uns zu gewinnen. Bitte, denke darüber nach, und überlege es dir. Und gib mir bitte keine Antwort, die du nicht ernst meinst.«

Ich spielte die Platte mehrmals ab und schrieb ihm dann, wie schmeichelhaft sein Antrag sei und daß ich darüber nachdenken wolle. Ich hatte nicht den Wunsch, Donegall zu heiraten und nach England zurückzukehren, und doch brachte ich es nicht fertig, die Tür endgültig zuzuschlagen. Es stärkte mein Selbstbewußtsein, zu wissen, daß der Marquess of Donegall darauf wartete, mich zu heiraten. Es war hübsch, mit der Vorstellung zu spielen, daß ich eine Marchioness werden könnte.

Weitere Heilung bedeutete es für mein Ego, als John Wheeler mich zu einem Drink ins Hotel Marguery einlud, wo ich neben einigen seiner Freunde Lee Orwell kennenlernen sollte, der damals der Verleger des *Evening Journal* war.

Cocktails wurden serviert, und wir saßen da und warteten, als Mr. Orwell erschien, begleitet von einer hübschen blonden Frau um die Vierzig, die mir als Miß Margaret Brainard vorgestellt wurde. Jahre später erzählte sie mir, daß sie mich bei unserer Begegnung an jenem Nachmittag für eine Alkoholikerin gehalten habe, weil sechs Old fashioneds vor mir aufgereiht standen.

»Wollen Sie die alle trinken, meine Liebe?« fragte sie.

Ich schüttelte den Kopf. »Ich trinke überhaupt nicht — ich esse bloß die Kirschen.«

Mr. Orwell lachte los, und John Wheeler fragte trocken: »Glauben Sie nicht auch, daß es weniger kostspielig wäre, wenn ich Ihnen die Kirschen ohne Drink bestellte?«

Auf diese Idee war ich nie gekommen. Margaret fand das sehr amüsant. Sie faßte Zuneigung zu mir und wurde meine engste Freundin in New York. Ich vertraute ihr meine Hoffnung an, eine erfolgreiche Syndikatskolumnistin zu werden, meine Verzweiflung darüber, daß ich die amerikanischen Sitten nicht kannte. Ich erzählte ihr von dem Marquess, der auf mich wartete — alles außer meiner wahren Vergangenheit.

Ich stürzte mich erneut in die Arbeit. Ich verdiente mehr Geld — manchmal bis zu vierhundert Dollar pro Woche — mit Rundfunkinterviews, Artikeln für Zeitschriften und Sonderaufträgen. 1934 schickten mich die King Features auf eine Blitzreise nach London, um über die Hochzeit des Herzogs von Kent mit Prinzessin Marina von Griechenland zu berichten. Johnny — ein ganz unveränderter Johnny — holte mich am Kai ab und schwenkte ein Exemplar des *Daily Express* mit einer meiner New Yorker Storys. »Du bist ein Erfolg«, rief er. »Du bist berühmt!«

Während meines Aufenthalts kamen Johnny und ich schließlich überein, uns scheiden zu lassen. Er tat es höchst ungern, doch er wußte, daß die Farce unsrer Ehe nicht ewig dauern konnte. »Gut denn«, sagte er endlich traurig. »Aber nicht gleich, Sheilah. Wenn du nach einem weiteren Jahr in Amerika die Scheidung noch immer willst, werde ich sie nicht anfechten.«

Ich weiß nicht, wie ernst ich insgeheim an Lord Donegall dachte, als ich mit Johnny von Scheidung sprach. Als ich Don kurz sah, sagte ich ihm lediglich, daß ich noch immer über seinen Antrag nachdenke. Er müsse Geduld haben. Und Donegall, der damit beschäftigt war, im Land herumzusausen, schien dazu bereit.

Bei meiner Rückkehr in die Vereinigten Staaten bot sich eine aufregende neue Arbeitsmöglichkeit. Elsie Robinson, die eine Spalte mit Ratschlägen für Leser mit Liebeskummer für mehr als hundert Zeitungen schrieb, war im Begriff, sich zurückzuziehen. Voll Eifer bewarb ich mich um die Position der Nachfolgerin. Zu meiner lebhaften Enttäuschung wurde ich nicht angenommen. Später erst erfuhr ich den Grund. Als mein Name zu Joseph P. Connolly drang, dem Leiter der King Features, denen die Spalte gehörte, sagte er: »O nein. Diese junge Dame ist viel zu intellektuell.« Und er gab die Spalte jemand anderem.

Ich hatte den Fehler begangen, zu gut zu heucheln. Mr. Connolly hatte mich bei Verleger-Essen gesehen, wo ich jedesmal schallend lachte, wenn jemand eine zweideutige Story zum besten gab. In Wirklichkeit hatte ich sie gar nicht verstanden, doch ich wollte diese schroffen, erfolgreichen, bombastischen Amerikaner glauben machen, daß ich verstünde. Ich wollte dazugehören.

Wochenlang brütete ich darüber.

Dann endete ganz unvermittelt mein New Yorker Intermezzo. Molly Merricks Vertrag als Hollywooder Kolumnistin der North American Newspaper Alliance sollte verlängert werden, aber sie verlangte mehr Geld, und Mr. Wheeler war nicht gewillt, ihr mehr zu geben. Es schien, als würde NANA künftig keine Hollywood-Spalte mehr haben. »Ich übernehme den Job für dasselbe Honorar, egal wieviel«, sagte ich voll Eifer zu Wheeler. »Ich weiß, daß ich es kann.« Ich bat ihn inständig, mir diese Chance zu geben. Hollywood, das war für mich Trug und Glanz, und ich glaubte mich geeignet, Trug und Glanz zu verstehen.

Mr. Wheeler erwog meine Bitte und willigte schließlich ein. Miß Merrick hatte zweihundert Dollar wöchentlich verdient, mich drückte er auf hundertfünfundzwanzig Dollar pro Woche herunter, doch er gab mir den Job. Er war bereit, mich zeigen zu lassen, was ich konnte. Er wußte, daß ein Mädchen, das Old fashioneds nur der Kirschen wegen bestellte, nicht zu intellektuell war, um eine Hollywooder Klatschspalte zu schreiben.

Am Weihnachtsabend des Jahres 1935 flog ich an die Westküste. Während das Flugzeug startete, überkamen mich plötzlich Melancholie und Niedergeschlagenheit. War es ein Fehler? Hätte ich in New York bleiben sollen, wo ich dreimal soviel verdiente? Doch ich war nicht des Geldes wegen in die Staaten gekommen — oder am Ende doch? Was wollte ich wirklich?

Ich dachte lange darüber nach, während ich im Flugzeug saß und dem regelmäßigen Dröhnen der Motoren lauschte. Was suchte ich? Liebe, Geborgenheit, ein Heim — eine Familie? Ich wünschte mir leidenschaftlich ein Kind. Mir fiel der Tag im Waisenhaus ein, an dem uns Miß Walton fragte: »Was möchtet ihr gern werden, wenn ihr groß seid?« Krankenschwester, Köchin, Lehrerin, Nonne, Stenotypistin, Künstlerin, Tänzerin, hatten die andern Mädchen geantwortet. »Mutter«, hatte ich gesagt. Es stimmte. Da ich keine Familie besaß, sehnte ich mich danach, für mich eine Familie zu gründen. Ach, wenn ich etwas hätte, was mir gehörte, was ein Teil von mir war — wenn ich wenigstens mit einem Menschen auf der Welt verwandt sein könnte! Irgendwohin zu gehören — das sprach mit. Das war der Grund dafür, daß ich gern mit Männern zusammen war: Sie gaben mir ein Gefühl der Wärme, des Beschütztseins, in ihrer Gesellschaft fühlte ich mich schön, begehrt und zugehörig.

Doch noch hatte ich nicht gefunden, was ich suchte. Die Bühne war nicht das Richtige für mich gewesen; und die Welt der Gesellschaft ebensowenig. Was es auch sein mochte, ich hatte es in London nicht gefunden und auch jetzt in New York nicht. Zugegeben, ich begann Amerika zu verstehen und hatte dabei eine angenehme Zeit verbracht — mit gutem Essen, guter Kleidung, fröhlicher Gesellschaft —, doch ich lebte in einem Vakuum. Ich wirbelte noch immer vom einen zum andern und suchte ... Wonach suchte ich? Nach einem Mann? Nach jemand, der mir zugetan war, jemand, der meinen Körper wie meine Seele liebte und mich bis ans Ende seines Lebens um sich wissen wollte? Jemand, dessen Liebe mich aus meiner Lebenslüge erlösen würde? War es das? Oder war es Erfolg, wie ich ihn bisher noch nicht kannte, Reichtum, der mir jeden Luxus erlauben würde, das befriedigende Bewußtsein, immer höher hinaufzusteigen, mit jedem Mal eine höhere Sprosse zu erklimmen ... War es das Ziel, Marchioness zu werden? Selbst das schien nichtig, nun da es in Reichweite lag ...

Die Stewardeß unterbrach meine Träumerei. Sie kam den Mittelgang entlang und verteilte rosafarbene Papierhüte und Pappbecher mit Sekt. »Ein bißchen weihnachtliche Stimmung«, sagte sie vergnügt. Ich trank den Sekt in kleinen Schlucken und saß da, den Papierhut schief auf den Kopf gestülpt, und sah aus dem Fenster hinaus in die dunkle Nacht.

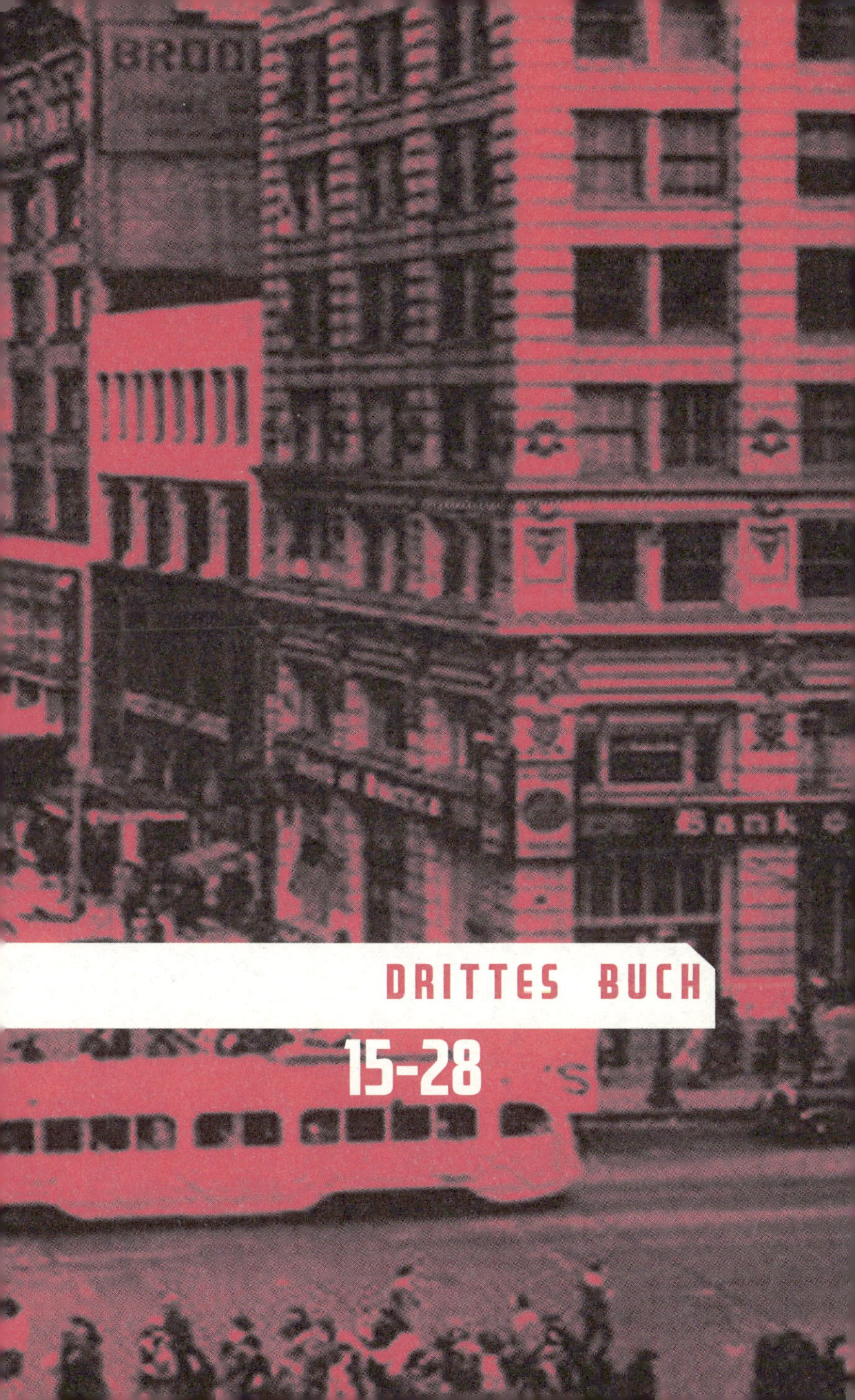

DRITTES BUCH

15–28

15

Aus Daily Variety, Hollywood, 6. August 1936:

Studio-Public-relations-Direktoren erwägen Vorgehen gegen Kolumnistin eines großen Zeitungssyndikats. Korrespondentin schoß aus dem Hinterhalt gegen Hollywoodfilme ... hatte verschiedentlich Zusammenstöße mit Studios ... Man spricht davon, daß Hays ersucht werden soll, scharfe Maßnahmen zu ergreifen.

Wenn ich auf meine ersten Monate als Syndikats-Filmkolumnistin zurückblicke, besteht für mich kein Zweifel daran, daß ich in Hollywood auf zwei linken Füßen landete. Die Schocktechnik, die SHEILAH GRAHAM SAGT in New York so erfolgreich gemacht hatte, wurde in der stolzen, selbstbewußten, engbegrenzten kleinen geschlossenen Zunft, die Hollywood darstellte, weitaus weniger geschätzt.

Von Anfang an hatte ich gespürt, daß ich hier nur auf eine einzige Art und Weise an die Spitze gelangen konnte — indem ich die schärfste, aufs verblüffendste aufrichtige Spalte Hollywoods schrieb. Nur so konnte ich hoffen, mit Louella Parsons konkurrieren zu können, der im ganzen Land am meisten gelesenen Hollywood-Kolumnistin. Ich schrieb, was ich sah, ohne Scheu und Wohlwollen, so wie ich in New York damit begonnen hatte, freiweg über das zu schreiben, was andere auch wußten, aber nicht auszusprechen wagten.

Das Ergebnis war katastrophal. Ich kannte die Spielregeln nicht, merkte nicht, wenn ich es mit heiligen Kühen zu tun hatte. In meiner Unverschämtheit lag zugleich Verzweiflung. Ich kannte niemanden in der Filmkolonie; anfangs lud ich mich einfach selbst zu Partys ein. Immer wieder passierte es, wenn ich mich in irgend jemandes Haus einer Gruppe von Gästen anschloß und hoffnungsvoll ein paar Worte äußerte, daß sich die Gruppe aufzulösen schien und man mich stehenließ. Aufs neue befiel mich das schreckliche Gefühl, zurückgewiesen zu werden, ein Outsider zu sein, verschmäht zu werden — so als wüßten diese Menschen instinktiv, daß ich aus einer anderen Schicht kam als sie. Ich empfand es, vielleicht unbewußt, als Angriff auf mein ureigenstes Existenzrecht, und wie stets, wenn man mich angriff, wollte ich aufspringen und die Krallen zeigen. Also schrieb ich in einer Filmkolonie, wo Clark Gable und Joan Crawford große Namen waren: »Clark Gable warf den hübschen Kopf zurück und zeigte eine Kinnlinie, um die sich ein schmaler Fettrand zu bilden beginnt.« Ich schrieb: »Wenn man mir nicht gesagt hätte: ›Wir möchten Sie mit Joan Crawford bekannt machen, Miß Graham‹, hätte ich sie in dieser müden Frau mit dem fahlen Gesicht gewiß nicht erkannt.« Kay Francis, so informierte ich meine Leser, malte ihren berühmten, in der Mitte spitz zulaufenden Haaransatz auf. In einer Vorbesprechung von Metro-Goldwyn-Mayers neuem Film *Suzie*, in dem Jean Harlow die Hauptrolle spielte, schrieb ich: »Ich kann nicht begreifen, warum eine Gesellschaft, die über die besten Regisseure verfügt, über die besten Autoren, die besten Darsteller, die besten Kameraleute, einen Film wie *Suzie* machen kann, der die schlechteste Darstellung aufzuweisen hat, die schlechteste Kameraführung, die schlechteste Regie ...«

Dieser Absatz, der vor der Premiere des Films in meiner Spalte erschien — gerade als M-G-M ihn begeistert im ganzen

Land ankündigte —, führte zu den Berichten, denen zufolge Will Hays, der Diktator von Hollywood, ersucht werden sollte, Sanktionen gegen mich zu verhängen.

John Wheeler schickte mir ein angstvolles Telegramm. »Sie sind *nicht* Walter Winchell.« Warum mußte ich so hart zuschlagen? Ich konnte es nicht erklären. Meine Reaktion auf alles, was ich sah und hörte, war spontan: Recht oder Unrecht, ich empfinde es so. Vielleicht mußte ich, eben weil ein so großer Teil meines Lebens Heuchelei gewesen war, jetzt unbedingt und triebhaft und um jeden Preis aufrichtig sein. Vielleicht auch fürchtete ich nur, mir eine Blöße zu geben, und hielt es für die sicherste Verteidigung, so ehrlich zu schreiben, wie ich nur konnte. Das zumindest würde zu meinen Gunsten in die Waagschale fallen, wenn einmal der schreckliche Augenblick der Entlarvung käme. Ein Teil meiner Schwierigkeiten erwuchs auch aus meiner Unkenntnis. Marion Davies lud mich in ihr herrliches Haus am Meer ein. Ich berichtete, daß es eine wundervolle Villa sei, in deren Salon die wertvollsten Gemälde hingen. »Doch ich kann nicht verstehen, warum Miß Davies es duldet, daß ihr Entree mit so scheußlichen Karikaturen vollgepflastert wird.« Niemand sagte mir, daß es Gemälde waren, die Miß Davies in ihren verschiedenen Filmrollen darstellten.

Ich wurde zum Abendessen ins Trocadero eingeladen, damals das eleganteste Restaurant Hollywoods. Ich schrieb: »Selbst das zweifelhafte Vergnügen, mit Louis B. Mayer in Tuchfühlung zu sein, kann nicht mit den hohen Preisen versöhnen, die für ein ziemlich mäßiges Essen verlangt werden.« Niemand sagte mir, daß Billy Wilkerson, dem Besitzer des Trocadero, auch der *Hollywood Reporter* gehörte, ein höchst einflußreiches Handelsblatt. Mit einem einzigen Satz hatte ich mir sowohl den mächtigen Louis B. Mayer zum Feind gemacht wie Mr. Wilkerson und seinen *Reporter* aufgefordert, die Jagdzeit für Sheilah Graham als eröffnet zu erklären. Doch Sheilah Grahams Spalte *wurde* gelesen.

»Robert Benchley wird Sie einführen«, hatte mir John Wheeler gesagt. »Ich werde ihm schreiben.«

Nun saß ich mit Robert Benchley, dem gefeierten Schöngeist und Mitarbeiter des *New Yorker*, in Browns Derby-Restaurant. Er war ein spöttischer Mann mit rundem Gesicht, einem kleinen Schnurrbart und kornblumenblauen Augen, die er stets vergnügt lächelnd zusammenkniff. Er lachte oft plötzlich dröhnend los, so daß ich mir zu meinem Esprit selbst gratulierte. Er konnte sich nicht darüber beruhigen, daß aus einer jungen Engländerin mit meinem gesellschaftlichen Werdegang — Privatlehrer, französisches Pensionat, Vorstellung bei Hof — eine Hollywood-Kolumnistin geworden sein sollte, die mit einer Reihe der Größen der Filmkolonie im Streit lag. »Klein-Sheilah, die Riesentöterin«, sagte er, vergnügt in sich hineinlachend. Ich sollte irgendwo auf einem englischen Rasen Krockett spielen, anstatt in wilder Eile von einem Studio zum andern zu sausen und Klatsch aufzuschnappen.

Wir hatten entdeckt, daß wir Nachbarn waren. Ich hatte mir eine kleine Wohnung am Sunset Boulevard genommen; Benchley wohnte auf der andern Seite der Straße in einem Hotel mit dem romantischen Namen »Der Garten Allahs«, das sich bei den Drehbuchautoren großer Beliebtheit erfreute. Es hatte einmal Alla Nazimova, dem großen Stummfilmstar, gehört und bestand aus kleinen zweistöckigen, bezaubernden mit Mörtel verputzten Bungalows im maurischen Stil, die jeweils in zwei Apartments aufgeteilt waren und rings um ein Hauptgebäude mit Swimming-pool und Patio lagen, wo hübsche Starlets in knappen Badeanzügen promenierten. Benchley und ich unterhielten uns über gemeinsame Bekannte — Deems Taylor und Dorothy Parker gehörten zu seinen engsten Freunden —, und als ich meinen Sherry ausgetrunken hatte, sagte er: »Jetzt lassen Sie mich Ihnen etwas anderes bestellen.« Ehe ich ihn daran hindern konnte, stand bereits ein Gin-Drink vor mir. Ich betrachtete ihn zweifelnd. »Sind Sie sicher, daß sich das miteinander verträgt? Ich habe gehört, daß einem sterbenselend davon werden kann ...«

Benchley grinste. »Es ist die absolut beste Mischung. Ich gebe Ihnen mein Wort darauf.« Ich trank das Glas leer, und noch ehe ich ein paar Minuten später in meiner Wohnung anlangte, war mir sterbenselend.

Tags darauf rief mich Benchley an. Wie es mir gehe, fragte er besorgt. Ich war wütend. Wenn das der berühmte Benchleysche Humor war, so mochte er ihn sich für den *New Yorker* aufsparen!

»Ja«, sagte er traurig in reumütigem Ton. »Das habe ich befürchtet.« Er lachte entschuldigend. »Nachdem Sie fort waren, kam mir der Gedanke, daß ich Ihnen möglicherweise einen sehr schlechten Rat gegeben hätte.« Zur Versöhnung bat er, mich zum Abendessen einladen zu dürfen. Ich nahm an, und alles war verziehen. Durch Benchley lernte ich in den folgenden Wochen seine Kollegen im Garten Allahs kennen — Edwin Justus Mayer, den Autor der *Children of Darkness*, John O'Hara, der gerade *Butterfield 8* geschrieben hatte, Marc Connolly, den Autor der *Green Pastures*. Ich war entzückt, Dorothy Parker wiederzubegegnen. Sie war zusammen mit dem Theaterschriftsteller Alan Campbell, den sie unlängst geheiratet hatte, nach Hollywood gekommen. Ich begann, in Hollywood warm zu werden.

Ich stellte fest, daß es eine hektische Stadt war und ein verschlafenes Dorf, wo nebeneinander viel Geist und viel Absurdität existierten, ungeheures Talent und ungeheure Mittelmäßigkeit. Das Hollywood, in das ich kam, war das Hollywood von Norma Shearer und Shirley Temple, Jean Harlow und Constance Bennett; wo bei einem Abendessen Freunde ein Tonbandgerät unter dem Stuhl von John Barrymore versteckten, der verliebt mit Elaine Barrie flüsterte, und jedermann große Summen auf Jock Whitneys Ponys wettete, die auf der neueröffneten Rennbahn von Santa Anita liefen. Es war das Hollywood des Präsidenten-Geburtstagsballes, das Hollywood von Nelson Eddy und Jeanette MacDonald, Mary Pickford und Buddy Rogers, Ernst Lubitsch und Irving Thalberg — eine Stadt der Träume und Traumfabrikanten, wo die Sonne strahlte und man, nur wenn man darüber nachdachte, merkte, daß man niedergeschlagen war ...

Die ersten anderthalb Jahre, bis zum Sommer 1937, stürzte ich mich mit Genuß ins Gesellschaftsleben der Stadt. Inzwischen hatte Johnny in die Scheidung gewilligt: Anfang 1937 brachte ich das Verfahren in Gang. Bis zum Juni sollten meine Papiere fertig sein. Nach dem anfänglichen Sturm der Entrüstung über meine Spalte waren die Proteste verebbt, und ich entdeckte, wie angenehm eine unabhängige Frau in Hollywood leben konnte, die sich ihr Geld selbst verdiente, an keinen Mann gebunden war, zumal wenn ihr gesellschaftliches und ihr berufliches Leben so eng miteinander verknüpft waren, daß sich schwer sagen ließ, wo die Pflicht endete und das Vergnügen begann. Das Material für meine Spalte lieferten jetzt nicht allein meine gewissenhaften täglichen Besuche in den Studios, sondern gleichermaßen meine Freunde — und dieser Kreis wuchs.

Durch Bob Benchley und Eddie Mayer, einen großen, nachdenklichen Mann und überaus gutherzigen Freund, lernte ich viele Männer kennen, die als passende Partner in Frage kamen. Ich wurde ständig zum Tennis oder zum Tanzen aufgefordert, zum Abendessen eingeladen oder zu Partys bei David Selznick, Basil Rathbone oder Frank Morgan. Es war angenehmer, in Begleitung auszugehen, als allein. Und durch all meine geschäftigen Tage zogen sich wie ein Leitmotiv, das das Gefühl der dahinrinnenden Zeit betäubte, die zärtlichen Briefe Lord Donegalls, die mich daran erinnerten, daß seine Lordschaft nur darauf wartete, daß ich im fernen Hollywood einen Entschluß faßte.

Im Juni fuhr ich für kurze Zeit nach London, um meine Scheidung zu erlangen, und sah Johnny noch einmal wieder: Unsre Begegnung war traurig, doch wir schieden als Freunde. Am letzten Tag meines Aufenthalts aß ich mit Donegall zu Mittag. Ich erinnere mich noch, wie mir ein älterer Herr von einem der andern Tische zuwinkte, als ich gerade meine Steak- und Nierenpaste gegessen hatte. Ich winkte zurück. — »Wer ist das?« fragte Donegall neugierig. Ich wischte mir mit der Serviette den Mund und sagte: »Mein Rechtsanwalt, T. Cannon Brooks, ein höchst ehrenwerter Mann.« Und ich fügte hinzu: »Es wird dich vielleicht interessieren, daß ich heute morgen geschieden worden bin.«

Don ließ ums Haar Messer und Gabel fallen. »Was!« rief er voll Begeisterung. »Und du bringst es fertig, die ganze Zeit über dazusitzen, ohne mir ein Wort davon zu sagen?« Einen Augenblick lang überkam ihn Rührung. »Sheilah, Liebling«, sagte er. »Nun ist die Bahn frei!« Er nahm meine Hand und drückte sie leidenschaftlich, seine großen braunen Augen schimmerten feucht. Ich war gerührt. Ich habe diesen Mann sehr gern, dachte ich. Ich könnte ihn lieben lernen. Ich hatte ihm nichts von der Scheidung gesagt, weil ich fürchtete, daß er die standesamtlichen Mitteilungen durchkämmen, die Notiz entdecken und so meinen wirklichen Namen erfahren würde. Doch Donegall bedrängte mich nicht. Er war zu sehr von seinen Plänen in Anspruch genommen. »Also, jetzt, wo du frei bist, werde ich selbst nach Hollyood kommen und für dich Entschlüsse fassen. Du wirst sehen, daß ich es ernst meine. In vierzehn Tagen bin ich da.«

Und vierzehn Tage später erschien Donegall in Hollywood, um seine Werbung dringlich zu wiederholen. Er ging mit mir zu einem eleganten Juwelier und kaufte einen Verlobungsring. Während er ihn sanft über meinen Finger streifte, sagte er: »Der wird es tun, bis ich dir in London einen machen lasse.« Er lernte Bob Benchley kennen und möchte ihn auf der Stelle. »Bob wird unser Trauzeuge«, sagte seine Lordschaft gebieterisch. Wir würden an Silvester heiraten — nach dem britischen Gesetz konnte ich nicht vor Ablauf von sechs Monaten wieder heiraten. Unsere Flitterwochen würden wir auf einer Kreuzfahrt um die Welt verbringen. Jetzt mußte er nach London zurückkehren — dort galt es, Mutter zu überreden, er war überzeugt, daß es ihm gelänge, doch falls sie Schwierigkeiten machen sollte, würden wir eben so heiraten. Er küßte mich lang und feurig. Hatte ich mich nun entschieden?

Jetzt erst, als Donegalls Pläne so sicheren Umriß gewannen, wurde mir klar, daß es tatsächlich wahr werden könnte. Vielleicht, dachte ich, ist es kein Traum, den man auf dem Oberdeck eines Busses träumt. Er meint es ernst. Er ist mir nach Hollywood nachgereist, um mich um meine Hand zu bitten. Er hat mir den Ring geschenkt. Ich wagte es zu glauben, und ich entdeckte, daß ich zitterte. Es konnte wahr werden. Ich sah die Schlagzeilen: »Cochran's Young Lady heiratet Marquess.« Das wird der allerphantastischste Höhepunkt meines phantastischen Lebenswegs sein, dachte ich.

Ich sah die stolze Krone auf meinem Briefpapier, meiner Wäsche, meiner Bettwäsche und den Tischtüchern, das jahrhundertealte Wappen. Ich sah mich im Buckingham-Palast sitzen, als Marchioness, Lady Viscountess und Baroness, über mir alle andern Peers des Reiches, unter mir nur die Herzöge und Prinzen der königlichen Familie. Ich sah meinen Namen und den Namen meiner Nachkommen in *Burkes Peerage* und im *Debrett*. Die adlige Herkunft, die mir versagt war und nach der ich mich in jedem wachen Augenblick gesehnt hatte, seit ich zum erstenmal erfahren hatte, wer ich war, würde ich nun meinen Kindern schenken können ...

Furchtsam fast fragte ich mich: Habe ich die Kraft, das zu vollbringen? Wird es mir gelingen? Muß ich Donegall alles sagen? Vielleicht muß ich ihm nicht unbedingt alles sagen.

Ich nahm den Antrag meines Freiers an, des Marquess and Earl of Donegall, Viscount of Chichester, Earl of Belfast, Baron Fisherwick of Fisherwick, des Hereditary Lord High Admiral of Lough Neagh.

Benchley gratulierte uns als einer der ersten. Es werde ihm Ehre und Vergnügen sein, bei unserer Hochzeit als Trauzeuge zu fungieren. Wann Donegall nach London zurückkehren wolle? Morgen, sagte mein Verlobter. »Dann werden wir heute abend feiern«, sagte Benchley. Er war voller Begeisterung. »Laßt uns eine Party geben.« Er dachte einen Augenblick nach und fügte dann mit einem Grinsen hinzu: »Es ist der 14. Juli — in Frankreich der Tag der Bastille. Wir haben auch den Fall einer Bastille zu feiern!«

Und auf der Party, die Robert Benchley am Abend des 14. Juli 1937 gab, um meine Verlobung mit Lord Donegall zu feiern, begegnete ich zum erstenmal F. Scott Fitzgerald.

16

Es begann in meinem Haus hoch auf den Hügeln von Hollywood, das ich ein paar Wochen zuvor gemietet hatte. Benchley lieh mir seinen deutschen Diener zum Servieren. Man brachte mit Sekt Toasts auf Donegall und mich aus, und ich wanderte glücklich unter meinen Gästen umher — Eddie Mayer, Frank Morgan, Lew Ayres, Charlie Butterworth, Schriftsteller und Schauspieler mit ihren Frauen oder Freundinnen. Von meiner kleinen Terrasse aus sah man weit unten die Lichter von Hollywood glänzen und funkeln wie kleine Papierlaternen in den Straßen einer fernen, festlichen Stadt, die am Horizont schwamm. Es war eine Nacht für Träume.

Ich hängte mich bei Donegall ein. Hätte ich mir einen schöneren, glänzenderen Traum wünschen können? Die Toasts und Prosits folgten rasch aufeinander, Benchleys Diener servierte emsig, wir alle tranken, und inmitten des Gelächters und der Fröhlichkeit hörte ich Bob rufen: »Laßt uns zu mir gehen! Denkt an die Bastille!«

Lärmend quetschten wir uns in ein halbes Dutzend draußen geparkte Wagen und fuhren talwärts zum Garten Allahs. Wir drängelten uns in Bobs kleinen Salon, es gab mehr Sekt, und neue Gäste kamen — Dorothy Parker, Alan Campbell, eine Schauspielerin aus Europa, Tala Birrell —, und die Party ging noch fröhlicher weiter. Donegall hatte den Arm um mich gelegt, Frank Morgan erzählte eine komische Geschichte, und beinah nebenbei bemerkte ich blauen Rauch, der sich im hellen Lichtkreis einer Lampe langsam aufwärts kräuselte. Dann sah ich einen Mann, den ich zuvor nicht gesehen hatte. Er saß still in einem Sessel unter der Lampe, und von einer Zigarette in seiner reglosen Hand stieg der blaue Rauch langsam in die Höhe. Ich starrte ihn an, nicht sicher, ob ich ihn sah oder nicht: er schien unwirklich, wie er da so still saß, so schweigend in dem lärmerfüllten Raum, alles um sich her beobachtend, doch ohne mit jemand zu sprechen und ohne daß jemand ihn ins Gespräch zog — ein kleiner, blasser Mann, der alle Schattierungen des blassesten, zartesten Blaus zu verkörpern schien: Sein Haar war fahl, sein Gesicht war blaß, wie ein Pastellbild von Marie Laurencin, sein Anzug war blau, seine Augen und Lippen waren blau, hinter dem Schleier aus blauem Rauch wirkte er wie eine Erscheinung, die sich jeden Augenblick in nichts auflösen konnte. Ich drehte mich um, um mit Frank Morgan zu lachen; Bob sagte etwas zu mir; und als ich wieder hinsah, war der Sessel leer. Nur der blaue Rauch hing in der schweren Luft, kräuselte sich um sich selbst, während er langsam in den Aufstrom der Lampe trieb. Da *war* jemand, dachte ich.

Ich wandte mich Bob zu. »Wer war der Mann, der dort unter der Lampe saß? Er war so still.« Bob sah hin. »Das war F. Scott Fitzgerald — der Schriftsteller. Ich hatte ihn gebeten, auf einen Sprung vorbeizukommen.« Eulenhaft spähte er durch den Raum. »Ich glaube, er ist gegangen — er haßt Partys.«

»Oh«, sagte ich. »Ich wünschte, ich hätte das vorher gewußt. Ich hätte mich gern mit ihm unterhalten.« Er ist der Autor der fröhlichen zwanziger Jahre, dachte ich, der feurigen Jugend, des Bubikopfs und der kurzen Röcke und des wilden Trinkens — des Jazz-Zeitalters. Ich hatte sogar seinen Namen in meiner Spalte SHEILAH GRAHAM SAGT verwendet. Wenn ich Frauen ihres albernen Benehmens wegen tadeln wollte, beschrieb ich sie als passé, als altmodische F.-Scott-Fitzgerald-Figuren, obwohl ich niemals etwas von ihm gelesen hatte. Ein Gespräch mit ihm hätte interessant sein können. Dann begann Benchley eine lange, brillante Rede, in der jeder Satz, wie mir Eddie Mayer später erklärte, ein Zitat aus einer unflätigen Geschichte war, und ich vergaß den Mann unter der Lampe völlig.

Am nächsten Morgen fuhr ich Donegall zum Flughafen und verabschiedete mich von ihm, der nach New York zurückkehrte, nach London — und zu seiner Mutter. »Sie wird nachgeben, das weiß ich ganz bestimmt«, versicherte er mir. Er war sehr sanft, sehr zärtlich während der Fahrt. »Leben Sie wohl, Euer Ladyschaft«, sagte er und küßte mich. In süße Träume verloren, fuhr ich zurück.

Euer Ladyschaft!

Ein paar Tage später lud mich Marc Connolly zu einer Abendgesellschaft des Schriftstellervereins im Coconut Grove in Los Angeles ein. Er hatte einen Tisch für zehn Personen reservieren lassen; und Dorothy Parker, die an diesem Abend den Vorsitz führte, hatte das gleiche getan. Ich weiß nicht, wie es kam, aber mit einemmal fand ich mich ganz allein an unserem langen Tisch sitzend, und an Dorothys Tisch, der parallel zu unserm stand, saß ein Mann, in dem ich Scott Fitzgerald erkannte, auch er ganz allein an seinem Tisch. Wir sahen uns an. Er betrachtete mich beinah fragend, so als wolle er sagen: Irgendwo bin ich Ihnen doch schon begegnet, nicht wahr?, und lächelte. Ich lächelte zurück. Jetzt, wo ich ihn deutlich sah, fiel mir auf, daß er müde aussah, sein Gesicht war blaß, so blaß, wie es an jenem Abend bei Benchley hinter dem blauen Rauchschleier gewesen war, doch ich fand ihn sehr anziehend: blaßblondes Haar, eine hohe, markante Stirn, graublaue, weit auseinanderstehende Augen, die seinen Kopf schön machten, eine gerade, scharfgeschnittene Nase und ein ausdrucksvoller Mund, der an den Winkeln ein wenig nach unten gezogen war und so dem Gesicht einen sanft-melancholischen Ausdruck gab. Er schien in den Vierzigern zu sein, doch man konnte es nicht genau sagen; er wirkte halb jung, halb alt: Er sollte hinaus in die Sonne, schoß es mir durch den Kopf, er braucht Licht und Luft und Wärme. Plötzlich beugte er sich vor und sagte, über die beiden Tische hinweglächelnd: »Ich mag Sie.«

Ich freute mich darüber und sagte lächelnd: »Ich mag Sie auch.«

Darauf schwiegen wir eine Weile. Seit meiner Verlobung war es der erste Abend, an dem ich ausging, und ich fand mich ungemein schön in meinem prächtigen grauen Abendkleid mit hochroter Samtschärpe, so wie es einer jungen Frau anstand, die eine Marchioness werden sollte. Ich fühlte mich voller Ausstrahlungskraft, inmitten eines goldenen Nebels so wie damals, als ich die Vorhänge geteilt und an Mimi Crawfords Stelle auf der Bühne des London Pavillon vor dem Publikum gestanden hatte ... Jetzt allein dazusitzen, während alle andern tanzten, schien so sinnlos. »Wollen wir nicht tanzen?« fragte ich Fitzgerald.

Wieder lächelte er, ein flüchtiges Lächeln, das plötzlich sein Gesicht verwandelte: Es war jetzt eifrig und jugendlich, jeder Anflug von Melancholie war daraus verschwunden. »Leider habe ich den nächsten Tanz Dorothy Parker versprochen. Aber den darauffolgenden ...«

Doch als alle an die Tische zurückgekehrt waren, hörte die Kapelle auf zu spielen; viele Reden wurden gehalten, und als sie vorüber waren, brachen alle auf, um nach Hause zu gehen, und ich sah ihn nicht mehr. Marc Connolly brachte mich heim, und so war ich ein weiteres Mal diesem stillen attraktiven Mann begegnet, nur um gleich darauf wieder in die entgegengesetzte Richtung gewirbelt zu werden.

Doch etwas bahnte sich an.

Am Samstag darauf rief mich abends um sieben Eddie Mayer an, als ich gerade im Begriff war auszugehen. »Was tun Sie heute abend?« Ich wollte ein Konzert in der Hollywood Bowl besuchen, zusammen mit Jonah Ruddy, der Hollywooder

Korrespondent mehrerer englischer Blätter war und mir bei einer Reihe von Storys geholfen hatte. Ich erklärte es Eddie.

»Wie schade«, sagte er. »Scott Fitzgerald ist hier, und ich wollte Sie einladen, mit uns zu Abend zu essen.«

Unglücklich sagte ich: »Ich käme liebend gern, Eddie, aber ich kann Mr. Ruddy jetzt wirklich nicht mehr absagen ...«

»Warum bringen Sie ihn nicht mit?« schlug Eddie vor.

Wir trafen uns im Garten Allahs und gingen in den Clover Club, ein Spielkasino mit Restaurant und Tanz im ersten Stock. Scott sprach wenig auf dem Weg dorthin — er war von einer Zurückhaltung, die mir das Gefühl gab, er gehöre einer früheren, stilleren Welt an. Auch seine Kleidung verriet eine andere Zeit: Er trug einen Pfeffer-und-Salz-Anzug mit Fliege und, obwohl es Juli war, einen zerknitterten kohlschwarzen Regenmantel, einen Schal um den Hals und einen ramponierten Hut. Man konnte kaum glauben, daß dies der Glamourboy der zwanziger Jahre war. An der Bar wurden wir mit Humphrey Bogart und seiner Frau Mayo Methot bekannt gemacht. »Möchten Sie nicht etwas mit uns trinken?« fragte Bogart Scott.

Der schüttelte den Kopf und lehnte freundlich ab. Bogart schien überrascht. Wir saßen ein paar Minuten mit ihnen zusammen, und Scott erzählte leicht scherzend von einem Filmdrehbuch, das er für M-G-M schrieb. Die Bogarts lachten, und mich erfaßten Respekt und Hochachtung. Auch Jonah Ruddy, der über jedermann in Hollywood Bescheid zu wissen schien und nicht so leicht Respekt vor irgendwem empfand, schien höchst beeindruckt.

Nun tanzte ich endlich mit Scott, und während wir tanzten, versanken der Raum und alle, die darin waren — Eddie, Jonah und alle andern, die rings um uns tanzten und plauderten. Es läßt sich schwer beschreiben, wie Scott diesen Zauber zuwege brachte, doch er gab mir das Gefühl, daß es für ihn ein außerordentliches Privileg sei, mit mir zu tanzen.

Er bewirkte es durch seine Worte, die allein mir zu gelten schienen; bewirkte es durch die Art, wie er den Kopf zurücklegte, ein wenig schräg geneigt, so als nehme er im Geist Maß, und dann gänzlich Besitz von meinen Augen ergriff, meinem Haar, meinen Lippen, alles mit einer Art entzücktem Staunen über das Glück, mit mir tanzen zu dürfen. Er gab mir das freudige Gefühl, daß Hunderte attraktiver Männer nur auf die Gelegenheit warteten, mich abklatschen und ihm wegschnappen zu können, weil ich so unwiderstehlich war — und zugleich das Gefühl, daß er mich nicht aus den Armen lassen würde und wenn er gegen jeden einzelnen von ihnen hätte kämpfen müssen. Er bewirkte es auch durch die hingegebene Aufmerksamkeit, mit der er allem zuhörte, was ich sagte, so als könne man mich keinesfalls als oberflächlich und unbedeutend abtun, so als seien meine Ansichten bedeutsam und ernst zu nehmen. Einmal rief er bei einer Bemerkung von mir aus: »Ach, das ist sehr witzig. Ich will es mir merken und aufschreiben, sobald wir wieder am Tisch sind.« Ich fühlte mich ungemein geschmeichelt. *Dieser Mann findet an meinem Verstand ebenso Gefallen wie an meinem Gesicht.*

Wir tanzten unaufhörlich. Der Raum drehte sich um uns. Jetzt, auf der Tanzfläche, glich er einem amerikanischen Collegeboy, ungeachtet seiner Höflichkeit, seiner vorzüglichen Manieren. Er war nur ein paar Zentimeter größer als ich, aber sehnig, kräftig und stark; er bewegte sich lebhaft und jugendlich, und zuweilen tanzten wir Wange an Wange. Jetzt weiß ich, dachte ich, wie es gewesen sein muß, auf einem College-Abschlußball zu tanzen. »Ich *liebe* das Tanzen!« sagte ich. »Ich auch«, sagte er. — »Als Kind in England«, fuhr ich fort, »lebte ich nur, um zu tanzen — es gab mir ein solches Freiheitsgefühl ...« Er nickte, die blauen Augen noch immer staunend auf mein Gesicht gerichtet, so als gäbe es nichts andres zu sehen. Man konnte so gut mit ihm reden, er war so verständnisvoll. In London hatte ich den Schriftsteller Evelyn Waugh kennengelernt, der auch über die zwanziger Jahre schrieb, doch Waugh war so von mir gelangweilt gewesen, daß es mir die Sprache verschlagen hatte. Mit diesem Mann konnte ich reden. Er stellte mir endlos Fragen. Wie alt ich sei? — »Siebenundzwanzig«, sagte ich, ein Jahr wegmogelnd. Wie alt er sei? — Vierzig, sagte er mit einer leichten Grimasse. »Wie kann ein so hübsches Mädchen wie Sie Kolumnistin werden?« fragte er. Ich fühlte mich geschmeichelt und lächelte. Ich war beim Theater gewesen, war Tänzerin gewesen, hatte versucht, eine Shakespearedarstellerin zu werden, doch das war schrecklich gewesen. Ich erzählte ihm von dem Brief, den Kenneth Barnes, der Direktor der Königlichen Schauspielakademie, mir geschickt hatte: »Es ist unbedingt erforderlich, daß Sie bessere Leistungen zeigen.« Er legte den Kopf zurück und lachte. Er fand es sehr komisch.

Wir tanzten Tango; wir nahmen ein Eckchen der Tanzfläche für uns in Besitz und tanzten offen, versuchten die verblüffendsten Schritte; wir lachten zusammen, weil uns im selben Augenblick dieselbe Absurdität bewußt wurde; wir waren absolut unzugänglich für unsre Umgebung. *Dieser Mann ist nicht vierzig, dachte ich, er ist ein junger Mann, er ist ein Collegeboy, er ist einfach bezaubernd.* Als wir endlich an unseren Tisch zurückkehrten, wo Eddie und Jonah mit bewundernswerter Geduld saßen, betrachteten wir sie, als wären es Fremde, die unsre Plätze mit Beschlag belegt hätten. Scott holte ein Notizbuch hervor und schrieb sich zu meinem ungeheuren Vergnügen mein Bonmot auf. Dann trank er langsam ein Coca-Cola und führte mich wieder auf die Tanzfläche, während Eddie und Jonah sich angrinsten. Ob ich mit ihm zu Abend essen wolle? — Ja, sagte ich. — Wann? Am Dienstag, sagte ich. Gut, sagte er. Schließlich brach unsre kleine Gesellschaft auf, und ich wurde nach Hause gebracht. Und ich dachte an Scott.

Er hatte kaum etwas von sich erzählt, absichtlich, wie es schien, hatte seine Aufmerksamkeit allein auf mich gewandt.

»Eddie erzählte mir, daß Sie mit dem Marquess of Donegall verlobt sind«, sagte er. Ich nickte. »Und im Dezember werden Sie heiraten?« Ja, sagte ich, doch ich konnte nicht umhin, zu ihm aufzulächeln. Wenn ich flirtete, so weil es meiner Natur entsprach, zu flirten; doch weit mehr als deswegen, weil er mir ungemein sympathisch war, weil mir die Art gefiel, in der er mich vor mir selbst bestätigte. Ich wollte ihm gefallen, weil er mich bewunderte, und das wenige, was ich gehört und gesehen hatte, sagte mir, daß es ein großes Kompliment bedeutete, von Scott bewundert zu werden.

Später erzählte mir Eddie, daß Scott nur wenige Tage vor meiner Party in Hollywood angekommen und in das Apartment unmittelbar über dem seinen in einem der bezaubernden kleinen Bungalows im Garten Allahs gezogen war. Er war aufgrund eines Halbjahresvertrages in den Westen gekommen, um das Drehbuch für *Ein Yankee in Oxford* zu schreiben. Eddie lächelte ein wenig traurig, als er mir das erzählte. Sie hatten Scott Fitzgerald verpflichtet, fuhr er fort, weil Scotts erster Roman, *This Side of Paradise*, ein beachtliches Erstlingswerk, das ihn als jungen Mann, der grade Princeton absolviert hatte, berühmt gemacht hatte, unter der Collegejugend spielte. Doch von *This Side of Paradise* zu *Ein Yankee in Oxford* — Eddie schüttelte den Kopf. Ganz offensichtlich hielt er es für eine große Zeitvergeudung, daß dieser Mann für den Film schrieb.

Am Samstag abend war Scott heruntergekommen und hatte bei Eddie hereingeschaut. Weil er einsam zu sein schien, ein wenig verloren, hatte Eddie vorgeschlagen, gemeinsam zu Abend zu essen. — »Wissen Sie«, hatte Scott gesagt, »ich habe hier ein Mädchen gesehn, das mir gefällt.« Und er beschrieb sie. »Sie müssen Sheilah Graham meinen«, hatte Eddie gesagt, und als Scott beinah beiläufig bemerkte: »Ich würde sie gern kennenlernen«, hatte Eddie mich angerufen.

Bis zum Dienstag wußte ich ein bißchen mehr über Scott Fitzgerald. Er war verheiratet, doch seine Frau Zelda, eine große

Schönheit, die er sehr liebte, war in einer Nervenheilanstalt, und das schon lange Zeit. Es war eine tragische Geschichte. Das also, dachte ich, verbirgt sich hinter der kummervollen Linie seines Mundes, es erklärt den Anflug von Melancholie, der hinter seiner Zurückhaltung lauert. Aus Unterhaltungsfetzen von Eddie und Bob Benchley entnahm ich, daß Scott und Zelda ein recht abenteuerliches, unkonventionelles Leben voll unerhörter Kapriolen und Eskapaden geführt hatten. Einmal waren sie mit allen Kleidern in den Springbrunnen vor dem Plaza Hotel in New York gesprungen. Sie mieteten Taxis und fuhren auf der Kühlerhaube spazieren. Das ist nicht zum Schreien komisch, dachte ich. Ich erfuhr auch, daß zwar Eddie und seine Freunde Scott als einen großen amerikanischen Autor betrachteten, daß er aber ansonsten gegenwärtig kaum mehr große Beachtung fand. Die Leute lasen seine Zeitgenossen — Ernest Hemingway, Thomas Wolfe, John Steinbeck —, während Scott nur noch gelegentlich in Zeitschriften wie dem *Esquire* erschien.

Am Dienstag nachmittag kam ein Telegramm von Scott. Er könne unsere Verabredung für den Abend nicht einhalten. Seine Tochter sei gerade aus dem Osten angekommen, und er müsse sie zum Essen ausführen. Ich erinnerte mich, daß er von seiner fünfzehnjährigen Tochter Scottie erzählt hatte, die ein Internat in Connecticut besuchte. Helen Hayes, eine Freundin der Fitzgeralds, begleitete sie zu einem kurzen Besuch nach Kalifornien. Ich starrte auf das Telegramm, erstaunt über das Ausmaß meiner Enttäuschung. Einen Augenblick lang war ich erschrocken: Wieso konnte mich das derart treffen? In sechs Monaten sollte ich Donegall heiraten: Wieso konnte mir das Nichteinhalten einer Verabredung durch einen Mann — einen verheirateten Mann noch dazu —, den ich kaum zehn Tage zuvor zum erstenmal gesehen hatte, so nahegehen? Doch mit einemmal wußte ich, daß ich Scott wiedersehen mußte. Nichts sonst zählte. Ich rief ihn an. »Scott«, sagte ich, »es macht keinen

Unterschied, daß Ihre Tochter hier ist. Ich würde sie gern kennenlernen. Können wir nicht alle zusammen essen gehen?«

Stille. Dann ein zögerndes: »Gut. Ich hole Sie um sieben Uhr ab.«

Scottie war ein hübsches, lebhaftes Mädchen. Sie hatte Augen und Stirn des Vaters, und das machte sie mir augenblicks sympathisch. Zwei junge Männer, die sie vom Osten her kannte, hatten sie besucht, und Scott hatte sie ebenfalls eingeladen. Während des Essens jedoch zeigte sich Scott gänzlich verschieden von dem bezaubernden Kavalier, der mit mir getanzt hatte. Er war verkrampft und gereizt: ständig nörgelte er auf ungerechte und peinliche Weise an seiner Tochter herum: »Iß dein Fleisch auf, Scottie«, und: »Laß dein Haar in Ruhe, Scottie«, und: »Sitz grade, Scottie.« Sie ertrug es geduldig, doch gelegentlich sagte sie verzweifelt: »Ach bitte, Daddy.« — Je weiter der Abend fortschritt, um so nervöser wurde Scott, er trommelte mit den Fingern auf dem Tisch, zündete sich eine Zigarette nach der andern an und trank unaufhörlich Coca-Cola. Es war offensichtlich, daß er seine Tochter liebte, doch er machte unerträglich viel Aufhebens um sie. Mein Herz flog Scottie zu, die stumm dasaß und seufzte, so als wolle sie sagen: Warum hört er nicht auf damit? Dann wieder begannen sie und die jungen Leute zu kichern, worauf Scott sofort mit einer schwerfällig-jovialen Geschichte dazwischenfuhr, die sie ganz offenbar nicht im mindesten komisch fanden. Scott und ich tanzten einige Male, doch er war zerfahren und unruhig.

Der Abend war eine Qual für alle. Ist das der Mann, den ich so faszinierend fand? dachte ich. Dieser besorgte Vater im mittleren Alter? Es war eine Erlösung, als er zu seiner Tochter sagte: »Meinst du nicht, Scottie, daß es Schlafenszeit für dich wäre? Ich sollte dich ins Hotel bringen.« Wir setzten die jungen Männer ab, dann Scottie in ihrem Hotel, wo sie mit Miß Hayes wohnte, und dann fuhr Scott mich zu meinem Haus auf dem Hügel.

Er stand an der Tür und sagte mir Lebewohl. Ich fühlte mich gänzlich vereinsamt und den Tränen nahe. An jenem Abend neulich war solch ein Zauber um ihn gewesen, und jetzt war er nur noch ein glanzloser kleiner Mann, der Vater war. Er sagte mir gute Nacht. Ich wollte ihn nicht weggehen lassen; ich empfand unaussprechliche Trauer darüber, daß etwas so unerhört Aufregendes und Lebendiges dahin war. Was für ein Elend, das zu verlieren, dachte ich. Sein Gesicht war schön, wie er da im Halbdunkel stand. Man sah nicht die Müdigkeit, nicht die Düsterkeit, man sah nur seine Augen, die sein Gesicht so schön machten, und die wunderbare Linie von den Wangenknochen zum Kinn. Sehnlichst wünschte ich die Verzauberung wieder einzufangen, die ich an jenem Abend empfunden hatte, und ich hörte mich flüstern: »Bitte geh nicht fort, komm herein«, und ich zog ihn über die Schwelle, und er folgte mir, und im Eintreten küßte er mich, und plötzlich war er nicht mehr Vater, und es war, als hätte es so sein sollen, sein müssen, unvermeidlich und vorherbestimmt.

17

Ende August kam ein Telegramm aus London:

BESTE NACHRICHT DER WELT LIEBLING STOP MUTTER AUF UNSRER SEITE STOP ES MACHT ALLES SO VIEL LEICHTER STOP KABLE MIR LIEBLING GELIEBTE

DON

Ich saß an meinem Schreibtisch vor einem Fenster, durch das der Blick auf die grünen Berge ging. Ich vermochte meine Spalte nicht zu schreiben: daß *Die gute Erde* alle Besucherrekorde brach, daß John Barrymore unerklärlicherweise aus der Besetzungsliste von *Romeo und Julia* verschwunden war, daß Louella Parsons Informationen druckte, ehe ich sie besaß — mein Verstand weigerte sich, sich damit zu befassen. Ich wollte Scott sehen, ich wollte das schnelle, warme Lächeln sehen, das noch lange in seinen Augen nachleuchtete, nachdem sein Mund wieder in seine geheime Trauer verfallen war. Ich wollte den Ausdruck seines Gesichts sehen, wenn er mich sah, diesen Ausdruck, der sagte: Welch kostbares Gut du bist, und wie glücklich ich bin, weil ich dich gefunden habe! Ich wollte bei ihm sein, mit ihm reden, seine Stimme hören. Auf überwältigende Weise war er meine ganze Welt geworden — so als wäre ich mitgerissen von einem ungeheuren, alles andere erdrückenden Geschehen, das keine Vergangenheit und keine Zukunft hatte, sondern ganz einfach *war.*

Beinahe geistesabwesend las ich noch einmal Donegalls Telegramm. Der arme Don! Er hatte sie für uns gewonnen — und mich interessierte es im Grunde nicht. Einen Augenblick lang erschienen mir seine Worte beinah albern. *Mutter ist auf unsrer Seite*. Statt zu telegrafieren, schrieb ich ihm einen freundlichen Brief. Ich sei entzückt, daß seine Mutter mich akzeptiere, ich sei sehr beschäftigt, ich würde bald wieder schreiben. Wenn mir ein Grafentitel entglitt, so berührte es mich seltsam wenig. Es war kaum mehr Raum für Donegall in meiner Welt — jetzt.

In jenen ersten Wochen redeten Scott und ich unaufhörlich. Wir sahen uns fast allabendlich. Während des Tages schrieb er im Metro-Studio, und ich nutzte diese Stunden, um Informationen zu sammeln, so daß ich am Abend Zeit für ihn hatte. Er hatte eine gebrauchte Ford-Limousine gekauft, und Tag für Tag hörte ich gegen sechs Uhr seinen klapprigen kleinen Wagen den Hügel heraufrattern und das freudige Tuut-tuut! seiner Hupe, wenn er die Kurve unmittelbar unterhalb meines Hauses nahm. Mit seinem ramponierten College-Hut, seinem Regenmantel, den Pullovern und lebhaften Fliegen erinnerte er mich zunehmend an alles, was ich über die amerikanischen Studenten der zwanziger Jahre gelesen hatte.

Auf dem Weg zum Abendessen machten wir zuweilen beim Garten Allahs halt, um mit Eddie einen Whisky zu trinken, mit John O'Hara, oder Albert und Frances Hackett, Schriftstellern, die zu seiner Welt gehörten. Scott trank unweigerlich Coca-Cola und ich ein Glas Sherry. Dann fuhren wir in ein kleines Restaurant.

Wir redeten. Welche Hexerei hatte mich aus London und ihn aus St. Paul, Minnesota, hierher nach Hollywood versetzt und uns zusammengeführt? Nachdem er mich auf Benchleys Party zum erstenmal gesehen hatte, wollte er mich wiedersehen. Später an jenem Abend hatte Bob Scott angerufen, um ihm zu sagen, wie sehr er es bedaure, daß Scott so früh gegangen sei, und hatte ihn gefragt, ob er nicht jetzt zu einem Mitternachtssnack herunterkommen wolle. Scott, der mit ihm fremden Menschen niemals in Hochform war, hatte besorgt gefragt: »Wer ist noch da?« Worauf Bob sagte: »Frank Morgan, seine Frau und Tala Birrell. Alle andern sind weg.«

Im Glauben, ich sei die europäische Schauspielerin Tala Birrell, war Scott noch einmal zu Benchley zurückgekehrt, nur um alsbald seinen Irrtum zu erkennen. Dann hatte er mich auf dem Ball des Schriftstellerverbandes wiedergesehen — eigentlich hatte er nicht hingehen wollen, doch Dorothy Parker hatte ihn dazu überredet: Wir hatten zwei Sätze miteinander gewechselt, und ich war verschwunden. Und als er zu dem Schluß gekommen war, daß ich zu schwer faßbar sei, als daß man mich je erobern könne, hatte mich Eddie Mayer herbeigezaubert wie ein lächelnder Aladin, der statt der Wunderlampe ein Telefon schwang ... Während ich Scott zuhörte, hatte ich keine Ahnung, wieviel ihm all das bedeutete — daß er es eines Tages in einem Buch verwenden würde.

Scott wollte alles über mich wissen. Er forschte mich aus wie ein Reporter, der einer Story nachjagt. Instinktiv wußte ich, daß er den Emporkömmling verachten würde. Ich war bereit, jede Prüfung auf mich zu nehmen, um nicht die Wahrheit über mich selbst preisgeben zu müssen. Er hat mich erwählt, dachte ich. Ich will, daß er stolz ist auf die Frau, die er sich erwählt hat. Er darf nie das Gefühl haben, daß diese Frau in Wahrheit eine verwahrloste kleine Heimatlose ist, die durch eine Kette von Täuschungen zu ihm gelangt ist. Ich wollte, daß er das Allerbeste bekäme, weil er es verdiente. So erzählte ich meine wohleinstudierte Geschichte. Meine Mutter starb, als ich siebzehn war; meine reiche Tante führte mich bei Hof ein; ich fand die Gesellschaft langweilig und probierte es daher mit dem Theater, von wo der Weg zu dem Artikel über die

Kavaliere vom Bühnenausgang führte und der wiederum nach New York und Hollywood.

Ich wand mich in Verlegenheit, als Scott meine »Familienfotos« betrachtete: meinen Bruder David, der starb, ehe ich geboren wurde, meine Schwester Alicia, meinen Großvater (es war Sir Richard in Jagdausrüstung prangend mit Zylinder und scharlachrotem Rock auf einem herrlichen Pferd aus seinen irischen Ställen). Ich fühlte mich in einer Falle gefangen. Dem einzigen Mann, dem ich mich ganz hätte offenbaren mögen, der mich so voll Verehrung behandelte, mußte ich meine gefälschte Story erzählen, ja sie sogar noch glaubwürdiger erscheinen lassen. Als er mir zu sehr zusetzte, gelang es mir, das Gespräch auf ihn selbst zu lenken.

Ich lernte seine Jungenhaftigkeit kennen und zugleich seine Würde, die es einem erlaubte, bis zu einem gewissen Punkt zu gehen und nicht weiter. Wir waren zu einer Party bei Gladys Swarthout und ihrem Mann Frank Chapman eingeladen. Ich kannte inzwischen jeden, Scott kannte niemanden. Zu einem bestimmten Zeitpunkt sah ich ihn unruhig umherwandern; er wirkte verloren. Ich saß auf einem Sofa und plauderte mit Freunden; ich machte ihm ein Zeichen und deutete auf den Platz neben mir. »Komm her, Scott, und setz dich neben mich.« Sein Gesicht verschloß sich, er wandte sich ab. »Tu das nie wieder«, sagte er später. Leicht verletzt, protestierte ich: »Aber Scott, du sahst so aus, als fühltest du dich in dieser Gesellschaft nicht wohl ...« — »Ich komme sehr gut allein zurecht«, sagte er. So scharf hatte er noch nie mit mir gesprochen. Mit diesem Mann kannst du dir keine Freiheiten erlauben, sagte ich mir. Du kannst ihn nicht begönnern — oder gar bemitleiden. Ich empfand dies noch stärker, als wir eine Filmpremiere besuchten. »Laß uns nicht den Haupteingang benutzen, Sheilo«, sagte er. Obwohl es für mich wichtig war, die Stars zu interviewen, die sich im Foyer drängten, ging ich unbemerkt mit ihm durch einen Nebeneingang, und wir setzten uns unauffällig irgendwo in die hinteren Reihen. Wollte er seinen gesunkenen gesellschaftlichen Stern verbergen? Bis sich der Raum verdunkelte, rutschte er nervös auf seinem Sitz hin und her, den Kopf gesenkt und die Augen auf seinen Programmzettel gerichtet. Er wollte nicht gesehen werden — so als fürchte er, die Menschen könnten ihn erkennen und bemitleiden als einen Autor, dessen Werke nicht mehr gelesen wurden.

Ich versuchte, ihm auf meine Weise Auftrieb zu geben. »Scott«, sagte ich eines Abends, »ich komme mir ganz dumm vor. Da sitze ich mit dir, dem berühmten Schriftsteller, und habe kein einziges deiner Bücher gelesen. Ich möchte alles lesen, was du geschrieben hast.«

»Möchtest du das wirklich?« fragte er erfreut. Ich entdeckte, daß er sich niemals geringschätzig über sein Werk äußerte: Er sprach immer mit großem Ernst darüber. Es war kein Gegenstand der Selbstverkleinerung oder der Witzelei. »In Ordnung, Sheilo. Ich werde dir meine Bücher beschaffen. Wir wollen sie heute abend besorgen.« Nach dem Essen gingen wir in die größte Buchhandlung Hollywoods. »Haben Sie Bücher von F. Scott Fitzgerald da?« fragte Scott.

»Nicht auf Lager, tut mir leid«, sagte der Verkäufer und wandte sich fragend einem anderen Kunden zu. — »Werden sie denn gar nicht verlangt?« verfolgte Scott das Thema weiter.

»O doch, gelegentlich schon«, sagte der Verkäufer. »Aber es ist schon eine ganze Weile her, daß zuletzt jemand danach fragte.« Ich sah Scott nicht an, als wir den Laden verließen, und sagte nur schnell: »Laß es uns woanders versuchen.« Im nächsten Laden war es genau das gleiche. In der dritten Buchhandlung, einem kleinen Laden, stand der Inhaber, ein grauhaariger Mann, auf einer Leiter und stellte ein Buch auf ein hoch gelegenes Brett. Langsam kletterte er herunter. Auf Scotts Frage schüttelte er den Kopf, sagte aber: »Ich glaube, ich könnte das eine oder andre besorgen. Was interessiert Sie im besonderen?«

»Es wäre mir lieb, wenn Sie's versuchten«, sagte Scott langsam. Und er nannte ihm drei Titel: *This Side of Paradise*, *The Great Gatsby* und *Tender is the Night*. »Ich will mich bemühen, sie für Sie aufzutreiben«, sagte der grauhaarige Mann.

Fast schüchtern sagte Scott: »Ich bin Fitzgerald.«

Die Augen des andern weiteten sich. Er ergriff Scotts Hand und schüttelte sie herzlich. »Ich bin glücklich, Sie kennenzulernen, Mr. Fitzgerald«, sagte er. »Ich liebe Ihre Bücher sehr.« Er war sichtlich beeindruckt. Er notierte Scotts Adresse. »Ich besorge sie Ihnen ganz bestimmt, und wenn es sie hier nicht gibt, bestelle ich sie beim Verlag.«

Scott bedankte sich, und wir verließen den Laden. Wie mußte er es empfinden, fragte ich mich, einst so berühmt gewesen und jetzt fast unbekannt zu sein — der höfliche, zurückhaltende Mann, der Sheilah Graham zu Abendgesellschaften und Premieren begleitete, aber stets unauffällig mit ihr durch den Nebeneingang eintrat und der unweigerlich, wenn sie ihn ihren Freunden vorstellte, der gleichen Reaktion begegnete: einem erstaunten Blick, einem Lächeln der Überraschung, so als wunderten sich die Leute über die Tatsache, daß F. Scott Fitzgerald noch immer lebte.

Es gab so vieles um Scott, was ich nicht wußte. Honorare sind in Hollywood kein Geheimnis: Ich erfuhr, daß man ihm für die Dauer seines Halbjahresvertrages tausend Dollar pro Woche zahlte. Verglichen mit den einhundertsechzig Dollar, die John Wheeler mir jetzt zahlte, war das ein Vermögen. Ich glaubte, es sei lediglich Exzentrizität, wenn Scott in seinem kleinen Gebrauchtwagen herumfuhr und sich komisch anzog. Erst später erfuhr ich, daß er mehr als vierzigtausend Dollar Schulden hatte, daß die Kosten für Zeldas Sanatorium und Scotties Internat ihn ungeheuerlich belasteten; daß er vor mehr als Jahresfrist einen schrecklichen Zusammenbruch erlitten und eine Zeitspanne völliger Panik durchlebt hatte, während deren er glaubte, nie wieder schreiben zu können, daß der

Alkohol sein Dämon und seine Verzweiflung gewesen war; daß er in einem verzweifelten Versuch, wieder neu anzufangen, nach Hollywood gekommen war, mit der Hoffnung, genug Geld zu verdienen, um seine Schulden zu bezahlen und sich dann vielleicht wieder der reinen Literatur widmen zu können.

Von alldem wußte ich nichts, weil Scott mir nichts davon erzählte. Ich kannte ihn einzig als bezaubernden Verehrer, der mir mehrmals in der Woche Blumen schickte, stets mit einem amüsanten Briefchen, der sich immer neue Überraschungen für mich ausdachte, mit dem keine Stunde alltäglich war. Am Tag nach unserem ersten gemeinsamen Abendessen war ein herrliches Bukett gekommen mit einer Karte: »Willkommen dem Neuankömmling«. Sie zeigte einen Storch, der ein Baby trug. Mit der Feder hatte Scott die Zeichnung ausgeschmückt, bis aus dem Baby eine köstliche Karikatur von ihm geworden war, komplett bis zu dem ramponierten Hut. Auf die eine Seite hatte er ein Köfferchen gezeichnet, auf dem in Druckbuchstaben sein Name stand. Manchmal waren die Briefchen, die mit den Blumen kamen, mit »F. Scott Fitzdillinger« signiert, wenn wir am Abend zuvor von Gangstern gesprochen hatten, oder mit »Von Dmitri für Gruschenko«, als ich — auf seine Anregung hin — die *Brüder Karamasow* zu lesen begonnen hatte. Er spielte gern den Clown — wenn wir Tischtennis spielten, eins seiner Lieblingsspiele, pflegte er heftig zu schielen und nach links ins Weite zu starren, während er den Ball nach rechts hinüberschmetterte. Als er täglich in der Kantine von Metro-Goldwyn-Mayer zu Mittag aß, gelang es ihm fast eine Woche lang, den Schein aufrechtzuerhalten, er hätte einen Zwillingsbruder, Irish Fitzgerald, der ebenfalls dort äße. Sooft der Kellner eine Unterhaltung vom Tag zuvor wiederaufzunehmen versuchte, sagte Scott verblüfft: »Sie müssen mit meinem Zwillingsbruder Irish gesprochen haben.« — »Aber haben Sie mir nicht gestern gesagt«, protestierte dann der Kellner, »der Grund dafür, daß die Planeten um die Sonne kreisen —?« —

»Nein, nein«, unterbrach ihn Scott mit ernstem Gesicht. »Das war mein Bruder Irish.« Am nächsten Tag wurde Scott zu Irish Fitzgerald: »Sind Sie sicher, daß Sie mich nicht mit meinem Zwillingsbruder Scott verwechseln?« Woraufhin der Kellner restlos verwirrt abzuschwirren pflegte, während Scott vergnügt wie ein kleiner Junge über den Erfolg seines Spielchens dasaß.

Für mich war er der Mann, der mich bei all seiner Fröhlichkeit, seinem bizarren Humor, bei all seinen privaten Sorgen — die ich erst später mit ihm teilen sollte — in unendliche Zärtlichkeit einzuhüllen verstand, der fast wie durch einen sechsten Sinn zu wissen schien, daß ich unter der Oberfläche meiner Banalität und Leichtfertigkeit in einen verzweifelten Kampf verstrickt war, dessen Natur mir noch nicht einmal deutlich wurde; nie würde er urteilen, nie verdammen, er würde mich verstehen, und mich verstehend, würde er mich lieben und beschützen.

Es gab keine Möglichkeit für mich, etwas aus seinem früheren Leben zu erfahren, über die tiefe Gefühlsbindung, die er zu einer anderen Frau gehabt hatte, ehe wir uns begegneten. Ich kannte einzig den Scott, mit dem ich bekannt war, und er begann für mich erst mit dem Tag zu existieren, an dem ich ihm begegnete. Alles, was vorher geschehen war, war unwirklich und nie geschehen.

Er jedoch fuhr fort, in mein eignes Leben einzudringen. Es war kein einmaliges Verhör: Es spielte sich in Intervallen ab, einmal bei mir zu Hause, dann wieder in seiner Wohnung oder auch wenn wir mit dem Wagen irgendwohin fuhren oder zusammen aßen. Was war mit den Männern, die ich vor ihm gekannt hatte? Wie oft war ich verliebt gewesen?

Ja, sagte ich, ich hatte geliebt. Meinen früheren Mann, Johnny. Scott war bezaubert von Major John Gillam, D. S. O., und seinen nie endenden Schwierigkeiten mit der John Graham Company, der widerstrebenden Schwester, die er anpumpte, seiner Zuversicht bis zum Tag seines Bankrotts, daß ihm am nächsten Tag ein Vermögen zufallen würde. Ja, Johnny hatte ich sehr geliebt. »Und gibt es außer ihm noch andere?« fragte Scott halb neckend. Die Art, wie er diese Frage stellte, schien sie zu einer Herausforderung zu machen, und ich nahm sie an. Ich wollte ihn schockieren. »Oh, ich habe Abenteuer gehabt«, sagte ich. »Ich bin Engländerin, weißt du, und wir sind in dieser Beziehung sehr freimütig. Wenn wir einen Mann lieben, so lieben wir ihn eben.« — »Ja?« sagte Scott, immer noch halb scherzend. »Ich weiß alles über die Liebe in der englischen Oberschicht. Und als eine von Cochrans jungen Damen mußt du wohl sehr beliebt gewesen sein. Gab es mehr als ein Abenteuer?«

Wir fuhren in diesem Augenblick zum Mittagessen an die etwa dreißig Kilometer von Hollywood entfernte Malibu Beach. Ich saß am Steuer und konnte daher sein Gesicht nicht sehen, als ich, einigermaßen leichtfertig, zur Antwort gab: »Ja natürlich. Acht, soweit ich mich erinnere.« Mir schien acht eine interessante Zahl. »Es gab da einen Adligen, dann einen Industriekapitän, und dann war da …«

Ich schwatzte weiter und warf endlich, als Scott stumm blieb, einen verstohlenen Blick zu ihm hinüber. Er saß da und sah unverwandt gradeaus, ein starres Lächeln im Gesicht, und plötzlich wurde mir klar, daß ihn die Geschichte keineswegs amüsierte. Er war schockiert. Ein bißchen unglücklich sagte ich: »Es tut mir leid, daß wir damit angefangen haben, Scott. Du bist verstimmt.«

»O nein, nein, nein«, sagte er. Und dann, fast schroff: »Sag mir, wer sie waren.«

Ich versuchte das Thema fallenzulassen. »Ach, Scott, das war, hundert Jahre bevor ich dich kennenlernte, und du weißt, wie ich übertreibe, und jedenfalls betrifft es dich in keiner Weise …«

Jetzt sah er mich an. »Wenn sich ein Mann verliebt, ist es ein völlig neues Erlebnis für ihn«, sagte er. »Für eine Frau aber bedeutet es eine weitere Erfahrung zu denen, die sie schon hat.« Ich war nicht sicher, ob ich verstand, was er meinte. Wollte er damit sagen, daß er mich nicht mit Zelda vergleichen könne, ich hingegen ihn mit andern vergleichen würde? Er war sehr still, und ich versuchte, während wir so dahinfuhren, den Schaden wiedergutzumachen. Ich hätte ihn provoziert, sagte ich, hätte sehen wollen, wie er reagieren würde, ich sei albern und kokett gewesen, hätte ihn necken wollen ... Langsam fand er zu seiner anfänglichen Stimmung zurück. Er lächelte mir zu. »Es ist gut, Sheilo«, sagte er und sprach von etwas anderem. Eine Weile lang diskutierten wir ein Angebot, das ich erhalten hatte. Ich sollte in einem halbstündigen wöchentlichen Radioprogramm mitwirken, das von Chikago aus gesendet wurde. Ich sollte einen fünfminütigen Überblick über Filmneuigkeiten geben, und zu diesem Zweck würde nach Hollywood umgeschaltet werden. Es war eine fabelhafte Chance. Man hatte mir hundert Dollar pro Woche geboten; Scott, der an all meinen Aktivitäten persönlichen Anteil zu nehmen begann, riet mir, zweihundert Dollar zu verlangen. Das hatte ich getan, und die Chikagoer Werbefirma, die für die Kosten aufkam, mußte bald eine Entscheidung fällen.

Auf dem Rückweg von Malibu sagte Scott: »Erzähl mir von der Zeit, eh du zur Bühne gingst, Sheilo. Was für ein Mädchen warst du als Halbwüchsige?«

»Ach, Scott, ich habe dir doch erzählt ...«, begann ich. Doch es war schwer, ihm auszuweichen. Wenn Scott auf Tatsachen aus war, so war er unbarmherzig. Was ich ihm von den anderen Männern erzählt hatte, hatte ihm offenbar das Stichwort geliefert. Woher stammte meine Familie? War Graham ein schottischer Name? Ein deutscher? War mein Vater Kaufmann gewesen oder Akademiker? Wie lautete sein voller Name? »John Lawrence Graham«, sagte ich. Ich war unglücklich. — »Und der Name deiner Mutter?« — »Veronica Roslyn Graham«, sagte ich und fühlte mich noch elender. Er fuhr fort zu sondieren. Was für eine Frau war meine Mutter? Wo lebte meine Schwester Alicia jetzt? In welchem Teil Londons war ich aufgewachsen? Wie war ich als Kind? Welche Schule hatte ich besucht? …

Kaum hatte ich eine Frage beantwortet, als schon die nächste kam. Ich hielt ihm stand, so gut ich konnte, plötzlich aber wurde die Belastung zu groß, und ich brach in Tränen aus. Ich mußte den Wagen am Straßenrand zum Halten bringen, und dann weinte ich. Scott war völlig verzweifelt. Er legte den Arm um mich und rief voll Besorgnis: »Was ist denn, was ist denn? Womit habe ich dich verletzt?« Er drückte mich an sich. »Es tut mir so leid, Sheilo, ich hatte keine Ahnung … Gibt es etwas, was du mir nicht sagen möchtest? Du brauchst es nicht —«

Und da platzte ich damit heraus. Ich schluchzte beinah hysterisch. »Wenn du's genau wissen willst, ich war nie in einer richtigen Schule — ich bin im Waisenhaus aufgewachsen. Mit vierzehn kam ich aus der Schule. Ich komme aus den Londoner Slums, aus den ärmsten, schäbigsten Schichten … Ich habe gelogen und so getan als ob. Ich bin eine Schwindlerin. Ach, Scott, du wirst mich hassen — mein Name ist nicht echt, nicht mal die Bilder, die du gesehen hast, sind es. Ich bin in keiner Weise das, was du denkst …«

Meine Tränen strömten hemmungslos. *Er wird mich nie wiedersehen wollen, dachte ich. Ich bin farblos, eintönig, aller Glanz schwindet dahin, ich werde vor seinen Augen zu Lehm.* Er aber hielt mich eng umschlungen und wiegte mich in seinen Armen hin und her wie ein Kind. »Komm, Kleines, sprich nicht mehr. Es tut mir sehr leid. Ich bin immer so neugierig in allem. Weine nicht.« Er holte sein Taschentuch hervor, trocknete meine Tränen und ließ mich die Nase putzen. »Es ist halb so schlimm, wirklich«, sagte er zärtlich. »Glaub mir doch.« Und so saßen wir lange Zeit, am Straßenrand parkend; er hatte den Arm um mich gelegt, während ich ihm atemlos alles erzählte, mich von aller Schuld befreite, indem ich die Geschichte erzählte, die ich keinem je erzählt hatte. Er reagierte weder mit Entsetzen noch mit Abscheu, sondern mit menschlichem Bedauern angesichts meiner Kindheit. Ich erzählte ihm alles: vom Waisenhaus und von unseren geschorenen Köpfen, meinen Erlebnissen als Zweitmädchen, bei Gamage, meinem Verlangen nach Weiterbildung, meinen Träumen auf dem Busoberdeck. Ich erzählte ihm von unserer Ehe und unserer verzweifelten Finanzlage, von der Maskerade, die Johnny und ich aufrechterhielten, meinem wilden Hin- und Herpendeln zwischen Revuegirl und Hausfrau, meinem inneren Aufruhr wegen Cochrans, Sir Richards und der Männer, die mich bedrängten, von meinem unaufhörlichen Suchen nach ich wußte nicht was — Liebe, Sicherheit, Persönlichkeit … — »Ich wünschte, ich hätte dich damals schon gekannt«, sagte er immer wieder. »Ich hätte für dich gesorgt, du hättest zu mir kommen können.«

Er sprach so voller Zärtlichkeit, daß ich aufs neue die Fassung verlor. »Ja«, schluchzte ich, »wo warst du damals? Warum warst du nicht da? Ich hatte keine Wegweiser, ich hatte niemand, der mir gesagt hätte, was Recht und Unrecht ist —«

Lange sprachen wir miteinander. Endlich wurde die Last von meinen Schultern genommen, die unerträglich schwer gewesen war. Ich finde keine Worte, die Erleichterung auszudrücken, die ich darüber empfand, ihn nicht länger belügen zu müssen.

Nach einer langen Weile setzte er sich ans Steuer, ich kuschelte mich an ihn, und so fuhren wir langsam nach Hollywood zurück.

Traumverloren saß ich auf meiner Terrasse und sah hinunter auf die Lichterketten des fernen Hollywoods. Mr. James Wharton von der Chikagoer Werbefirma hatte mir geschrieben. Sie seien mit zweihundert Dollar wöchentlich einverstanden und bereit, einen Halbjahresvertrag abzuschließen. Meine

Sendungen sollten am ersten Montag im Oktober beginnen. Doch daran dachte ich jetzt nicht. In der Hand hielt ich ein Gedicht, das Scott geschrieben und mir geschickt hatte. Es war ein Gedicht für und auf mich. Nie hatte ich so etwas Schönes gelesen. Wieder und wieder las ich es, einmal still für mich, dann laut, bei einzelnen Wörtern verweilend. Er hatte meinen Namen falsch geschrieben, aber er schrieb viele Wörter falsch, behielt diese Gewohnheit bis an sein Lebensende, und es war nicht wichtig. Das Gedicht lautete:

FÜR SHIELAH: DIE GELIEBTE UNGETREUE

Jenes Lächeln plötzlich quer durchs Zimmer,
du hast gewiß es nicht von mir gelernt.
Das erste zarte Beben einer Blüte,
die erste staunende Verzückung deines Blicks,
wer immer es dich lehrte, deine Liebsten
so hold zu grüßen — heute so wie einst —
ihm danke ich, was ich ererbt,
die Augen dein, die andre strahlend machten.

Es mindert die schlummernde Perle nicht,
wenn durch Jahre des Radschas Krone sie ziert.
So will ich ihn, den als ersten du liebtest,
erhöhen und preisen, statt ihn zu schmähen.
Wer immer auch dein Herz erschloß,
er tat es mit Vollendung; kann ich
ihn hassen, der dich formen half?
Ein Herz, von anderen erwärmt.

Ich kenne Küsse, die Natur nicht plant,
die oft im Dunkel sich entwickelt.
Das Kind, das älter als sein Vater,
es muß das Spiel erst lernen.

Was deine Lippen mit den meinen tauschten
kann eine Jungfrau nicht erahnen;
ich trank gereiften, vollen Wein
von Lippen, die ein andrer sanft gemacht.

Die Lügen, die dein Mund spricht, gleichen Märchen,
die uns ein Dichter schenkt,
kleine Parabeln, zart geflügelt,
zu denen Gott selbst lächeln würde.
Laß jeden Geliebten den letzten sein,
und flüstre ihm zu: »Nur das Heute zählt«,
die süße Leugnung der Vergangenheit,
das Märchen, das den andern du erzählt.

Ja, freuen will ich mich,
daß du und irgendwer mit Freuden probtet,
bis ihr mit Kunst verstanden,
euch hinzugeben an die Leidenschaft der Welt.
Die ganze Welt gedrängt in eine Stunde,
Textbücher in Minuten — dieses war
dein Los, dein Reichtum, deine seltne Mitgift,
das, was von andern Männern du gelernt.

Die kurze Zeit, für die du aufgetan
ein Fenster, ließest mich ins Innre schaun,
gabst mir Geschirr, Besteck und Becher,
ja den Mantel selbst der Liebe, die gestorben
oder zu sterben schien — denn als in deiner Hand
du hieltst die meine, lebte diese Liebe auf,
wir fanden uns in einem Wunderland,
der Welt, die andre Männer dir geschenkt.

Doch wenn ich mich den andren Schatten eine,
die um dein flammend Feuer ruhten,

so muß ich glauben, daß mein Glas ich leere
mit ihnen auf den einen, der für dich
süßes Verlangen war und lächelnde Erfüllung.
Was immer sie gefunden, soll Erinnerung
bewahren. Und dann, ich weiß,
wird er uns hören, wenn
der Becher kreist, den Gruß vernehmen,
den wir andren ihm entbieten.

— S.

In jener Nacht schrieb ich Lord Donegall, daß ich ihn nicht heiraten könne. Einen Augenblick lang wurden meine Augen feucht, weil nun mein Traum zerrann, Marchioness zu werden. Doch wie hätte ich Donegall heiraten können, wenn ich Scott so sehr liebte?

18

Mitte September flog Scott in den Osten, um Zelda zu besuchen. Sie war in einem Sanatorium in Asheville in North Carolina. Hin und wieder, das hatte ich von Eddie Mayer erfahren, nahm er seine Frau für ein paar Tage aus dem Sanatorium. Ihre Ärzte waren der Ansicht, daß diese kurzen Besuche in der Welt draußen ihr helfen könnten. Scott und ich hatten noch nicht über sie gesprochen. Einmal hatte ich versucht, das Thema anzuschneiden: Er hatte es beiseite geschoben. Ich drängte ihn nicht. Ich ließ Scott in allem das Stichwort geben: Alles sollte so sein, wie er es wünschte. Jetzt hatte er gesagt: »Ich werde eine Woche etwa nicht hier sein — ich gehe Zelda besuchen.« — »Gut, Scott«, hatte ich erwidert. »Laß es mich wissen, wenn du zurück bist.« Ich wußte, daß er sie liebte; man hatte mir gesagt, daß er sie liebte. Ich nahm die Tatsache hin, daß es eine Zelda gab, doch sie war nicht wirklich für mich, da ich sie weder kennengelernt noch je gesehen hatte. Als Scott zurückkam, war er gedrückter Stimmung, doch er stürzte sich in seine Arbeit bei Metro-Goldwyn-Mayer.

Während seiner Abwesenheit hatte ich mein 5-Minuten-Manuskript für den Funk geschrieben. Am Abend vor meiner ersten Sendung zeigte ich es Scott. Er las es aufmerksam durch. »Es ist dir doch recht, wenn ich es hier und da ein wenig anders formuliere?« fragte er. Und obwohl er von seiner eignen Arbeit im Studio ermüdet war, setzte er sich mit einem dicken Bleistift und einem Päckchen Zigaretten hin und schrieb sorgsam mein Manuskript völlig um. Er arbeitete mit höchster Konzentration und drehte dabei das Haar über seiner Stirn, bis es in einem Schopf in die Höhe stand wie bei einer Engelspuppe. Es gab ihm ein eigenartig knabenhaftes Aussehen. »Streich alle diese Ausrufezeichen weg«, sagte er. »Ein Ausrufezeichen ist das gleiche, wie wenn man über seinen eignen Witz lacht.« Er unterstrich einzelne Wörter, die ich betonen sollte, und korrigierte meine Grammatik. »Wenn du eine Anekdote bringst, erzähl sie so, daß deine Zuhörer die Menschen, von denen du erzählst, wirklich *sehen* können.«

Als er fertig war, hielt ich ein fünf Minuten langes Stück schöner, eleganter Prosa in der Hand. Ich war ihm unendlich dankbar, fragte jedoch einigermaßen schüchtern: »Das wird doch nicht zu hoch sein für mein Publikum? Die Leute, die sich Filmklatsch anhören, sind im allgemeinen keine Intellektuellen, Scott.« Er lachte. »Es wird gut sein für sie.«

Die Sendung war in Chikago um sieben Uhr abends, was für die Westküste fünf Uhr nachmittags bedeutete. Da Scott um diese Zeit noch arbeitete, konnte er bei meiner Aufnahme im CBS-Studio in Hollywood nicht dabeisein. Doch er verließ eine Besprechung bei Metro und eilte über die Straße in eine Tankstelle, um mir dort am Radio zuzuhören.

Mein Debüt stand unter keinem guten Stern. Nachdem der Ansager in Chikago gesagt hatte: »Und jetzt hören Sie die bekannte Kolumnistin Sheilah Graham aus Hollywood«, trat eine Pause von vierzig Sekunden ein, während deren fünfundsiebzig Ingenieure quer durchs Land Umschalthebel bedienten. Bei den ersten Worten aus Chikago hob mein Regisseur In Hollywood den Arm und ließ ihn in der Luft stehen: In dem Augenblick, da er ihn fallen ließ, sollte ich anfangen. Ich beobachtete ihn mit der gleichen Furcht, mit der ich eine sich zum Angriff aufrichtende Kobra beobachtet haben würde. Endlich, nach scheinbar endloser Zeit, fiel sein Arm ruckartig herab.

Aufgrund der Spannung und meines Herzklopfens kletterte meine Stimme in die hohen Register, und ich keuchte mit dünnem Fisteln: »Guten Abend, meine Zuhörer« (Schlucken), »hier spricht« (Schlucken) »Sheilah Graham in Hollywood.« Ich vermochte nur mühsam zu schlucken und zu atmen, doch es gelang mir, mein Manuskript bis zu Ende zu lesen. Scott rief sofort an. »Du warst recht gut«, sagte er. — »Ach, Scott, ich war gräßlich, und du weißt es«, sagte ich. — »Nein, nein«, beharrte er. »Du klangst ein wenig atemlos, aber das war auch alles.« Der Sponsor teilte meine Ansicht. Am folgenden Tag rief man mich an und fragte, ob ich etwas dagegen hätte, wenn bei den künftigen Sendungen eine geschulte Rundfunksprecherin in Chikago an meiner Stelle spräche. Man würde sie als Sheilah Graham ansagen. Ich brauchte dann künftig bloß noch das Manuskript zu liefern. Scott war empört. »Kommt überhaupt nicht in Frage. An deiner Stimme ist nichts auszusetzen. Du hast einen Vertrag, sie müssen *dich* sprechen lassen. Wenn sie dir eine Chance geben, wirst du deine Nervosität schon überwinden.«

Ich glaubte ihm. Es war offensichtlich, daß mich das gespannte, stumme Warten, der erhobene Arm des Regisseurs nervös machten. Doch Mr. Wharton, der wieder aus Chikago anrief, war unnachgiebig. Sein Sponsor bestehe auf einer anderen Stimme. Ich wurde erst ärgerlich und dann wütend. Ich würde mich nicht als zweitklassig abschieben lassen! »Ich werde auf eigene Kosten nach Chikago fliegen und die Sendung nächste Woche von dort aus machen«, erklärte ich ihm. »Ich werde Ihnen beweisen, daß ich gut bin, wenn ich nicht durch die Vorstellung von Technikern belastet bin, die von hier bis New York die Schalthebel betätigen.«

Mr. Wharton bezweifelte, daß meine Gegenwart den Sponsor beeinflussen könne, doch er konnte mich nicht daran hindern, nach Chikago zu kommen. Wenn ich darauf bestand, nun gut. Er würde dort weiter mit mir reden. Ich berichtete es Scott. Und Scott sagte ganz unvermittelt: »Du brauchst jemanden, der dich in diesem Kampf unterstützt. Ich komme mit.« Ich war unsagbar erleichtert. Wenn Scott es übernahm, sich mit Mr. Wharton auseinanderzusetzen, so würde er zweifellos unseren Standpunkt erfolgreich verfechten. Überdies fand ich die Aussicht, zum erstenmal gemeinsam mit ihm zu verreisen, aufregend. »Bist du auch sicher, daß du wegkannst?« fragte ich. Nach Chikago zu fliegen bedeutete, daß wir dort übernachten mußten. »Kannst du deine Arbeit im Stich lassen? Du weißt, daß wir vor Dienstag nicht zurück sein können.«

»Mach dir darum keine Gedanken«, sagte Scott beinah ungeduldig. »Ich werde es einrichten.«

Am Sonntag nachmittag holte er mich mit einem Taxi ab, und wir fuhren zum Flughafen. Er schien angespannt, als er da neben mir saß und eine Zigarette nach der andern rauchte. Ich wußte, daß man ihn nach ein paar Wochen von der Arbeit an *Ein Yankee in Oxford* freigestellt hatte und daß er jetzt an *Drei Kameraden* schrieb, einem Film, der nach Erich Maria Remarques berühmtem Kriegsroman *Im Westen nichts Neues* gedreht werden sollte. In jüngster Zeit hatte Scott einen gequälten Eindruck gemacht. Ich war mir darüber klar, daß es ihm widerstrebte, pünktlich jeden Morgen im Studio zu erscheinen, daß ihm die endlosen Skriptkonferenzen eine Qual waren und es ihn deprimierte, wenn er um eine Zeile oder Szene in seinem Skript kämpfen mußte. Sein Halbjahresvertrag lief aus, und er war nicht sicher, ob die Metro-Leute ihn verlängern würden.

Als wir am Flughafen anlangten, war es noch früh. Mary Crowell, eine Zeitungsvertreterin, bat mich darum, einen Augenblick mit ihr zu kommen, um eine junge Schauspielerin kennenzulernen. »Wir treffen uns dann in der Bar, Mr. Fitzgerald«, sagte Mary, indem sie mich beim Arm nahm. »Ich werde Miß Graham nur ein paar Minuten in Anspruch nehmen.«

Fünf Minuten später sahen wir uns nach Scott um und fanden ihn an einem kleinen Tisch in der Bar sitzend, ein Glas

Wasser vor sich. »Was trinken Sie?« fragte mich Mary. — »Brandy«, sagte ich, weil Brandy den Magen beruhigte und ich mich vor Chikago fürchtete. Vergnügt sagte Scott: »Bringen Sie mir einen doppelten Gin.« Überrascht sah ich ihn an. Sein Gesicht war gerötet. *Er trinkt*, schoß es mir durch den Kopf. *Das ist kein Wasser. Es ist Gin.* Und dann: *Ich habe ihn noch nie trinken sehen.* Kaum standen die Getränke vor uns, als Scott auch schon seines hinunterstürzte, und ehe der Kellner sich noch abwenden konnte, sagte er: »Ich nehme noch einen doppelten Gin.«

Angst durchzuckte mich. Seine Augen glänzten, er fuhr sich wiederholt durchs Haar, zerwühlte es, und er redete Unsinn, eine Art liebenswürdigen, an Mary und mich gerichteten Unsinns: Sie sah anbetungswürdig aus, ich hatte eine Haut wie pfirsichfarbenes Schreibpapier. Der Kellner kam mit seinem Getränk. Ehe er es noch vom Tablett nehmen konnte, sagte Scott: »Und wenn Sie wieder vorbeikommen, bringen Sie mir noch einen.« Als das Glas vor ihm stand, schob ich es halb spielerisch, halb ängstlich zur Seite. Mit plötzlicher Wildheit packte Scott meinen Arm und stieß ihn weg.

Wirklich, dachte ich empört, er benimmt sich absolut kindisch. Hier bin ich auf dem Weg nach Chikago, um meinen Kampf auszufechten, und er ist mitgekommen, um mir zu helfen, und nun seh ihn sich einer an. Er ist *angeschickert* — Bruce Ogilvys Ausdruck für seine Offizierskameraden, wenn sie ein paar Glas getrunken hatten und anfingen, über die Tische der Offiziersmesse bockzuspringen. Doch in diesem Augenblick zwinkerte Scott mir zu — mit einem bedächtigen, unverschämten Zwinkern —, und mein Ärger verebbte.

Als unser Flug abgerufen wurde, zog er mit einiger Mühe seinen Regenmantel an, weigerte sich jedoch, ihn zuzuknöpfen, so daß er buchstäblich den Weg bis zur Maschine entlangflatterte, wobei sein Mantel hinter ihm herwehte und der Hut höchst wacklig auf seinem Hinterkopf balancierte. Als wir unsre Plätze einnahmen, sah ich eine Flasche in seiner Manteltasche.

Das Flugzeug startete. »Scott …«, begann ich. — »Schsch…«, sagte er mit übertriebener Vorsicht. Er zog die Flasche hervor und nahm einen langen Schluck. »Bitte, Scott …«, begann ich von neuem. Den Kopf zur Seite geneigt, sah er mich an. »Weißt du, wer ich bin?« fragte er. »Ich bin F. Scott Fitzgerald, der Schriftsteller.« Er gab mir einen Klaps aufs Knie. Ich hielt seine Hand fest und dachte. *Hoffentlich macht er keine Szene.*

Die Stewardeß kam mit einem Armvoll illustrierter Zeitschriften vorbei. Scott lächelte zu ihr auf. »Wissen Sie, wer ich bin?« fragte er. Sie war ein freundliches, dunkelhaariges Mädchen von etwa einundzwanzig Jahren. »Nein, Sir«, sagte sie. »Ich habe meine Passagierliste nicht bei mir.«

»Ich bin F. Scott Fitzgerald, der weithin bekannte Schriftsteller«, sagte er bombastisch.

Ich errötete. Das Mädchen lächelte höflich und ging weiter. Scott wandte sich dem Mann auf der andern Seite des Ganges zu und starrte ihn herausfordernd an. »Kennen Sie mich?« verlangte er zu wissen.

Der Mann warf ihm einen nachsichtigen Blick zu. »Nö. Wer sind Sie denn?«

»Ich bin F. Scott Fitzgerald. Sie haben meine Bücher gelesen. Sie haben doch bestimmt den *Großen Gatsby* gelesen? Erinnern Sie sich?«

Der andre sah überrascht drein. »Ich habe von Ihnen gehört«, sagte er mit breitem Lächeln, doch in seiner Stimme lag ein Anflug von Respekt.

Scott wandte sich zu mir. Ich war in solcher Verlegenheit, daß ich nicht unterscheiden konnte, ob er Triumph empfand oder Bitterkeit, als er sagte: »Siehst du? Er hat von mir gehört.« Er wandte sich wieder dem Mann zu und verwickelte ihn in eine lange, wirre Unterhaltung.

Tieftraurig saß ich da. Inzwischen hatte Scott seine Flasche geleert; die Worte liefen ihm ineinander, und der Mann hörte ihm mit einer Art amüsierter Verachtung zu. Wie konnte sich mein höflicher, wohlerzogener Scott mit den untadeligen Manieren, der so große persönliche Würde besaß, so gänzlich verwandeln? In dieser Verfassung konnte er nicht bis Chikago fliegen. Es blieb nur eine Möglichkeit. Unsre Maschine machte eine Zwischenlandung in Albuquerque. Ich brachte Scott dazu, mir zuzuhören. »Ich glaube, Scott, du würdest am besten in Albuquerque aussteigen und nach Hollywood zurückfliegen. Es war falsch, daß du mitgekommen bist. Du bist nicht in der Verfassung, mir zu helfen — du würdest mich nur behindern. In diesem Zustand mag ich dich gar nicht gern.«

Scott verneigte sich elegant auf seinem Sitz. »Ich werde aussteigen«, sagte er, wobei ihm die Worte ineinanderliefen. Er dachte einen Augenblick angestrengt nach. »Ja, geh und kämpfe deinen Kampf alleine aus. Du wirst stets allein sein. Und ich auch. Wir sind alle beide einsame Wölfe.«

Er verfiel in Schweigen, und ich saß todunglücklich neben ihm. Ich hatte geglaubt, endlich jemanden gefunden zu haben, der sich um mich kümmerte, der mich beschützte, jemanden, den ich liebte und bewunderte … Ich hatte mit seiner Hilfe gerechnet, und er hatte mich im Stich gelassen.

Als die Maschine auf dem Flughafen von Albuquerque ausrollte und zum Stehen kam, legte Scott grüßend zwei Finger an den Hut. »Wiedersehn.« — »Auf Wiedersehn, Scott«, sagte ich. »Wir sehn uns, wenn ich zurück bin.«

Ich ging zu Bett und lag da, mit ungelöschtem Licht, und begann zu weinen. Er hat recht. Er ist ein einsamer Wolf aufgrund seines großen Talents, und ich bin einer, weil ich so viele Geheimnisse habe und nie Genügen finde. Mein ganzes Leben lang muß ich in ebendem Augenblick, in dem ich Aufnahme in eine Gruppe finden könnte, eine Sprosse höher klimmen, und dann bin ich aufs neue allein. Nie werde ich irgendwohin gehören. Ich fühlte mich einsam und verlassen, als ich so dalag. *Ich wünschte, ich hätte ihm nicht gesagt, er solle aussteigen. Was ist schon dabei, wenn ein Mann einen trinkt, selbst wenn er es hin und wieder übertreibt?*

Die Maschine startete wieder. Ich griff nach oben, um das Licht auszudrehn, als sich die Vorhänge teilten und Scott seinen Kopf hereinstreckte. Er sah aus wie ein Kobold. »Hallo!« sagte er.

»Ach Scott, ich dachte, du seist ausgestiegen!« sagte ich unendlich erleichtert. Ich setzte mich auf und zog ihn an mich. »Ich bin froh, daß du's nicht getan hast, und ich liebe dich.« — »'türlich bin ich ausgestiegen«, sagte er bedächtig. »Brauchte 'ne neue Flasche.« Und schnurstracks ging er zu seinem Bett hinüber und schlief ein.

In Chikago am andern Morgen auf dem Weg zum Drake Hotel war er kreidebleich. Er sprach wenig, während wir unsre aneinandergrenzenden Zimmer bezogen und auspackten. Ich rief Mr. Wharton an, und der kam sofort herüber. Er erwies sich als ein schlanker, freundlicher Mann in den Dreißigern. Scott kam in mein Zimmer, um ihn zu begrüßen. In den zwanzig Minuten, die inzwischen vergangen waren, hatte sich sein Gesicht aufs neue gerötet. Mr. Wharton fühlte sich geehrt, Fitzgerald kennenzulernen. »Das ist ein unerwartetes Vergnügen«, sagte er herzlich. Scott sank in einen Sessel, und wir begannen mit dem geschäftlichen Teil.

»Also, ich habe mein Manuskript mitgebracht, Mr. Wharton«, fing ich an. »Ich weiß, daß ich die Sache zu Ihrer Zufriedenheit hinkriege, wenn ich nicht diese gräßlichen vierzig Sekunden warten muß. Die machen mich völlig fertig.«

Mr. Wharton war zurückhaltend. Ich lächelte ihm zu. »Sie werden mich doch heute abend sprechen lassen, nicht wahr? Ich bin eigens hierhergereist …« Ein paar Minuten lang diskutierten wir das Thema, während Scott unbeteiligt blieb.

»Nun gut«, sagte Mr. Wharton schließlich und erhob sich. »Ich kann nichts versprechen, Miß Graham. Ich muß es vortragen und werde Ihnen heute mittag Bescheid geben.«

Während ich ihn zur Tür begleitete, sagte ich, so charmant ich nur konnte: »Ich weiß, daß Sie mich die Sendung heute abend machen lassen werden, Mr. Wharton. Sie müssen es ganz einfach.«

Plötzlich sprang Scott aus seinem Sessel auf und landete mit einem Riesensprung unmittelbar vor Mr. Wharton. »Macht sie die Sendung heute abend oder nicht?« verlangte er kampflustig zu wissen.

Entsetzt stand ich da. Mr. Wharton, die Hand schon auf der Türklinke, wich verblüfft zurück. Er wurde bleich. »Nun, ich weiß nicht, Mr. Fitzgerald — ich kann es jetzt nicht entscheiden — ich muß mich abstimmen mit —« Scott kam einen Schritt näher und schob sein Gesicht bis auf wenige Zentimeter vor das von Wharton. »Nehmen Sie die Hände aus den Taschen«, sagte er leise und melodramatisch, und plötzlich hatte er die Fäuste hochgenommen wie ein Boxer in Kampfstellung, und schon ließ er einen wilden Schlag gegen Wharton los. Der duckte den Schlag ab und sprang rückwärts. Mir gingen die Nerven durch. Ich warf mich zwischen die beiden und drängte Wharton zur Tür hinaus. »Bitte, gehn Sie, bitte, ich rufe Sie später an.« Ich warf die Tür ins Schloß und wandte mich Scott zu. Es schüttelte mich, meine Beine zitterten. »Wie kannst du es wagen!« schrie ich. »Bist du verrückt?«

Scott wandte sich ab. Er sprach mehr zu sich selbst als zu mir. »Dieser Hurensohn«, sagte er. »Er wird schon sehn. Du machst die Sendung, und er wird dich nicht hindern. Er soll's bloß versuchen.«

Ich warf mich aufs Bett und lag da und stöhnte. »Ach, das ist das Allerschrecklichste, was mir je im Leben passiert ist! Wie konntest du mir das antun! Es ist so gräßlich!« rief ich. »Geh weg! Geh weg, ich hasse dich!«

Scott fuhr sich mit der Hand durchs Haar, murrte vor sich hin, schwankte in sein Zimmer hinüber und warf die Tür zu. Als ich mich so weit beruhigt hatte, daß ich wieder normal handeln konnte, rief ich Mr. Wharton an und entschuldigte mich. — »So was kommt vor«, sagte er taktvoll. »Wir wollen es vergessen sein lassen.« Er freue sich, mir mitteilen zu können, daß man eingewilligt habe und ich die Sendung selbst sprechen dürfe. Ich solle um fünf am Nachmittag ins CBS-Studio kommen, um noch eine Probeaufnahme zu machen, ehe die Sendung begann.

Wir hatten gesiegt! Plötzlich schwand mein Zorn auf Scott dahin. Er *hatte* versucht, mein Fürsprecher zu sein. Er war nicht in seinem Zimmer: Vielleicht wollte er seinen Rausch durch einen Spaziergang vertreiben, meinte ich. Ich aß allein zu Mittag, und um fünf war ich auf der Bühne eines kleinen Studiotheaters der CBS. Als ich vor dem Mikrophon stand und mein Manuskript durchlas, sah ich auf — und da, in der ersten Reihe des leeren Saals, saß Scott und lächelte mir koboldhaft zu. Ich legte warnend den Finger auf die Lippen. Scott nickte und machte eine kunstvolle kleine Vorstellung daraus, seinerseits den Finger auf die Lippen zu legen.

Doch als ich im Begriff war, mit meinem Text zu beginnen, sprang er auf. »Also, Sheilah«, sagte er laut, »hab nur keine Angst vor denen. Kein Grund, Angst zu haben. Sprich langsam und deutlich ...« Und er fing an, mit einem unsichtbaren Taktstock zu meinen Worten den Takt zu schlagen.

Ich war dunkelrot vor Scham. »Scott«, flehte ich in gequältem Flüstern, »bitte setz dich hin, und sei still.«

Doch Scott fuhr fort, mich zu dirigieren, bis zwei Bühnenarbeiter erschienen und ihn hinausgeleiteten.

Da ich mittlerweile völlig zermürbt war, mußten wir mehrfach proben, ehe ich den Regisseur zufriedenzustellen vermochte. Dann folgte um sieben Uhr die Direktübertragung. Ich fühlte, daß ich meine Sache gut gemacht hatte, als ich später ein Taxi nahm und ins Drake Hotel zurückfuhr. Meine Sorge galt jetzt einzig Scott.

Als ich mein Zimmer betrat, hörte ich aus dem von Scott gedämpfte Stimmen. Die Verbindungstür war geschlossen. Ich stieß sie auf und stand wie vom Donner gerührt. Auf einem Serviertisch stand ein Eßtablett; Scott saß in einem Sessel daneben, eine Serviette um den Hals wie ein Lätzchen — und ihm gegenüber, Knie an Knie, saß ein jüngerer Mann, der ihn sorgsam fütterte. Sooft Scott den Mund aufmachte, schob der Fremde geschickt eine vollgepackte Gabel hinein. Während ich sprachlos so dastand, gab es ein kurzes Handgemenge. Scott hatte plötzlich versucht, den Fremden in die Hand zu beißen. »Ach, hör doch auf damit, Scott!« sagte der andere, mehr ärgerlich als wütend. Ich sah, daß Scotts Lätzchen — wie auch die Hemdenbrust seines Freundes — mit Kaffee gesprenkelt war. »Wie soll ich das Zeug je runterbringen, wenn du immerzu Dummheiten machst?«

Sie bemerkten mich. »Hi, Sheilo«, sagte Scott herzlich. Der Fremde erhob sich und streifte Stückchen eines kleingeschnittenen Steaks und Brotkrumen von seiner Hose. »Tut mir leid, daß Sie in diese Mack-Sennett-Komödie hineingeplatzt sind«, sagte er mit erstaunlicher Sicherheit. »Sie sind zweifellos Miß Graham.« Und er stellte sich vor. Es war Arnold Gingrich, der Herausgeber der Zeitschrift *Esquire*.

»Ach, das ist entsetzlich, einfach entsetzlich!« stammelte ich. »Haben Sie ihn schon früher so gesehen?«

»Zeig ihr die Artikel, Arnold!« sagte Scott laut und deutlich. Es folgten einige Kraftausdrücke. Sanft überredete ihn Arnold, sich aufs Bett zu legen, und nach einer Weile schlummerte Scott ein.

Ja, sagte Arnold, er habe Scott schon früher so gesehn, doch er könne sich nicht erinnern, daß es je so schlimm gewesen sei wie diesmal. Wir könnten nur versuchen, ihn in den drei Stunden, die uns bis zum Abflug blieben, nüchtern zu kriegen. Der Zubringerbus hielt regelmäßig am Drake Hotel: Wenn wir Scott erst einmal im Wagen hätten, würde er in der frischen Luft vielleicht wieder zu sich kommen, so daß ich ihn ins Flugzeug manövrieren könnte.

Während Scott unruhig zuckend im Halbschlaf lag, erzählte mir Arnold, was vorgefallen war. Vor einer Stunde etwa hatte Scott ihn angerufen und gesagt, er sei im Drake Hotel und Arnold müsse sofort zu ihm kommen. Er kam und fand Scott umgeben von Wassergläsern voll Gin, einen schlauen Ausdruck im Gesicht, so als wolle er sagen: »Haha, jeder denkt, ich tränke Wasser, aber es ist Gin.« Scott erzählte Arnold von mir: daß er mit nach Chikago gekommen war, um mir dabei zu helfen, meine Schwierigkeiten mit CBS beizulegen, und jetzt darauf wartete, daß ich zurückkäme. Wir wollten mit der Maschine um Mitternacht nach Hollywood zurückfliegen. »Nun«, sagte Arnold zu ihm, »dann sollten wir besser gleich anfangen, dich nüchtern zu kriegen. Ich werd' dir ein Steak-Sandwich bestellen und schwarzen Kaffee. Du kannst dich ihr nicht in dieser Verfassung zeigen, wenn sie zurückkommt. Außerdem wird man dich so bestimmt nicht an Bord lassen.« Scott wurde störrisch. Er würde nur essen, wenn Arnold ihn füttere. Arnold gab nach. Als das Steak kam, schnitt er es in kleine Stücke und begann, Scott zu füttern. Zwischendurch versuchte Scott ihn immer wieder zu beißen. Als Arnold sich daranmachte, ihm den schwarzen Kaffee einzuflößen, spuckte Scott ihn prompt wieder aus wie ein Baby. Und mitten in diese unglaublichen Ereignisse war ich hineinspaziert.

Die Artikel, nach denen Scott verlangt hatte, waren eine Folge von drei Stücken, die er für den *Esquire* geschrieben hatte, erklärte Arnold: *The Crack-up* (Sprung), *Handle With Care* (Vorsicht — zerbrechlich) und *Pasting It Together* (Zusammenleimen). Scott schilderte darin einen Nervenzusammenbruch, den er vor zwei Jahren erlitten hatte. Scott wollte, daß ich sie im Hotelzimmer läse. Scott habe 1934 und

1935 häufig Beiträge in der Zeitschrift veröffentlicht, erklärte Arnold weiter; er erhielt Vorschüsse auf noch ungeschriebene Artikel und hatte seit einiger Zeit keine Beiträge mehr geliefert. »Ich besuchte Scott 1935 in Baltimore«, sagte Arnold, »um zu sehn, warum er uns keine Artikel mehr schickte.« Er hatte Scott elend und dem Trunk verfallen und hilflos angetroffen. — »Ich kann einfach nicht mehr schreiben«, erklärte er Arnold. »Alle wollen sie, daß ich über junge Liebe schreibe, und ich kann nicht über junge Liebe schreiben.« Seine Fähigkeit, zu schreiben, war versiegt; er hatte verzweifelt versucht, sie neu zu beleben, doch ohne Erfolg; seine ungeheuren Ausgaben hatten die Vorauszahlungen vom *Esquire* wie von der *Saturday Evening Post* bis zum letzten Pfennig verschlungen; er wollte schreiben, er wollte die Vorschüsse abdecken, doch er konnte nicht schreiben. Vielleicht würde er nie wieder schreiben. Er stand vor einer grauenerregenden leeren Wand.

»Ich muß ein Manuskript von dir haben, Scott, weil unsre Rechnungsprüfer mir im Nacken sitzen und wissen wollen, wofür wir dich bezahlen«, erklärte ihm Arnold. »Selbst wenn du was à la Gertrude Stein schreibst und einfach ein Dutzend Seiten damit füllst, daß du fünfhundertmal sagst ›Ich kann nicht schreiben, ich kann nicht schreiben, ich kann nicht schreiben‹, so kann ich doch wenigstens protokollieren, daß an dem und dem Datum ein Manuskript von F. Scott Fitzgerald eingegangen ist. Ich habe dann etwas bei meinen Akten, womit sich beweisen läßt, daß du für uns arbeitest. Andernfalls kann ich dir kein Geld mehr schicken.«

Scott versprach, einen neuen Versuch zu machen. »Gut«, sagte er. »Ich werde schreiben, was immer ich darüber schreiben kann, warum ich nicht schreiben kann.« Das Ergebnis waren die *Crack-up*-Skizzen und später eine Folge *Der Nachmittag eines Schriftstellers*, die Arnold im *Esquire* als Erzählung veröffentlichte. Offenbar half die Arbeit an der ersten Skizze Scott die Blockierung seiner Schreibfähigkeit zu überwinden, denn er begann, dem *Esquire* wieder regelmäßig Beiträge zu schicken, und fuhr damit auch fort, als er nach Hollywood ging.

Mein Herz flog Scott zu, als ich so zuhörte, wie Arnold mit schnellen Strichen diese Vorgeschichte umriß. Wie wenig wußte ich doch von diesem Mann, der niemals über seine Kümmernisse sprach, für die meinen aber so viel Mitgefühl und Verständnis zeigte.

»Sie wissen natürlich«, sagte Arnold und sah mich ernst an, »daß der Scott unter Alkoholeinfluß sich vom Scott ohne Alkoholeinfluß unterscheidet wie die Nacht vom Tage?«

»Jetzt weiß ich es«, sagte ich. »Auf dieser Reise habe ich Scott zum erstenmal trinken sehn. Und wenn ich irgend etwas vermag, so wird er nicht wieder trinken.«

Als der Zubringerbus kam, gelang es uns, Scott hineinzuhelfen. Ehe er sich verabschiedete, gab mir Arnold seine Telefonnummer. »Nur für alle Fälle«, sagte er. »Rufen Sie mich jederzeit ungescheut an.«

Der Kleinbus war fast leer. Es saß nur ein Paar darin, und wir nahmen Plätze weiter hinten. Scott hatte sich überschwenglich von Arnold verabschiedet und ihn gebeten, die *Crack-up*-Skizzen nach Hollywood zu schicken, damit ich sie lesen könne. Nun saß er halb dösend da. Wir waren fast am Flughafen angelangt, als er sich aufraffte. Er schaute auf die leeren Plätze ringsum und konzentrierte dann seinen Blick auf den Rücken der jungen Frau, die vor uns saß. Er wandte sich mir zu und sagte vernehmlich: »Hat sie nicht wundervolles Haar?« Die junge Frau bewegte sich verlegen auf ihrem Sitz und sah lächelnd ihren Begleiter an. Beinah träumerisch fuhr Scott fort: »Ist sie nicht hübsch? So wundervolles Haar, diese Kopfhaltung — eine ganz bezaubernde junge Frau.«

Daraufhin wandte sich die junge Frau halb nach Scott um und schenkte ihm ein strahlendes Lächeln.

»Du dumme Kuh«, sagte Scott zu ihr.

Ich mochte meinen Ohren nicht trauen. Erschreckt drehte sich die junge Frau um und starrte Scott mit angstvollen Augen an. Der Mann wandte sich um und maß Scott mit Blicken, weiß vor Wut. Ich weiß nicht, was alles hätte geschehen können, denn der Bus kam am Flugplatz zum Stehen, und der Fahrer wartete darauf, daß wir ausstiegen. »Sei still, Scott!« beschwor ich ihn. »Wenn sie sehn, daß du zuviel getrunken hast, lassen sie dich nicht an Bord.« Ich konnte das Wort *betrunken* noch immer nicht gebrauchen: *betrunken*, das Wort versetzte mich zurück in das Entsetzen meiner Kindheit vor dem Mann, der auf der Straße herumkroch. Scott war nicht betrunken: Er hatte zuviel getrunken.

Und sie ließen ihn nicht an Bord der Maschine. Beim Aussteigen stolperte er und fiel hin. Er kämpfte mit dem Fahrer, der ihm aufstehen half. Ich nahm seinen Arm, und es gelang uns, den Schalter zu erreichen. Der Bodensteward sah Scott an und sagte höflich: »Es tut mir leid, Sir, aber ich kann Sie nicht an Bord der Maschine lassen.«

Mir sank der Mut. Die nächste Maschine nach Hollywood ging erst um fünf Uhr früh. Fünf Stunden? Und ich hatte einen kampflustigen, streitsüchtigen Scott am Halse, der gerade, sich am Schaltertisch stützend, zu wissen verlangte, wo er ein Flugzeug kaufen könne.

Verzweifelt rief ich Arnold Gingrich an. Ich mußte Scott nach Hollywood zurückbringen. Arnold riet mir, Scott in ein Taxi zu packen und die nächsten fünf Stunden mit ihm spazierenzufahren. Danach würde Scott nüchtern sein. Doch ich müsse ihn von jeder Bar fernhalten. Arnold versprach, inzwischen alle Bars in der Nähe des Flughafens anzurufen, so daß man Scott, falls er es fertigbrächte, doch eine zu betreten, nur Bier ausschenken würde.

Ich befolgte Arnolds Rat. Scott schlief fast die ganze Zeit über, an meine Schulter gelehnt, im Fond des Wagens. Gelegentlich wachte er auf und befahl: »Halten Sie bei der ersten Bar, Fahrer.« Ich hatte den Fahrer instruiert. Alle paar Minuten raffte sich Scott auf und rief: »Sie Hundesohn, ich habe Ihnen doch gesagt, Sie sollten bei der ersten Bar halten!«, sah dann zu mir auf: »Hallo, Baby«, und fuhr fort, den Fahrer zu beschimpfen. Ich beschwichtigte ihn, und er schlummerte wieder ein. So ging es bis fast fünf Uhr früh, als wir zum Flughafen zurückfuhren und man Scott, obwohl er schlaftrunken war, an Bord ließ. Als die Maschine in Los Angeles landete, schliefen wir aneinandergelehnt.

Eine Woche später flog ich allein nach Chikago, um meine Sendung zu machen. Auf unsrem Rückflug nach Hollywood war Scott einmal aufgewacht. In einem Augenblick anscheinend absoluter Nüchternheit hatte er sich entschuldigt. »Mach dir keine Sorgen«, hatte er gesagt. »Ich kann damit aufhören, wann immer ich will, aber ich muß auf meine eigne Weise damit fertig werden. Ich werde mich im Studio krankmelden und sagen, daß ich ein paar Tage lang nicht kommen kann. Dann werde ich einen Arzt nehmen und Pflegerinnen. Es wird mindestens drei Tage dauern.« Obwohl er es nicht aussprach, begriff ich, daß diese drei Tage die Hölle bedeuteten. »Ich werde dich während dieser Zeit weder anrufen noch sehen«, sagte er. »Versuch nicht, mich anzurufen oder zu besuchen.« Und mit mattem Lächeln hatte er hinzugefügt: »Ich rufe dich an, wenn ich wieder in Ordnung bin.«

»Wie du willst, Scott«, hatte ich ein wenig kühl erwidert. Und nachdem ich nun in Chikago meine Sendung gemacht hatte, dachte ich, ich bin schon auf halbem Weg nach New York. Warum nicht weiterfliegen und mir die neuen Broadway-Shows ansehn?

Ich war gerade beim Packen, als Scott aus Hollywood anrief. Er hatte mich gehört und fand, daß ich es gut gemacht hätte. Er werde mich am andern Morgen am Flughafen abholen. — »Ich komme nicht vor dem Wochenende nach Hollywood zurück«, sagte ich. »Ich gehe noch nach New York.«

»Du hast jemand in New York«, sagte Scott. Seine Stimme war plötzlich klanglos.

»Ach, Scott, ich habe niemand dort. Ich will nur hin, um mir ein paar Revuen anzusehn und mich zu informieren, was es Neues gibt.«

Nach einer kurzen Stille sagte er ruhig: »Wenn du nach New York gehst, Sheilah, werde ich nicht hier sein, wenn du zurückkommst. Ich werde meine Arbeit aufgeben und Hollywood verlassen und niemals zurückkehren.«

»Aber das kannst du doch nicht tun, Scott!« keuchte ich. — »Ich werde es tun«, sagte er gelassen. Er meinte es ernst. Die Ungeheuerlichkeit dieses Entschlusses überwältigte mich. »Laß mich darüber nachdenken, ich rufe dich wieder an«, sagte ich. Doch noch während ich das sagte, wußte ich, daß ich nicht nach New York gehen würde. Ich wußte nicht, daß Scott, als er mich nach Chikago begleitete, sein Studio mitten in einem Film verlassen hatte, ohne irgendwem auch nur ein Wort zu sagen. Ich wußte nicht, daß der Drink auf dem Flughafen, der zu allen weiteren führte — führen mußte —, der erste Alkohol nach Monaten für ihn gewesen war: daß er ihn getrunken hatte, um sich selbst Mut zu machen, weil er wußte, daß sein eigenmächtiges Wegfahren den Metro-Leuten einen guten Grund lieferte, seinen Vertrag nicht zu verlängern. Und doch hatte er das riskiert, um mir zu helfen. Während ich da mit ihm telefonierte, wußte ich nur das eine: Wenn ich für ihn wichtig war, so bedeutete er mir alles; es war mir gleichgültig, ob er trank, obwohl ich darum betete, er möge nicht trinken; nichts zählte außer unserem Zusammensein. Ich hatte zum erstenmal tiefen Kummer wegen ihm empfunden, aber auch das gehörte zur Liebe; was er auch tat, wie immer er handelte, ich liebte ihn, und alles andere in meinem Leben trat in den Hintergrund. Noch am selben Tag kehrte ich nach Hollywood zurück.

19

Mit vor Erregung funkelnden Augen stürmte Scott herein. Er hatte einer Notiz der *Los Angeles Times* entnommen, daß das Pasadena Playhouse die Bühnenfassung seiner Kurzgeschichte *Ein Brillant so groß wie das Ritz* spielen würde. Wir würden zur Premiere fahren — wir wollten ein kleines Fest daraus machen. Abendkleidung anziehen, im Trocadero essen und dann nach Pasadena fahren — nicht in seinem rüttelnden kleinen Ford, sondern in einem chromblitzenden Wagen mit Chauffeur, den er für den Abend zu mieten gedachte. Ich war ebenso begeistert wie Scott. Ein Stück nach einer seiner Kurzgeschichten! Und noch dazu im Playhouse, das zuweilen eine Vorstufe zum Broadway bedeutete!

Im Trocadero war Scott glänzender Stimmung. Er sah gut aus in seinem besten weißen Hemd und dem Smoking. Ich trug mein grau-rotes Abendkleid, als Schmuck ein bezauberndes kleines Bukett, das er mir zur Feier des Tages geschickt hatte, und voller Stolz eine Silberfuchsjacke, die er mir zum Geburtstag geschenkt hatte. Es war der erste echte Pelz, den ich besaß. Scott lachte, als ich mich auf meinem Sitz nicht zurückzulehnen wagte aus Angst, dem Pelz zu schaden.

Seit Chikago waren Wochen vergangen. Metro hatte ihr Optionsrecht ausgeübt und ihm Weiterbeschäftigung für zwölf Monate zugesichert, und er hielt sich wieder an sein Coca-Cola-und-Kaffee-Programm. Wir hatten viel Zeit damit verbracht, uns Filme anzusehen, wobei Scott mit der hingebungsvollen Aufmerksamkeit eines Lernenden alles beobachtete, was auf der Leinwand vor sich ging. Er betrachtete den Film als bedeutendes Medium des Schriftstellers: Er war entschlossen, die Technik des Drehbuchschreibens zu meistern. Zweimal hatte er sich schon früher in Hollywood daran versucht, 1927 und 1931, doch jedesmal nur kurze Zeit.

Diesmal wollte er sich wirklich ganz dieser Aufgabe widmen. Er erzählte mir, daß er auf die gleiche Art einmal Kurzgeschichtenstudien getrieben hatte, indem er die Handlung von hundert Geschichten der *Saturday Evening Post* analysierte. Jetzt bei der Metro ließ er sich tagtäglich Filme vorführen, um sie zu studieren. Hollywood selbst — seine Menschen wie ihre Lebensgewohnheiten — fand er faszinierend. Im Studio hatte man über das Projekt mit ihm gesprochen, einen neuen Film für Joan Crawford zu schreiben. Er erzählte mir vergnügt davon. »Als ersten Titel hatten sie ›Untreue‹ gewählt; jetzt haben sie ihn in ›Treue‹ geändert.« Das amüsierte ihn. Auch seine erste Begegnung mit Joan Crawford hatte ihn amüsiert. Ganz bescheiden hatte er zu ihr gesagt: »Ich werde Ihren nächsten Film schreiben.« Sie hatte ihn angelächelt. »Gut«, hatte sie gesagt und ihn mit ihren brennenden Augen angesehen. »Schreiben Sie tüchtig, Mr. Fitzgerald, schreiben Sie tüchtig!« Scott warf den Kopf zurück und lachte, als er mir die Szene beschrieb.

Während uns der Mietwagen nach Pasadena brachte, erklärte Scott, er interessiere sich sehr für den Kampf zwischen der Gruppe um Irving Thalberg, der ein Jahr zuvor im Alter von siebenunddreißig gestorben war, und den Kräften um Louis B. Mayer. Er sah ihn als einen Krieg zwischen Kunst und Geld an, zwischen dem selbstlosen jungen Genie, verkörpert in Thalberg, und dem rücksichtslosen Industriellen, verkörpert in Mayer. Seit er bei einem früheren Besuch in Hollywood Thalberg begegnet war, so erzählte mir Scott, hatte ihn die Idee zu einem Roman beschäftigt. »Noch keiner hat *den* Roman über Hollywood geschrieben«, fuhr er fort. Bislang hatten die meisten Autoren das Thema Hollywood fast höhnisch angegangen, es behandelt, als sei die Stadt ein Comic strip, von eindimensionalen Witzblattfiguren bevölkert — jeder Produzent vulgär und ungebildet, jeder Schriftsteller bezaubernd haltlos, jeder Star ein zu schnell gewachsenes Kind. Scott wollte einen ernsthaften Roman über Hollywood schreiben: Er wollte ihn mit Thalberg als Hauptfigur anlegen, und der Kampf um die Macht — der Schöpferische gegen den Spekulanten — sollte das Hauptthema sein.

Ich kam darauf, daß ich für Scott in gewisser Weise wichtig war, denn ich konnte ihm nie genug über Hollywood erzählen. Als ich ihm eine klassisch gewordene Geschichte erzählte, war er fasziniert. Nach Thalbergs Tod hatte man versehentlich Harry Carey, einem Wildweststar der Stummfilmzeit, der nicht mehr filmte, eine Einladung geschickt, als Sargträger bei der Beerdigung zu fungieren. Die Einladung war eigentlich für Carey Wilson bestimmt, einen berühmten Produzenten. Doch nun hatte Harry Carey sie erhalten, und als sich ganz Hollywood bei Thalbergs Beerdigung zusammenfand, war da Harry Carey unter den Sargträgern. Am nächsten Tag klingelte sein Telefon unaufhörlich, und er erhielt ein Rollenangebot nach dem andern. Mit jenem Tag begann für ihn eine zweite erfolgreiche Karriere. »Eine vollkommene Story«, sagte Scott. Er interessierte sich nicht für Klatsch als solchen, sondern nur insoweit, als er den Charakter der Mächtigen beleuchtete. Es war alles Material für das Buch, das er schreiben wollte. Immer wieder zerrte er sein Notizbuch hervor, um eine Beobachtung festzuhalten, ein aufgefangenes Gespräch, eine Phrase oder eine Bemerkung, die ihm eingefallen waren. »Ein Schriftsteller macht aus allem etwas«, sagte er mir einmal.

Er sprach vom *Brillanten so groß wie das Ritz*. Er wußte, daß jemand die Erzählung dramatisiert hatte, doch es war nichts weiter darauf gefolgt. Als nun das Playhouse das Stück aufs Programm setzte, schöpfte er neue Hoffnung. Er hatte beim Playhouse angerufen und gesagt, daß er der Autor der Story sei, und darum gebeten, »ihm irgendwo im Hintergrund« zwei Plätze zu reservieren.

Unser Wagen fuhr am Theater vor, und der Chauffeur half uns beim Aussteigen. Es war sonderbar, keine anderen Wagen zu sehn, denen Premierenbesucher entstiegen, und keinen Andrang an der Kasse. »Ob ich am Ende das Datum verwechselt habe?« fragte mich Scott bestürzt. Beklommen wartete ich in der leeren Eingangshalle, während er sich erkundigen ging. Als er zurückkam, war sein Schritt weniger beschwingt. »Es ist die Studentenbühne«, sagte er und versuchte gleichgültig zu wirken, »sie geben das Stück im oberen Saal.« Ich schwieg, während wir die Treppe hinaufstiegen. Wir betraten einen kleinen Saal mit winziger Bühne und etwa fünfzehn hölzernen Bankreihen. Außer uns war noch niemand da.

Wir setzten uns auf eine der hinteren Bänke und warteten. Ich bemühte mich, angeregt über mein Tun und Treiben während des Tages zu plaudern, endlose Fragen nach *Drei Kameraden* zu stellen, nach den Auseinandersetzungen über das Drehbuch, die er mit Joe Mankewicz, dem Regisseur, gehabt hatte, nach seinen Plänen für *Treue* oder *Untreue* oder wie immer der endgültige Titel lauten würde. Ungefähr zehn Minuten vor Beginn der Aufführung erschienen ein paar Studenten, Frauen und Mädchen, die größtenteils Slacks oder sportliche Röcke trugen — alles in allem etwa ein Dutzend. Neugierig betrachteten sie uns, die wir da in eleganter Abendkleidung allein auf einer der Bänke saßen. Schließlich gingen die Lichter aus, der Vorhang öffnete sich, und das Stück begann. Es war eine Liebhaberaufführung, doch Scott lachte, während die Studenten kicherten, und am Schluß applaudierte er länger als sie. Sie gingen hinaus, und wir waren wieder allein. Scott stand auf. »Ich gehe hinter die Bühne«, sagte er. »Vielleicht ist es ein

Ansporn für sie, zu wissen, daß der Autor sich ihre Aufführung angesehen hat.«

Ein paar Minuten darauf kam er wieder, und wir gingen die Treppe hinunter zum Wagen. Ziemlich schweigsam fuhren wir nach Hollywood zurück. Anfangs sagte Scott beinah heiter: »Es waren nette junge Leute — sie schienen ein bißchen verlegen, als ich mich vorstellte. Ich habe ihnen gesagt, sie hätten ihre Sache gut gemacht.« Doch je länger wir fuhren, wurde Scott trotz all meines bemühten Geplauders zunehmend finster, bis er zum Schluß stumm und niedergeschlagen neben mir saß. Natürlich waren sie verlegen, ging es mir durch den Sinn. Es setzte sie in Verlegenheit, einem Mann zu begegnen, von dem sie geglaubt hatten, er sei tot.

»Scott macht sich nichts aus Partys«, hatte mir Bob Benchley gesagt. Es stimmte. Die einzigen Gesellschaften, zu denen er gerne ging, waren die seiner Freunde, der Schriftsteller. Und selbst dann befiel ihn eine seltsame Glanzlosigkeit, wenn zu viele fremde Menschen da waren. Seine Augen wurden trübe, er schien bis zur Unsichtbarkeit zusammenzuschrumpfen, so daß man ihn in einem Raum gar nicht mehr bemerkte. Bei einer Party, die Alan Campbell gab, war der Ehrengast Somerset Maugham. Ehe er wegging, sagte er zu Alan: »Ich habe gehört, daß F. Scott Fitzgerald in Hollywood ist. Ich würde ihn gern kennenlernen.« — »Sie haben ihn kennengelernt, heute abend — hier«, sagte Alan. Maugham konnte sich nicht an ihn erinnern. Scott war ihm unter dem üblichen Gemurmel von Namen vorgestellt worden und hatte sich dann in der für ihn typischen reservierten Art zurückgezogen. Er war zu mir zurückgekommen, und wir hatten uns in einer Ecke niedergelassen, hatten eine Weile sehr still dagesessen und waren dann ebenso still gegangen.

Bei Gesellschaften in einer Ecke zu sitzen wurde uns zur Gewohnheit. Zum Teil beruhte das auf Scotts natürlicher Zurückhaltung, zum Teil auf seinem Wissen um meine Angst, mich möglicherweise bloßzustellen und damit ihn. Scotts Freunde waren der Sorte geistreicher Gesellschaftsspiele verfallen, die mir in New York solche Qualen verursacht hatten. Sie liebten Scharaden und Wettbewerbe, bei denen es um komplizierte Wortspiele ging, um ein Jonglieren mit literarischen Figuren und historischen Begebenheiten — und bei alledem kam ich nicht mit.

Ich wußte, daß ich bei diesen Leuten, Amerikas führenden Schriftstellern, Komponisten und Dramatikern, nicht mit einem Lächeln und leichtem Geplauder über Drolligkeiten oder den lächerlichen Hut, den Paulette Goddard neulich abends trug, durchkommen konnte. Selbst bei Benchley, der kaum je etwas ernst nahm, spürte ich, wie ungemein gebildet er war; oft fand ich ihn zwischen einzelnen Szenen seiner Filme in einer Ecke des Szenenaufbaus sitzend, in ein Buch vertieft. Einmal hatte ich bei einer Gesellschaft versucht, à la Benchley witzig zu sein. Eine junge Frau sprach beredt über Willa Cather. — »Und wer ist Willa Cather?« fragte ich unbekümmert. Sie sah mich an. »Sagt Ihnen der Name Willa Cather gar nichts?« — »Nun«, sagte ich leichthin, »wir in England haben nie etwas von ihr gehört.« Jemand gluckste vor sich hin, und plötzlich wurde mir mit dem Gefühl tödlicher Verlegenheit klar, daß ich eine unverzeihlich dumme Bemerkung gemacht haben mußte. Danach versuchte ich mich hinter einer Fassade der Munterkeit zu verbergen. Ich platzte in eine Party hinein und erzählte einen Vorfall aus dem Studio oder ein erlesenes Stückchen Klatsch. Schließlich tadelte mich Scott. »Forciere nicht immer«, sagte er. »Warte, bis man auf dich zukommt. Sei nicht zu eifrig — es macht dich unattraktiv.«

»Ich kann nicht anders«, erwiderte ich. »Ich hab' nichts gegen Partys bei den Stars, doch ich fürchte mich vor den Partys bei deinen Freunden. Ich kann nicht mithalten.« Bei den Ira Gershwins, den Donald Ogden Stewarts, den Nunnally Johnsons saß ich am Tisch mit im Schoß verkrampften, feuchten Händen.

»Ich sage dir etwas, woran du dich halten kannst«, meinte Scott eines Abends, als wir zu Albert und Frances Hackett aufbrachen, die beide zu den berühmtesten Bühnenschriftstellern Hollywoods gehörten. »Wenn wir dort ankommen, tu so, als langweilten dich alle Anwesenden. Das gibt dir den richtigen Abstand und nimmt dir den Übereifer.«

Ich versuchte es. Den ganzen Abend lang saß ich da und redete mir ein: »George Kaufman langweilt mich. Oscar Levant langweilt mich. Ogden Nash langweilt mich.« Oberflächlich wirkte es: Ich fühlte mich weniger gezwungen, ich wußte, daß meine Mundwinkel nicht von dem mühsamen Lächeln dessen hochgezogen waren, der sich zu sehr darum bemüht, zu gefallen. Wenn Kaufman, Levant oder Nash an mir vorbeischlenderten, blickte ich gelassen und holdselig auf und beließ es dabei. »Du brauchst nichts zu *beweisen*«, hatte Scott gesagt. Es wurde mir allmählich bewußt, daß ich bei einer Gesellschaft akzeptiert werden konnte, ohne selbst einen Beitrag zu leisten — daß ich, buchstäblich gesagt, für meine Zulassung nicht mit einer Vorstellung zu bezahlen brauchte.

Im allgemeinen aber beschützte mich Scott. Er mischte sich für kurze Zeit unter seine Freunde und setzte sich dann zu mir irgendwo in eine Ecke, und da blieben wir, ganz zufrieden, während Witz und Schlagfertigkeit uns umbrandeten. Einmal trat Alan Campbell zu uns und sagte fast neidvoll: »Ihr beide seht immer so aus, als hättet ihr ein Geheimnis, über das ihr später sprechen wollt.« Er hatte recht. Unser Geheimnis waren wir selbst.

Ich erinnerte mich daran, wie ängstlich ich gewesen war, nachdem ich Scott die Wahrheit über mich selbst gestanden hatte. Ich hatte nach verräterischen Zeichen gesucht, einem Nachlassen seiner Ritterlichkeit, seiner Aufmerksamkeit, der Heiterkeit seiner kleinen Briefe. *Wird er mich wohl noch achten, wo er nun weiß, daß ich nur Lily Sheil bin? Wird er mich noch lieben?* Zwei oder drei Abende später saßen wir in meinem Wohnzimmer, ich arbeitete an meiner Spalte, und Scott war in einen Band Gedichte von Tennyson vertieft. Ohne Einleitung begann er laut zu lesen: Ich unterbrach meine Arbeit und hörte ihm zu:

Nun schlafen rings die Blumen, weiß und rot,
im Garten regt sich die Zypresse nicht,
der Goldfisch nicht im Porphyrrund; es wacht
die Feuerfliege — wache du mit mir!

Er hielt inne, sah mich einen Augenblick lang an und fuhr dann mit unendlicher Zärtlichkeit fort:

Die Lilie nun entfaltet ihre Pracht,
und taucht sich in den Busenschoß des Sees.
Entfalte so dich, Teurer, du, und tauch
in meinen Busen, und geh auf in mir!

»Ach, Scott …«, mir kamen die Tränen. Er nahm mich in die Arme, und dort barg ich mich. Ich sah ihm ins Gesicht, erforschte es, versuchte sein Geheimnis zu ergründen, das Wunder, das es für mich bedeutete, und sagte beinah andächtig: »Ach, wenn ich nur in deine Augen eindringen könnte und die Lider hinter mir schließen und die ganze Welt draußen lassen …«

Er hielt mich eng umschlungen, und ich preßte mich an ihn …

Unser Geheimnis waren wir selbst. Wenn wir abends nicht ausgingen, legten wir Platten auf und tanzten, wie wir im Clover Club getanzt hatten: drehten und wirbelten oder steppten zusammen oder jeder für sich, glitten aneinander vorbei und verneigten uns mit einem vollendeten »Verzeihung«, wenn wir einander berührten. Oder Scott vollführte, während ich, vor Lachen fast erstickend, zusah, seinen eignen kleinen steifbeinigen Tanz, dabei Swinburnes *When the Hounds of Spring* rezitierend. Oder wir boxten miteinander, wobei Scott auf den Zehenspitzen um mich herumhüpfte und wilde Grimassen schnitt, während er mit mir sparrte: »Zieh dein Kinn ein, Sheilo, oder ich schwing' dir einen!« Oder er zauberte blitzgeschwind in der Küche einen Fondant zurecht, während ich Kaffee kochte, und dann stopften wir uns damit voll, so glücklich und unkompliziert wie zwei Kinder.

Zu Anfang des Jahres 1938 waren wir in Hollywood praktisch Einsiedler geworden. Ich besuchte nur wenige Abendveranstaltungen oder Partys der Filmbranche. Um bei Scott bleiben zu können, zahlte ich Jonah Ruddy wöchentlich einen bestimmten Betrag, und er berichtete für mich über diese Ereignisse. Wir gingen selten aus: uns genügte es, zusammenzusein, und wenn wir nicht zusammen waren, verging kaum eine Stunde, ohne daß Scott mir seine Gegenwart kundtat. Fünf- bis sechsmal am Tage rief er mich an. »Was hast du an?« fragte er dann wohl. »Wie siehst du aus?« Beinah wäre ich rot geworden, und ich dachte, das ist wie mein Zauberspiegel im Waisenhaus. Und in diesem Augenblick fragte er, so als könne er mich wirklich sehen: »Woran denkst du?« Und: »Wann sehe ich dich?« Immer eine sanfte Frage, immer seine beständige, beruhigende Aufmerksamkeit. Jeden Abend, wenn er zur Tür hereinkam, lief ich ihm freudig entgegen. Ich wollte ihm zeigen, wie sehr er mir willkommen war. Mein Leben begann, wenn er kam.

Wenn die Telefonanrufe nachließen, so waren da stets die liebevollen Briefchen, die er wie bei einer Schatzsuche im ganzen Haus für mich versteckte. Oder eine kleine Karte, zusammen mit einem Veilchenstrauß: »Für Sheilah — von ihrem

Sklaven, Scott.« Oder eine Botschaft, wenn wir vierundzwanzig Stunden lang getrennt waren: »Dich zu vermissen ist ein Luxus wie alles, was mit dir zu tun hat, bezaubernde, bezaubernde Sheilah.« Oder ein Briefchen, eine Stunde nachdem wir über ich weiß nicht was gestritten hatten: »Es tut mir leid, Liebling, daß ich heute abend so eigensinnig war. Du bist meine geliebte Sheilah, und nichts kann das je ändern. Bitte sei nicht länger traurig, liebe süße Sheilah. Geliebtes Gesicht, geliebtes Herz, liebe, liebste, geliebte Sheilah.« Ich fühlte mich gebadet in unendlich strömender Liebe, von ihr umspült.

Manchmal sagte ich wohl auch, ein wenig sehnsuchtsvoll: »Ich würde gern mal nach New York gehn, Scott.« Dann setzte sich Scott hin und führte mich durch einen freundlichen Katechismus.

»Warum möchtest du nach New York, Sheilah?«

»Ich weiß nicht genau, warum. Um in den Stork Club und ins ›21‹ zu gehen und in ähnliche Lokale.«

»Warum möchtest du in den Stork Club und ins ›22‹ und in ähnliche Lokale gehen?«

Ich dachte nach. »Um die Menschen dort zu sehn, vermutlich.« — »Doch was für Menschen siehst du an diesen Orten? Sie sind nicht wirklich. Ich bin dort gewesen. Ich habe all das aufgegeben. Was können diese Menschen dir bieten? Was kann dir New York bieten?«

»Oh ...« Ich fand nicht die richtigen Worte. »New York ist aufregend, es fasziniert mich.«

Er schüttelte den Kopf. »Du hast schon gefunden, wonach du suchst, Sheilah. Du suchst nach Liebe, suchst jemand, der dich versteht. Du hast mich. Ich liebe und verstehe dich. Du brauchst nicht nach New York zu gehen.«

Und ich dachte: Natürlich, er hat ganz recht. Mein Leben lang habe ich die Anregung gesucht. Jetzt habe ich die Anregung, die von Scott ausgeht. Ich habe ihn. Das genügt, und ich bin zufrieden. Ich brauche nicht auf die Suche zu gehen.

Doch wie sorgsam Scott das hütete, was zwischen uns war, wurde mir erst bewußt, als eines Montagmorgens ein Brief von Margaret Brainard eintraf. Sie wollte in den Westen kommen. Sie hatte eine Stellung im neueröffneten Saks-Fifth-Avenue-Warenhaus in Beverly Hills angenommen. Ende der Woche wollte sie ankommen. Ich erzählte Scott von ihr, wie herzlich und verständnisvoll sie gewesen war, als ich nach Amerika kam, wie vertraut wir gewesen, welche Geheimnisse wir getauscht hatten. »Ich freue mich so, daß sie herkommt, Scott. Ich habe ihr gleich geschrieben, daß sie während der ersten Wochen bei mir wohnen muß — ich will es ihr wunderschön machen hier, sie mit Leuten zusammenbringen ...«

Scott hörte mir seltsam bedrückt zu. »Wann wird sie hier sein?« fragte er. — »Sie kommt am Samstag«, sagte ich. Er wechselte das Thema. Am Mittwoch wählte er einen Augenblick, um zu sagen: »Ich habe darüber nachgedacht, daß Margaret bei dir wohnen soll, Sheilo. Bist du sicher, daß das eine gute Idee ist?«

»Ja, natürlich«, erwiderte ich. Doch sein Tonfall brachte mich dazu, daran zu zweifeln, ob es wirklich eine gute Idee sei.

Am Donnerstag sagte er: »Laß uns übers Wochenende wegfahren, Liebes. Laß uns nach Santa Barbara fahren.«

Ich starrte ihn an. »Das können wir doch nicht, Scott. Du weißt, daß Margaret am Samstag kommt. Ich fahre zum Flughafen und hole sie ab.«

Hartnäckig fuhr er fort: »Aber ich würde gern wegfahren. Ich bin müde — ich muß weg. Ein Wochenende außerhalb der Stadt würde mir guttun ...«

»Aber Margaret ...«, fing ich wieder an. — »Also weißt du«, sagte er, »ich glaube, Margaret würde sich in einer eignen Wohnung wohler fühlen. Ich habe mich in den letzten Tagen nach einem Apartment für sie umgesehen.«

»Das hast du?« sagte ich verblüfft.

Er nickte. »Ich bin ganz sicher, daß sie sich dort wohler fühlen wird.« — »Ich glaube, das würde sie sehr kränken, Scott.«

»Nein«, sagte er bestimmt. »Das glaube ich nicht. Tatsächlich kann sie einziehn, sobald sie ankommt. Es ist alles abgemacht.« Er brachte einen Schlüssel zum Vorschein. Er hatte für Margaret eine Wohnung gemietet und eine Anzahlung geleistet. Die Lage sei sehr günstig, sagte er, nur einen Block von Saks Fifth Avenue entfernt. »Genau das, was sie braucht.« Ich starrte auf den Schlüssel. »Wenn sie die ganze Zeit über bei dir wäre, Sheilah«, sagte Scott, »könnten wir uns wohl nicht so oft sehen. Und ich möchte wirklich das Wochenende weg von hier. Jetzt, wo sie die Wohnung hat, können wir fort. Du läßt ihr den Schlüssel hier und ein Briefchen.«

Und an diesem Wochenende fuhr ich mit Scott nach Santa Barbara. Ich hinterließ Margaret ein Briefchen und erklärte ihr, daß ich am Montag zurück sein würde, daß ein Apartment für sie bereit sei, und hier sei der Schlüssel. Ich schrieb ihr, wie leid es mir tue, sie nicht wie versprochen begrüßen zu können.

Scott brachte mich dazu, so an meiner besten Freundin zu handeln. Er war eifersüchtig auf sie. Er war so sichtbar unglücklich, daß ich mich ihm nicht widersetzen konnte. Hatte er gefürchtet, daß sie sagen könnte: *Das ist nicht der richtige Mann für dich, Sheilah. Er ist verheiratet und seine Frau in einer Heilanstalt. Er kann dich niemals heiraten. Willst du das denn, Sheilah? Was wird dann aus deinem Traum, deiner Sehnsucht nach Mann und Kindern, der Familie, die du nie gehabt hast?*

Bei einer Gelegenheit führte seine Verzweiflung bei dem Gedanken, jemand könne zwischen uns treten, dazu, daß ich völlig lächerliche Maßregeln ergriff. John Wheeler hatte mir telegrafiert, er mache eine Rundreise bei den Zeitungsverlegern, die den NANA-Dienst abonniert hatten, und werde zwei Tage in Los Angeles sein.

Scott wurde augenblicklich nervös.. »Du wirst ihn doch nicht treffen, nicht wahr?« fragte er. — »Natürlich werde ich das, Scott«, sagte ich. »Ich muß ihn treffen. Er ist mein Boß.«

Je näher der Tag von Wheelers Ankunft rückte, um so finsterer wurde Scott. Er war nicht zu beruhigen. Und wie so oft schon, wenn ich in Schwierigkeiten war, kam mir eine Idee. Am Abend vor Wheelers Ankunft ging ich zu einer kleinen Operation ins Good Samaritan Hospital — etwas, was »keine Eile« habe und »irgendwann mal« gemacht werden könne, wie mein Arzt gesagt hatte. Ich wählte diesen Zeitpunkt, damit ich zu krank wäre, um John Wheeler sprechen zu können. Scott, endlich beruhigt, brachte mich ins Krankenhaus.

Als ich aus der Narkose aufwachte, entdeckte ich, daß er etwas auf einen Notizblock neben meinem Bett geschrieben hatte. »Bin so froh, daß alles gutging, du mein Glück. Komme spätnachmittags wieder, wenn du aufwachst.« Und darunter: »Zweite Nachricht. Ich bin hier — es ist halb sechs — und du wachst schnell aus der Narkose auf, und dir ist sehr schlecht. Du hast mich allerlei gefragt und gesagt, du könntest nicht glauben, daß sie es gemacht haben, während du schliefst. Ich liebe dich, und ich komme morgen ganz früh und sitze bei dir. Es war ein harter Tag für uns alle, und ich muß jetzt etwas essen gehn und zu schlafen versuchen. Gott sei Dank, daß alles vorbei ist und es dir wieder gutgeht.«

Am Morgen, als ich noch schlief, saß er eine Zeitlang an meinem Bett, und als ich aufwachte, fand ich eine weitere Notiz: »Schlaf gut, Liebling.« Drei Tage später wurde ich aus dem Krankenhaus entlassen. John Wheeler war angekommen und wieder abgereist.

Scotts Zärtlichkeit war unverändert, als er eines Abends kam und sagte: »Zelda möchte mich sehen. Ich muß hinfliegen und sie wieder einmal besuchen. — Es macht dir doch nichts aus, oder?« setzte er hinzu.

Es rührte mich, daß er die Frage stellte, aber in Wahrheit machte es mir sehr viel aus. Er besuchte seine Frau, ich hatte keine Rechte auf ihn, und doch wagte ich, mehr klagend als fordernd, zu fragen: »Mußt du wirklich hin, Scott?«

Er wurde nicht ärgerlich. »Ich muß meine arme Zelda dort herausholen — ich kann sie nicht im Stich lassen.« Nie zuvor hatte er so viel über sie gesprochen. »Ich werde dir nicht schreiben, solange ich weg bin«, fügte er hinzu. Und fort war er. Mit einemmal fand ich mich ohne die Liebe, die mich eingehüllt und getragen hatte. Ich wußte nicht, wie lange er wegbleiben würde. Sechs Tage vergingen, acht Tage, zehn Tage. Jeden Morgen erwachte ich mit bleiernem Herzen. Die Tatsache, daß Margaret in Hollywood war, bedeutete mir nichts. Zehn Tage kein Mittag- oder Abendessen mit Scott, kein Wort von ihm, keine Anrufe, keine Botschaften, keinen Beweis dafür, daß er spirituell um mich war und nur darauf wartete, daß ich seinen Namen beschwor, um sich zu materialisieren und an meiner Seite zu sein. Ich wußte, was Verlassenheit bedeutete.

Am elften Morgen ein Anruf. »Sheilo!« Es war Scott, er rief vom Flughafen aus an. Seine Stimme klang vergnügt, aufgeregt, glücklich. »Wir werden heiraten!«

Mir blieb die Luft weg. Als ich meine Stimme wiederfand, sagte ich mechanisch wie ein Echo: »Wir werden heiraten?«

»Ich lasse mich scheiden«, sagte er. »Ich erzähle dir alles genau, wenn ich bei dir bin. Warte auf mich«, fuhr er voll Eifer fort, »ich komme gleich.«

Wie im Traum legte ich den Hörer auf. Etwas mußte geschehen sein. Mir fielen die sonderbaren Geschichten ein, die ich über Zelda gehört hatte. Jemand, der ihr vor wenigen Jahren begegnet war, hatte sie als Ophelia geschildert, die in den losen, flatternden Gewändern umherwanderte, die sie vor fünfzehn Jahren getragen hatte, eine dünne, stille Frau mit unberechenbaren Stimmungen, einmal verloren und in sich gekehrt, dann wieder von plötzlicher Heftigkeit und Verzweiflung gepackt. Was mochte geschehen sein? Ich setzte mich an meinen Schreibtisch und begann langsam meinen Namen zu schreiben: Mrs. F. Scott Fitzgerald. — Ich werde F. Scott Fitzgeralds Frau sein! Dann kam Scott. Sein Gesicht war gerötet, sein Haar wirr, sein Hemd unordentlich. »Baby!« rief er vergnügt und umklammerte mich wie ein Bär. *Er hat getrunken*, fuhr es mir durch den Sinn, und mein Herz war wieder bleischwer. »Läßt du dich scheiden?« fragte ich. »Hast du es ihr gesagt?«

»Ja, ja, ich lasse mich scheiden!« sagte er nachdrücklich. »Ich habe es ihr noch nicht gesagt, aber ich werde es tun!« Er gab mich frei und begann im Zimmer hin und her zu laufen, wobei er zunehmend zornig wurde. »Ich bin fertig. Ich habe getan, was ich konnte. Warum soll mir all diese Verantwortlichkeit aufgebürdet sein?« Mit zitternder Hand zündete er sich eine Zigarette an und rauchte in tiefen Zügen. »Weißt du, was sie diesmal gemacht hat?« fragte er. »Versucht, mich in Gewahrsam zu bringen. Sie hat einen Arzt angerufen und gesagt, ich sei verrückt und müsse eingesperrt werden!« Ich hatte ein plötzliches Gefühl der Schwäche, mußte mich setzen. Dieser unvorbereitete, bedrückende Ausblick auf menschliches Leid entsetzte mich. »Ach, Scott ...«, sagte ich hilflos.

Er setzte sich, immer noch sehr erregt. »Ich hab' diese Situation satt. Ich hätte ihr längst ein Ende machen müssen.« Er sprang auf. »Bin gleich wieder da«, sagte er. Er schoß hinaus zu seinem Wagen und kam röter als zuvor zurück. Er hatte wieder getrunken.

Verzweifelt sagte ich: »Sie werden im Studio merken, daß du trinkst, und du wirst deine Arbeit verlieren.«

Er wurde dramatisch. »Sag es niemandem!«

Ich überredete ihn, zurück zum Garten Allahs zu fahren und sich durch gründlichen Schlaf zu kurieren. Schwankend ging er.

Um zwei Uhr morgens ging meine Türklingel. Es klingelte unaufhörlich. Jemand hielt den Finger auf den Knopf und ließ nicht mehr los. Ich eilte hinunter und öffnete. Da stand Scott, er schwankte und hielt sich die Schulter. Hinter ihm wartete ein Taxi mit laufendem Motor. »Ich glaube, ich habe mir die Schulter gebrochen«, sagte er heiser.

Ich warf einen Mantel über, half Scott in das Taxi und brachte ihn ins Queen of Angels Hospital. Er protestierte. Warum ich ihn ins Krankenhaus brächte? »Hör auf, mich wie ein Baby zu behandeln!« In seiner großen Zeit habe er sich nahezu jeden Knochen seines Körpers gebrochen. Er werde nicht ins Krankenhaus gehen. — »Wenn du möchtest, daß ich je wieder mit dir rede«, sagte ich, »dann folg mir, und laß mich dafür sorgen, daß man dir die Schulter richtet.«

Während wir in der Aufnahme warteten, sprang er plötzlich mit einem Satz zur Tür. Ich stürzte ihm nach und hielt ihn unter Aufbietung all meiner Kräfte zurück. »Du kannst nicht weglaufen, Scott, du mußt das richten lassen. Hör auf, dich so albern zu benehmen!«

Die Aufnahmeschwester, eine hochgewachsene, gelassene Nonne, stattlich und schön, trat auf uns zu. »Er will fort, Schwester, er will nicht hierbleiben.« Ich weinte beinah. »Er muß seine Schulter richten lassen.«

»Kommen Sie mit«, sagte sie, und Scott folgte ihr wie ein Lamm.

Während ich wartend dasaß, dachte ich: Warum kann ich nicht so ruhig, so sicher sein wie sie? Warum muß ich immer meine Gefühle zeigen? Ich kann ihm nicht helfen, wenn ich gefühlsduselig werde, sooft er in Schwierigkeiten ist.

Glücklicherweise hatte sich Scott die Schulter nur verrenkt. Als er mich am Abend verlassen hatte, war er wie versprochen zum Garten Allahs zurückgekehrt. Doch jemand hatte ihn in die Bar eingeladen; dort hatte er eine Zeitlang getrunken. Und dann hatte er sich, als er seinen Wagen parken wollte, auf irgendeine Weise die Schulter verrenkt. Danach war er zu mir gekommen.

Ich brachte ihn zurück zum Garten Allahs. Ich beschwor ihn, daß er alles tun müsse, was nötig sei, damit er vom Alkohol loskomme, wie er es früher schon getan hatte. Er sah auf, unerwartet reumütig. »Gut«, sagte er. »Ich werde den Arzt rufen. Ich kann aufhören, sobald ich will. Du weißt das, nicht wahr?« Ich nickte. »Ich weiß, Scott.« — »Gut«, sagte er noch einmal. »Aber komm mich nicht besuchen — ich mag niemand um mich haben, wenn … Ich rufe dich an …«

Ich half ihm in sein Zimmer und ließ ihn dort allein.

Drei Nächte konnte ich nicht schlafen. Was soll ich nur tun? In bezug auf ihn? In bezug auf mich? Er war nicht *beschwipst* — er war *betrunken*. Er war auch in Chikago nicht *beschwipst* — er war *betrunken*. *Du kommst um dies schreckliche Wort nicht herum!* Wann wird er wieder trinken? Wie oft hatte er zuvor schon getrunken, ohne daß ich es wußte? Sollte das Schreckbild, vor dem ich geflohen war — der im Rinnstein umhertappende Mann, das East End mit seinem übelkeitserregenden Biergestank, den torkelnden Männern, den Nächten voller Fluchen und Zanken und Gewalttätigkeiten —, mich wieder einholen? Ich kann es nicht ertragen, dachte ich. Ich kann diese Sinnlosigkeit, diese Unsicherheit nicht ertragen. Ich muß Ordnung und Normalität um mich haben.

Aber ich kann ihn nicht aufgeben, wurde mir verzweifelt klar. Und dann kam mir, zugleich mit dem Gefühl einer ungeheuren Erleichterung, der Gedanke: Ich werde ihn heilen. Ich werde ihn wegholen aus dem Garten Allahs, weg von seinen trinkenden Freunden und der Versuchung der Bar; ich werde mit ihm ans Meer gehen. Ich werde für ihn ein Haus am Meer finden, wo er so viel frische Luft und Sonne bekommt, wie er nur braucht, wo er schwimmen und sich erholen und wieder gesund werden kann. So weit ich zurückdenken konnte, hatte das Meer stets die Kraft gehabt, mich gesund zu machen. Es wird auch Scott gesund machen.

Am dritten Tag fuhr ich nach Malibu und sah mich nach einem Haus am Strand um. Ich fand ein bezauberndes weißes, mit Brettern verschaltes Landhaus mit grünen Läden und einem geklinkerten Flur. Auf der einen Seite war ein kleiner Garten, den man durch einen weißen Torbogen aus Gitterwerk betrat, an dem eine winzige Schiffslaterne baumelte. Eine Glasveranda, ein Eßzimmer, vier Schlafzimmer und überall Vasen voller Blumen. Hier würde ich Platz haben, um zu arbeiten und an den Wochenenden zu schlafen. Als ich die blitzsaubere Küche betrat, buk eine mütterlich aussehende Farbige gerade Keks: der süße Duft durchzog den Raum. Draußen schlugen die Wellen sanft gegen den sonnenüberfluteten Strand. Ich verliebte mich sofort in dies Haus. Es war für sechs Monate zu vermieten, für zweihundert Dollar monatlich, und für weitere fünfzig Dollar würde Flora, die Köchin und Haushälterin, bleiben. Scott würde sogar noch Geld sparen, denn im Garten Allahs betrug seine Miete dreihundert Dollar monatlich. »Versprechen Sie mir, die Keksdosen immer gefüllt zu halten, wenn Mr. Fitzgerald das Haus mietet?« fragte ich Flora. — »Aber gewiß, Ma'am!« lächelte sie. Es erwies sich, daß der Besitzer Frank Case war, der das Hotel Algonquin in New York leitete und Scott kannte. Er würde ihm das Haus mit Vergnügen vermieten. Voll Begeisterung fuhr ich zurück nach Hollywood.

Am Nachmittag des folgenden Tages kamen Blumen von Scott. Am Abend rief er an. »Wann kann ich dich sehen, Sheilo?« Seine Stimme klang schwach und wie von weit her. »Kannst du jetzt gleich zu mir kommen? Ich möchte dich jetzt gleich sehen, Sheilo.«

Ich fand ihn aufsitzend, sein Gesicht war bleich. Er war adrett gekleidet, zu einem rosa Hemd trug er eine lebhafte gepunktete Krawatte. »Das ist eine gewagte Krawatte, Scott«, sagte ich. Er lächelte mir zu. »Ich hoffe, du warst nicht zu sehr allein«, sagte er. Es war, als sei nichts geschehen. Weil ich noch immer nicht wußte, was der Alkohol wirklich war, sagte ich: »Bitte trink nicht wieder, Scott. Ich mag dich nicht, wenn du trinkst. Es macht mir angst.«

Sanft sagte er: »Laß uns nicht mehr davon sprechen.«

Ich erzählte ihm von dem Haus in Malibu. Dort würde er in Ruhe arbeiten können. Im Garten Allahs erschienen Gäste zu jeder Tages- und Nachtzeit. Es würde gesund sein für ihn. Er würde zum Essen nicht ausgehen müssen. Bis zur Metro wäre es nur eine Fahrt von einer dreiviertel Stunde. Ich würde am Abend und an den Wochenenden hinkommen können. Wenn er in der Stadt festgehalten werde, könne er jederzeit bei mir wohnen.

Er wollte mir eine Freude machen und sagte: »Wenn du meinst, Sheilah.«

An einem Frühlingsnachmittag des Jahres 1938 half ich ihm beim Umzug vom Garten Allahs zum Haus am Strand von Malibu. Er hatte wenig Gepäck und eine Menge Bücher und Papiere. Unterwegs hielten wir bei einem Blumenladen, und ich türmte den Rücksitz hochvoll mit Blumen. Ich wollte das Haus am Strand für Scott stets fröhlich halten. Malibu sollte den Beginn eines neuen Lebens für uns beide bedeuten.

20

Scott in Malibu. Er ist in einen uralten grauen Flanellbademantel gehüllt, der an den Ellbogen zerrissen ist, so daß man den grauen Pullover sieht, den er darunter trägt. Hinter jedem Ohr hat er einen Bleistiftstummel, und aus der Brusttasche seines Bademantels lugen ein halbes Dutzend weitere Bleistiftstummel wie ebenso viele Zigarren. Eine Seitentasche ist ausgebeult von zwei Päckchen Zigaretten, aus der andern schaut sein Notizbuch hervor. Er hat während dieses Wochenendes an einem Drehbuch gearbeitet: Seine Stirnlocke steht in die Luft wie bei einer Engelspuppe, und er geht auf und ab, bleibt gelegentlich stehen, um einen imaginären Kieselstein beiseite zu kicken.

In seinem Zimmer am geklinkerten Flur ist der Boden übersät von gelben Papierbogen, die mit großen, flüssigen Schriftzeichen bedeckt sind. Er benutzt seine Bleistiftstummel — er spitzt sie sorgfältig mit einem Federmesser, doch niemals ganz scharf, weil er sehr fest aufdrückt — und schreibt in wilder Eile. Sobald er eine Seite fertig hat, schiebt er sie über die Tischkante hinunter und beginnt mit der nächsten. Jetzt hält er inne, sucht nach einem sich entziehenden Wort. Er kann dann hartnäckig zwanzig Minuten warten, bis es ihm einfällt. Er weigert sich, Lexikon oder Wörterbuch zu benutzen. »Nein, ich hab's im Kopf. Ich denke darüber nach, bis es herauskommt«, sagt er ungeduldig. »Und außerdem, wenn ich erst das Lexikon hole, lese ich mich so fest, daß ich unter einer Stunde nicht mehr davon loskomme.«

Ich lerne Scott immer besser kennen. Er schläft schlecht. Nachts höre ich ihn auf und ab gehen, und in seinem Arzneischränkchen sind Schlaftabletten und Benzedrin, das ihn morgens wachmachen soll. Ich kaufe ein und mache den Küchenzettel, doch er ißt zuwenig und häufig die seltsamsten Zusammenstellungen, die Flora fast zum Weinen bringen: Schildkrötensuppe und Schokoladensoufflé, das kann für ihn ein Abendessen sein. Den Tag über lebt er von Coca-Cola und stark gesüßtem schwarzem Kaffee, in den er zuweilen noch Fondant gibt, so als könne er nicht genug Zucker bekommen.

Wißbegierig verfolgt er, was in der Welt vor sich geht. Ich staune darüber, wie für ihn alles, was heute geschieht, Bezug hat auf das, was vor fünfzig Jahren, vor einem Jahrhundert geschah. Für ihn lebt die Geschichte. Mir dagegen kommt es vor, als hätte sie sich nie ereignet. Woher *wissen wir*, daß es die Französische Revolution gab? Oder daß Julius Caesar je gelebt hat? Wen interessiert das? Ich sehe keine Verbindung zwischen ihnen und mir, warum also sie so wichtig nehmen? Ich weiß, daß Scott bei der Metro nicht gut vorankommt, daß er sich Sorgen um Zelda und Scottie macht und um sich selbst — und doch nimmt er an allem Anteil, was rings um ihn ist. Liegt es daran, daß ich nicht genug Seelengröße habe, um mich ernsthaft für irgend etwas anderes außer meinen eignen Nöten zu interessieren? Oder liegt es daran, daß ich nicht gebildet genug bin, um dies Puzzlespiel aus Vergangenheit und Gegenwart zusammenzusetzen?

Sonntags morgens sitzen wir vor Case' riesigem Radioschrank und hören Hitlers Reden. Sie versetzen Scott in Wut. Er springt auf und stapft ruhelos durchs Zimmer. »Sie werden es wieder tun. Sie werden einen neuen Krieg anfangen — und wir werden mit hineingezogen werden.« Er setzt sich wieder, zündet eine Zigarette an, lauscht aufs neue der tobenden, hysterischen Stimme, dem donnernden Sieg Heil! Sieg Heil! Sieg Heil! Es hallt durch unser kleines Haus am Meer. Er wendet sich mir zu. »Ich würde am liebsten rüberfliegen und Hitler umbringen, bevor er einen neuen Krieg anfängt. Weiß Gott, ich würde nicht im letzten Augenblick davor zurückschrecken!« Mit unerwartetem, entwaffnendem Lächeln erzählt er mir: »Weißt du, Sheilo, ich wollte im letzten Krieg kämpfen. Aber sie zogen mir den Teppich unter den Füßen weg. Sie schlossen den Waffenstillstand, und ich kam nicht mal bis nach Europa.«

Wir drehen das Radio ab, und Scott berichtet vom Studio. Er arbeitet mit anderen zusammen an dem Drehbuch und ist unglücklich darüber. »Sie sehen es so, und ich sehe es anders. Ich muß sie loswerden«, sagt er. Er kann die endlosen Story-Konferenzen nicht ertragen. »Sämtliche Intelligenzler versammeln sich«, sagt er. »Sie setzen sich an den runden Tisch. Sie reden über alles außer über das anstehende Thema — und wenn sie wirklich darüber reden, so wissen sie nicht, was sie wollen, wissen nicht, was sie vorhaben, ändern andauernd ihre Meinung — es ist eine Schande.« Nach sechsmonatiger intensiver Arbeit hatte er das Drehbuch für *Drei Kameraden* vollendet, um dann zu entdecken, daß sein Regisseur Mankiewicz es umgeschrieben hatte. Voll Empörung entwarf er einen erbitterten, beleidigenden Brief an ihn. Ich bewog ihn dazu, ihn zu mildern. »Du wirst ihn dir lediglich zum Feind machen, und er wird deine Fassung keinesfalls wiederherstellen«, sagte ich. Selbst in der maßvolleren Version ließ Scotts Brief erkennen, wie tief verletzt er sich fühlte. »Ich bin, gelinde gesagt, enttäuscht ... Sie hatten etwas, und Sie haben es mutwillig und leichtfertig zerstört ... Ich bin aufs äußerste betrübt, Arbeit und Gedanken von Monaten in einer einzigen voreiligen Woche zunichte gemacht zu sehen. Ach, Joe, kann ein Regisseur niemals irren? Ich bin ein guter Schriftsteller — bei Gott, das bin ich ...«

Zur Premiere der *Drei Kameraden* fuhren Scott und ich nach Hollywood. »Wenigstens haben sie meinen Anfang beibehalten«, sagte er auf der Hinfahrt. Doch während der Film lief, sank Scott immer tiefer in seinem Sitz zusammen. »Selbst das haben sie geändert«, sagte er am Ende. Er nahm es sehr schwer. »Dieser Hundesohn«, knurrte er, als wir nach Hause kamen, und in hilfloser Wut schlug er hart gegen die Wand, so als müsse er an irgend etwas seinen Zorn auslassen. »Mein Gott, weiß er denn nicht, was er getan hat?« Scott hatte jetzt an vier Filmen gearbeitet, und das einzige Drehbuch, das er aufweisen konnte — der Nachweis, von dem all seine künftige Arbeit in Hollywood abhing —, war das zu einem Film, dessen er sich schämte.

Er hatte nicht getrunken. Und er gestattete mir nicht, das Thema zur Sprache zu bringen. Von seiner Pflegerin im Garten Allahs hatte ich erfahren, was seine 3-Tage-Kuren bedeuteten. Es waren Zeiten höchster körperlicher Qual, Zeiten, in denen er intravenös ernährt werden mußte, Tag und Nacht würgte, sich schlaflos hin und her warf und matt, mitgenommen und schweißgebadet und völlig erschöpft aufstand. Ich begriff jetzt, warum er nicht hatte dulden wollen, daß ich ihn während dieser Zeiten sähe. Doch einmal hatte ich in Malibu gesagt: »Findest du es jetzt nicht auch töricht, für das Zeug in der Flasche all diese Qualen durchgemacht zu haben?«

Er war zornig geworden — es war ein Zorn von großer Zurückhaltung und Würde. Sein Gesicht wurde bleich, seine Augen schienen enger zusammenzuwachsen, seine Nase wurde lang und dünn vor Ärger, gesenkten Blickes, doch mit hocherhobenem Kopf sagte er scharf, beinah arrogant, mir die Worte entgegenschleudernd: »Das geht dich nichts an. Ich habe keine Lust, darüber zu reden.« Und dann abrupt: »Was das Abendessen betrifft — würdest du bitte Flora sagen, sie möchte mir Kopfsalat und Austernbrühe machen.«

Ich lernte neue Seiten an Scott kennen. Ich hatte damit gerechnet, ihn in Sonne und frischer Luft braun und gesund werden zu sehen, doch er mied die Sonne. Als wir eines Samstagnachmittags zum Malibu Inn schlenderten, um dort eine Stunde am Fußballautomaten zu verbringen, bestand Scott darauf, auf der Schattenseite der Straße zu gehen. Obwohl ich jeden Tag im Meer badete, schwamm er weder, noch watete er je in der lockenden Brandung. »Ich habe keine Zeit dazu — ich muß arbeiten«, sagte er meist. Dann führte ich eines Morgens versehentlich seine Kaffeetasse zum Mund. Er schlug sie mir aus der Hand. »Benutze niemals meine Tassen oder Löffel oder Handtücher oder sonst irgendwas von meinen Sachen«, sagte er scharf. »Ich habe Tuberkulose.« Eisiger Schrecken durchfuhr mich: mein Vater war an Tuberkulose gestorben. »Bist du sicher, Scott? Woher willst du das wissen?« Er sah mich an. »Ich habe sie mit Unterbrechungen seit meiner Collegezeit. Es ist nicht schlimm jetzt, aber sie flammt auf, wenn ich nicht auf mich aufpasse.« Das erklärte seinen Regenmantel und Schal im Juli, sein Meiden von Sonne und Wasser. Vielleicht hat er wirklich Tb, dachte ich. Oder ist es eine seiner Possen? Oder ist er ein Hypochonder? Mir fiel ein, daß er, sobald ich mehr als dreißig Stundenkilometer fuhr, zu keuchen pflegte: »Mein Gott, fahr langsam, du bringst mich um.« Bildet er sich Dinge ein? In Wochenschauprogrammen setzten wir uns im Lauf des Abends zwei- oder dreimal anderswohin, weil er beharrlich erklärte, die Leute, die hinter ihm saßen, stießen mit den Füßen gegen seinen Sitz. Sooft wir die Plätze wechselten, fragte ich mich, warum sie es nie bei mir taten.

Obwohl Scott an allem, was ich tat, Anteil nahm, meine Verträge prüfte und sogar meine Geschäftsbriefe durchlas, blieb er seltsam gleichgültig, was meine Spalte betraf. Er nahm sie hin als meine Art, mir den Lebensunterhalt zu verdienen, schenkte ihr jedoch weiter keine Aufmerksamkeit. Einmal aber half er mir — als mein Meister. Es war nach einer Begegnung mit Constance Bennett, die mich aus der Fassung gebracht hatte. Eines Tages besuchte ich ihren Szenenaufbau, las ein paar Informationen auf und wollte gerade wieder gehen, erleichtert darüber, Miß Bennett, über die ich recht wenig schmeichelhaft geschrieben hatte, nicht begegnet zu sein. In diesem Augenblick kam ihr Regisseur, Milton Bren, auf mich zu. »Kennen Sie eigentlich Connie Bennett schon?« — »Nein«, sagte ich, »aber ich muß weg, ich bin in Eile.« — »Ach kommen Sie doch mit, sie ist auf der Szene, ich mache Sie mit ihr bekannt«, sagte er. Er führte mich zu einer Tonbühne, und da hielt Connie Bennett Hof mit einer Gruppe von Freunden. »Connie«, sagte er arglos, »ich würde Sie gern mit Sheilah Graham bekannt machen.«

Constance Bennett maß mich mit müdem, arrogantem Blick und sagte dann langsam und so laut, daß es bis in den hintersten Winkel des weiten Szenenaufbaus zu hören war: »Man sollte kaum glauben, daß ein so hübsches Mädchen wie Sie das niederträchtigste Stück von ganz Hollywood ist.«

Einen Augenblick lang herrschte völliges Schweigen. Für den Bruchteil einer Minute kam ich mir vor wie eine Ertrinkende. Sein Gesicht zu verlieren, öffentlich beleidigt und gedemütigt zu werden ... Ohne zu überlegen, um mein Leben kämpfend, hörte ich mich laut und deutlich sagen: »Nicht das niederträchtigste, Connie. Das zweitniederträchtigste.« Constance Bennett war so bestürzt, daß sie nichts zu erwidern wußte. Um die Situation zu überbrücken, bot sie mir eine Zigarette an. Kühl sagte ich: »Danke nein, ich rauche nicht«, und meinen Vorteil nutzend, fuhr ich fort: »Setzen Sie sich, Connie, und erzählen Sie mir, worüber Sie verärgert sind.«

»Ich bin nicht verärgert«, sagte Miß Bennett, doch sie setzte sich auf eine Bank. Ich setzte mich neben sie. »Also, was habe ich geschrieben, das Ihnen mißfällt?«

Unvermittelt gewann sie ihre Fassung zurück. Sie stand auf. »Ich lese Ihre Spalte nie«, sagte sie eisig. Sie wandte sich Milton Bren zu und warf ihm unbekümmert die Arme um den Hals. »Ach, Milt, warum lassen Sie diese Herumlungerer hier Verwirrung stiften?« Sie manövrierte ihn in die entgegengesetzte Richtung, so daß ich allein sitzen blieb. Ich wußte, daß ich geschlagen war. Ich wußte nichts zu sagen — und selbst wenn ich etwas hätte sagen wollen, so wäre sie nicht mehr dagewesen, es zu hören. Ich lächelte ein geisterhaftes Lächeln. Ich war an die Bank gekettet: ich konnte nicht weggehen. Ich spürte, daß ich nur aus eigenem Entschluß und zu einem von mir gewählten Zeitpunkt gehen durfte. Als Milton Bren unglücklich zurückkam, sagte ich, den Tränen nahe: »Glauben Sie, daß es, wenn ich jetzt gehe, immer noch aussieht, als hätte sie mich hinausgeworfen?«

»Aber natürlich können Sie gehen, Sheilah«, sagte er bestürzt, »es tut mir so leid —«

Während der ganzen Fahrt nach Malibu wiederholte ich mir immer von neuem: *Nicht das niederträchtigste, Connie. Das zweitniederträchtigste.* Nicht das niederträchtigste, Connie. Das zweitniederträchtigste. Als ich Scott sah, brach ich in Tränen aus. — »Das muß gerächt werden«, sagte er finster. Den ganzen Abend lang diskutierten wir den Vergeltungsschlag gegen Miß Bennett. »Was für eine Rolle spielt sie jetzt?« fragte er. Ich erzählte ihm, daß sie einen Geist in der jüngsten Folge ihrer *Topper*-Serie spielte. Scott erinnerte sich, daß Connie kurz nach seinem Abgang von Princeton an einigen Tanzveranstaltungen dort teilgenommen hatte. Gemeinsam verfaßten wir einen Absatz, der tags darauf in meiner Spalte erschien. Ich schrieb: »Glücklicherweise waren gestern keine Kinder bei Constance Bennetts Aufnahmen beschäftigt. Ihre Ausdrucksweise war völlig unmöglich.« Die nächsten Sätze stammten von Scott: »Arme Connie. Verblichener Backfisch von 1919 und jetzt, symbolisch, in ihrem jüngsten Film, in einer Geisterrolle.« Es war F. Scott Fitzgeralds einziger Beitrag zu Sheilah Grahams HOLLYWOOD TODAY.

Jetzt endlich, in Malibu, ließ Scott mich seine drei »Crack-up«-Artikel lesen. Er gab mir die Belegseiten aus dem *Esquire* mit der Bemerkung: »Ich hätte das nicht schreiben sollen. Ich weiß nicht, ob es richtig ist, daß ich sie dir zu lesen gebe, doch fang nur an. Sag mir, was du davon hältst.« Er verließ das Zimmer.

Als ich diese Seiten las, gelang es mir nicht, in dem Mann, der da so bitter, so verzweifelt schrieb, Scott zu erkennen. Das war der Scott aus der Zeit, da ich ihn noch nicht kannte. Ausdrucksvoll und eindringlich verglich er sich mit einem alten Teller, der einen Sprung bekommen hatte — einem Teller, den man nie mehr im Backofen anwärmen oder zusammen mit den andern in der Spülschüssel herumstoßen kann; man holt ihn nicht hervor, wenn Gäste da sind, aber er tut es noch für einen Toast spätabends oder für Speisereste im Eisschrank. Er sprach von der »wahrhaft dunklen Nacht der Seele, wo es immer drei Uhr früh ist, Tag für Tag«; von dem »Inanspruchnehmen physischer Hilfsquellen, über die ich nicht verfügte, wie ein Mann, der sein Bankkonto überzieht«.

Die drei Artikel, die im Februar, März und April 1936 im *Esquire* erschienen waren — nur ein Jahr ehe wir einander begegneten —, atmeten Verzweiflung und Hoffnungslosigkeit und eine Art hilfloser Tapferkeit. Sie sprachen von »der Welt der Bitternis, in der ich mich eingerichtet hatte«, um dann im Ton stolzen und doch absoluten Elends zu enden: »Ich will jedoch versuchen, ein einwandfreies Tier zu sein, und wenn mir jemand einen Knochen mit genug Fleisch dran hinwirft, werde ich ihm vielleicht sogar die Hand lecken.«

Ich ging mit den Belegdrucken in sein Zimmer. »Ich weiß nicht, Scott, warum es dir nicht recht sein sollte, daß ich das läse. Was soll schlimm daran sein? Du bist Schriftsteller. Und du hast mir gesagt, ein Schriftsteller müsse die Wahrheit schreiben. So hast du damals empfunden. Aber es zeigt dich nicht, wie du jetzt bist.« Die Artikel erinnerten mich an die melancholische Schreibweise von Edgar Allan Poe, meinte ich. »Ich sehe das nicht als Eingeständnis einer Niederlage an, sondern als ein Stadium, das du überwunden hast — das hinter dir liegt.«

Nachdenklich rieb er sich die Wange, als wolle er einen unsichtbaren Fleck wegreiben. Der Kritiker Edmund Wilson, der zusammen mit Scott in Princeton gewesen war und den er ungemein bewunderte, hatte gesagt, er hätte die Artikel nicht schreiben sollen. Ernest Hemingway, den Scott voller Begeisterung an seinen eignen Verleger Scribner empfohlen hatte, war wütend auf ihn gewesen. Beide waren der Ansicht, er habe zuviel von sich selbst enthüllt. »Ich weiß nicht«, sagte Scott düster, »ob ich je wieder mit Ernest reden werde.« Im *Schnee vom Kilimandscharo*, einer Kurzgeschichte, die nicht lange nach Scotts Serie im *Esquire* erschien, hatte Hemingway von einer seiner Figuren geschrieben: »Er erinnerte sich an den armen Scott Fitzgerald und dessen romantische Ehrfurcht vor … den Reichen und daran, wie er einmal eine Story begonnen hatte, die so anfing: ›Die Steinreichen sind anders als du und ich.‹ Und wie jemand zu Scott gesagt hatte: ›Ja, sie haben mehr Geld.‹ Aber Scott fand das nicht komisch. Er hielt sie für eine besondere, glorreiche Rasse, und als er feststellte, daß sie es nicht waren, trug das ebenso zu seinem Scheitern bei wie alles andere, was ihn scheitern ließ.« Scott wurde zornig, als er sich diese Stelle jetzt ins Gedächtnis zurückrief. »Ernest behauptete, er habe die Freiheit, in dieser Weise über mich zu schreiben, aufgrund dessen, was ich über mich selbst geschrieben hatte. Ich glaube nicht, daß ich ihm das je werde verzeihen können.« Und er fügte hinzu: »Er schlug auf mich ein, als ich am Boden war.«

Ich war empört. Wie gefühllos, wie gönnerhaft Hemingway gewesen war! Scott ein »gescheiterter« Mann? Ich konnte ihn mir nicht als einen Gescheiterten vorstellen. Es war völlig absurd. Und in jedem Fall hatte Scott recht, was die Reichen betraf, und Hemingway hatte unrecht. Das war ein Thema, für das ich mich zuständig fühlte, und ich sagte es Scott.

»Die Reichen *sind* anders als wir, Scott. Ich habe es gesehn. Monte Collins war anders, weil er reich war. Und auch Sir Richard war anders. Mein ganzes Leben lang habe ich gesehen, wie auf die Grausamkeiten und Besonderheiten der Reichen Rücksicht genommen wurde. Meinst du nicht, daß Monte sich für besonders und glorreich hielt? Und Sir Richard? Sie waren anders, weil alle Welt sich darüber einig war, daß sie es seien — und weil sie es als ihr gutes Recht hinnahmen, für anders gehalten zu werden.«

Scott lachte über meine Worte. Es schien ihn zu freuen, daß ich ihn nicht für das verurteilte, was er geschrieben hatte; und ich fühlte mich geschmeichelt, weil er Wert auf meine Meinung legte.

Jetzt las ich seine Bücher. Zuerst *This Side of Paradise*. Ich war enttäuscht. Die Gestalten erschienen mir jung und unreif. Ich las es nur deshalb zu Ende, weil ich wußte, daß Scott sich selbst zum Modell des Helden genommen hatte.

»Was hältst du davon?« frage er mich.

»Nun«, sagte ich weise, »es ist nicht so gut wie Dickens.«

»Natürlich ist es nicht so gut wie Dickens«, sagte er irritiert. Ich liebte seine Kurzgeschichten und fand des Lobes für *Tender Is The Night* kein Ende. Nie zuvor hatte ich solch eindringlich schöne Prosa gelesen. Scott sagte, er liebe dies Buch mehr als alles, was er sonst geschrieben habe, doch die meisten stellten seinen Roman *The Great Gatsby* höher. Ich las ihn und kam zu der gleichen Ansicht. »Ich finde es einfach vollkommen«, sagte ich. »Alles und jedes daran ...«

»Wirklich?« fragte er erfreut. »Sie lesen Dinge hinein, von denen ich selbst keine Ahnung hatte.« Er sprach von den Kritikern. Er konnte ihnen ihre Reaktion auf *Zärtlich ist die Nacht* nicht verzeihen. Eines Tages hoffte er es umzuschreiben, denn es hätten eigentlich zwei Bücher sein sollen. Wir sprachen darüber, wie ich sein Werk aufnahm. Ich hätte es mit dem Verstand beurteilt, nicht gefühlsmäßig, sagte er. An einem Punkt des Gesprächs bemerkte er: »Im Grunde läßt du dich von deinem Verstand leiten.«

Ich bewahrte seine Worte wie einen Schatz.

Allmählich begann er mir nun von Zelda zu erzählen. Er sprach voll Trauer und mit großem Mitgefühl. Seine Bekenntnisse wurden zuweilen ausgelöst durch einen ihrer von Zeit zu Zeit eintreffenden Briefe. Diese Briefe zeichneten sich durch glanzvollen, faszinierenden Stil aus, aber vielfach enthielten sie kaum mehr als schöne Wortketten ohne eigentlichen Sinn. Zuweilen war der Anlaß ein Brief von ihrer Familie, der über ihre gesundheitlichen Fortschritte oder das Ausbleiben solcher Fortschritte berichtete. Zuweilen auch war es ein Brief, den er an Scottie schrieb. Er schrieb seiner Tochter häufig — nach einer Auslandsreise sollte sie im Herbst ihre Studien in Vassar beginnnen —, und er las mir diese Briefe vor. Es waren die Briefe eines Vaters, voll von guten Ratschlägen und besorgten Fragen. Über eine Entfernung von fast fünftausend Kilometer hinweg versuchte er jeden ihrer Gedanken, jede ihrer Handlungen zu lenken. Er wollte über ihre Noten Bescheid wissen — nur die besten genügten ihm; über ihre Freunde und Freundinnen — »Ich glaube, Soundso ist nicht der richtige Verkehr für Dich« —, ja selbst die Einzelheiten ihres Speisezettels — »Ißt Du auch genug frisches Obst?« Ich versuchte ihn zu beraten, indem ich mir überlegte, was ich gern von meinem Vater gehört hätte, wäre er am Leben geblieben. Scotts Gedanken kreisten ständig um Zelda und Scottie. Wenn er von der einen sprach, so sprach er zugleich auch von der andern.

Er hatte Zelda während des Krieges in Montgomery kennengelernt, als sie eine siebzehnjährige Schönheit aus dem Süden mit rotblondem Haar gewesen war, der alle Männer zu Füßen lagen. Er war zweiundzwanzig und als Leutnant in einem nahe gelegenen Ausbildungslager stationiert. Er verliebte sich heftig in sie, doch ihre Familie war, wie er erzählte, mit ihm nicht einverstanden. Er hatte kein Geld und wenig Aussichten, und nach dem Waffenstillstand, als er Slogans für eine New Yorker Werbeagentur schrieb, schien er nicht besser dran zu sein. »Ich lebte einzig dafür, genug Geld zu sparen, um sie besuchen zu können ...« Als es soweit war, entdeckte er, daß ein großer Teil ihrer Zeit einem andern Bewerber gewidmet war, einem gutaussehenden jungen Golfspieler namens Bobby Jones. Eine Zeitlang fürchtete er, sie würde Jones heiraten. Er vermochte Zelda erst für sich zu gewinnen, als Scribner *This Side of Paradise* annahm und die Zeitschriften seine Sachen zu drucken begannen.

In den Flitterwochen ging er mit ihr nach New York. Während er mir davon erzählte, begann ich etwas von der Hochstimmung und dem Glück zu ahnen, die sie empfunden haben mußten, dies ungewöhnlich anziehende Paar, sie so schön, er in so jungen Jahren so berühmt, beide so sehr verliebt, beide so unbeschwert, so ohne Verantwortlichkeit lebend, wie die Zeit selbst es war. Auch sie war begabt. Sie schrieb ausgezeichnet, malte gut, wollte Tänzerin werden, war eine vorzügliche Sportlerin und konnte in einem Salon ebenso als Magnet wirken wie Scott. Sie waren die legendären Fitzgeralds, die in einem Wirbel von Alkohol, Partys und Fröhlichkeit lebten — Paris, die Riviera, New York —, und auf dem Gipfelpunkt ihrer Popularität war es schick, alles und jedes zu zitieren, was sie schrieben, sagten oder taten.

Doch schon früh zeigten sich in ihrer Ehe die Schatten der Zukunft. Er begann Hemden, Taschentücher und Unterwäsche zu vermissen. Was war mit seiner Wäsche geschehen? Zelda wollte nicht mit der Sprache herausrücken. Eines Tages öffnete er einen Schrank und fand ihn bis oben hin voll mit der schmutzigen Wäsche von Wochen. Sie hatte sie nicht weggegeben, sondern einfach alles in den Schrank geworfen.

Als Scottie zur Welt kam, war es Scott, der mit den Pflegerinnen und Haushälterinnen verhandelte und alles erledigte, was mit ihrem Hausstand zusammenhing. Obwohl beide ein exzentrisches Leben führten und versuchten, sich gegenseitig »auszustechen, sich im Trinken wie im Schreiben zu übertreffen«, zeigten sich weitere Anzeichen der Krankheit, die schließlich Zeldas Ruin herbeiführen sollte. Eines Abends in New York sagte sie unerwartet: »Ich möchte einen Toten sehen.« Scott, der gegen sie so nachsichtig war wie gegen sich selbst, nahm sie mit in die Leichenhalle der County, und sie verbrachten die Nacht damit, von einer Leiche zur andern zu wandern. Dann wieder, in Baltimore, erklärte Zelda nach einer ihrer zahllosen Partys: »Ich hasse die Menschen. Hunde sind besser. Heute nacht werde ich in der Hundehütte schlafen.« Und sie machte es wahr.

Als sie gegen Ende der zwanziger Jahre in Paris lebten, begann sie plötzlich mit Ballett-Tanz. Sie war entschlossen, Mitglied des Russischen Balletts zu werden. Sie studierte und tanzte ohne Rast und Ruhe. Nach einiger Zeit wurde es zwanghaft und furchterregend. Sie tanzte neun und zehn Stunden hintereinander vor einem Spiegel, bis sie bewußtlos niederfiel. »Ich fürchtete, den Verstand zu verlieren«, sagte Scott. Diese Phase ging vorüber. Schließlich kam er eines Tages heim und fand sie auf dem Fußboden sitzend, wo sie mit einem Haufen Sand spielte. Als er fragte, was das bedeuten solle, lächelte sie nur geheimnisvoll. Er brachte sie zu einem Arzt und hörte die gefürchteten Worte: *»Votre Femme est folle.«* Ihre Frau ist verrückt.

Sie kehrten nach Amerika zurück, und nun begann die lange Leidenszeit mit Ärzten und Kuren. In dem verzweifelten Versuch, sie vor der Heilanstalt zu bewahren, engagierte Scott Pflegerinnen und Wärter und bemühte sich, sie zu Hause zu pflegen. Es wurde unmöglich. Obwohl es Zeiten der Klarheit gab, in denen sie lediglich exzentrisch war, wußte er doch nie, wann sie über die Grenze hinweggleiten und sich und anderen gefährlich werden würde. Einmal, als sie einen Zug herannahen hörte, rannte sie darauf zu. Scott erreichte sie gerade noch rechtzeitig, um zu verhindern, daß sie sich darunterwarf. Bei einer anderen Gelegenheit, als er einen jungen Schriftsteller nach Hause eingeladen hatte, kam Zelda in sein Arbeitszimmer, als die beiden Männer beisammenstanden und Scott den Arm um die Schulter des andern gelegt hatte, während sie in einem Manuskript lasen. Scott deutete gerade auf einen Satz: »Ich würde das folgendermaßen ändern, Bill —« Zelda trat leise hinter sie, hob ihre Hand zu Bills Gesicht und zerkratzte seine Wange mit ihren Nägeln. Er sprang blutend zur Seite und starrte sie voll Entsetzen an. Scott führte sie in ein anderes Zimmer. Sie war immer schon eifersüchtig auf seine Freunde gewesen, insbesondere, wenn diese Freunde Schriftsteller waren.

Endlich, als es keinen anderen Ausweg mehr gab, schickte er Scottie ins Internat und brachte seine arme Zelda in einem Sanatorium in Asheville in North Carolina unter. Dorthin kam er während seiner Besuche aus Hollywood und nahm sie jedesmal für ein paar Tage mit. Einmal, als er den Eindruck hatte, es ginge ihr besser, plante er einen vollkommenen Nachmittag für sie — eine schöne Ausfahrt und ein ruhiges Mittagessen im Heim alter Freunde. Um ganz sicherzugehen, daß nichts sie aufregen könnte, bat er darum, keine weiteren Gäste einzuladen. Er mietete einen offenen Wagen und fuhr Zelda, die ein leuchtendrotes langschleppendes Kleid aus den zwanziger Jahren trug — sie schien eine Vorliebe für derartige Kleider zu haben, die sie offenbar an ihre glücklichen Zeiten erinnerten —, aus den Bergen herab von Asheville zum Heim ihrer Freunde im nahe gelegenen Tyron. Zu Beginn der Mahlzeit war Zelda ganz sie selbst — lebhaft, feurig, bezaubernd. Doch mitten während des Essens ging eine Verwandlung mit ihr vor. Vor den Augen der andern begann sie, sich in sich selbst zurückzuziehen, zu verblassen, aus ihrer Mitte zu verschwinden, obwohl sie doch unter ihnen saß; und als der Kaffee serviert wurde, war sie in einer Welt für sich, entfernt und unerreichbar. Unglücklich fuhr Scott sie zurück zum Sanatorium. Unterwegs riß sie die Tür auf und versuchte aus dem fahrenden Wagen zu springen. Nach diesem Vorfall machte er eine Zeitlang keinen Versuch, sie aus dem Sanatorium herauszuholen. Statt dessen spielten sie Tennis, wenn er sie besuchen kam, was als gute Therapie galt, oder er schaute vom Spielfeldrand aus zu, wie sie einen Satz oder zwei mit einem der Ärzte versuchte. Bei einer Gelegenheit, als sie verlor, wandte sie sich plötzlich gegen ihren Partner und begann, ihm mit ihrem Schläger auf den Kopf zu schlagen.

Dann kam der Tag, an dem Scott sie für ein Wochenende mit nach New York nahm. Dort versuchte sie ihn einsperren zu lassen. Am Morgen nach ihrer Ankunft erwachte er in ihrem Hotelzimmer und stellte fest, daß Zelda fort war und seine Hosen fehlten. Er versuchte den Portier anzurufen: die Leitung war tot. Er ging zur Tür; sie war versperrt. Nach ein paar Minuten beinah alptraumhaften Schreckens gelang es ihm, den Portier zu erreichen. »Nun bleiben Sie mal schön ruhig, Mr. Fitzgerald«, sagte er besänftigend. »Der Arzt wird gleich da sein.« Als der Arzt, durch zwei ängstliche Hotelpagen verstärkt, anlangte, entdeckte Scott, daß Zelda allen Leuten erzählt hatte, daß ihr Mann wahnsinnig sei, daß sie ihn nur in gewissen Abständen aus dem Sanatorium holen dürfe, er jetzt aber ganz plötzlich gewalttätig geworden sei und unverzüglich zurückgebracht werden müsse. Nachdem es Scott gelungen war, den Arzt davon zu überzeugen, daß Zelda die Kranke war, machten sich die beiden Männer daran, sie zu suchen. Sie fanden sie im Central Park, wo sie ein Grab aushob, um darin Scotts Hosen zu bestatten.

Das ist es im wesentlichen, was Scott mir nach und nach erzählte, zögernd und wie gezwungen von einer inneren

Macht, so als ob sich, indem er davon sprach, die unerträgliche Last, an der er trug, verringerte. Einmal sagte er: »Sie wollte sich niemals beugen. Und deshalb zerbrach sie. Du weißt, wann du dich beugen mußt.« Und dann, leidenschaftslos: »Es wäre besser für uns gewesen, wenn wir einander nicht geheiratet hätten. Wir brachten uns gegenseitig nur Schaden.«

Meine Reaktion war seltsam. Ich begann zu brüten. Stundenlang konnte ich in einem Sessel sitzen und durchs Fenster aufs Meer blicken, regungslos und ohne eine Wort zu sprechen. Was tu ich hier? dachte ich. Ich hatte mich von Johnny scheiden lassen, um für eine neue Heirat frei zu sein; ich hätte eine Marchioness werden können; ja mittlerweile hätte vielleicht schon mein Kind unterwegs sein können. Aber nein. Ich hatte mich in einen Mann verliebt, den ich nicht heiraten konnte. Er war mit einer Frau verheiratet, von der er sich nicht scheiden lassen konnte. Wahrhaftig, nachdem ich nun so viel über Zelda wußte, sein Mitleid und sein Erbarmen für sie kannte, wußte ich, daß er sich nie von ihr scheiden lassen konnte, sich nie von ihr scheiden lassen würde. Wir waren beide hilflos, Scott und ich.

Scott, der in seinem Zimmer arbeitete, kam herunter, um zu sehen, was ich machte. Es muß ihn erschreckt haben, mich so dasitzen zu sehen, ohne einen Muskel zu regen, ins Leere starrend. Es muß ihn an Zeldas Vorsichhinbrüten erinnert haben. Plötzlich war ich weit weg, und er konnte mich nicht erreichen, konnte mir nicht folgen.

»Liebling …«, begann er dann wohl.

Ich gab keine Antwort.

»Ist irgendwas los, Liebling?«

»Nein.« Ich starrte weiter ins Leere.

»Es muß etwas los sein — du siehst so traurig aus.«

»Nein, nichts ist los.«

Schweigen.

»Vielleicht …« Er sprach sehr sanft. »Vielleicht würdest du dich besser fühlen, wenn du einen Spaziergang am Meer machtest.«

»Nein.« Noch immer wandte ich nicht den Kopf.

»Nun …« Seine Stimme erstarb. Dann sagte er beinah entschuldigend: »Ich gehe nach oben und mache noch etwas fertig.« Dann hörte ich, wie er die Treppe hinaufging, und blickte noch immer nicht zu ihm hin. Ein seltsamer Bann hielt mich gefangen, eine Art Koma, eine beinahe physische Lähmung. Ich strafte ihn, weil er mich nicht heiraten konnte. Und dabei konnte er es doch nicht ändern. Und ich auch nicht. Ich hätte ihn verlassen können — doch ich vermochte mir ein Leben ohne ihn nicht vorzustellen. Es gab nichts, wogegen man sich hätte auflehnen können; man konnte nichts tun; es war die normale Ungerechtigkeit des Lebens. Wir waren alle beide hilflose Menschen, die der Zufall zusammengeführt hatte.

Und wenn ich dann hörte, wie Scott ruhelos auf und ab ging, anstatt zu arbeiten, weinte ich. Um ihn. Um mich. Um seine arme Zelda.

21

Ein Brief von Scottie an mich:

... wartete, bis wir glücklich auf dem Atlantik waren, um Dir zu sagen, wie himmlisch der Sweater ist. Er ist so wunderbar weich, und ich bin ganz hingerissen, weil ich schöne Pullover über alles liebe ...

Sie ist erst sechzehn, dachte ich, aber sie besitzt schon die Gabe ihres Vaters, einem das Gefühl zu geben, daß man ein überaus aufmerksamer, einfühlungsfähiger Mensch sei.

**... Ich möchte Dich dazu beglückwünschen, daß Du so gut mit Daddy zurechtkommst — Du hast zweifellos einen guten Einfluß auf ihn. Ich hoffe, er regt sich nicht jedesmal so sehr auf, wenn ich etwas falsch mache ...
Jedenfalls vielen Dank für all Deine Mühe.
Herzlichst Scottie.**

Scottie war zum zweitenmal nach Hollywood gekommen, um kurze Zeit bei ihrem Vater zu verbringen, ehe sie im Sommer 1938 eine Gesellschaftsreise nach Europa unternahm. Diese Reise war Scotts Idee. »Der Krieg kommt — davon bin ich überzeugt«, hatte er gesagt. »Ich möchte, daß sie Europa noch unverändert sieht, solange das möglich ist.«

Die Ankunft seiner Tochter, die von Peaches, einer Schulfreundin, begleitet wurde, warf ein Problem auf. Ein paar Tage ehe sie ankamen, brachte Scott ein wenig unglücklich das Thema zur Sprache. »Ich hoffe, es kränkt dich nicht, Sheilo, aber ich glaube, es wäre besser, wenn Scottie nicht erführe, daß du hier wohnst.« Ob ich für die Dauer ihres Besuchs meine Kleider und sonstigen Habseligkeiten aus dem Haus am Meer entfernen könne?

Es war, als habe er mir die Tür vor der Nase zugeschlagen, doch ich fügte mich. Er ist wie ein kleiner Junge, dachte ich, der meint, wenn er so tut, als ob er etwas nicht sähe, könne niemand sonst es sehen. Doch ich hatte einen prüden, fast puritanischen Zug in Scott entdeckt, der mich überraschte, weil er so gar nicht in das Bild des kühnen, nonkonformistischen, unkonventionellen Mannes passen wollte, das ich mir von ihm gemacht hatte. Es *hatte* ihn schockiert, mich so leichthin von den andern Männern meiner Bekanntschaft sprechen zu hören. Auf Gesellschaften fühlte er sich höchst unbehaglich, wenn jemand eine zweideutige Geschichte erzählte: Sein Gesicht erstarrte, und er ging unweigerlich weg. Er zuckte jedesmal zusammen, wenn ich mich vergaß und einen der satten Ausdrücke gebrauchte, die ich von meinen Freunden in der englischen Aristokratie oder den Revuegirls im Pavilion aufgeschnappt hatte. Schließlich strich ich sogar »verdammt« aus meinem Vokabular. Zuweilen wirkte er wie ein mißbilligender Schulmeister. Einmal sahen wir uns einen Film an. Eine der handelnden Personen sagte: »Das stinkt mir!« Scott bewegte sich auf seinem Sitz. Als das Wort ein zweites Mal fiel, wäre er ums Haar aufgestanden und hinausgegangen. Er haßte dies Wort. »Es ist ungehörig«, sagte er. Auch das Wort »lausig« mochte er nicht hören.

Nun, als Scottie ankam, wußte sie es, obwohl meine Freizeitkleider, mein Kosmetikköfferchen, meine sonstigen Besitztümer nirgendwo zu sehen waren. Sie brauchte uns nur zusammen zu sehen. Ich bemerkte verschiedentlich, wie sie mich mit ihren klaren blauen Augen — es waren Scotts Augen — beobachtete und sich darüber klarzuwerden versuchte, ob ihr die Situation behagte oder nicht. Als ich nach dem zweiten oder dritten Tag spürte, daß sie sich entschieden hatte, und das zu meinen Gunsten, war ich ungemein erleichtert. Ich mochte sie gern und wünschte mir, daß auch sie mich gern haben möchte.

Wie üblich war Scott schwierig und ungeduldig ihr gegenüber. Er war ärgerlich, weil sie an einem Wochenende aus Jux gemeinsam mit einem andern Mädchen per Anhalter nach New Haven zu einer Tanzerei der Yale-Universität gefahren war, statt mit dem Zug. Er kam immer wieder darauf zu sprechen, bis ich vermittelnd eingriff, wobei ich sogar zu sagen wagte: »Jetzt hör mal auf damit, auf ihr herumzuhacken, Scott. Was sie getan hat, war gänzlich harmlos. Laß sie in Ruhe.« Er steckte es ein, mürrisch zwar, aber er steckte es ein.

Doch wenn er sie quälte, so gab es auch Zeiten, wo er ein idealer Vater war. Eines Abends kam sie mit einem Problem zu ihm. Zwei junge Männer aus dem Osten, die sie fast zu Tränen langweilten, wollten Peaches und sie am nächsten Abend besuchen. Sie hatte keine Ahnung, was sie mit ihnen anfangen sollte. Scott benutzte das als Ausgangspunkt für einen kleinen Vortrag. »Du mußt einen Plan haben, Scottie«, sagte er. »Ich werde dir einen liefern. Geh und kaufe ein Dutzend der neuesten Tanzplatten. Wenn das Tanzen langweilig wird, so erinnere dich daran — Handlung schafft Unterhaltung. Nimm sie mit in die Küche und mach Fondant. Ihr werdet so damit beschäftigt sein, anzurühren, Töpfe einzufetten, darüber zu reden, was und wie ihr es macht, daß niemand sich langweilen wird. Wenn du dann immer noch nicht weiterweißt« — und beinah rieb er sich die Hände vor Entzücken über seinen Einfallsreichtum —, »bring sie zu mir. Ich werde ihnen meine Bildgeschichte des Krieges zeigen. Sie fasziniert jeden.« Seine Augen funkelten, und ich wußte, was das bedeutete. Scotts Buch enthielt grausige Fotos von Soldaten, denen das halbe

Gesicht weggeschossen war. Es machte ihm Vergnügen, Besucher damit zu schockieren.

Scottie hörte sich seine Ratschläge aufmerksam an. Dann umwölkte sich ihr Gesicht. »Mein Gott!« rief sie aus, und es klang genauso, als hätte es ihr Vater gesagt. »Wenn es ihnen gefällt, werden sie wiederkommen wollen.« Scott warf die Hände hoch.

Der Pullover, den ich ihr für die Reise gekauft hatte, war mein erstes Geschenk an Scottie. Es machte mir Freude, ihn ihr zu schenken. Hätte ich eine Familie gehabt, so hätte ich sie mit Geschenken überschüttet. Scott weigerte sich, außer zu Weihnachten oder seinem Geburtstag etwas von mir anzunehmen, und so kaufte ich unter den nichtigsten Vorwänden Geschenke für seine Tochter. Scott und Scottie — und Johnny im fernen London — waren alles, was ich je an Familie besitzen würde, sagte ich mir.

Kaum war Scottie fort, als wir andern Besuch bekamen. Während jenes ganzen Sommers 1938 gingen Scotts Freunde bei uns aus und ein. Zu ihnen gehörten Harold Ober, sein literarischer Agent aus New York, dem Scott, wie ich später erfuhr, eine beträchtliche Summe Geldes schuldete; der Filmschriftsteller Cameron Rogers mit seiner Frau Buff Cobb, der Tochter des Humoristen Irvin S. Cobb — beides langjährige Freunde; und Charles Marquis Warren, ein glänzender junger Autor aus Baltimore, den Scott als sein Protegé betrachtete. Charlie, der zweiundzwanzig war, verehrte Scott und redete ihn unweigerlich mit »Sir« an, was Scott sehr verdroß. Er kam oft zum Mittagessen, und nach dem Essen fachsimpelten die Männer eine Weile, während ich meinen Badeanzug anzog und schwimmen ging. Jedesmal, wenn ich vorbeiging, folgte mir Charlie mit den Blicken. Und jedesmal sagte dann Scott irritiert: »Schaun Sie mich an, Charlie, wenn Sie mit mir sprechen, verflixt noch mal!« Einmal seufzte Charlie: »Mein Gott, Sir, ist sie nicht wunderschön!« Scott unterbrach sich mitten im Satz und sah ihn unheildrohend an: »Sie sind zwar größer als ich, aber ich kann es sehr wohl mit Ihnen aufnehmen ...«

Nachdem er gegangen war, wandte sich Scott mir zu: »Warum sagt er ›Sir‹ zu mir? Für wie alt hält er mich eigentlich?«

Cameron Rogers, seine Frau Buff und Scott unterhielten sich angeregt. Scott gab, sich voll Eifer vorbeugend, Erläuterungen zum Dreißigjährigen Krieg. Buff sagte: »Ich glaube, man kann Wallenstein nicht verstehen, wenn man nicht Richelieu in Betracht zieht, der ihn prägen half.« Cameron nickte. Ich hatte weder von Wallenstein, noch von Richelieu, noch vom Dreißigjährigen Krieg je etwas gehört. In das Thema vertieft, wandte sich Scott gelegentlich mir zu und lächelte mich an, um mir zu zeigen, daß ich in das Gespräch mit einbezogen war.

In diese Situation bringe ich mich nicht wieder, dachte ich plötzlich. Sie diskutieren Franz Kafka und T. S. Eliot und Wallenstein und Richelieu und den Dreißigjährigen Krieg, und ich sitze draußen und schaue durchs Fenster. Wenn ich dieselbe Welt bewohnen will wie diese Menschen, muß ich etwas tun. Eddie Mayer hatte mir einmal gesagt, Prousts *Suche nach der verlorenen Zeit* sei eines der faszinierendsten und instruktivsten Bücher, die er je gelesen habe; es gebe ein so lebendiges Bild der europäischen Gesellschaft um die Jahrhundertwende. Ich hatte mir das Buch gekauft, fand es aber zu schwierig. Jetzt brachte ich es mit nach Malibu und zwang mich, es zu lesen. Scott war überrascht und amüsiert, mich über Proust sitzend zu finden, während die Veröffentlichungen, die ich aus Berufsgründen hätte lesen sollen, unberührt dalagen. »Wie gefällt es dir?« fragte er. — »Es ist so schwer zu verstehen«, gestand ich. »Ich versuche mich einzulesen, aber ich komme mir ganz dumm vor.« Seit meinem vierzehnten Lebensjahr hatte ich kein Buch mehr ernsthaft durchgearbeitet.

»Lies nicht mehr als zehn Seiten täglich«, riet Scott. »Lies langsam und sorgfältig, und verarbeite, was du gelesen hast, ehe du weiterliest.« Verbissen befolgte ich seinen Plan, bis sich plötzlich mitten im ersten Band der Horizont weitete: Ich begann alles in Überlebensgröße zu sehen. Als ich von der Tasse Tee las, die Proust so deutlich die Vergangenheit ins Gedächtnis rief, roch ich wieder die Kartoffelsuppe und den Seifensud meiner Kindheit. Erregung packte mich. Seine Gestalten begannen, mir lebendig zu werden, vor allen Madame Verdurin, die bei jeder Krise das Gesicht in den Händen barg. Sie faszinierte mich derart, daß ich sie zu imitieren begann. Wenn Flora die Suppe anbrennen ließ, wenn ich einen Anruf vergaß, wenn der Samstag naß und regnerisch heraufdämmerte, schlug ich die Hände vors Gesicht. Scott lachte schallend.

Den ganzen Sommer lang sprach ich von Proust. Er war *mein* Dreißigjähriger Krieg.

Indessen fühlte sich Scott bei der Metro zunehmend unglücklich. Nach drei Monaten Arbeit an *Treue* empfing er mich eines Abends mit der Mitteilung: »Sie haben die Story abgesetzt.« Die Produktionsleitung fand das Thema zu gewagt. Die Titeländerung hatte in dieser Hinsicht nichts genutzt. Man hatte ihn an eine neue Story gesetzt, *Die Frauen* von Clare Boothe. Er war sehr niedergeschlagen. Er hatte es nie verwunden, daß die *Drei Kameraden* umgeschrieben worden waren — es ärgerte ihn, daß Scott Fitzgerald es nötig hatte, umgeschrieben zu werden —, und nun schien es, daß er bei einem weiteren Auftrag versagt hatte. »Laß uns ein paar Leute sehen«, sagte ich, weil ich meinte, das könne ihn ein wenig aufheitern. »Warum lädst du nicht eine Masse Freunde ein?«

»Du hast recht«, sagte Scott. Seine Miene hellte sich auf. »Wir werden eine Party geben.«

Und es wurde eine tolle Party.

Wie stets hatte Scott einen Plan. Höhepunkt des Tages sollte ein Tischtennisturnier sein. Sorgfältig stellte Scott eine Spielerliste zusammen, vollständig bis zu den Vorgaben. Eddie

Mayer, der erste Gast an diesem Sonntagnachmittag, traf mit seinem siebenjährigen Sohn Paul ein, als Scott und ich bei einem Trainingsspiel waren. Der Junge sah uns eine Weile kritisch zu und krähte dann herausfordernd: »Ich spiele gegen den Sieger.« Das belustigte Scott. Er machte kurzen Prozeß mit mir und spielte dann in großer Form gegen Paul — er schielte, schmetterte den Ball mit dem Rücken zur Platte oder über die Schulter und brachte es auf diese Weise fertig, zu verlieren. Dann holte er Boxhandschuhe hervor, und Paul und er boxten miteinander, wobei Scott wild seinen Daumen gegen die eigne Nase schnellte und Paul herausforderte, ihm »eins genau aufs Kinn« zu geben.

Die andern Gäste trafen ein, darunter der Schriftsteller Nunnally Johnson mit seiner Frau Marion, Cameron und Buff Rogers und Charlie Warren mit einem hübschen Starlet, Alice Hyde. Charlie war gerade von einer Rückgratverletzung genesen und trug ein Stützkorsett; doch als er hörte, daß Scott Miß Hyde für ihn eingeladen hatte, bestand er darauf, zu kommen. Ich eilte hin und her und bot Floras Horsd'œuvres an, Sandwiches und Kaffee, während Scott eifrig dabei war, jedermann Drinks zu mixen. Er selbst trank beharrlich nur Wasser.

Die Party war in vollem Gange, als Scott zwei kleine Gesichter bemerkte, die sehnsüchtig durch den weißen Lattenzaun spähten, der unser Haus von dem unseres Nachbars, des Drehbuchautors Joe Swerling, trennte. Die beiden Jungen waren seine Söhne, Joe junior, sechs, und Peter, acht Jahre alt. »Los, kommt rüber, und macht mit«, rief Scott ihnen zu. Er hob sie über den Zaun und machte sie mit Paul bekannt und befaßte sich dann mit der Leitung des Tischtennisturniers. Wenig später sah er die drei Jungen unglücklich herumstehen. Sie wußten nicht recht, was sie anfangen sollten, unter all diesen Erwachsenen, die tranken, aßen, tanzten und endlos über Drehbücher und Studios sprachen. Scott trat zu ihnen. »Habt ihr Lust, ein fabelhaftes Kartenkunststück zu sehn, Jungs?« Er eilte ins Haus und kam mit einem Kartenspiel zurück. »Es gibt auf der Welt nur noch einen außer mir, der das kann«, sagte er großspurig. »Und der ist ein Lebenslänglicher aus San Quentin, der zehn Jahre in Einzelhaft saß, wo er sich diesen Trick ausdachte.« Er krempelte die Ärmel hoch. »Paßt auf!« Er furchte die Stirn, ließ ein feierliches »Abrakadabra« ertönen und wirbelte dreimal mit geschlossenen Augen herum. Dann zog er aus den Karten auf Verlangen ein As, einen König, eine Zehn, eine Vier hervor — sehr zum Entzücken seines hingerissenen Publikums.

Er foppte sie mit einem halben Dutzend weiterer Tricks und bewies dabei eine verblüffende Fingerfertigkeit. Dann holte er aus einer seiner Taschen Bindfaden hervor und begann komplizierte Knoten zu knüpfen und aufzulösen. Ich war ebenso fasziniert wie die Kinder. »Na, habt ihr Jungs jetzt keinen Durst?« fragte er dann. »Wie wär's mit was zu trinken?« — »Ja, fein, ich hätte gern ein Glas Sekt«, sagte Joe junior höflich.

Scott starrte ihn entsetzt an. »Kommt sofort«, sagte er. Auf der Stelle rief er Mrs. Swerling an. »Wissen Sie, daß Ihr sechsjähriger Sohn Sekt trinkt?« verlangte er zu wissen. Mrs. Swerling lachte. »Bei seiner Geburtstagsfeier vorige Woche gaben wir ihm Ginger ale und sagten ihm, es sei Sekt.« Scott war beruhigt und erschien mit einem Tablett voll Ginger ale, das er als frisch aus Frankreich importierten Sekt ausgab.

Inzwischen schien sich jedermann zu amüsieren, bis auf Charlie Warren und Alice Hyde. Obwohl es am Anfang so ausgesehen hatte, als verstünden sie sich prächtig, schien sie ihm jetzt geflissentlich aus dem Weg zu gehen. Scott trat zu Charlie. »Was ist los, alter Knabe?« fragte er. »Sieht so aus, als könne sie Sie nicht riechen. Sie haben doch nichts Ungehöriges zu ihr gesagt, oder?«

»O nein, Sir«, sagte Charlie kummervoll. »Ich begreife es nicht.«

Alice nahm mich beiseite. Sie schützte quälende Kopfschmerzen vor. Ob wir es übelnähmen, wenn sie sich verabschiede? Sie sagte Charlie eisig auf Wiedersehn, und weg war sie.

»Soll ich die Sache für Sie in Ordnung bringen, Charlie?« fragte Scott eifrig. »Ich treffe sie im Studio. Ich werde mit ihr reden.«

Traurig erwiderte Charlie, er fürchte, das werde nichts nutzen.

Schließlich näherte sich die Party ihrem Ende. Man hatte Wortspiele und Scharaden gemacht und viel getrunken. Ich sah, wie Scott einzelne Paare zu ihren Wagen begleitete. Er schien in glänzender Stimmung. Trotz seinem Kummer bei der Metro war er den ganzen Abend über fröhlich gewesen. Plötzlich wurde mir klar, daß er zu fröhlich gewesen war. Natürlich. *Gin und nicht Wasser.* Er brachte gerade Nunnally und Marion zur Tür. Plötzlich, als sie an einem der Schlafzimmer vorbeikamen, sah ich, wie Scott Nunnally mit einer heftigen Bewegung ins Zimmer schob, schnell hinter ihm eintrat und die Tür zuwarf. Ich hörte, wie sich der Schlüssel im Schloß drehte — und dann Scotts Stimme, zornig und laut. Später erzählte mir Nunnally, was vorgefallen war. Scott hatte die Tür versperrt, den Schlüssel dramatisch in seine Hemdentasche versenkt und begonnen, auf ihn einzureden.

»Hör zu, Nunnally, mach, daß du von Hollywood wegkommst. Es wird dich kaputtmachen. Du hast Talent — hier wirst du es zugrunde richten.« An den Fingern begann er die Freunde herzuzählen, deren Talent Hollywood zunichte gemacht hatte.

Nunnally widersprach. Ihm gefiel Hollywood. »Weißt du, Scott«, sagte er, »ich glaube nicht, daß ich vom Schicksal ausersehen bin, ein großer Schriftsteller zu werden. Ich fühle mich nicht dazu berufen. Ich bin einfach ein Mann, der sich seinen Lebensunterhalt mit Schreiben verdient, und wenn ich in Hollywood schreibe, verdiene ich mehr als irgendwo anders. Warum sollte ich also von hier weggehn?«

Dies brachte Scott in Wut. »Warum? Du verdammter Kerl weißt nicht, was gut und was schlecht für dich ist.« Er sah sich wild um, so als suche er einen Gegenstand, den er Nunnally an den Kopf werfen könnte. »Ich warne dich — mach, daß du hier wegkommst. Das hier ist kein Ort für dich. Geh zurück nach New York ...«

Nunnally beschloß eine elegante Schwenkung. »Wenn ich darüber nachdenke, Scott, so hast du eigentlich recht. Natürlich. Sobald ich das Skript fertig habe, an dem ich grade arbeite, gehe ich hier weg.«

Scott sah ihn durchbohrend an. »O nein«, sagte er. »Jetzt lügst du.« Drohend tat er einen Schritt auf ihn zu, und Nunnally wich zurück. »Sag mir die Wahrheit ...«

»Ich sage die Wahrheit«, beharrte Nunnally, der jetzt fast an die Wand gedrängt war und sich überlegte, wie hart er zuboxen müsse, um Scott außer Gefecht zu setzen. »Ich schwöre es bei Gott, Scott.«

Ich klopfte an die Tür. »Alle gehen, Scott, sie wollen sich von dir verabschieden.«

Endlich öffnete sich die Tür. Nunnally kam herausgeschossen, den kampflustigen Scott auf den Fersen. Scott war völlig betrunken. Cameron und Buff Rogers kamen herzu und wollten sich verabschieden. Scott versuchte, Cameron, der groß und kräftig war, zum Kampf zu reizen. Cameron weigerte sich. Scott wandte sich an Buff. »Zum Teufel mit diesem eingebildeten Harvard-Flegel — wenn er mich nicht k. o. schlägt, bring' ich ihn um. Ich brauche einen K. o.!« Er ging in Kampfstellung. »Los, Cameron, nimm die Fäuste hoch wie ein Mann!«

Cameron wußte nicht, was tun. Aufgeregt und hilflos lief ich hin und her. Schließlich ballte Cameron die Rechte zur Faust und tippte Scott in den Magen. Scott fiel in sich zusammen, und wir trugen ihn zu einem Sofa. Verbittert murmelte er vor sich hin: »Dieser eingebildete ungeschlachte Rohling — und ich sterbe an Tuberkulose.«

Buff, die sich Scott wie eine Schwester verbunden fühlte, sagte: »Ach, hör auf, Scott. Wenn er's nicht getan hätte, dann ich.«

Minuten später war Scott wieder auf den Beinen und schickte alle weg. Als letzte gingen Nunnally und Marion. Sie hatten fast schon ihren Wagen erreicht, als Scott ihnen eine letzte Beleidigung nachschleuderte. »Ihr kommt hier nie wieder her. Nie wieder!«

Nunnally wandte sich um. »Natürlich komme ich wieder, Scott«, sagte er. »Ich will dich und Sheilah wiedersehen.«

»Nein, das wirst du nicht«, brüllte Scott. »Weil ich mit meiner Geliebten zusammenlebe! Deshalb wirst du nicht wiederkommen.«

Ich wollte meinen Ohren nicht trauen. Am liebsten hätte ich Scott geohrfeigt, doch statt dessen wandte ich mich um und lief aus dem Zimmer und zum Strand. Wie kann er es wagen! Und in diesem Augenblick sah ich ihn. Er war aus dem Haus gestürzt und rannte über den Sand zum Wasser. Ich sah mit hellem Entsetzen, wie er sich, voll bekleidet, ins Meer stürzte und wild zu schwimmen begann, so wie ein Mann, der im Begriff ist, über den Kanal zu schwimmen. »Scott!« schrie ich auf. »Du wirst dir eine Lungenentzündung holen. Es ist dein Tod! Scott ...«

Er machte ein paar Schwimmstöße, wendete, schwamm zum Strand zurück und stieg tropfnaß aus dem Wasser. Er beachtete mich überhaupt nicht. Statt dessen trottete er zu seinem in der Nähe abgestellten Wagen, stieg ein und fuhr mit aufheulendem Motor davon. Eine Stunde später erst kam er zurück, mit einer Flasche Alkohol, die er im Malibu Inn gekauft hatte.

Ich hörte, wie er in seinem Zimmer ins Bett stolperte.

Ein paar Tage danach rief Charlie Warren an. Er sei mit Alice Hyde verabredet. Alles sei in bester Ordnung. Er begann zu lachen. »Wissen Sie, warum sie mich auf Ihrer Party sitzenließ?« Im Lauf des Abends hatte Scott sie beiseite genommen. Er fühle eine große Verantwortung, weil er sie mit Charlie bekannt gemacht habe, hatte er gesagt. Er könne es ihr nur unter dem Siegel der Verschwiegenheit sagen, aber Tatsache sei, daß Charlie, wenngleich ein feiner Kerl, an Syphilis leide. Die Krankheit zehre ihn langsam auf. Es sei überaus tragisch. Jeden Tag könnten ihm die Finger abfallen. Jetzt schon könne der arme Kerl nur in ein Korsett eingeschnürt herumlaufen. Andernfalls würde er zusammenbrechen. Wenn sie mit ihm tanze und verstohlen seinen Rücken berühre, könne sie das Korsett fühlen, das ihn zusammenhalte. Scott hatte ihr diese absurde Geschichte mit größtem Ernst erzählt. »Nun«, sagte Charlie, »sie tanzte mit mir, und das war's.« Zuerst war er empört gewesen, als er von Scotts Ulk hörte — Scott hatte endlich Mitleid mit ihm gehabt und es ihm erzählt —, doch jetzt fand er die Sache komisch.

»Ich nicht, Charlie«, sagte ich. »Ich find' es kein bißchen komisch.«

»Nun, vielleicht ist es nicht komisch«, sagte Charlie. Und er lachte von neuem. »Aber nehmen Sie's nicht zu ernst. Es ist echt Scott.«

22

Geliebte. Dies harte, grausame Wort. Es verfolgte mich. Sooft der Ärger in mir hochstieg, versuchte ich mich zu beruhigen. Ja, dachte ich, auch das ist echt Scott. Scott der Puritaner, der sich selbst geißelt — und mich mit. Der seine Enttäuschung an Nunnally ausläßt und Cameron anfleht, ihn k. o. zu schlagen, und seine an Grausamkeit grenzenden Possen denen spielt, die er liebt.

Hätte ich mehr Einfühlungsvermögen besessen, so hätte ich vielleicht Scotts Kampf in Hollywood besser verstanden, die dunkle Nacht in seiner Seele. Doch in diesem ersten Jahr verbarg er viel vor mir. Er duldete kein Mitleid, und ich bewunderte ihn zu sehr, um neugierig in ihn zu dringen. Und es war auch nicht leicht, ihn zu bemitleiden: er blendete mich. Ich war überwältigt von der erregenden Atmosphäre, in die er mich hineinzog, von seiner ansteckenden Begeisterung, von dem Entzücken, mit dem er mir neue Horizonte eröffnete, von dem leidenschaftlichen Interesse, das er auf mich konzentrierte.

Meine Gedanken kreisten nur um ihn. Bei ihm suchte ich jedes Urteil, jede Verhaltensnorm. Ich wollte von ihm lernen, mir von ihm die Geistesschätze der Welt erschließen lassen, die er kannte und mit solcher Begeisterung genoß. Was ihm Genuß bereitete, was ihn entzückte, das wollte auch ich genießen.

Und auf diese Weise fand ich mich, ganz ohne mir dessen bewußt zu sein, als Schülerin in F. Scott Fitzgeralds Einzelschule.

Es begann mit einem Gedicht.

Wir kamen von einer Voraufführung in Hollywood und waren auf dem Rückweg nach Malibu, als Scott zu rezitieren begann:

Nie kannst du, Jugend, lassen von dem Sang,
wie nie die Bäume hier ihr Laub verlieren;
du keck Verliebter, nie, nie kannst du küssen,
so nah du auch dem Ziel — doch sei nicht bang:
Nie welkt sie! Wirst du auch entbehren müssen,
wird Liebe dich und Schönheit sie stets zieren.

Ich legte meine Hand auf seine. »Das ist schön, Scott. Sag die letzte Zeile noch einmal.« Er wiederholte sie. — »Von wem ist das?« fragte ich träumerisch. — »Keats«, sagte er. »Aus der *Ode auf eine griechische Urne.*«

»Ich glaube, das ist die schönste Zeile, die ich je gehört habe«, sagte ich leise. ›... wird Liebe dich und Schönheit sie stets zieren.‹«

»Möchtest du das ganze Gedicht hören?« fragte er. »Ich habe den Band zu Hause.« Als wir in Malibu angelangt waren, suchten wir beide voll Eifer, bis wir unter seinen Büchern den Band Keats gefunden hatten. Er las mir das ganze Gedicht vor. Er sah meine Ergriffenheit. »Ich will dir noch etwas anderes vorlesen, Sheilo«, sagte er. »Hör zu. Es heißt *An seine spröde Geliebte.*« Und während vorm Fenster draußen unendlich die Brandung rollte, las Scott, dessen Stimme das dramatische Timbre eines Schauspielers hatte, wenn er nur wollte:

Herrin, wär' unser Welt und Zeit,
vergäb' ich deiner Sprödigkeit:

Wir trennten uns, in fernsten Zonen
der Liebe langen Tag zu wohnen.
....
Doch hinter mir hör' stets ich jagen
windschnell der Zeiten Flügelwagen,
und vor uns ringsum dehnt sich weit
die Wüstenei der Ewigkeit.

Er las weiter:

Darum, solang der Jugend Schau
färbt deine Haut wie Morgentau
und dein Verlangen glückbeschwingt
aus jeder Pore feurig dringt —,
genießen wir, solang wir reich!
Laß uns, verliebten Falken gleich,
in einem Mal die Zeit verzehren
und ihrem tückschen Zahne wehren.
Laß uns all unsre Kraft und Glut
verschmelzen und in seigern Mut
entreißen Freuden unvergällt
dem Eisengitter dieser Welt!
Drum, währt schon unsrer Sonne Tagen
so kurz: so wollen wir sie jagen.

Wir schwiegen beide, als er geendet hatte. Dann sagte Scott: »Andrew Marvell schrieb dies Gedicht vor über zweihundertfünfzig Jahren.«

Ich war überwältigt und empfand es wie ein Wunder, daß Menschen so lange vergangener Zeiten sich ebenso leidenschaftlich mit der Liebe beschäftigt haben sollten, wie ich es tat.

»Das macht einen Teil der Schönheit aller Literatur aus, Sheilo«, sagte Scott. »Man entdeckt, daß die Sehnsucht, die man empfindet, die Sehnsucht der Welt ist, daß man nicht einsam und von allen andern isoliert ist. Man gehört dazu.«

»Du weißt, Scott«, sagte ich, »daß ich nicht über die achte Klasse hinausgekommen bin. Aber ich glaube, du weißt nicht, wie erschreckend die Lücken meiner Bildung sind. Ich schämte mich so, als du mit Cameron und Buff vom Dreißigjährigen Krieg sprachst. Ich bin Engländerin, und ihr unterhieltet euch über die englische Geschichte, ohne daß ich mich am Gespräch beteiligen konnte. Deshalb habe ich mir den Proust mit hierhergenommen — ich wollte mir selbst beweisen, daß ich mich noch jetzt bilden kann.« Und ich fragte ihn: »Kannst du mir nicht sagen, was ich lesen soll? Willst du mir nicht einen Kurs über Dichtung geben?«

Er strahlte auf. »Aber natürlich, Sheilo!« Er war begeistert. Damals war es keinem von uns beiden bewußt, daß ich damit die Erziehung wiederaufnahm, die mit dem Tag geendet hatte, an dem ich das Waisenhaus verließ. Denn Scott betrachtete den Unterricht, den er mir erteilte — und der sich letzten Endes zu einem Unterfangen ausweitete, das alle unsre Erwartungen überstieg —, als eine Aufgabe, die ebenso interessant war wie das Schreiben von Filmdrehbüchern. Er stellte sorgfältig Bücherlisten zusammen und machte mir einen täglichen Lektüreplan. Wenn ich in unserm Haus am Meer ankam, fand ich ein halbes Dutzend Bücher auf meinem Schreibtisch. Er hatte sie durchgearbeitet und zahllose Bemerkungen gemacht, um mir zu helfen. An den Rand einer Seite schrieb er: »Auslassen — langweilig.« Und an den einer andern: »Aufmerksam lesen und danach die bezeichneten Seiten in Plutarchs *Lebensbeschreibungen* lesen. Beide zusammengenommen — Matthew Arnold und Plutarch — geben dir ein gutes Zeitbild.« Am Rand von Keats' *Sankt-Agnes-Abend* las ich: »Wenn wir zur fünften Erzählung aus Boccaccios *Dekameron* kommen — einhundert großartige Kurzgeschichten, die vor fast sechshundert Jahren geschrieben wurden —, wirst du sehen, woher Keats seinen Einfall für diese Zeilen nahm.« Wieder war es, wie es mit Proust gewesen: Plötzlich gewannen die bloßen Namen aus den Gesprächen Randolph Churchills und A. P. Herberts, Eddie Mayers und Dorothy Parkers und Bob Benchleys die Realität lebendiger menschlicher Wesen — Männer und Frauen, die zu ihrer Zeit hingebungsvoll an Manuskripten gearbeitet und nach einem schwer faßbaren Ausdruck gesucht hatten.

Unser Tageslauf gewann neue Form. Ich erübrigte drei Stunden täglich für die Lektüre, die er mir zuwies. Jeden Abend besprachen wir, was ich gelesen hatte. Scott fragte mich ab, und ich beantwortete seine Fragen. Scott *war* ein Lehrer. Es wirkte auf ihn wie ein Tonikum, wenn man ihn bat, etwas zu erklären, und ich dürstete nach allem, was er mir vermitteln konnte. »Wir fangen ganz von Grund auf an«, sagte er. »Erst müssen wir eine Fassade errichten, so daß du dich in Gesellschaft sicher fühlst — zumindest eine Vorstellung von dem Gegenstand im großen hast, der möglicherweise behandelt wird. Dann gehn wir ins Detail.«

Er erzählte mir, daß er sich von jeher für Bildungsfragen interessiert habe. Er war der Ansicht, daß die meisten Leute mit dem Lernen aufhörten, sobald sie die Schule verließen, weil man sie nicht in der richtigen Weise erzogen hatte. »Das Ziel der Erziehung ist es, uns einen Schlüssel zum Wissen zu geben«, erklärte er. »Doch die meisten werfen den Schlüssel weg, wenn sie die Schule verlassen.«

Auf die höhere Schule sollte überhaupt nur gehen, wer wirklich daran interessiert ist. »Die Schulen werden ihrer wesentlichsten Verpflichtung nicht gerecht: Bildung interessant zu machen, sie lieben und genießen zu lehren, so daß man sie für das eigne Leben zu nutzen vermag, nachdem man die Schule verlassen hat.« Eines Tages wolle er ein Buch über dies Thema schreiben, sagte er.

Unter Scotts Anleitung war meine Lektüre alles andere als zufällig. Er brachte Stunden damit zu, Lesepläne für mich aufzustellen. Als ich Shelleys Gedichte las, las ich gleichzeitig Andre Maurois' *Ariel*, die Biographie dieses Dichters. Ich hatte einen Arbeitsbogen, auf den Scott geschrieben hatte: »Wie man sich bei einem Franzosen über einen exilierten Engländer informiert (auf dem Umweg über einen Amerikaner).« Es waren die Gedichte aufgeführt, die ich nach der Lektüre bestimmter Kapitel der Biographie lesen sollte, so daß ich über die Entstehungsgeschichte jedes Gedichtes Bescheid wüßte.

Demselben Schema folgten wir bei Byron. Ich hatte Byrons Gesammelte Werke zur Hand, Das *Oxford Book of English* Verse und weitere Querverweisungen, die Scott für mich durchgesehen und mit Anmerkungen versehen hatte. Keats mußte ich in der Oxford-Ausgabe von 1910 lesen — *The Poetical Works of John Keats*, und Scott sonderte das Gute vom Schlechten. An den Rand von *La Belle Dame Sans Merci* schrieb er: »Dies ist die schlechte Fassung, von Leigh Hunt ediert.« Und weiter: »Siehe unten« — und da hatte er das Gedicht in einer ihn befriedigenden Fassung notiert.

Ich weiß noch, wie ich eines Tages von meinem Pensum aufsah und sagte: »Ich bin die Erste in deiner Schule — der F.-Scott-Fitzgerald-Einzelschule.« Scott gefiel diese Bemerkung. »Du hältst dich wacker«, sagte er, »ich werde dir ein Diplom geben.« Zu guter Letzt werde ich also doch noch eines bekommen, dachte ich.

Ich studierte die elisabethanischen Dichter — nicht nur Andrew Marvell, sondern auch Herrick, John Donne und Jonson, Männer, die vor so langer Zeit mit so viel Empfindung über die Liebe geschrieben hatten —, und es machte mir große Freude, Scott zu überraschen. Im Waisenhaus hatte ich Gedichte schneller als alle andern auswendig lernen können. Wenn Scott hereinkam, sagte ich: »Setz dich, Scott ...« und schnurrte ein ganzes Gedicht herunter, das er mir zwei Tage zuvor erst zu lesen aufgegeben hatte. Er saß dann höchst erfreut da und hörte mir zu; seine Probleme im Studio, seine Besorgnis um Scottie, Zeldas beunruhigende Briefe, alles war vergessen. »Ich liebe die Aufrichtigkeit der Dichtung«, sagte ich. »Ich finde, dies ist die schönste Art, aufrichtig zu sein.« Das gefiel ihm sehr.

Unsere Lektüre regte mich an. Ich hätte am liebsten alles und jedes in Worte umgesetzt. Bei einem gemeinsamen Spaziergang eines Spätnachmittags blieben wir stehn, um zu beobachten, wie die Sonne langsam in den Pazifik sank. Es war ein Augenblick höchsten Friedens, das Meer ganz still, und ich fühlte mich ergriffen. »Ach, Scott, wie schön ist dieser Sonnenuntergang! Wie geschmolzenes Gold —«

Scharf sagte er: »Sei still, bitte. Du brauchst es nicht zu sagen.«

Ich war verletzt. War meine Bemerkung zu banal? Doch ich verfügte nicht über originelle Beobachtungen. Ich mußte die gängigen kopieren. Ich sagte ihm das. »Ich stecke voller Klischees, Scott, du darfst mir das nicht übelnehmen. Ich brauche sie — sie sind meine kleinen Schrittsteine für die Konversation. Sie geben mir ein Gefühl der Sicherheit. Und«, fügte ich hinzu, »ich komme zu dir, öffne dir mein ganzes Selbst — du solltest mich nicht derart mit der Peitsche schlagen.«

Er bat mich um Verzeihung, war ganz zerknirscht. »Es tut mir leid, Sheilo, ich war unfreundlich und noch dazu ungerecht. Ich will's nicht wieder sein.« Und nie wieder beschämte er mich meiner Unzulänglichkeit wegen. Er ermutigte mich vielmehr, es zu sagen, wenn ich etwas nicht wußte oder verstand. Zuvor hatte ich immer geschwiegen, wenn jemand ein mir unbekanntes Wort gebrauchte oder eine Anspielung machte, die mir dunkel blieb, statt daß ich einfach gefragt hätte: »Was bedeutet das?« Mir kam es unhöflich vor, meine Unwissenheit zu zeigen. Scott überzeugte mich, daß es unhöflich sei, wenn ich nicht sagte, daß ich etwas nicht verstand.

Er lehrte mich Respekt vor dem Buch. Als er dazukam, wie ich gerade die Ecke einer Seite umknickte, um mir ein

Zeichen zu machen, bis wohin ich gekommen war, schalt er mich. »Ich werde dir Buchzeichen machen«, sagte er. Und er tat es. Erneut wurde ich gescholten, als er entdeckte, daß ich manchmal den Schluß eines Buches vorwegnahm, um zu erfahren, wie die Geschichte endete. »Der Autor hat viel Zeit darauf verwandt, dies Buch so zu schreiben, wie er es gelesen wissen möchte«, sagte er. »Du mußt ihn respektieren. Lies es so, wie er es schrieb, damit man es läse.« Wir gingen zum Tagesgeschehen über. Er brachte mir Hitlers *Mein Kampf* und *Das Kapital* von Marx und arbeitete beide Bücher sorgfältig mit mir durch, Kapitel um Kapitel, erklärend, aufhellend, interpretierend. »Es ist mir, als schöbest du die Deckhaut zurück, die all die Jahre hindurch über meinen Geist gewachsen ist, Scott«, sagte ich. »Es tut weh, aber wenn du's jetzt nicht tust, wird sie nie verschwinden.«

Er stellte einen kompletten Lehrplan auf. Ich sollte die Literatur aller Zeiten studieren, Politik, Alte und Neue Geschichte, Philosophie, Religion, Kunst und Musik. In jedem einzelnen Kurs sollte ich nicht nur die Bücher lesen, die er für mich aussuchte, und die entsprechenden Querverweisungen, sondern auch die von ihm bezeichneten Romane und Gedichte, die auf das Thema Bezug nahmen.

Ich begann mir eigene Meinungen zu bilden. Wenn ich Scotts Interpretationen nicht zu akzeptieren vermochte, widersprach ich ihm. Wir debattierten regelrecht miteinander. Er wußte, daß ich ihm gegenüber aufrichtig war — und zum erstenmal war ich mit einem Mann zusammen, bei dem ich weder Eindruck schinden noch ihm um eigener Nebenabsichten willen beistimmen mußte. »Sag nie bloß jemand zu Gefallen etwas, was du nicht meinst«, hatte Scott schlicht gesagt. Eine derartige geistige Freiheit hatte ich bisher nicht gekannt. Ich war beglückt. Wo war ich all diese Jahre? fragte ich mich. Dies ist ebenso faszinierend, ebenso erregend wie Tanzen, Lieben oder Bewundertwerden. Wieder spürte ich den goldenen Nebel. War es das, wonach ich in Wahrheit so lange gedürstet habe — Wissen? Selbständiges Denken?

Und Scott verstand. Bislang hatte ich stets das Gefühl gehabt, schön sein zu *müssen*, da man mich aus keinem andern Grund akzeptieren würde. Die Angst, fallengelassen zu werden, wenn ich alterte und meine Schönheit verlor, hing über mir wie ein drohender Schatten. Nun zeigte mir Scott eine neue Hoffnung auf. Er gab mir das Gefühl, daß er mir dazu verhelfen würde, mit den Jahren interessanter zu werden, eine attraktive, bezaubernde, interessante Frau zu werden, deren Gesellschaft jedermann suchen würde. »Vergiß das eine nie, Sheilah: Wenn du die Gesetzmäßigkeit der Geschichte einmal erkannt hast, wirst du keine Angst mehr haben. Du wirst nicht länger ein beziehungs- und bindungsloses Teilchen im Weltall sein. Du wirst eine Heimat gefunden haben, deinen Platz im Leben.« Wie ermutigend und beruhigend das war!

23

In Encino im San Fernando Valley besaß der Schauspieler Edward Everett Horton ein großes Grundstück, das »Belly Acres« hieß. Obwohl sich Scott über den Namen entsetzt zeigte — »Wie kann ich irgend jemand sagen, daß ich in ›Belly Acres‹ (wörtlich genommen bedeutet der Name Bauchacker) lebe?« hatte er empört gefragt —, mietete ich dort ein Haus, als Scotts Mietvertrag für Malibu ablief. Malibu war für ihn im Winter zu kalt und feucht: Im Valley war es stets zehn Grad wärmer als in der übrigen Umgebung. Außerdem entsprach das neue Haus unseren Bedürfnissen. Ganz in der Nähe waren Föhren- und Birkengehölze; zum Haus gehörten ein leichtabfallender grüner Rasen, ein bezaubernder Blumengarten mit rosa und gelben Rosen, der von einem kleinen weißen Lattenzaun umgeben war; es gab riesige Magnolienbäume, in deren Schatten Liegestühle standen, einen Swimmingpool und einen Tennisplatz. Das Haus selbst — eines von dreien, die auf Mr. Hortons Grundstück standen — war ein großer, weiträumiger Bau mit einem langen Balkon vor Scotts Schlafzimmer, auf dem er nach Herzenslust auf und ab gehen konnte.

Anfangs war Scott nicht sonderlich angetan von diesem Haus. Dann besuchte uns Buff Cobb. Scott führte sie umher. »Findest du nicht, daß es ein ziemlich phantasieloses Haus ist?« fragte er. — »Ich weiß nicht«, sagte Buff. »Der Garten ist bezaubernd ...« — »Ja«, meinte Scott widerwillig. »Der Garten hat einen gewissen Zauber.«

»Und die kleinen weißen Latten sehn aus wie kleine Grabsteine auf einem Konföderierten-Friedhof«, fuhr Buff fort. Mit höchstem Entzücken sah Scott sie an. »Sheilah!« Er lief ins Haus. »Sie hat das Haus bewohnbar gemacht! Jetzt hat es Romantik.« Er war jetzt vollkommen glücklich. Er schlug vor, da das Haus groß genug für uns beide sei, solle ich mein Haus aufgeben und mir in der Stadt eine kleine Wohnung nehmen. Das tat ich denn auch, und ich mietete in der Nähe des Sunset Boulevard ein Apartment mit zwei Schlafzimmern, wo Scott arbeiten und wohnen konnte, wenn er in der Stadt war.

Scott half mir beim Aussuchen der Möbel. Wie Jungverheiratete verbrachten wir einen ganzen Vormittag damit, vergnügt durch Barker's Bargain Basement in Los Angeles zu wandern und Teppiche, Tische, Lampen anzusehn. Unter den größeren Stücken, die wir wählten, waren ein grünes chintzbezogenes Sofa und ein sehr großer grüner Sessel, in dem Scott mit großer Ernsthaftigkeit mehrmals auf und nieder hopste, um festzustellen, ob er auch bequem sei.

Anfang Januar 1939 zog David Selznick Scott plötzlich zur Arbeit an *Vom Winde verweht* heran. Eine Woche lang arbeitete Scott an der berühmten Szene im Treppenhaus, wobei er sich selbst die Frage stellte: »Was würde sie zu ihm sagen? Was würde er zu ihr sagen?« Ich wurde Scarlett O'Hara und er Rhett Butler. Ich stellte mich, elegant den Saum eines unsichtbaren Abendkleides raffend, am oberen Ende unserer Wendeltreppe in Encino in Positur. Scott dirigierte mich vom Fuß der Treppe her. »Langsam jetzt ... Wende den Blick nicht von mir ...«

Und langsam, hocherhobenen Hauptes, mein Kleid leicht anhebend, begann ich die Stufen hinabzuschreiten. Von unten sah Scott zu mir auf und lächelte — das selbstsichere, halb aufreizende, halb verächtliche Lächeln eines großen Liebhabers.

»Miß O'Hara ...«, begann er weich. Ich schritt weiter treppab und bewegte dabei lässig einen imaginären Fächer. — »Captain Butler, nehme ich an ...«

Scott konnte sich nicht länger im Zaum halten. Er brach in Gelächter aus.

Ich rannte die Treppe hinunter in seine Arme. Wir lachten beide. »Bin ich wirklich eine so schlechte Schauspielerin?« fragte ich. »Ich versuchte dir zu helfen ...«

»Es wäre vielleicht besser, wenn ich's auf dem Papier ausarbeitete, Sheilah«, sagte er.

Doch obwohl er entschlossen war, das Drehbuch in die richtige Form zu bringen, nachdem andere gescheitert waren — Selznick hatte wiederholt schon neue Schriftsteller für dies riesenhafte Projekt berufen —, hielt sich Scott nicht länger als zwei Wochen. Unvermittelt wurde er entlassen; George Cukor führte nicht länger Regie; und Selznick suchte nach einem andern Schriftsteller und einem andern Regisseur. Unmittelbar danach ließ die Metro Scotts Vertrag auslaufen, ohne ihn zu verlängern, und damit wurde *Vom Winde verweht* Scotts letzte Arbeit für die Filmgesellschaft, die ihn achtzehn Monate zuvor nach Hollywood geholt hatte.

Zum erstenmal, seit er in den Westen gekommen war, war er ohne festes Gehalt. »Nun«, sagte er hoffnungsvoll, »ich muß eben von Film zu Film arbeiten. Vielleicht mache ich mit meinem Roman weiter. Auch ein paar Kurzgeschichten könnte ich versuchen.«

Als der Produzent Walter Wanger erfuhr, daß Scott frei war, engagierte er ihn, zusammen mit Budd Schulberg, einem jungen Drehbuchautor, an einem Film über den Eis-Karneval im Dartmouth College zu arbeiten, der alljährlich in Hanover in New Hampshire veranstaltet wurde. Wanger war Dartmouth-Alumne, und Budd hatte ein paar Jahre zuvor das College absolviert. Wenn die Vorstellung, mit einem jungen und unerfahrenen Autor zusammenzuarbeiten — einem

Autor, der ihn zwar bewunderte, doch die Tatsache nicht verhehlte, daß er ihn längst schon tot geglaubt hatte —, für Scotts Ego ein Schlag war, so ließ er sich das jedenfalls nicht anmerken. Er mochte junge Schriftsteller und nahm Schulberg mit Herzlichkeit auf.

Tagelang beobachtete ich, wie Scott mit Budd an dem Skript arbeitete. Wie stets bei einem neuen Projekt war er voller Enthusiasmus: Er bemühte sich darum, dieser Geschichte eines College-Wochenends Wärme und Zauber zu verleihen. Hier boten sich ihm all jene Elemente, deren er sich in vergangenen Jahren so eindrucksvoll bedient hatte. Doch ich konnte nicht umhin, daran zu denken, wieviel von seinem Erfolg in diesem Fall abhing! Wer würde ihm neue Arbeitsmöglichkeiten bieten, wenn er auch bei diesem Auftrag versagte? Scott muß diese Sorge gespürt haben: In der Stille der Nächte von Encino hörte ich ihn endlos auf und ab gehen, auf und ab. Manchmal fand er erst gegen Morgen Schlaf. Wenn er erwachte, war sein Gesicht grau wie Lehm. »Meine Tb ist aufgeflammt«, sagte er eines Morgens in sachlichem Ton. Er hatte leichtes Fieber und schwitzte des Nachts. Zuweilen mußte er nachts zwei- bis dreimal die Bettlaken wechseln, erfuhr ich.

Ich war beunruhigt. Trotz seines Verdrusses maß ich seine Temperatur. Sie betrug 39,9. »Mach dir keine Sorgen um mich«, sagte er reizbar. »Ich mag mich nicht wie ein Baby behandeln lassen. Wir wollen nicht mehr davon reden.«

In diesem kritischen Stadium telegrafierte Wanger, der sich im Osten aufhielt, um dort die Dreharbeiten vorzubereiten, Scott und Budd sollten sofort zu ihm nach Hanover kommen. Ich protestierte und sagte Scott, er sei keinesfalls in der Verfassung, nach New York zu fliegen. »Nicht, solange du Fieber hast ...«

Widerstrebend erklärte er, daß er fliegen müsse. Er müsse dies Projekt zu Ende führen. Gut, sagte ich schließlich. Doch wenn er reise, so würde ich mitkommen. Ich sei so lange nicht in New York gewesen. »Es wird eine Abwechslung sein, meine Spalte eine oder zwei Wochen lang vom Osten aus zu schreiben.« Jonah Ruddy würde mich hier vertreten.

Im Flugzeug diskutierten Budd und Scott eifrig über ihr Skript, als ich in meine Koje ging. Am nächsten Morgen war Scott totenfahl. Ich führte es auf das Fieber in Verbindung mit der Schlaflosigkeit zurück. Jetzt erst erfuhr ich, daß Budds Vater, der ehemalige Produzent B. P. Schulberg, Budd vor dem Abflug eine Zweiliterflasche Sekt geschenkt hatte. Scott war die ganze Nacht lang aufgeblieben und hatte mit Budd in Erinnerungen geschwelgt, wobei beide sich mit Sekt in Schwung hielten. Ich war wütend auf beide, aber es war zu spät.

Als wir in New York angelangt waren, setzten sie mich im Weylin Hotel ab, trafen Wanger im Waldorf und fuhren dann mit dem Zug weiter nach Hanover. In einer Woche würden sie zurück sein, sagte Scott. »Ruf mich lieber nicht an, dort. Ich muß arbeiten. Ich werde dich anrufen.«

Der Anruf, den ich ein paar Tage später von Scott erhielt, alarmierte mich. Er sei mit Budd im Hanover Inn, und sie kämen großartig voran. Er sprudelte nur so, war umwerfend komisch — damit war mir klar, daß er immer noch trank. Alkohol plus Krankheit — alles mögliche konnte passieren. »Bin Freitag wieder in der Stadt«, sagte er großspurig. »Dann ruf' ich dich an.«

Doch dieser zweite Anruf kam nicht. Auch war Scott am Freitag nicht zurück. Den ganzen Tag lang wartete ich in meinem Zimmer im Weylin und geriet zunehmend außer mir, während sich meine Phantasie alle möglichen Tragödien ausmalte. Es wurde Samstag, dann Sonntag. Ich meldete ein Gespräch mit Scott im Hanover Inn an. Mr. Fitzgerald und Mr. Schulberg seien vor Tagen abgereist. Ich rief sämtliche Hotels in der Nachbarschaft an, doch ohne Erfolg.

Am Montag abend klingelte das Telefon. Ich stürzte an den Apparat. Es war Budd. — »Was ist geschehen?« drängte ich. »Wo ist Scott?«

Budds Stimme zitterte. »Ich habe schlechte Nachrichten, Sheilah —«

»Scott ist tot!« rief ich.

»Nein, nein, nein. Aber er ist krank. Ich habe ihn gepflegt. Er hat eine schreckliche Sauferei gehalten ...« Budd begann sich selbst Vorwürfe zu machen. »Ich hätte ihm den Sekt nicht geben dürfen.« Scott hatte tagelang getrunken, er hatte in Dartmouth Skandal gemacht, hatte Streit mit Wanger angefangen, Wanger hatte sie beide aus Hanover weggeschickt. »Es war eine traurige, gräßliche Geschichte —«

»Wo ist Scott jetzt?« unterbrach ich ihn.

»Das kann ich Ihnen nicht sagen«, erwiderte Budd ausweichend. »Ich mußte es ihm versprechen. Ich soll Ihnen nur sagen, daß Sie ihn bald wiedersehen werden. Es tut mir leid, Sheilah, aber mehr kann ich Ihnen nicht sagen.« Er hängte ein.

Ich blieb neben dem Telefon sitzen. Der arme Scott! Ich warf Budd den Sekt vor, aber mir selbst warf ich vor, daß ich nicht darauf bestanden hatte, daß Scott in Hollywood blieb. Wie würde das enden?

Wieder klingelte das Telefon. »Hallo, Sheilo ...« Es war Scott. Er war vor wenigen Minuten im Weylin eingetroffen. Ich eilte in sein Zimmer hinunter. Er saß zusammengesunken in einem Sessel, unrasiert, erschöpft, sein Gesicht zeigte die aschgraue Blässe, die ich so fürchtete. Er habe eine »ganz entsetzliche Zeit« in Hanover erlebt. »Nie zuvor habe ich derart gefroren.« Er habe vierzig Grad Fieber gehabt, erzählte er, als er gemeinsam mit Wanger und Budd einen schneebedeckten Hügel, der zu einer Sprungschanze führte, habe hinaufsteigen müssen. »Es war eine Qual, Sheilah. Ich arbeitete mich durch all diesen Schnee und dachte, ich müsse sterben.« Jeder Schritt hatte ihm bohrenden Schmerz verursacht. Er schnitt eine Grimasse. »Ich hätte in Hollywood bleiben sollen. Doch ich brauchte das Geld.« Es war das erste Mal, daß Scott seine finanziellen Schwierigkeiten eingestand.

»Leg dich ins Bett, Scott«, sagte ich sanft. »Ich rufe einen Arzt und eine Schwester ...«

Er begann sich aus dem Sessel hochzurappeln. »Muß was zu trinken haben«, sagte er. »Brauche unbedingt 'ne Flasche.«

»Geh nur zu Bett, Scott«, sagte ich. »Ich gehe dir eine Flasche kaufen.«

Ich ging zum Bett, um die Decken zurückzuschlagen — und Scott eilte aus der Tür und die Personaltreppe hinab. »Scott, Scott!« rief ich hinter ihm her. Doch er war nicht mehr zu sehen. Fast wahnsinnig vor Angst und Sorge, kehrte ich in mein Zimmer zurück. Wie sollte ich ihn in eine Verfassung bringen, die es ihm erlaubte, an die Westküste zurückzureisen? Ich rief einen praktischen Arzt an, der mich einmal behandelt hatte, als ich noch in New York lebte. — »In diesem Fall brauchen Sie einen Psychiater«, sagte er. Er empfahl mir Dr. Richard H. Hoffman.

Scott war noch nicht wieder da, als Dr. Hoffman, ein sanfter Mann mit bohrenden dunklen Augen und großem Charme, auf meinen Anruf hin eintraf. Er hörte zu, während ich ihm von Scott erzählte. Dann sagte er mit einem Lächeln: »Ich kenne Mr. Fitzgerald und bewundere ihn sehr.« Er hatte Scott und Zelda 1925 in Paris kennengelernt und war ihnen dort häufig auf Gesellschaften begegnet, die ihre beiderseitigen Freunde gaben. — »Dann wissen Sie also auch, daß er trinkt?« fragte ich. Dr. Hoffman nickte. Er hatte Scotts Lebensweg über die Jahre hinweg verfolgt. Er wolle sein Bestes tun, ihm zu helfen.

In diesem Augenblick kam Scott schwankend herein, eine Flasche in der Hand. Ein wenig ängstlich machte ich sie miteinander bekannt, denn ich wußte, wie sehr Scott jede Einmischung haßte. »Das ist Dr. Hoffman«, sagte ich. »Er ist Psychiater, und du kennst ihn von früher, aus Paris ...«

Mit übertriebener Höflichkeit ergriff Scott Dr. Hoffmans Hand. »Ja, natürlich«, sagte er. Ganz offensichtlich erinnerte er sich nicht. Er sah ihn koboldhaft an.

»Psychiater, eh?« Er deutete auf einen Sessel und ließ sich selbst in einen zweiten sinken. »Setzen Sie sich, Doktor.« Er schraubte den Verschluß seiner Flasche ab, legte den Kopf zurück und tat einen langen Zug, schraubte die Flasche wieder zu und stopfte sie zurück in seine Tasche. »Nun, was möchten Sie gern von mir wissen?«

Ich entschuldigte mich und verließ das Zimmer.

In derselben Nacht noch brachte Dr. Hoffman Scott ins Krankenhaus und schrieb ihm eine strenge Diät vor. Er besuchte ihn täglich; nach einer Woche war Scott wieder im Weylin, und ich pflegte ihn. Dr. Hoffman setzte seine tägliche Behandlung fort. Nach zwei Wochen kehrten wir nach Hollywood zurück.

Seit unsrer ersten Begegnung hatte ich Dr. Hoffman nicht mehr allein gesprochen. Es wurde für Scott fast zu einer Zwangsvorstellung, daß ich mit dem Psychiater nur in seiner Gegenwart über ihn sprechen dürfe. »Ich will alles wissen, was Dr. Hoffman über mich zu sagen hat«, forderte er. »Ich dulde kein Eckengeflüster.« Er nahm mir mein Ehrenwort ab. Es war, als fürchte Scott, Dr. Hoffman könne mir irgend etwas über ihn enthüllen, was mich veranlassen würde, ihn zu bemitleiden. Und eben das konnte er nicht ertragen.

Erst viele Jahre später berichtete mir Dr. Hoffman auf mein Verlangen, was er Scott betreffend herausgefunden und was er ihm während ihrer langen Sitzungen gesagt hatte. Er hatte festgestellt, daß Scott an Hyperinsulinismus litt, einer rapiden Verbrennung des Zuckers im Körper, einer Art umgekehrter Diabetes. Dieser Zustand, wenngleich möglicherweise durch sein Trinken hervorgerufen, war jetzt mit die Ursache seines Verlangens nach Alkohol. Scott litt an akutem Zuckermangel, und durch Alkohol konnte der Körper am schnellsten wieder Zucker bilden. Das erklärte mir auch sein Bedürfnis nach Coca-Cola, stark gesüßtem Kaffee und seine Sucht nach Fondant.

Dr. Hoffman hatte Scott medikamentös behandelt und außerdem psychotherapeutisch — eine Stunde täglich hatte er Scott geholfen, seine Einstellung sich selbst wie seiner Zukunft gegenüber zu analysieren. Wie Dr. Hoffman erklärte, war Scott damals verzweifelt. Er glaubte, er sei als Schriftsteller erledigt. »Ich besitze es nicht mehr«, hatte er dem Psychiater erklärt. »Es ist weg, verloren.« Dr. Hoffman hatte gesagt: »Das ist nicht Ihr Tod, es ist der Tod Ihrer Jugend. Es ist eine Durchgangsperiode, kein Ende. Sie werden eine Weile brachliegen, und dann werden Sie neu beginnen.« Er hatte ihm Emerson zitiert: »›Auf den Trümmern deiner Verzweiflung baust du deinen Charakter auf.‹ Nicht allein auf Ihrer Verzweiflung. Erst zerstören Sie Ihre Verzweiflung, dann beginnen Sie auf deren Trümmern neu zu bauen.« Als Scott später an Dr. Hoffman schrieb und die Rechnung verlangte, erklärte der, er wolle kein Honorar, und er schloß seinen Brief mit den Worten: »Lassen Sie uns einen Kranz kaufen für das Grab Ihrer Jugend und dann einen neuen Anfang machen.«

Doch von alldem wußte ich nichts, als Scott und ich nach Hollywood zurückflogen. Scott war schwach, aber nach außen hin heiter, und ich fragte mich, wann dies alles enden werde.

24

Wieder in Encino, versuchte es Scott mit einer ganz strikten Lebensführung. Doch es war zuviel, was auf ihm lastete. Er hatte keinen Vertrag; es kamen keine Drehbuchaufträge; er war ohne Einkünfte. Schwierige Monate begannen. Ehe das Jahr vorüber war, sollten Scott und ich unsre kummervollsten Zeiten miteinander erleben.

Ich war nie sicher, wann er trank. Er konnte nüchtern so voller Überschwang sein, daß es sich nie mit Sicherheit sagen ließ. Er wurde jetzt zunehmend nervös, während er Pläne machte und wieder verwarf, im einen Augenblick davon sprach, sich an den Roman zu machen, und im nächsten davon, eine Kurzgeschichte herunterzuschreiben, die er für dreitausend Dollar verkaufen könne, wie er es früher getan hatte. Das Zwischenspiel in Hanover hatte ihn ziemlich mitgenommen. Er schrieb endlose Briefe an Scottie in Vassar, an seinen Agenten Harold Ober, an seinen Verleger in New York, um zu fragen, ob man nicht seine Bücher neu auflegen wolle, so daß er zu Honoraren käme. Ich hatte ihn im Verdacht, zu trinken, und ich wurde zornig, weil er es vor mir verbarg. Gin ist vom Geruch her kaum wahrzunehmen. Ich manövrierte mich so dicht wie möglich an ihn heran in dem Versuch, es herauszufinden, und wenn mir das gelang, konnte ich mich nicht beherrschen. »Trinkst du?« fragte ich dann. »Ich bin sicher, daß du es tust.«

»Das geht dich nichts an«, erwiderte er steif.

»Ich hasse dich, wenn du trinkst«, explodierte ich. »Du bist dann nicht mehr der Mann, den ich liebe. Warum trinkst du? Als ich mich in dich verliebte, hast du nicht getrunken. Warum tust du's jetzt?«

»Ich trinke nicht«, antwortete er und ging seiner Wege.

Eines Nachmittags, als er zum Friseur gegangen war, durchsuchte ich seine Schreibtischschubladen. Ich fand elf leere Ginflaschen. Als er heimkam, machte ich ihm Vorwürfe. »Du hast gesagt, du trinkst nicht — wie erklärst du dann diese Flaschen?!«

Heute weiß ich, daß ich alles falsch gemacht habe. Ich war wie ein Elefant im Porzellanladen. Ich hatte keine Ahnung, wie man ihn behandeln mußte; ich reagierte stets mit Zorn.

Sein Gesicht verschloß sich. »Was geht das dich an?« fragte er. Er ging mit großen Schritten zu einem Schrank, langte in die hinterste Ecke und brachte eine Flasche zum Vorschein, die er dort versteckt hatte. Vor meinen Augen schraubte er den Verschluß ab, führte die Flasche zum Mund und tat einen langen Zug, so wie er es vor Dr. Hoffman gemacht hatte.

Ich schrie ihn an, wie ich es nie zuvor gewagt hatte. »Warum hörst du nicht auf damit? Jeder Dummkopf kann über dich lachen! Warum tust du das? Du weißt gar nicht, wie leichtfertig du bist! Du bist ein guter Schriftsteller, warum vertust du dein Talent? Du wirst sterben. Du wirst tot umfallen. Du wirst einen Schlag bekommen. Du wirst in Hollywood erledigt sein, ein für allemal erledigt — und was willst du dann anfangen?«

Er sah mich tiefgekränkt an, wandte sich um und ging in sein Zimmer. *Ich werde etwas dagegen unternehmen*, dachte ich.

In Chikago hatte mir Arnold Gingrich von einer erstaunlichen neuen Pille erzählt, mit deren Hilfe er versucht hatte, einen anderen *Esquire*-Autor vom Trinken abzubringen. Ich brauchte sie nur unauffällig in Scotts gefülltes Glas zu tun: Es würde ihm daraufhin so schlecht werden, daß schon bei dem

Gedanken an Alkohol ihm übel werden würde. Die Sache hatte nur einen Haken. Die Pille färbte den Alkohol binnen weniger Minuten blau. Ich mußte flink sein.

Sorgfältig machte ich meinen Plan. Jeden Abend nach den Elfuhrnachrichten — es war die Zeit des Spanischen Bürgerkrieges, den er mit großer Anteilnahme verfolgte — kam Scott in die Küche, wo er im Schrank eine Flasche Gin für seinen Schlaftrunk verwahrte. An einem Wochenende kaufte ich sechs Flaschen Gin und versteckte sie in der Küche. Ein paar Minuten nach elf füllte ich eine bis zur Neige in Scotts Flasche um, warf eine Pille hinein und stellte das Ganze wieder an seinen Platz. Dann wartete ich nervös im Eßzimmer. Minuten verstrichen — Scott kam nicht. Ich rannte zum Schrank: Der Gin hatte sich zu tiefem Waschblau gefärbt. Ich schüttete ihn ins Spülbecken, präparierte schnell eine zweite Flasche und eilte zu meinem Versteck zurück. Und wieder kam Scott nicht. Im Schrank färbte sich die zweite Flasche langsam blau. Nahezu panikbefallen, weil ich fürchtete, Scott könne mich dabei überraschen, unternahm ich eiligst die gleiche Prozedur mit einer dritten Flasche. Und auf diese Weise brauchte ich in der nächsten halben Stunde, zwischen Küche und Eßzimmer hin- und herrennend, sämtliche sechs Flaschen auf — und noch immer war Scott nicht erschienen. Jetzt war nur noch seine Flasche übrig. Es blieb nichts andres zu tun, als eine Pille hineinzuwerfen. Vielleicht kam er, ehe sie die Farbe wechselte; vielleicht auch goß er sich sein Glas im Dunkeln ein, ohne etwas zu bemerken. Ich ging zu Bett.

Spät in der Nacht kam Scott in mein Zimmer, sein Glas in der Hand. »Komisch«, sagte er verblüfft, »dieser Gin ist blau.«

Plötzlich bekam ich Angst vor meiner eignen Tat. »Trink nicht, Scott! Vielleicht ist er vergiftet!«

Er sah mich an, schüttete ihn mit einem einzigen Zug hinunter und stolperte dann in sein Bett. Die ganze Nacht über blieb ich wach, schlich angstvoll alle paar Minuten auf

Zehenspitzen in sein Zimmer, um zu sehn, ob er noch atme. Seltsamerweise hatte die Pille weder jetzt noch später irgendeine Wirkung auf ihn.

Er versuchte sich wieder in den Griff zu bekommen. »Ich habe den Roman begonnen«, verkündete er großartig an einem Aprilnachmittag. Er hatte eine Sekretärin engagiert — Frances Kroll, ein schlankes, dunkeläugiges Mädchen, das grade das College absolviert hatte. Als sie sich vorstellen kam, traf sie Scott in seinem verblichenen schieferblauen Bademantel an, den unvermeidlichen Bleistift hinterm Ohr. Er fragte sie freundlich und neugierig aus und stellte ihr mit einem Lächeln, das seine Worte Lügen strafte, die Frage: »Wie soll ich wissen, ob ich Ihnen vertrauen kann?« Er erklärte ihr, daß er an einem Roman über Hollywood arbeite. Niemand dürfe davon erfahren. »Ich traue den Sekretärinnen in den Filmstudios nicht«, sagte er. »Sie erzählen einander immer, was sie gerade zu tun haben. Diese Sache erfordert unbedingte Geheimhaltung. Wenn Sie die Stellung hier antreten, wünsche ich, daß Sie nicht mit den Sekretärinnen anderer Schriftsteller reden.« Sie versprach es. Er betrachtete sie nachdenklich. »Ich möchte mir Ihren Namen notieren, Miß Kroll«, sagte er. »Würden Sie mir mein Notizbuch aus der obersten Schreibtischschublade dort holen?« Sie öffnete die Schublade und sah unmittelbar neben dem Notizbuch säuberlich aufgereiht ein halbes Dutzend Flaschen Gin. Scott beobachtete sie aufmerksam, als sie aufsah. In seinem Blick lag die Frage: »Was halten Sie davon?« Frances, die annahm, der Gin sei für eine Party bestimmt, dachte sich offenbar überhaupt nichts weiter dabei. Sie hatten ihren Test bestanden, und Scott engagierte sie.

Jeden Tag diktierte er nun einige Stunden. Das war eine Phase seines schöpferischen Prozesses. Er zog es vor, Dialoge zu diktieren, erzählende Partien dagegen mit der Hand zu schreiben. Obwohl er immer noch trank, schien er sich unter Kontrolle zu haben. Er versuche, mit einem Bier pro Tag auszukommen, erklärte er. Ich versuchte mich damit abzufinden, doch es gelang mir nicht. Ich brachte ihn so weit, sich damit einverstanden zu erklären, daß ich ihm Autoschlüssel und Brieftasche wegnähme, falls er zu betrunken wäre. Ich wollte nicht, daß er in solcher Verfassung Auto führe, und ich wollte auch nicht, daß er Fünfzigdollarscheine an die Kellner verteilte, wie er es früher getan hatte. Mehr vermochte ich nicht zu tun. Es war ein Teil des Vertrages. Wenn ich Scott haben wollte, mußte ich ihn so nehmen, wie er war. Vielleicht würde er, je weiter er mit seinem Roman kam, desto weniger Bedürfnis nach Alkohol haben.

Doch es sollte nicht sein. Nach einiger Zeit flackerte seine Tb auf. Sie brachte ständiges Fieber mit sich, begleitet von Nachtschweiß und einem trockenen Husten. Er begab sich in Behandlung eines praktischen Arztes — es war Dr. Lawrence Wilson — und engagierte eine Krankenschwester; doch er trank weiter, allerdings jetzt nicht mehr Bier, sondern Gin, schließlich einen halben Liter pro Tag. Einmal in der Woche sammelte Frances Kroll die leeren Flaschen in einem Diebessack, den sie hinten im Wagen mitnahm, wenn sie heimfuhr, und warf sie im Schutze der Dunkelheit in den Coldwater Canyon. Scott wollte nicht, daß die Flaschen im Müll in Belly Acres herumlägen.

Eines Morgens nach einer fiebrigen, unerträglichen Nacht entdeckte er beim Erwachen, daß er die Arme nicht bewegen konnte. Er hatte sich in seinen Schlafanzug verwickelt, doch in seinem betäubten, halbschlafähnlichen Zustand erfaßte er lediglich, daß seine Arme ihm den Gehorsam verweigerten. »Ich kann die Arme nicht bewegen!« keuchte er. Die Pflegerin erfaßte die Situation. »Ach, Mr. Fitzgerald!« rief sie in tragischem Ton. »Ist es so weit gekommen mit Ihnen?«

Scott starrte sie entsetzt an. »Was meinen Sie damit?«

»Hat dieser ewige Alkohol seine Wirkung getan? Er hat Sie gelähmt!«

Scott war beinah übermannt. Sie solle sofort Dr. Wilson anrufen.

»Gut gemacht«, sagte der Arzt zu ihr. »Ausgezeichnet. Sagen Sie ihm, ich käme sofort.«

Während sie warteten, löste die Pflegerin Scott langsam aus seiner Verwicklung und begann vorsichtig seine Arme zu bewegen; zu seiner unendlichen Erleichterung stellte er fest, daß er sie gebrauchen konnte. Als Dr. Wilson eintraf, untersuchte er Scott sehr sorgfältig, setzte sich dann und sprach mit ihm.

»Ganz zweifellos ist diese Attacke auf den Alkohol zurückzuführen, Scott«, sagte er. »Sie können von Glück sagen, daß Sie diesmal so leicht davongekommen sind. Sie können weitertrinken, und vielleicht passiert es nie wieder. Aber es kann sich auch wiederholen. Ein einziger Drink kann entscheidend sein. Und dann könnten Sie bis an Ihr Lebensende gelähmt werden.«

»Dann würde ich mir eben eine Kugel durch den Kopf jagen«, sagte Scott herausfordernd.

»So einfach ist das aber nicht«, sagte Dr. Wilson. »Wer soll den Revolver halten?« Er stand auf. »Der liebe Gott hat Ihre Schulter berührt, Scott. Lassen Sie es sich zur Warnung dienen.«

Scott schien sich den Vorfall zu Herzen zu nehmen. Monate später schrieb er Scottie, er habe »einen Nervenzusammenbruch erlitten, der so schwer gewesen« sei, daß man eine Zeitlang gefürchtet habe, »beide Arme würden gelähmt werden« —

Doch die Warnung hinderte ihn nur vorübergehend daran, zu trinken. Bald schon fuhr Frances wieder jede Woche mit einem Diebessack voller Flaschen nach Hause. Ich konnte es nicht länger ertragen. Trotz meiner Entschlossenheit, mich in das Unabänderliche zu fügen, trotz meines Versprechens, keine Szenen zu machen, tobte und weinte ich abwechselnd. Manchmal sah ich ihn tagelang nicht.

Eines Morgens rief mich Scott um vier Uhr früh an. Er war allein. Frances sei die ganze Woche nicht dagewesen, sagte er. Er hatte ihr gesagt, sie solle nur kommen, wenn er sie rufe. Er hatte Tag und Nacht getrunken, jetzt müsse er damit aufhören. »Ich will wirklich nüchtern werden, Sheilo«, sagte er. »Es ist mir Ernst damit. Ich habe die Pflegerin bestellt. Aber ich habe so viele Pillen geschluckt, daß ich möglicherweise einschlafe, bevor sie kommt. Könntest du herüberkommen und sie einlassen?«

Ich zog mich an und fuhr im frostigen Dunkel die dreißig Kilometer nach Encino. Scott lag im Bett. Ich setzte mich auf den Bettrand und sprach mit ihm. Er war sehr sanft. Er habe uns allen die letzten Wochen sehr schwergemacht. »Es tut mir leid, Liebling, daß ich dich geweckt und dich gebeten habe zu kommen.«

Ich hielt seine Hand. »Ich bin so froh, daß du damit aufhören willst, Scott. Es hat wirklich keinen Sinn, daß du so weitermachst — du schadest dir nur selbst. Du machst alles nur noch schlimmer.«

Er nickte. »Ich weiß.« Er war dankbar, daß ich bei ihm blieb, bis die Pflegerin kam. Er wollte nicht allein sein. Wir redeten, bis die Vögel erwachten und in den Magnolienbäumen vor seinem Fenster zu singen begannen. Es war fast sechs Uhr. »Ich gehe nach unten und mache dir Frühstück«, sagte ich. »Sie muß jetzt bald kommen.«

Ich kam an seiner Kommode vorbei. Mein Bild stand darauf. Mein Blick fiel auf die unterste Schublade. Sie stand offen, und ich sah einen Revolver, halb verdeckt von einem Taschentuch. Scott hatte mir von seinem Revolver erzählt. Er hatte in Baltimore einen besessen, als er weit draußen vor der Stadt wohnte. Im Valley wohnten viele reiche Leute: Scott fürchtete Herumtreiber und fühlte sich im Besitz einer Waffe sicherer.

Während ich an der Kommode vorbeiging, bückte ich mich fast wie in einer Reflexbewegung — *Er hat getrunken, er sollte keinen Revolver haben* — und nahm den Revolver aus der Schublade.

»Gib den Revolver her!« Das war Scott. Ich drehte mich im selben Augenblick um, als er sich auf mich warf. Wir stürzten beide zu Boden. »Gib den Revolver her!« brüllte er. Ich war momentan benommen, hielt ihn jedoch krampfhaft fest. »Nein, nein, du darfst ihn nicht haben. Du könntest ...«

Wir kämpften erbittert. Scott gebärdete sich wie ein Verrückter. Er griff nach dem Revolver und fluchte, während er meine Finger aufbog. Ich keuchte vor Schmerz. Meine Finger hatten sich am Abzugshahn verfangen, und er hatte sie so heftig weggerissen, daß er mir die Haut aufriß. Blinder Zorn überkam mich. Mit ungeheurer Anstrengung entwand ich ihm den Revolver und schleuderte ihn an die gegenüberliegende Wand. »Hol ihn dir!« schrie ich. »Erschieß dich, du Mistkerl! Mir kann's ja egal sein!« Ich war hysterisch. Ich holte aus und schlug ihm mit der rechten Hand mit aller Kraft ins Gesicht. Er war wie betäubt. Ich wußte nicht, was ich tat. »Mir ist es gleich, was aus dir wird! Du bist nicht wert, gerettet zu werden, du bist überhaupt nichts wert!« Ich raffte mich auf. »Ich hab' mich nicht selbst aus der Gosse gezogen, um mein Leben an einen Trunkenbold wie dich wegzuwerfen!« schrie ich. Ich rannte die Treppe hinunter, sprang in meinen Wagen und fuhr nach Hause. Ohne jede Vorsicht fuhr ich über den Canyon und schluchzte dabei vor mich hin. »Ich werde ihn nie wiedersehen. Nie. Ist mir auch gleich. Ich kann's nicht mehr aushalten. Ich kann's einfach nicht!«

Doch bis zum andern Tag war mein Zorn verflogen. Wie konnte ich mit Scott uneins bleiben? Er wußte nicht, was er tat. Er war betrunken. Und ich war hingefahren, um ihm zu helfen. Wie hatte ich ihm so schreckliche Dinge sagen können? Gegen Mittag konnte ich einfach nicht mehr anders: Ich rief ihn an. Die Pflegerin war am Apparat. »Mr. Fitzgerald ist heute morgen nach New York abgereist.«

So schnell mein Zorn verflogen war, so schnell kehrte er zurück. *Er hat mich verlassen. Ist zu Zelda gegangen.* Schön, dachte ich. Soll mir egal sein. Cecil B. DeMille hatte mich nach Omaha zur Premiere des Films *Union Pacific* eingeladen, in dem Barbara Stanwyck die Hauptrolle spielte. Er wollte mich zusammen mit Miß Stanwyck und anderen beteiligten Schauspielern in seinem Privatwagen mitnehmen. Ich hatte ursprünglich abgelehnt; nun aber nahm ich die Einladung an.

Für meine Selbstachtung war dieser Ausflug reiner Balsam. Ich wurde in Omaha gefeiert, interviewt und allgemein wie eine Zelebrität behandelt. Ich *habe* eine eigne Karriere, dachte ich; ich habe sie Scott zuliebe zu lange vernachlässigt. Soll er hingehn, wohin er will.

Doch ich konnte es nicht erwarten, nach Hollywood zurückzukehren. Als ich ankam, war Scott noch immer fort. Es vergingen beinah zwei Wochen, ehe er nach Encino zurückkehrte. Dann gab das Mädchen, das er engagiert hatte, ausweichende Antworten. Er sei beschäftigt; er arbeite; er könne nicht an den Apparat kommen …

»Sie meinen, er will mich nicht sprechen?«

Zögernd sagte sie ja.

Jetzt begann ich ihn zu verfolgen. Nachdem er sich zwei Tage lang geweigert hatte, mich seinerseits anzurufen, gab er nach. Seine Stimme klang kühl und unpersönlich. »Ich rufe dich an, weil ich mich erinnere, wie elend es dich macht, wenn die Leute deine Anrufe nicht erwidern«, sagte er. »Ich wollte dir das nicht antun.«

»Ich möchte dich sehen, Scott«, sagte ich. »Kann ich zu dir kommen?«

Auf seinem Balkon über dem Rosengarten mit seinen kleinen weißen Latten bat ich ihn um Verzeihung. »Es tut mir so leid, daß ich dich geschlagen habe«, sagte ich. »Ich wollte es nicht. Ich wollte auch all diese abscheulichen Dinge nicht sagen. Du weißt das doch, Scott, nicht wahr?«

Er war völlig nüchtern. »Wir wollen nicht mehr davon sprechen.« Eine Pause trat ein. Keiner von uns sprach. Nach einer Weile bemerkte er fast listig: »Der Revolver war geladen.«

Mein Gesicht spiegelte solches Entsetzen, daß er in Gelächter ausbrach, und das Eis zwischen uns war gebrochen. Er begann, mir mit vielen Details und einem koboldhaften Funkeln in den Augen, das mich rätseln ließ, wieviel davon wohl wahr sei, eine lange, bizarre Geschichte zu erzählen. Voller Wut auf mich hatte er gepackt, war nach Asheville geflogen und hatte Zelda nach Kuba mitgenommen — um allem zu entfliehen. »Ich wollte sie nicht aus dem Sanatorium holen, weil ich wußte, daß ich betrunken war, aber ich tat es trotzdem.« In Havanna war Zelda in einem Zustand religiöser Inbrunst gewesen, hatte endlos gebetet oder die Bibel gelesen. Sie weigerte sich, das Hotel zu verlassen. Er war eines Nachmittags ausgegangen und hatte sich beim Einbruch der Dämmerung unerklärlicherweise in einem kleinen Hof als Zuschauer eines Hahnenkampfes gefunden. Rings um ihn her hatte man leidenschaftlich gewettet. Dann begann der Kampf. Er war entsetzt. »Ein Hahn fetzte den andern in Stücke, und diese Leute stachelten sie auch noch an«, sagte er. »Ich konnte es nicht mit ansehen.« Er sprang über die Schranke auf den Kampfplatz und versuchte die Tiere zu trennen. Dies löste einen Tumult aus. Die Zuschauer fielen über ihn her, und er entfloh nach schmerzhaften Prügeln. Als er schließlich das Hotel erreichte, saß Zelda im Dunkeln auf dem Bett und betete.

Sie kehrten nach New York zurück und stiegen dort im Algonquin Hotel ab, dessen Direktor Frank Case war, unser Hausbesitzer in Malibu. »Wir machten einen derartigen Aufruhr dort« — Scotts makabrer Sinn für Humor kam zum Vorschein. Er prügelte sich mit einem der Kellner, es kamen Beschwerden von seiten der Gäste, und eines Morgens erwachte er auf der Alkoholiker-Station in Bellevue. Irgendwie gelang es ihm, seiner Kleider habhaft zu werden, und er stahl sich davon. Zelda war wieder in ihrem Sanatorium. Scott ging ins Doctors Hospital, wurde nüchtern und kehrte nach Kalifornien zurück.

Ich wußte ganz einfach nicht, wieviel von dieser Geschichte ich glauben sollte.

Während dieses schwierigen Sommers und Herbstes 1939 gab es große Zeitspannen, in denen Scott sich völlig in der Hand hatte. Dann war ich restlos zufrieden. Er machte nicht nur umfangreiche Notizen für seinen Roman, sondern schrieb auch Kurzgeschichten für den *Esquire*. Gleichzeitig widmete er sich meiner Bildung. Er beauftragte Frances Kroll damit, in den Antiquariatsbuchhandlungen der Stadt nach den von ihm geschätzten Ausgaben von Chaucer, Cervantes und Melville zu fahnden. Die Lektürelisten wurden umfangreicher. Jetzt übersetzte er mir am Rande der Buchseiten fremdsprachige Wendungen, identifizierte Eigennamen, erklärte Anspielungen. So war in einem Band Balzac der Name Lukullus unterstrichen, und an den Rand hatte Scott geschrieben: »gab große Gelage im alten Rom.« Und ähnlich: *Panurgus* — »Figur aus Rabelais. Wir lesen demnächst sein großes Werk *Gargantua und Pantagruel*«; *Karlist* — »Verfechter eines monarchistischen Staatsstreichs in Spanien«; *De viris illustribus* — »von berühmten Männern«; *Bossuet* — »berühmter Prediger des 18. Jahrhunderts«. Am Rand eines Absatzes in Matthew Arnolds Essay über *Wordsworth*: »Hier ist Arnold auf seinem Höhepunkt, ohne alles Moralisieren«, und an anderer Stelle: »Ganz nett gewagt für diesen alten Knaben!!«

Eines Tages erschien er, einen Gegenstand hinter dem Rücken verborgen haltend. »Als ich klein war«, begann er eindrucksvoll, »nannte mich meine Mutter ein böses Heinzelmännchen, sooft ich ungezogen war. Wenn ich brav war, war ich ein gutes Heinzelmännchen. Wenn ich sehr brav war« — und er brachte schwungvoll ein lustig eingeschlagenes

Päckchen zum Vorschein —, »gab sie mir einen Lutscher. Hier ist ein Lutscher für dich, weil du deinen Darwin so gut studiert hast.« Am Abend zuvor hatten wir die *Entstehung der Arten* diskutiert. Ich packte das Geschenk aus und entdeckte einen Band *Bleak House*. »Das ist das Beste, was Dickens geschrieben hat«, sagte Scott. »Ich weiß, es wird dir gefallen.« Und von da ab erhielt ich als Lutscher ein leicht lesbares Buch, sooft ich eine schwierige Aufgabe (zum Beispiel Platons Staat) bewältigt hatte: *Babbitt* von Sinclair Lewis, *Vanity Fair* von Thackeray, den Kurzgeschichtenband *Dubliners* von James Joyce. Für je drei von Plutarchs *Lebensbeschreibungen großer Griechen und Römer*, die ich gelesen hatte und ins einzelne gehend mit ihm diskutieren konnte, erhielt ich einen Roman von Dickens. Inzwischen besaß ich viele Bücher. Mit Schere, Leimtopf und einer Rolle kräftigen braunen Packpapiers machte Scott Buchumschläge für mich. Auf den Rücken jedes Bandes malte er mit Tusche EDITION ENCINO und darunter den Buchtitel. Ich war sehr stolz auf meine Edition Encino. Selteneres gab es nirgendwo.

Im Herbst dieses Jahres begann Scott seine Notizen zu dem Roman *Der letzte Taikun* auszuarbeiten. Bei *Collier's* interessierte man sich für den Vorabdruck. Wenn es zum Abschluß käme, wollten sie acht, zehn oder gar elf Folgen bringen — je nach dem Umfang des Gesamtmanuskripts. Bei zweieinhalbtausend Dollar pro Fortsetzung konnte das dreißigtausend Dollar für Scott bedeuten — eine Summe, die er bitter nötig hatte, denn seit seiner Arbeit für Wanger hatte er außer ein paar hundert Dollar vom *Esquire* nichts mehr verdient. Kenneth Littauer, der Herausgeber von *Collier's*, wollte zumindest fünfzehntausend Wörter sehn, ehe er seine Entscheidung traf.

Um seine Tb auszukurieren, schrieb Scott meist im Bett. Frances kaufte ihm ein Schreibbrett, und da saß er dann, in seinen Bademantel gehüllt, im Bett und arbeitete fieberhaft, während sich die gelben Blätter zu beiden Seiten am Boden türmten. Dr. Wilson, der häufig kam, um Scott Vitaminspritzen und Medikamente zu verabreichen, bewunderte Scotts Konzentrationsfähigkeit. Der Arzt pflegte die Treppe zu seinem Zimmer hinaufzusteigen, sich zwischen den Papierbogen auf dem Boden durchzuwinden und sich zu setzen, während Scott eifrig weiterschrieb, völlig unzugänglich für alles, was um ihn her vorging. Nach fünf Minuten etwa sah er dann auf. »Oh, hallo«, sagte er. »Haben Sie schon lange gewartet?« — »Nein«, antwortete Dr. Wilson regelmäßig. »Eine oder zwei Minuten.« Dann legte Scott seinen Bleistift hin und begann eine lange Unterhaltung, die von Hitlers »Blitzkrieg« in Polen bis zur Rolle der Medizin im modernen Roman reichte.

Der Berg gelber Blätter wuchs. Jeden Abend las Scott mir vor, was er während des Tages geschrieben hatte. — »Das ist unwahrscheinlich aufregend«, sagte ich. »Was passiert jetzt?« Doch er weigerte sich, es mir zu erzählen. Er hielt nichts davon, eine Handlung im voraus des langen und breiten durchzusprechen. »Man verliert die Unmittelbarkeit«, sagte er.

Unerwartet erhielt ich eine Mitteilung von John Wheeler aus New York, daß er für mich eine zweiwöchige Vortragsreise im Auftrag der North American Newspaper Alliance arrangiert habe. Im November sollte ich die größeren Städte besuchen, in denen meine Spalte erschien, so daß meine Leser Sheilah Graham kennenlernen und aus erster Hand die Wahrheit über Hollywood erfahren könnten. Scott billigte den Plan, wie er stets alles unterstützte, was mich weiterbringen konnte. Auch mir war die Sache willkommen, nicht allein weil ich für jeden Vortrag zweihundert Dollar erhalten würde, sondern weil auch Louella Parsons eine Tournee durchs Land unternahm. Ich würde mit der Doyenne der Hollywood-Kolumnisten Schritt halten. Mit Sorgfalt verfaßte ich ein Konzept meines Vortrags und zeigte es Scott, um seine Meinung zu hören. Stirnrunzelnd las er es. »Du glaubst das doch nicht etwa?«

Unter der Überschrift »Jetzt kann man es erzählen« hatte ich einen seichten Hinter-den-Kulissen-Bericht verfaßt, in dem ich ein konventionelles Bild von Hollywood, der Traumstadt der Welt, malte, die Aschenputtelgeschichten der Stars erzählte, so wie die Presseagenten sie erfunden hatten, und ein paar Skandale zum besten gab.

»Natürlich nicht, Scott — aber es ist das, was sie hören wollen.«

»Wenn du es nicht glaubst, dann erzähl es nicht.« Er las meinen Vortrag noch einmal durch. »Er ist wirklich nicht besonders gut. Ich kann dich einen derartigen Vortrag nicht halten lassen.« Er wurde zum Lehrer. »Wer ist die bedeutendste Figur in ganz Hollywood?« — »Der Schriftsteller?« wagte ich mich hervor. — »Nein. Der Schauspieler kann den Schriftsteller zunichte machen, und den Schauspieler kann der Regisseur zunichte machen. Der Regisseur ist die bedeutendste Figur in Hollywood — mit dieser Behauptung wollen wir anfangen. Wir wollen deinen Zuhörern ein ungeschminktes Bild von den Vorgängen geben. Die Filmproduktion ist ein ernsthaftes Geschäft, und die Leute, die die Filme produzieren, sind ernsthafte Menschen, die bereit sind, ihrer Verpflichtung gerecht zu werden, sofern das Kinopublikum ihnen nur überhaupt etwas abverlangt.«

Er setzte sich hin und überarbeitete meinen Vortrag. Wie gewöhnlich war das, was dabei am Ende herauskam, ein völlig neues Manuskript. Wir lasen es gemeinsam. »Nun, ist das nicht besser? Drückt es nicht deine wirkliche Meinung aus?«

Ich stimmte ihm zu. »Gut«, sagte Scott. Er gab es Frances zum Abschreiben. »Lern es nicht auswendig, aber studiere es so gründlich, bis du es fast Wort für Wort kennst.«

Über Nacht wurde mein Vortrag eine Aufgabe für uns beide. Ich brachte Bücher über die neusten Filmtechniken mit nach Hause, prägte mir die Namen der Oscar-Gewinner der letzten zehn Jahre ein und studierte sogar die Einzelteile einer Filmkamera für den Fall, daß man mich danach fragen sollte. Als ich eines Abends in Encino ankam, fand ich mitten im Wohnzimmer ein hölzernes Podest vor, auf dem ein Notenpult aufgebaut war. Scott hatte das Notenpult von Frances' Bruder Herman ausgeliehen, der Orchesterleiter war. Das Podest war aus Kisten zusammengebaut, die er im Keller gefunden hatte. »Wir werden eine Probe halten, Sheilo«, sagte er. »Wir werden dabei feststellen, ob du auch vortragen kannst. Wir wollen vermeiden, daß sich irgendwelche Damen aus dem Hintergrund melden und sagen, sie könnten dich nicht hören.«

Das Wohnzimmer in Encino ging in das Eßzimmer über, das seinerseits zur Küche führte, die sich auf die Hinterveranda öffnete, so daß sich ein gerader Durchblick von rund zwanzig Meter Länge ergab. Scott stellte drei Stühle auf die Veranda und nahm mit Frances und dem Mädchen darauf Platz. »Also los«, rief er. »Laß uns deinen Vortrag hören. Versuch dich bis hier heraus verständlich zu machen.«

Ich stellte mich auf das Podest, legte mein Manuskript auf das Pult und begann. Nach dem ersten Satz fing ich nervös zu kichern an. »Hör auf damit!« Scotts Ton war scharf. »Du darfst dir nicht einmal solche Gedanken erlauben. Du bist eine Autorität, was Hollywood angeht. Du hast etwas zu sagen, und dein Publikum ist gekommen, es zu hören. Du mußt dich nicht rechtfertigen. Du bist Sheilah Graham. Los jetzt, noch einmal.«

Den Blick auf die Seiten heftend, las ich meinen Vortrag herunter.

»Schau auf, Sheilah«, ertönte seine Stimme. »Vor dir sitzen Menschen. Du bist ein hübsches Mädchen, und sie wollen dein Gesicht sehn: Sieh ab und zu auf.«

Ich tat es. Ich versuchte ein paar Scherze, mit denen Scott den Text gewürzt hatte. Meine drei Zuhörer lachten höflich.

Als ich geendet hatte, kam lauter Beifall von der rückwärtigen Veranda.

Scott hob die Hand. Ich nickte ihm zu. »Ja bitte?«

Er stand auf. »Ich wüßte gern, Miß ... Ist es wahr, daß Shirley Temple in Wirklichkeit eine Zwergin ist?«

Ich dachte ernsthaft nach, wie Scott es mir geraten hatte. Niemals über eine Frage lachen, wie dumm sie auch sein mag. »Ich habe auch von diesen Gerüchten gehört«, antwortete ich. »Doch sie sind falsch. Aus persönlicher Kenntnis kann ich Ihnen versichern, daß Shirley Temple ein aufgewecktes, normales kleines Mädchen ist, das einfach für sein Alter ungewöhnlich intelligent ist.« — »Danke, Miß Graham«, sagte Scott und setzte sich.

Ich ging also auf Tournee. Zum Abschied schenkte mir Scott seine Aktentasche, damit ich darin meine Notizen aufbewahren könnte. »Sie soll dir Glück bringen«, sagte er und küßte mich. Ich sagte ihm nicht, daß ich angesichts der Flugreise über Tausende von Kilometern ein Testament aufgesetzt hatte, in dem ich alles, was ich besaß, ihm vermachte.

25

Es war beinah so, als wäre Scott an meiner Seite. In jeder Stadt erwartete mich ein Telegramm von ihm — amüsant oder auch ernsthaft, immer aber ermutigend. Im Verlauf der nächsten zwei Wochen sprach ich in sieben Städten, beginnend in New York und endend in Kansas City. Trotz der Proben las ich meinen ersten Vortrag herunter, ohne ein einziges Mal aufzusehen. Es kamen keine Fragen aus dem Publikum. Als ich im Aufzug mit einigen Zuhörerinnen nach unten fuhr, hörte ich, wie eine die andere fragte: »Vermissen Sie nicht John Mason Brown?«

In meinem Zimmer fand ich das folgende anfeuernde Telegramm von Scott:

KENNY WASHINGTON HEUTE GROSS IN FORM
ICH DENKE AN DICH

SCOTT

Kenny Washington war der große schwarze Abwehrspieler vom U.C.L.A. Freitags abends gingen Scott und ich für gewöhnlich ins Coliseum, um das Footballspiel anzusehn, damit Scott Kenny anfeuern konnte, der sein Lieblingsspieler war. Auf der Rückseite seines Programms arbeitete er dann stets komplizierte Footballtaktiken aus.

In Cleveland machte ich es schon besser und brachte es immerhin fertig, meinen Blick lange genug vom Manuskript zu lösen, um dem Publikum ein strahlendes Lächeln zu schenken; es gelang mir sogar, einen improvisierten Scherz einzufügen. Wieder ein Telegramm von Scott:

DENKE DARAN, DASS DU DEINEN ZUHÖRERN GELEGENHEIT GIBST, DIE PROBLEME DER FILMLEUTE KENNENZULERNEN, GLEICHZEITIG KANNST DU IHNEN KLARMACHEN, DASS MAN IHREM WUNSCH ENTSPRECHEN KANN, WENN SIE BESSERE FILME HABEN WOLLEN. WOLLEN SIE SICH UNTERHALTEN ODER BILDEN? BEIDES LÄSST SICH MÖGLICHERWEISE VEREINEN WENN ES AUCH SCHWIERIG IST. KÖNNEN SIE DABEI HELFEN?

DEIN HOLLYWOODER BEWUNDERER

SCOTT

Das Telegramm, das ich in Louisville erhielt, lautete:

DAS LAND STEHT HINTER DIR STOP ENTSPANNE DICH UND GIB WAS DU HAST STOP WIR MACHEN STIMMUNG FÜR DICH DEINE CONSTANCE LOUELLA HEDDA. DU FEHLST MIR SEHR

SCOTT

In St. Louis ging ich, gestärkt durch Scotts letzte Botschaft, in meinen Vortrag. Sie lautete:

SEHNE MICH SO UNENDLICH NACH DEINER RÜCKKEHR IN LIEBE

SCOTT

In Kansas City erreichte ich meine Hochform. Der *Kansas City Star* hatte auf der ersten Seite ein schmeichelhaftes Interview und mein Bild gebracht. Ich fühlte, daß ich nun die Podiumstechnik gemeistert hatte: Ich legte an den richtigen Stellen Pausen ein, meine Scherze kamen zum rechten Zeitpunkt, und mein Publikum schien mitzugehen. Als ich geendet hatte, erhielt ich den bislang stärksten Applaus. Dann erhob sich eine Frau. »Hat Shirley Temple blondes Haar?«

Ich erwiderte, daß es hellbraun sei, für die Filmaufnahmen jedoch aufgehellt werden müsse. Ich wisse das, weil ich Shirley Temple und ihrer Mutter häufig im selben Schönheitssalon begegne — bei Westmore's in Hollywood.

»Wie ist Loretta Young eigentlich?« fragte eine andere Zuhörerin. Ich erinnerte mich an Scotts Rat: ernst bleiben, niemals frivol sein, gründlich nachdenken. »Loretta ist einfach bezaubernd«, sagte ich. »Sie zeigt sich vor der Welt immer nur strahlend. Ich habe es nie erlebt, daß sie die Geduld verloren hätte. Eine ausgezeichnete Schauspielerin, eine sehr sympathische Frau.« In einem Anfall von Vertraulichkeit fügte ich hinzu: »Aber natürlich ist es für eine Frau immer schwer, eine andre Frau zu beurteilen. Wenn Sie wirklich wissen wollen, wie sie unten drunter ist, müssen Sie einen Mann fragen.«

Einen Augenblick lang herrschte Schweigen, und dann brach ein Sturm von Gelächter los. Plötzlich wurde mir klar, was ich da gesagt hatte. »O mein Gott!« sagte ich laut. Meine Zuhörerinnen fanden das noch komischer. Errötend setzte ich mich, und sie lachten noch im Hinausgehen.

An diesem Abend, kurz bevor ich nach Hollywood zurückflog, rief ich Scott an. Ich sprudelte nur so. Alles war fabelhaft gegangen. Je weiter ich nach Westen kam, um so besser war ich geworden. Und heute in Kansas — »da hatte ich sie richtig im Griff, Scott!« — »Wunderbar!« sagte er. »Ich wußte, daß du Erfolg haben würdest, Kleinchen!« Seine Stimme klang heiter. Als ich einhängte, fragte ich mich, ob er wohl getrunken hatte.

Am Flughafen nahm mich Scott herzlich in Empfang. Er schien angespannt, doch ich war so erfüllt von meinem

Triumph, daß ich immer nur von mir sprach. Nachdem wir gefrühstückt hatten, brachte er mich in meine Wohnung, damit ich ein wenig schlafen könne.

Ein paar Tage danach schlug ich morgens den *Hollywood Reporter* auf. Da, auf der ersten Seite, stand ein Leitartikel von W. R. Wilkerson, dem Verleger, den ich in den ersten Wochen meines Aufenthalts in Hollywood dadurch beleidigt hatte, daß ich so geringschätzig über sein Trocadero-Restaurant berichtete. Zunehmend ungläubig las ich das Folgende:

> Die beiden Tourneen, die zur Zeit zwei prominente Filmkolumnistinnen in verschiedene Schlüsselstädte des Landes führt — Louella Parsons und Sheilah Graham —, haben eine gute und eine sehr schlechte Wirkung auf die Filmbranche.
> Miß Parsons wird der Branche unzweifelhaft nützen … man muß sie rühmen, ihr danken, sie unterstützen … Der Fall Sheilah Graham hingegen liegt gänzlich anders.

Im Anschluß daran zitierte Mr. Wilkerson aus einem Bericht des Kansas-City-Korrespondenten des *Reporter* Jack Moffitt, der bei meinem Vortrag nicht zugegen gewesen war:

> Sheilah Graham erhielt zweihundert Dollar für ein einmaliges Gastspiel im Kansas City Woman's Club. Die Studios hätten Geld gespart, wenn sie ihr zweitausend dafür gezahlt hätten, daß sie blieb, wo sie war, in Hollywood. Ihr Vortrag war eine von üblen Verleumdungen strotzende Angelegenheit, die keine der Filmgrößen unbesudelt ließ. Sogar Shirley Temple und ihre Mutter wurden in Sheilahs Exsudat angeprangert, weil sie sich angeblich die Haare färben lassen. Die nächtlichen Spiele eines erwachsenen Stars wurden mit hochgezogenen

Augenbrauen à la Groucho und effektvollen Unterstellungen angedeutet ...

Und dann fuhr Mr. Wilkerson fort:

Miß Grahams Vortragstournee wurde von ihrem Zeitungssyndikat, der North American Newspaper Alliance, arrangiert, das eine höchst gewichtige Gruppe von Zeitungen im ganzen Land bedient, von denen jede eine runde Summe für Filmwerbung kassiert ... Hollywood, seine Schauspieler, Produzenten, Schriftsteller und Regisseure sollten Miß Graham wissen lassen, daß sie nicht gewillt sind, weiterhin auf dieser »Vortragsreise« den Kinobesuchern solchen Unrat servieren zu lassen, und die Branche sollte die Zeitungen daran erinnern, daß derartiges Im-Schmutz-Wühlen *äußerst unfair* **ist. Die Parsons-Tournee wird todsicher ein großer Erfolg ... Lolly am Vortragspult serviert keine »Enthüllungen«, sondern vermittelt Information und Plauderei, die der Filmbranche nützlich sind.**

Ich war außer mir. Ich rief Scott an und las ihm mit erstickter Stimme den Artikel vor. — »Das ist einfach abscheulich ...«, begann er. »Unternimm nichts, Sheilah. Ich besorge mir die Nummer. Sie werden sich entschuldigen und einen Widerruf bringen müssen.»

Ich konnte nur wimmern: »Ach, diese gräßlichen Menschen!«

»Warte nur«, sagte Scott drohend. »Warte nur.«

Später erfuhr ich, was sich zugetragen hatte. Scott fuhr unverzüglich nach Hollywood zu Schwab's Drugstore, wo man den *Hollywood Reporter* kaufen konnte. An der Zigarrentheke stehend las er es. Der Kolumnist Sidney Skolsky schlenderte vorbei. Scott drehte sich zu ihm um und schwenkte die zusammengerollte Zeitung in der Faust. »Haben Sie das gesehen? Haben Sie es gelesen?« Er war weiß vor Wut, seine Stimme bebte. Dann wandte er sich um und verließ mit großen Schritten den Laden.

Ein paar Minuten später telefonierte er mit John O'Hara. Ob er den Angriff auf Sheilah im *Reporter* gelesen habe? »Es ist so verdammt unfair!« rief Scott aus. »Sheilah hat ihre Sache glänzend gemacht, und dieser Kerl, dieser Wilkerson — ich fordere ihn zum Duell, John. Ich möchte, daß Sie mein Sekundant sind.«

O'Hara versuchte ihn zu besänftigen. Scott könne das nicht tun. Man duelliere sich heutzutage nicht mehr. Es sei albern.

»O nein, o nein«, sagte Scott. »Ich fordere ihn zum Duell. Er kann jede beliebige Waffe wählen. Sekundieren Sie mir?« O'Hara lehnte ab.

»Gut«, sagte Scott. »Dann rufe ich Eddie Mayer an. Er ist ein Gentleman — er wird mich nicht im Stich lassen.«

O'Hara rief Eddie an, um ihn davon in Kenntnis zu setzen, daß Scott sich möglicherweise an ihn wenden würde. Statt dessen fuhr Scott jedoch geradewegs zum Bürohaus des *Hollywood Reporter* am Sunset Boulevard, stürmte in die Anmeldung und brüllte, er wolle Mr. W. R. Wilkerson sprechen. Eine umsichtige Sekretärin erklärte, Mr. Wilkerson sei nicht im Hause. Fast eine Stunde lang ging Scott wartend auf und ab, bis er schließlich aufgab und nach Encino zurückfuhr.

Dort holte ich ihn endlich ein, nachdem Eddie mich angerufen und berichtet hatte, daß Scott wüte. Es gelang mir nach einer Weile, ihn zu beruhigen. Ich hatte mit Roy Roberts, dem Herausgeber des *Kansas City Star*, telefoniert, der sich meinen Vortrag angehört hatte. Er versprach mir, umgehend telegrafisch bei Wilkerson zu protestieren. Das Prestige und die Seriosität des *Star* waren unantastbar. Dies war die beste — und einzige — Art, die Angelegenheit ins reine zu bringen.

Erst jetzt, als ich Scott sah, wurde mir klar, in welchem Ausmaß er erregt war. Mein Kummer hatte nur dazu beigetragen, seine eignen Probleme zu vergrößern. Er hatte getrunken — ich hätte es schon am Flughafen erkennen müssen —, und er stand unter höchster Anspannung. Wenige Tage zuvor hatte er das erste Kapitel des *Letzten Taikun* vollendet. Er hatte es so eilig damit, es an *Collier's* abzuschicken, daß Frances zum Flughafen gefahren war und es dort aufgegeben hatte. Doch das Manuskript umfaßte nur sechstausend Wörter statt der geforderten fünfzehntausend. Littauer hatte telegrafiert, er müsse seine Entscheidung so lange vertagen, bis er mehr zu sehen bekommen habe. Bitter enttäuscht, hatte Scott unverzüglich ein zweites Exemplar an die *Saturday Evening Post* schicken lassen. Auch dort hatte man es abgelehnt, sich festzulegen.

Diese zweifache Zurückweisung von seiten zweier Zeitschriften, die in vergangenen Jahren stolz darauf gewesen waren, nahezu alles zu drucken, was er schrieb, überwältigte Scott. Er verfiel in so abgrundtiefe Verzweiflung, wie ich sie nie zuvor erlebt hatte. »Sie wollen nichts von F. Scott Fitzgerald«, sagte er voll Bitterkeit. »Ich bin nicht mehr in Mode. Egal, was ich schreibe, sie wollen's nicht haben.«

Er trank ständig. Es gab kein Mittel, dem Einhalt zu tun. Frances und ich waren in Sorge. Heimlich ließen wir seinen Revolver aus der Küchentisch-Schublade verschwinden, wo er ihn jetzt aufbewahrte, und versteckten ihn, wohlverpackt in Zeitungspapier, ganz hinten auf einem der höchsten Bretter des Speiseschranks.

Ein paar Abende später fand ich bei der Ankunft in Encino Scott in Gesellschaft zweier Fremder vor. Sie hätten ebensogut der Filmkulisse einer Landstreicherszene entstiegen sein können: Sie waren schmutzig, unrasiert und betrunken. Scott, im Bademantel, drängte ihnen seine rosa Hemden auf, seine Krawatten und Taschentücher. Einer der beiden hatte bereits zwei von Scotts Brooks-Brothers-Anzügen über dem Arm hängen.

»Das sind meine Freunde«, sagte Scott großartig. Er habe sie als Anhalter am Ventura Boulevard aufgelesen und sie eingeladen, zum Abendessen zu bleiben. Die armen Kerle besäßen nicht mal Hemden ...

»Meint ihr Jungs nicht, daß es an der Zeit wäre, zu gehen?« sagte ich. »Und laßt bitte Mr. Fitzgeralds Kleider hier.«

Scott wandte sich mir zu. »Warum sollen sie gehen, Sheilo? Ich habe dir doch gesagt, es sind meine Freunde.« Die beiden Männer grinsten mich an.

Ohne Scott zu beachten, sagte ich: »Wollen Sie bitte diese Sachen hinlegen und gehen! Und zwar sofort! Machen Sie, daß Sie verschwinden!«

Scott unterbrach mich: »Sprich nicht so zu meinen Freunden.« Es lag ein gebieterischer Unterton in seiner Stimme, den er mir gegenüber nie zuvor angeschlagen hatte. »Geh *du*. Dies sind meine Freunde. Alte Freunde.«

Ich sagte zu den beiden, wiederum so, als wäre Scott gar nicht anwesend: »Ich warne Sie. Wenn Sie nicht sofort gehen, rufe ich die Polizei.«

Sie sahen, daß es mir Ernst war. Sie machten eine kunstvolle Zeremonie daraus, die Anzüge und Weißwaren auf einem Stuhl abzulegen.

»Die Lady sagt gehen, also gehen wir besser«, bemerkte der eine. Er winkte Scott zu. »Bis dann, alter Knabe. Wir komm' mal wieder.« Und dann gingen sie.

Scott starrte ihnen nach. Er schien verloren.

Ich wußte, daß Miß Steffan, seine Pflegerin, irgendwo in der Nähe war. »Ich mach' dir was zu essen, Scott«, sagte ich. In der Küche erhitzte ich eine Büchse Tomatensuppe, füllte sie in zwei Suppentassen und trug diese ins Eßzimmer. Dort deckte ich den Tisch für uns beide. »Komm, Scott — etwas heiße Suppe wird dir guttun.«

Er wollte nicht. Er saß zusammengesunken in einem Lehnsessel und murmelte vor sich hin: »Unverschämt zu meinen Freunden sein — nie im Leben so beleidigt worden ...«

Ich begann meine Suppe zu trinken und dachte, wenn er Lust hat, wird er schon kommen und sich an den Tisch setzen.

Mit der überraschenden Beweglichkeit, die er immer dann zeigte, wenn man sie am wenigsten erwartete, sprang er plötzlich aus seinem Sessel auf, stürzte sich auf seine Suppentasse und schleuderte sie quer durchs Zimmer. Sie knallte gegen die Wand und ergoß ihren Inhalt überallhin. »Ach, Scott!« stöhnte ich. Ich holte ein Küchentuch und begann aufzuwischen. Als ich die zerbrochene Tasse in die Küche tragen wollte, vertrat mir Scott den Weg. »Hör doch auf mit den Dummheiten, Scott —«, begann ich.

Er holte mit der Rechten aus und schlug mir mit aller Kraft ins Gesicht. Der Schlag traf meine linke Wange mit ungeheurer Wucht. Meine Ohren dröhnten, und Tränen sprangen mir in die Augen. Da stand ich, benommen und taub, die Scherben in der Hand, und starrte ihn an. War das möglich? War das der ritterliche Liebhaber, der zärtliche Vertraute, der unendlich verständnisvolle Scott ...? Dann sah ich, daß er von neuem zum Schlag ausholte. Ich wich zurück.

Unerwartet erschien Miß Steffan auf der Bildfläche. »Bitte, Mr. Fitzgerald ...« Und sie ging auf ihn zu.

Er fuhr herum. »Ach, Sie meinen, sie brauchte Schutz, wie? Sie meinen, sie sei jemand, der Schutz verdient? Wenn Sie nur wüßten, was sie wirklich ist!« Er tat einen Schritt auf mich zu, dann wieder zu ihr hin. »Eine Schwindlerin ist sie! Aus den schlimmsten Londoner Slums kommt sie, in einem Waisenhaus ist sie groß geworden, und sie heißt nicht Sheilah Graham, sondern Lily Sheil. Lily Sheil!« Er begann herumzuhüpfen wie ein wahnsinniges Rumpelstilzchen und sang »Lily Sheil, Lily Sheil, Lily Sheil ...«

»Mr. Fitzgerald —«, sagte entgeistert die Pflegerin.

Er trat ihr hart gegen das Schienbein, und sie entfloh weinend.

Ich war nahezu in einem Schockzustand. War er gemeingefährlich? Ich konnte mir nicht vorstellen, daß er für irgend jemand eine Gefahr bedeuten sollte. Es war Scott, das böse Heinzelmännchen — das eine melodramatische Szene spielte. Ich konnte nichts anderes tun als gehen. Am nächsten Morgen würde er reumütig aufwachen …

Ich ging langsam rückwärts. Mit so viel Würde, wie ich aufbringen konnte, wandte ich mich um und betrat die Küche, um so zu meinem Wagen zu gelangen, den ich auf der Rückseite des Hauses geparkt hatte. Scott umrundete mich mit einem plötzlichen Sprint und stand nun vor der Tür, mir den Weg versperrend. »O nein, du kommst nicht raus. Du verläßt dies Haus nicht.«

»Warum nicht?« fragte ich eisig. »Ich will gehen.«

»Du bleibst hier, hier und sonst nirgends — Lily Sheil. Wenn ich dich gehen lasse, dann kannst du gehen.«

Ich starrte ihn an. Wie konnte er mich derart verletzen? »Ich hasse dich!« brach es aus mir heraus. »Ich liebe dich nicht mehr! Ich habe keine Achtung vor dir!«

Er zog eine Zigarette hervor und brachte es fertig, sie mit zitternder Hand anzubrennen. »Du gehst nicht«, sagte er. »Ich werde dich umbringen.«

Mich befiel keine Panik. Unvermittelt wurde mir bewußt, daß es zu einer wirklichen Tragödie kommen konnte, wenn ich jetzt mit Panik reagierte.

»In Ordnung, Scott«, sagte ich wie bei einer leichten Konversation. Ich schwang mich auf den niedrigen Schrank und saß da, mit den Beinen baumelnd, als handle es sich um eine Unterhaltung zwischen Schulmädchen. »Wenn du nicht willst, daß ich gehe, so laß uns reden. Worüber möchtest du reden?« — »Ich werde dich umbringen«, wiederholte er. Er riß die Tischschublade auf. »Wo ist mein Revolver?« Er warf mir einen mißtrauischen Blick zu. »Wo ist mein Revolver?« Er begann die Speiseschrank-Schubladen aufzureißen. Ich überlegte, daß ich vielleicht durch die Tür entkommen könnte, doch er würde mich einholen, lange ehe ich den Wagen erreicht hatte. Stumm saß ich da. »Frances«, sagte er schließlich mehr zu sich selbst. »Sie wird es wissen.« Auf dem Schrank, wenige Zentimeter von mir entfernt, stand ein Telefon. Er wählte die Nummer seiner Sekretärin. »Frances« — seine Stimme klang sanft —, »ich habe draußen verdächtige Geräusche gehört. Haben Sie eine Ahnung, wo mein Revolver ist?«

Ich hielt den Atem an. Dann hörte ich mit ungeheurer Erleichterung Frances' Antwort: »Nein, Mr. Fitzgerald, ich habe keine Ahnung.« Er hatte sie nicht täuschen können.

»Haben Sie nicht gesehen, wie ich ihn irgendwo hingelegt habe? Vielleicht habe ich ihn versteckt.«

»Nein, Mr. Fitzgerald. Es tut mir leid, aber ich weiß nicht, wo er sein könnte.«

»Gut denn«, sagte er und hängte ein. Aufs neue begann er nach dem Revolver zu suchen, kramte zwischen Töpfen und Pfannen. — »Scott«, sagte ich, läßt du mich jetzt gehen? Ich möchte gehen, Scott.»

»Nein, du gehst nicht. Du kommst hier nicht lebend raus.«

»Wenn du mich nicht gehen läßt, Scott«, fuhr ich ganz ruhig fort, »werde ich die Polizei rufen, und dann gibt es einen scheußlichen Skandal. Du kannst das Scotties wegen nicht wollen, nicht wahr? Du kannst ihr das nicht antun wollen.«

Er murmelte lediglich vor sich hin: »Wo ist nur dieser gottverdammte Revolver!«

Er begann, die Schubladen am anderen Ende der Küche zu durchsuchen. Ich griff zum Telefon und wählte die Vermittlung. »Geben Sie mir die Polizei«, sagte ich laut. »Falls ich unterbrochen werde, hier meine Nummer.« Scott fuhr herum, machte aber keine Anstalten, mich zu unterbrechen.

Ich staunte über meine Ruhe. Zu dem Sergeant, der sich gleich darauf meldete, sagte ich deutlich:

»Ich werde unter der folgenden Adresse gegen meinen Willen festgehalten.« Ich gab ihm die Adresse. Scott starrte mich mit dem Ausdruck höchster Verwunderung an, rührte sich jedoch noch immer nicht. »Wir kommen sofort hin«, tönte es laut aus dem Hörer.

»Also, Scott«, sagte ich zu ihm, »du hast gehört, wie ich die Polizei anrief. Ich nehme an, du hast auch die Antwort gehört. Es wird ziemlich schlimm sein, wenn sie mich hier vorfinden. Ich denke, du ließest mich jetzt besser gehen.«

Ich glitt vom Schrank und ging zur Tür. Scott hielt mich nicht auf. Ich ging hinaus und zu meinem Wagen. Ich hatte Mühe, ihn zu starten, denn jetzt überkam mich Hysterie. Den ganzen Weg bis nach Hause weinte ich. Ich weinte noch, als ich meine Wohnung betrat, wo das Telefon klingelte. Es war Scott. »Was willst *du* denn?« schluchzte ich.

»Ich wollte mich nur davon überzeugen, daß du gut heimgekommen bist«, sagte er.

»Ach nein!« rief ich. »Wenn das kein Witz ist!« Und weinend hängte ich ein.

Doch ich sollte in jener Nacht keinen Schlaf finden. Ununterbrochen klingelte das Telefon. Einmal meldete ich mich: Es war Scott. Ich hängte ein. Alle paar Minuten versuchte er es von neuem. *Laß ihn klingeln. Ich bin fertig mit ihm. Ich will ihn nie wiedersehen.*

Um sieben Uhr früh wurde ich durch einen Eilbrief aus quälendem Traum geweckt. Zu meiner Bestürzung lautete die Anschrift: Lily Sheil Graham. Auf das Papier waren die Worte gekritzelt: »Verlaß die Stadt, Lily Sheil, sonst bist du in vierundzwanzig Stunden tot.« Und den ganzen Tag lang kam alle paar Stunden ein weiterer Eilbrief: »Verlaß die Stadt, oder man wird deine Leiche im Coldwater Canyon finden …

Verlaß Hollywood, sonst — du weißt, was dich erwartet ...« Wiederholt klingelte das Telefon. Meine Sekretärin meldete sich. Jedesmal war es Scott. »Ist Lily da?« fragte er. Sie hängte ein. Einmal ging ich an den Apparat. »Oh, Lily?« Scott war so dramatisch, wie er nur konnte. »Du bist noch immer in der Stadt? In vierundzwanzig Stunden wirst du tot sein!« Und er knallte den Hörer auf die Gabel.

Ein paar Stunden später rief John Wheeler aus New York an. »In was für einen Schlamassel sind Sie geraten?« wollte er wissen. Er habe gerade ein Telegramm von F. Scott Fitzgerald erhalten, das lautete:

> SHEILAH GRAHAM HEUTE AUS ALLEN STUDIOS VERBANNT STOP SIE SPIELT NANA IN HOLLYWOOD STOP SCHLAGE VOR SIE NACH ENGLAND ZURÜCKZUSCHICKEN WOHIN SIE GEHÖRT STOP WISSEN SIE DASS IHR RICHTIGER NAME LILY SHEIL IST?

Mit einiger Mühe erklärte ich das Ganze als einen von Scotts Streichen.

Während der zwei folgenden Tage bombardierte mich Scott mit Briefen und Anrufen. Verzweifelt zog ich einen Anwalt zu Rate. »Ich kann nicht arbeiten, ich kann nicht schlafen, dieser Mann treibt mich in den Wahnsinn. Was kann ich dagegen tun?«

Ich könne klagen, meinte der Anwalt, oder man könne, wenn ich öffentliches Aufsehen vermeiden wolle, für fünfhundert Dollar zwei Polizeibeamte gewinnen, Scott aufzusuchen und ihm mit Verhaftung zu drohen, falls er es nicht unterlasse, mich zu belästigen. Ich willigte ein — alles war mir recht, wenn nur dies Martyrium ein Ende nahm. Ich fragte, wie sie es anstellen würden. »Sie werden um fünf Uhr morgens an seine Tür hämmern«, erklärte der Anwalt. »Wir haben festgestellt, daß ein Besuch der Polizei unmittelbar vor Tagesanbruch höchst wirkungsvoll ist.«

»O nein, das können Sie nicht tun«, hörte ich mich sagen. »Er schläft so schlecht. Um diese Zeit würde er gerade einschlafen.«

Der Anwalt sah mich an und schüttelte den Kopf. Wir ließen den Plan fallen.

Es kam ein Brief von Scott:

Liebe Sheilah:

Ich geriet in Deiner Gegenwart in blinde Wut und habe Dir und Jean Steffan weh getan. Es ist nun einmal geschehen. Doch ich habe auch Dinge gesagt — abscheuliche Dinge, und sie lassen sich bis zu einem gewissen Grad ungesagt machen. Irgendein völlig unwesentlicher Teil meines Gehirns brütet sie aus, das weißt Du — für mein Bewußtsein haben sie keinerlei und für mein Unterbewußtsein kaum eine Bedeutung. Sie sind etwa so wichtig und bedeutsam wie unsre Auseinandersetzungen über England und Amerika.

Ich glaube, es hat keinen Sinn mehr mit uns. Ich bin froh, daß Du weder Achtung noch Zuneigung mehr für mich hegst. Entweder passen zwei Menschen zueinander, oder sie passen nicht zueinander, und ganz offensichtlich bin ich für Dich *unerträglich*. Ich habe Dich mit meinem ganzen Sein geliebt, aber irgend etwas war von Grund auf verkehrt. Du brauchst nach dem Grund nicht weit zu suchen — ich bin der Grund. Ich tauge nicht für irgendwelche menschlichen Beziehungen.

Ich habe Dich einfach *geliebt* — und Du hast mir alles gegeben. Es war sehr schön und großzügig — Du.

Ich will sterben, Sheilah, und zwar auf meine Weise.

Früher hatte ich meine Tochter und meine arme, verlorene

Zelda. Nun ist seit zwei Jahren überall Dein Bild. Laß mir die Erinnerungen an Dich bis zum Ende, das nicht mehr fern ist. Du bist wunderbar. Du bist etwas allein aus Dir selbst heraus. Du bist zu sehr Persönlichkeit für einen tuberkulösen Neurotiker, der nichts anderes fertigbringt, als eifersüchtig, gemein und pervers zu sein. Ich möchte mein letztes Zusammensein mit Dir erleben, wenngleich Du nicht hier sein wirst. Es dauert nicht mehr lange. Ich wünschte, ich hätte Dir mehr von mir hinterlassen können. Du kannst das erste Kapitel des Romans haben und den Entwurf. Ich habe kein Geld, aber das könnte etwas wert sein. Frage (Leland) Hayward. Ich liebte Dich ohne Vorbehalt und ausschließlich. Eigentlich wollte ich den Brief mit der Hand schreiben, doch ich fürchte, dann wäre er unleserlich geworden.

Scott

Ich war tief bewegt. Ich sah Scott vor mir, wie er in einem Augenblick erschreckender Nüchternheit den Brief aufsetzte und ihn dann abschreiben ließ, damit ich ganz genau wüßte, was er mir sagen wollte. Doch ich brachte es nicht über mich, ihn anzurufen. Ich stählte mich selbst. Er würde nicht sterben — er nicht. Und ich konnte der Möglichkeit, noch einmal dieselbe Qual zu durchleben, nicht ins Auge sehen.

Zum erstenmal traf ich Verabredungen mit anderen Männern. Ich aß mit Louis Meltzer zu Abend, einem Drehbuchautor, den ich länger kannte als Scott. Ich ging mit dem Regisseur Garson Kanin ins Theater. Ich besuchte Partys mit Victor Mature, John McClain, John O'Hara. »Ich bin wieder im Umlauf«, erklärte ich ihnen. Wenn sie mich mit Fragen bedrängten, sagte ich lediglich, Mr. Fitzgerald sei ein abgeschlossenes Kapitel im Buch meines Lebens.

Dann berichtete eines Tages meine Sekretärin, daß Scott in meiner Wohnung erschienen sei und darauf bestanden habe, mich sehn zu wollen. Er war ziellos von einem Zimmer ins andere gewandert und schließlich unbemerkt gegangen. Ein paar Tage nach diesem Besuch lud mich Marc Connolly zum Abendessen ein. Seit jenem Ball der Schriftstellervereinigung, bei dem Scott und ich zum erstenmal miteinander gesprochen hatten, war ich nicht mehr mit Marc ausgegangen. Marc, der fröhlich, geistreich und außerordentlich charmant war, holte mich ab, und während ich meine Silberfuchsjacke holen ging, dachte ich: Es *gibt* noch andre Männer auf der Welt.

Die Jacke war nicht da. Ich suchte überall. Sie war fort. Mir ging ein Licht auf. *Scott!* Ich weiß noch, wie ich ins Wohnzimmer stürzte und dem verblüfften Connolly die Worte entgegenschleuderte: »Dieser Mann ...«, ich war so wütend, daß ich den Namen Scott nicht über die Lippen brachte, »dieser Mann hat meine Pelzjacke gestohlen!«

Am nächsten Tag rief mein Versicherungsvertreter Scott an. Scott gab zu, daß er die Jacke mitgenommen habe. Er sagte, er habe sie mir nur geliehen. — »Ich lasse Ihnen fünf Tage, sie zurückzugeben«, erklärte der Versicherungsagent. »Dann werden wir — nicht Miß Graham — die Sache gerichtlich verfolgen.« Scott kapitulierte. Es könne länger dauern als fünf Tage, sagte er bedrückt. Er habe die Jacke seiner Tochter nach Vassar geschickt, als Weihnachtsgeschenk. Nun müsse er ihr schreiben, daß er ihr eine falsche Jacke geschickt habe. Sie müsse sie zurückschicken, und er werde ihr eine andere senden.

Ich empfand weder Bedauern über das Dilemma, in dem sich Scott befand, noch — zu diesem Zeitpunkt — über Scotties Enttäuschung. *Soll Scott ruhig leiden.* Je mehr ich darüber nachdachte, desto wütender wurde ich. *Ich werd's ihm zeigen.* Ich nahm die Erstausgaben seiner Bücher, die er mir geschenkt hatte — in jeden Band hatte er eine Widmung geschrieben —, und zerriß sie. Ich zerfetzte die Titelblätter und warf alles in den Mülleimer. *Ich will seinen Namen nicht mehr lesen, ich will seinen Namen nicht mehr hören, ich will nicht an ihn erinnert werden.* Ich haßte diesen Mann. Er hatte mich verraten. Er hatte meine Geheimnisse preisgegeben — meinen Namen, das Waisenhaus, meine Herkunft. Er hatte mich geschlagen; er hatte mir angedroht, mich zu töten; er hatte versucht, mich um meine Stellung zu bringen; und was mich am meisten empörte, er hatte mir meine kostbare Silberfuchsjacke gestohlen, den ersten echten Pelz, den ich je besaß und der mir so teuer war, daß ich nicht gewagt hatte, mich damit irgendwo anzulehnen!

Ich wies meine Sekretärin an, falls er weiterhin anriefe, zu erklären, ich hätte die Stadt verlassen und sei nicht zu erreichen.

Eine Woche darauf erhielt ich einen sehr förmlichen Brief von Frances Kroll:

Liebe Miß Graham,
Mr. Fitzgerald ist wieder er selbst, nachdem er sechs Tage zu Bett lag, und er findet alles, was er getan hat, einfach abscheulich. Er möchte wissen, ob er in irgendeiner materiellen Weise wenigstens zum Teil den angerichteten Schaden wiedergutmachen kann. Natürlich wird er alles ersetzen, und im besonderen wüßte er gern, ob es Ihnen in irgendeiner Weise helfen würde, wenn er Hollywood für immer verließe. Er weiß nicht, wo Sie sich aufhalten, und er wird keinen Versuch machen, Sie zu sehen. Er möchte lediglich soviel wie möglich von dem Kummer, den er Ihnen verursacht hat, aus der Welt schaffen.

Herzlich
Ihre
Frances Kroll

Ich teilte Frances mit, daß ich nichts von ihm verlange. Ich verlangte lediglich, in Ruhe gelassen zu werden.

Die Nachricht war mit Bleistift geschrieben und kam einige Tage nach Frances Krolls Brief. Sie war auf einen seiner gelben Bogen geschrieben und um ein kleines Notizbuch gewickelt, in dem ich Adressen und Telefonnummern notiert hatte. Die Nachricht lautete:

> Als ich vergangenen Dienstag wieder zu mir kam, fand ich dies; es gehört offensichtlich Dir. Es ist jetzt sehr still hier draußen. Heute nachmittag ging ich in Dein Zimmer und lag dort eine Zeitlang auf Deinem Bett, um zu sehen, ob irgend etwas von Dir zurückgeblieben wäre. Da waren ein paar Bleistifte und das Heizkissen, das nicht funktionierte, und vorm Fenster der Herbst, der nie mehr der gleiche sein wird. Dann schrieb ich eine Menge Ausdrücke auf, die Dein Gesicht spiegelte, nur den einen nicht, den vor meinen Augen zu sehen ich nicht ertragen kann, jenen Ausdruck des kleinen Mädchens, das mir so sehr vertraute und das ich mehr liebte als alles auf der Welt — und dem ich Kummer brachte, wo ich ihm hätte Freude bringen wollen. Etwas hätte Dir sagen müssen, daß ich wild phantasierte … Es war alles nur Fieber, Alkohol und Sedative — die Schwestern hören das in jedem schweren Fall von Trunksucht. Ich bin froh, daß Du mich los bist. Ich hoffe, Du bist glücklich, und ich hoffe, daß der letzte grauenvolle Eindruck allmählich verblaßt, bis Du eines Tages sagen wirst, »so schwarz kann er nicht gewesen sein«. Leb wohl, Sheilo, ich werde Dich nicht mehr behelligen.
>
> Scott

26

Ein riesiger Strauß American-Beauty-Rosen wurde in meiner Wohnung abgegeben. Auf der beigefügten Karte stand nichts als: Scott. Die Blumen waren herrlich. Es wäre ein Jammer gewesen, sie fortzuwerfen. Ich ordnete sie in eine Vase.

Am nächsten Tag kam Frances Kroll und brachte ein Köfferchen mit Dingen, die mir gehörten — das Letzte, was von mir noch in Encino zurückgeblieben war. Scott arbeite angestrengt, erzählte sie. Er habe das zweite Kapitel des Romans glücklich hinter sich gebracht. Und er trinke nicht mehr. Als ich sie ansah, sagte sie: »Es ist mein Ernst. Es ist wahr.« — »Gut für ihn«, sagte ich gleichgültig. Wir schwatzten noch eine Weile, dann ging sie.

In Encino wartete Scott ungeduldig auf sie. »Nun?« fragte er. Frances lächelte. »Sie sind da, Mr. Fitzgerald«, berichtete sie. »Ich sah sie in einer wunderschönen Vase auf ihrem Schreibtisch stehen.«

Scotts Miene hellte sich auf. »Ich hab' sie an der Angel!« sagte er triumphierend. Und er hatte, obwohl ich es noch nicht wußte. Fünf Wochen lang hatte ich ihn weder gesehen noch gesprochen. Bei John Wheeler hatte er sich mit einem Telegramm entschuldigt, das mein Boß an mich weiterleitete:

ALS ICH IHNEN TELEGRAFIERTE HATTE ICH 40 GRAD FIEBER UND GANZ NETT ALKOHOL GETANKT.

BESORGNIS WEGEN SHEILAH UND DER STUDIOS UNNÖTIG. WIR HATTEN PERSÖNLICHE DIFFERENZEN UND ICH BENAHM MICH SEHR SCHLECHT. BETRACHTEN SIE BITTE MEIN TELEGRAMM ALS DAS GESTOTTER EINES MANNES DER NICHT BEI VERSTAND WAR.

SCOTT FITZGERALD

Ich las es mit sonderbarer Teilnahmslosigkeit. All das schien mir jetzt so fern gerückt. Es war angenehm damals, Anfang 1940, frei zu sein und alles genießen zu können, was Hollywood bieten konnte — wieder mit jungen Leuten auszugehen, aufs neue zur Filmkolonie zu gehören. Meine Spalte erschien jetzt in fünfundsechzig Zeitungen in den Vereinigten Staaten und Kanada, ja gelegentlich sogar im Londoner *Evening Standard*. Johnny, der all die Jahre hindurch ein getreuer Briefpartner geblieben war, schickte mir Ausschnitte, wenn Sheilah Grahams *Hollywood* heute dort erschien. Anfang Januar 1940 bat die illustrierte Zeitschrift *Look* um die Genehmigung, einen Bildbericht über mich als die hübscheste Kolumnistin Hollywoods bringen zu dürfen. Das Projekt scheiterte daran, daß ich mich nicht dazu entschließen konnte, im Badeanzug zu posieren. »Das liegt mir nicht«, protestierte ich. »Ich werde für Sie beim Tennis posieren ...« Als nichts daraus wurde, nahm ich es nicht tragisch. Ich hatte es weit gebracht seit meiner Cochran-Zeit.

Ich besaß jetzt eine ganz andere Selbstsicherheit. Es tat wohl, die Bewunderung der Männer zu spüren, mit denen ich ausging — ja auch, sie, gelegentlich, einzuschüchtern, indem ich meine Fähigkeit zur Schau stellte, ganze Strophen von Andrew Marvell oder Robert Herrick herunterzurasseln, oder indem ich darauf hinwies, daß Keats Anleihen bei Boccaccio gemacht hatte, oder auch über Matthew Arnolds Einfluß auf die englische Prosa diskutierte. Es war ungemein schmeichelhaft, einen so ausgesprochen literarischen und begabten Autor wie Irwin Shaw sagen zu hören: »Es ist erstaunlich, wie belesen Sie sind.« Und es machte Spaß, wieder zu flirten, jeden Abend in einem anderen Restaurant zu essen, von einem Tisch zum andern zu wandern und dabei dem Selbstgefühl schmeichelndes Aufsehen zu erregen, jeden Abend in mehreren Nachtlokalen zu tanzen …

Eines Samstagabends hatte ich mich einer Gruppe von Freunden zu einem vergnügten Abend angeschlossen. Wir aßen bei Lucey und zogen dann zu Tanz und Unterhaltung zu Ciro, ins Mocambo, den Coconut Grove. Als der Abend sein Ende gefunden hatte, wurde ich vor meiner Wohnung abgesetzt. Ich kam herein, knipste das Licht an und sank erschöpft aufs Sofa, als das Telefon klingelte. Es war Scott. »Ich würde dich sehr gern sehen, Sheilo«, sagte er. »Kann ich dich morgen sehen?«

Einen Augenblick lang gab ich keine Antwort. Plötzlich, während ich da auf dem Sofa saß, das er und ich zusammen in Barker's Bargain Basement gekauft hatten, ein duftiges Hütchen in Rosa und Blau auf dem Kopf, das er stets bewundert hatte, dachte ich: Ich kann es nicht ertragen. Weder das Tanzen noch das Auswärtsessen, noch das Flirten oder die leere, leere Konversation. Ich will Scott. Ich will diese andern Männer nicht. Sie sind lieb und bezaubernd und gutaussehend und unerhört erfolgreich, aber sie sind nicht Scott. Es ist mir egal, ich habe keinen Stolz, ich will Scott. Wieder erklang seine Stimme, sehr sanft: »Bist du noch da, Sheilo?« — »Ja, Scott«, sagte ich, »ich bin noch da.« Und ich setzte hinzu: »Natürlich kannst du mich sehen.«

»Gut«, sagte er. »Ich hole dich zeitig am Morgen ab — um neun Uhr. Ich möchte irgendwo hinfahren, wo wir miteinander reden können.«

Am nächsten Morgen um neun — für ihn eine erstaunlich frühe Stunde — kam er mich abholen. Wir waren beide reserviert, ja förmlich. Stumm saß ich neben ihm, während sein kleiner Wagen langsam die sich in zahlreichen Kurven windende Straße zur Höhe des Laurel Canyon hoch über der Stadt erklomm. Zu dieser frühen Stunde eines Sonntagmorgens im Januar war alles gänzlich still. Etwas von Verlassenheit und Trostlosigkeit war auf den Hügeln ringsum und in dem kalten blauen Himmel über uns.

Wir stiegen aus, und ich ging neben ihm her zum Rand einer kleinen Kuppe. Da, wo sie zum Canyon abfiel, setzten wir uns ins Gras. In der Ferne glitzerte das schmale Silberband des Pazifiks; etwas näher die Malibu-Berge, blau und rauchig im Morgennebel, und hier und da auf den davorliegenden Hügeln Polster von leuchtendroten Bougainvilleas. Zur Linken tief drunten lagen die Dächer und Türme von Los Angeles vor uns hingebreitet wie auf einem Bild. Langsam begann Scott zu sprechen. Er sprach von sich, von Zelda, von seinem Trinken — er wisse, daß er keinen Alkohol vertrage. Er wisse, daß er für menschliche Gemeinschaft nicht tauge, wenn er betrunken sei. Er habe in jungen Jahren zu trinken angefangen, weil damals alle Welt trank. »Wir tranken mit ihnen, Zelda und ich. Ich konnte trinken und Spaß dabei haben. Ich glaubte mich überall auf der Welt ernähren zu können, wenn ich nur Bleistift und Papier hätte. Dann entdeckte ich, daß ich außerdem noch Alkohol brauchte. Ich brauchte ihn, um schreiben zu können.« Es kam der Tag, da er erkannte, daß er trank, um vor sich selbst zu fliehen — nicht nur, um vor der wachsenden Erkenntnis zu fliehen, daß er seine schöpferische Kraft vergeudet hatte, sondern auch, um das Gefühl der Schuld zu betäuben, das er gegenüber Zelda empfand. »Ich fühle mich verantwortlich für ihr Schicksal. Ich konnte das, was aus ihr wurde, nicht länger ertragen. Ich konnte das, was aus mir geworden war, nicht länger ertragen. Doch der Alkohol half mir nicht, zu vergessen. In diesen letzten Jahren war die Flucht grauenvoller als die Wirklichkeit.« Diese Form der Flucht sei für ihn erledigt. Er fühle sich jetzt kräftiger als seit langer Zeit, wenngleich da noch immer seine Tb und die Schlaflosigkeit seien, gegen die er zu kämpfen habe. Er blicke voll Hoffnung in die Zukunft. Er habe einen neuen Agenten, der ihm vielleicht Drehbuch-Aufträge verschaffen werde. Er sei mitten in der Arbeit an seinem Roman. Er sei sicher, daß er ein gutes Buch schreiben könne. Er wünsche sich sehnlichst, daß ich zu ihm zurückkomme. »Ich werde nicht mehr trinken, Sheilah. Ich habe mir selbst das Versprechen abgenommen. Ob du zu mir zurückkommst oder nicht, ich werde nicht mehr trinken. Doch ich wünsche dich zurück — von ganzem Herzen.«

Er verstummte. Wir waren ganz allein in der abgelegenen, isolierten Welt, die nur uns gehörte. Scott hatte die letzten Worte so feierlich gesprochen. Nie zuvor hat er sich alles so von der Seele geredet, dachte ich; nie zuvor hat er sich mir so eröffnet; nie zuvor hat er versprochen, er werde nicht mehr trinken. Dieser Ort hier hätte geradesogut eine riesige Kirche sein können und ich mit Scott im Beichtstuhl … Einen Augenblick lang überfiel mich ein leichtes Erschauern. Ich wußte, daß ich ihn wiederaufnehmen würde, doch ich mußte Gewißheit haben.

»Scott …«, begann ich. Ich suchte nach Worten, »wie soll ich wissen, ob ich dir glauben kann? *Kannst* du überhaupt aufhören zu trinken, Scott? Ist es dir wirklich ernst damit?«

»Es ist mir ernst damit«, sagte er. Wir schwiegen lange Zeit. Wir sahen einander an. »Vertrau nicht einfach auf meine Worte, Sheilah. Stell mich auf die Probe.«

Ich kehrte zu ihm zurück, und alles fand wieder seine Ordnung.

Scott trank nicht. Zu Anfang des Jahres 1940 arbeitete er zum erstenmal seit Monaten wieder an einem Drehbuch. Die Vorlage war seine Kurzgeschichte *Babylon Revisited*, die der Produzent Lester Cowan für eintausend Dollar angekauft hatte. Cowan zahlte ihm weitere fünftausend Dollar, damit ein Film daraus entstand. Tausend Dollar war ein lächerlich niedriger Preis für ein Filmrecht von F. Scott Fitzgerald; auch die fünftausend Dollar für sechzehn Wochen Arbeit, die er für das Skript aufwenden sollte, lagen weit unter Scotts gewohnten Sätzen. Doch er war dankbar für die Gelegenheit. Er stand wieder unter Vertrag, die Arbeit an seiner eigenen Story machte ihm Freude, und er war moralisch in guter Verfassung.

Wir lebten jetzt sehr ruhig in Encino. Jeden Mittag, wenn ich meine Spalte fertig hatte, kam Scott zum Swimming-pool herunter und gab mir Schwimmunterricht. Während ich im Wasser herumzappelte, gab mir Scott in Pullover und Hut vom Rand her Anweisungen, wobei er sorgfältig darauf achtete, sich aus der Sonne zu halten, wie sehr ihn auch meine Unfähigkeit zur Verzweiflung brachte. Nach dem Essen zogen wir uns jeder in sein Zimmer zurück. Scott arbeitete an seinem Skript, und ich las regelmäßig das mir jeweils zugewiesene Buch. Ich steckte mitten in Renans *Leben Jesu*; gleichzeitig ließ mich Scott das Markus- und das Lukasevangelium lesen; danach begann ich Calvertons *The Making of Society*. Nach dem Abendessen unternahmen wir lange Spaziergänge, und Scott sprach mit mir im einzelnen durch, was ich gelesen hatte. Oder wir saßen abends auf seinem Balkon wie ein altes Ehepaar, manchmal lange Zeit, ohne ein Wort zu wechseln. Irgendwo in der Nähe, doch von uns aus nicht sichtbar, war ein Western-Drehgelände der RKO, und in der abendlichen Stille von Encino, die nur das Zirpen der Grillen unterbrach, hörten wir plötzlich eine ferne Stimme: »Ruhe jetzt! Kamera — läuft!« Und dann das Donnern von Pferdehufen und das Krachen von Gewehren in der Abendluft. Es war seltsam, geisterhaft theatralisch — wir waren zufrieden und glücklich.

Einmal machten wir einen Tagesausflug nach Tijuana und ließen uns, einem Impuls folgend, von einem Straßenfotografen aufnehmen. Ich saß strahlend auf einem schläfrigen kleinen

Esel, und Scott stand neben mir, einen Sombrero auf dem Kopf und einen bunten Umhang über die Schulter geworfen, jeder Zoll ein Caballero. Es war das einzige Foto, das je von uns gemacht wurde.

Weil Encino, das im Winter so angenehm war, während des Sommers unerträglich wurde, gab Scott im April sein Haus auf. Ich mietete für ihn eine Wohnung in Hollywood in der Straße, die der meinen parallel lief. Um zu sparen, teilten wir uns ein Mädchen und zahlten jeder die Hälfte ihres Gehalts. Abwechselnd aßen wir einer beim andern zu Abend: einen Abend kochte sie bei ihm, und ich war sein Gast, am nächsten Abend kochte sie bei mir, und er war mein Gast. Und wieder gingen wir wie ein Ehepaar abends in den Supermarkets am Sunset Boulevard einkaufen oder verbrachten eine Stunde im fünf Minuten entfernten Drugstore von Schwab, wo wir in den Zeitschriften blätterten und zum Abschluß an der Eiskremtheke Schokoladenmalzmilch schlürften. Auf dem Heimweg rezitierten wir uns singend Gedichte, während wir, die verschränkten Hände schwingend, im Dunkel dahingingen. Leidenschaftlich deklamierte Scott Keats:

Welch blattumrankte Mär umstreicht dein Rund
von Göttern oder Menschen oder beiden
in Tempe oder in Arkadiens Hängen?

Worauf ich mit gleicher Inbrunst antwortete:

Wer sind sie, die an Mädchenangst sich weiden?
Was jagt so toll? Was ringt und flieht so bunt?
Welch Flötenlied? Welch lustberauschtes Drängen?

Zuweilen starrte uns ein Passant an, und ich platzte vor Lachen los, Scott aber wahrte eine unerschütterliche Miene.

Hätte einer von uns beiden in jenem Sommer 1940 ahnen können, daß es Scotts letztes Lebensjahr war? Es gab keine Anzeichen. Vielmehr bekräftigte alles seine eignen hoffnungsvollen Worte — er war ein neuer Mensch geworden. Er trank nicht; und nun, da er es nicht tat, staunte ich über das Arbeitspensum, das er bewältigte. Er arbeitete an seinem Skript, an seinem Roman, an Kurzgeschichten für den *Esquire*; gleichzeitig schrieb er endlose Briefe an seine Tochter, seinen Verleger, seine Freunde, in denen er dramatisch seine nächtlichen Schweißausbrüche und seine Temperaturen schilderte. Er fand Zeit, auf einer Karte in seinem Arbeitszimmer den Krieg in Europa bis ins Detail zu verfolgen, wobei er seine eignen kriegsstrategischen Gedanken zu Papier brachte, so wie er auf der Rückseite der U.C.L.A.-Programme die Footballspiele auszuarbeiten pflegte. Am 31. Mai saßen wir im Zug, um für zwei Ferienwochen nach San Franzisko und zur Weltausstellung zu fahren, als die Nachricht von der britischen Evakuierung bei Dünkirchen durchgegeben wurde. Scott vollführte beinah einen Jig im Gang, als aus dem Radio im Salonwagen die Stimme von Anthony Eden erklang, der verkündete, daß drei Viertel der britischen Armee gerettet seien. Bis zu diesem Tag hatte Scott gegen meine empörten Einwände die Niederlage Englands vorausgesagt. »Du kennst die Engländer nicht, Scott!« sagte ich jedesmal hitzig, und er erwiderte dann: »Ach, Sheilah, sie können einfach nicht gewinnen.« Jetzt sagte er frohlockend: »Ihr werdet siegen! Ihr habt eure Soldaten gerettet für die nächste Schlacht!«

Als wir nach Los Angeles zurückkehrten, wurde die Kapitulation Frankreichs gemeldet. Die Nachricht stimmte Scott tieftraurig, doch über Nacht brach seine angeborene Lebensfreude wieder durch, und er kam mit einem langen Gedicht, das er gerade geschrieben hatte, bei mir angestürzt. »Hier«, sagte er, »du beklagst dich doch immer, daß die Geschichte dich verwirrt. Lern das, und die französische Geschichte — zumindest in ihren Höhepunkten — wird sich deinem Köpfchen für immer einprägen.« In seinem Blick lag ein schelmisches Funkeln, als er mir das Gedicht gab.

AUF DASS WIR'S NICHT VERGESSEN
(Frankreich anhand der großen Tiere)

500—1000 Fränkische Zeit

Clovis — getauft »en regnant« —
war Ahne von »rois faineantes«

Hammer! Hammer! Karl Martell!
Schickte bei Tours die Mauren zur Höll'
Hausmeier und Chef der Bande,
bereitet dem großen Karl er die Lande.

Karl der Große steht ganz allein,
wie es ein Baum in der Wüste mag sein.
Er starb — und Europa sollt' »Merde!« schrein:
Der Vertrag von Verdun war mitnichten fein ...

1350—1600 Das Haus Valois

Für Karl den Klugen und Karl den Tollen
und Johann Karl ging's nicht aus dem vollen;
Doch Johann und der Bastard sich trafen und liebten
und leimten den Dom für Karl den Siebten.

Das Leben kein siebter Himmel war
für Ludwig des Elften Feindesschar.
Mit Heirat, Tücke und grimmer Tat
schuf er den Staat.

Die Renaissance — ein Singen und Tanzen,
Kämpfen und Falln mit dem hübschen Franzen.

Fünfzehnhundertsiebzigdrei
Hugenottenschlächterei
durch Katharina von Medici
und ihre zwei Söhne, die taugten nie …

Die Revolution

Herr Mirabeau begonnen sie hat,
dann übernahm sie der Bürger Marat.
    Hey! Hey!
    Charlotte Corday.

Dem Schreier Danton
erstickt' man den Ton.

Robespierre war meergrün und unbestechlich,
man zerbrach ihm den Kiefer, das zeigt' ihn zerbrechlich …

Das neunzehnte Jahrhundert

Konsulat und Empire blühn ohne Frage
und erstarren zuletzt bei Borodino;
auf Elba folgen die Hundert Tage,
und Sankt Helena folgt auf Waterloo.

Die Monarchen der Restauration
wurden geliebt nicht von der Nation,
doch noch größern Haß die Reichen und Satten
auf die Barrikaden von achtundvierzig hatten.

Bald schon war es dann vorbei
mit Republik numero zwei.
Star: Napoleon der Kleine —
Prahlhans — seht, schon zieht er Leine.

Die Preußen nehmen Sedan und Metz,
die Kommune stirbt auf den Bajonetts.
Die Dritte Republik, sie kam und blieb
— bis gestern man sie zusammenhieb.

VIVE LA FRANCE!

Es war unsere glücklichste Zeit. Inzwischen türmten sich bei mir die Bücher in Massen; Scott erschien mit einem Meßband und vermaß sorgfältig die Wände für ein Büchergestell. Als es kam — es nahm eine ganze Wand ein —, waren wir tagelang damit beschäftigt, die Bände zu katalogisieren. Die Sammlung enthielt wiederum die Erstausgaben seiner Bücher (er hatte sie, ein wenig reuevoll, ersetzt und in jeden Band wie vordem eine Widmung geschrieben). Im Schneidersitz saß Scott auf dem Fußboden, ordnete und überprüfte die Bücher, bis sie alle, Fiction und Non-fiction, amerikanische Autoren (an ihrer Spitze Dreiser, den er für seinen größten Zeitgenossen hielt) und Ausländer, ihren festen Platz gefunden hatten. Ab und an ermüdete er untertags und mußte eine Ruhepause einlegen, gleich was er gerade tat, doch nichts vermochte seine geistige Schwungkraft zu lähmen. Selbst Cowans um diese Zeit getroffene Entscheidung, seine Filmfassung von *Babylon Revisited* nicht zu verwenden, traf Scott nicht als der vernichtende Schlag, als den er sie sechs Monate zuvor empfunden haben würde. Jetzt bat er seinen Agenten lediglich, nach anderen Aufgaben für ihn Ausschau zu halten, und verwandte im übrigen mehr Zeit auf seinen Roman. Er war erfüllt von Plänen für mich. Ich müsse anfangen, Notizen für meine Autobiographie zu machen, erklärte er. »Deine Geschichte ist faszinierend, Sheilah«, sagte er. »Du mußt sie eines Tages niederschreiben. Das würde ein Buch.«

»Ach, Scott«, sagte ich. »Du solltest es schreiben. Ich wünschte mir, du schriebest meine Geschichte.«

»Nein«, meinte er, »das ist dein Projekt. Aber ich werde dir helfen. Ich zeige dir, wie du anfangen mußt.« Er brachte ein riesiges in Leder gebundenes Hauptbuch an, wie es die Buchhalter benutzen; es mußte ihn zwanzig Dollar gekostet haben. »Du mußt mit Notizen beginnen. Vielleicht mußt du jahrelang Notizen machen.« Er entwarf einen groben Umriß, bei dem er mein Leben in sieben Teile aufgliederte: das Waisenhaus; mein abendliches Flanieren am Piccadilly; mein Dilemma der Wahl zwischen Johnny und Monte; meine Bühnenlaufbahn; meine Gesellschaftskarriere; Journalismus in New York; und Hollywood. »Wenn dir etwas einfällt, wenn du dich an etwas erinnerst, schreib es dort auf, wohin es gehört«, sagte er. »Halt es fest in dem Augenblick, da es dir einfällt. Beim zweiten Mal wird es dir wahrscheinlich nicht gelingen, es mit derselben Lebendigkeit einzufangen.«

Ich hatte eine eiserne Tür zwischen mich und meine Vergangenheit gesetzt und diese Tür nur ein einziges Mal geöffnet — als ich Scott die Wahrheit über mich enthüllte. Durch ihn ermutigt, begann ich nun eine Reise in meine Kindheit. Mir kamen Gerüche in Erinnerung — der muffige Roßhaargeruch in der Wohnung meiner Mutter, der Duft von Gingers Haarpomade, von Monte Collins' Talkumpuder. Ich erinnerte mich an meine Empfindungen, als ich das erste Mal Johnny am Schreibtisch gegenübersaß und Briefumschläge zuklebte; ich rief mir den goldenen Nebel im Pavilion ins Gedächtnis zurück. — »Das ist gut«, sagte Scott. »Schreib es auf.« Und er war ständig hinter mir her: »Mach Notizen, mach regelmäßig Notizen.« Mit Stolz hatte ich bemerkt, daß einige meiner Bemerkungen in seinen Notizbüchern standen. Einmal, als wir im

Dunkeln auf dem Balkon in Encino saßen, hatte ich gesagt: »Die Pingpongbälle im Gras sehn aus wie Sterne.« Er notierte es sich. Eines Abends, als der Regen aufs Dach trommelte, sagte ich: »Es klingt, wie wenn Pferde ihr Wasser pladdern lassen.« Es gefiel Scott, und nun stand es in seinem Notizbuch. Obwohl ich Notizen machte, sooft mir irgend etwas einfiel, vernachlässigte ich darüber doch meine Studien nicht. Ich war jetzt in Scotts Musikklasse. Scott schenkte mir einen Plattenspieler, und nachdem er seine Musikkenntnis für begrenzt erklärt hatte, zog er Frances Krolls Bruder zu Rate, um den Lehrplan aufzustellen. Jetzt brachte er mir Plattenalben statt Bücher. Ich mußte jede Platte mehrfach spielen, bis ich mit dem betreffenden Stück gründlich vertraut war. Allmählich wurde mir klar, daß in dem, was mir stets als gewaltige, tosende Klangmassen erschienen war, eine Harmonie, eine Melodie, ein Thema verborgen lagen. Wir hörten Musik, wir lasen die Biographien der Komponisten, und wir studierten musikkritische Schriften, die Herman Kroll uns empfahl. Meine Wohnung war erfüllt von Musik.

Dann machten wir uns an die Kunst. Den Samstagnachmittag verbrachten wir regelmäßig in Galerien und Museen. Unter Scotts wachsamem Blick lernte ich, wie man ein Bild betrachtet, lernte das Wesentliche an Goya und Breughel und Paul Klee erkennen. Die Huntington Library in Pasadena besaß ausgezeichnete Gemälde der großen englischen Maler: Portraits von Gainsborough, Reynolds und Romney, atemberaubende Landschaften von Constable und Turner. Wir blieben vor jedem einzelnen Bild stehen, versuchten uns über die Intentionen des Künstlers klarzuwerden und verglichen dann unsere Interpretationen mit denen der besten kunstkritischen Schriften, die wir auftreiben konnten.

Eines Tages im August, als wir durch die Huntington Library schlenderten, sagte ich halb neckend zu Scott: »Wie steht's denn nun eigentlich mit den Leistungen der besten und schlechtesten Schülerin der Fitzgerald-Einzelschule?«

»Sehr gut, Sheilo«, sagte er. »Ich bin sehr stolz auf dich — du hast hart gearbeitet.«

»Glaubst du, ich könnte bald die Abschlußprüfung machen?« — »Nun, wollen mal sehn«, sagte er ernsthaft. »Du studierst jetzt seit eineinhalb Jahren. Wenn du in Vassar wärest, wie Scottie, würdest du vier Jahre brauchen. Doch wir haben einen sehr konzentrierten Lehrplan ...« Wenn wir das Tempo hielten, sagte er, so könne ich wohl im kommenden Juni die Abschlußprüfung machen. Ich könne mich als Absolventin des Jahrgangs 1941 betrachten.

»Und du wirst mir wirklich ein Diplom geben?«

Er lachte. »In Mütze und Talar. Ich verspreche es dir.« Ich würde ein komplettes schriftliches Examen ablegen müssen. Er werde alles arrangieren. Wir würden regelrechte Abschlußexerzitien halten, und er würde mir ein handgeschriebenes Diplom verleihen, das einzige seiner Art.

So planten wir.

27

Das überwältigende Faktum jenes idyllischen Sommers und Herbstes 1940 war, daß Scott nicht trank — Dr. Wilson, der ihn unvermutet besuchen kam, konnte mich dessen regelmäßig versichern. Beinah ebenso überwältigend war für mich die Entdeckung, daß ich in Scotts Roman vorkam.

Er hatte mir nie gesagt, daß er über mich schrieb — daß Stahr, die zentrale Figur des Buches, sich in ein englisches Mädchen verliebte, für das ich als Vorwurf diente. Sie hieß Kathleen. Sie sprach wie ich. Sie gebrauchte meine Redewendungen. Als ich Scott davon erzählte, wie ich bei Gamage Zahnbürsten verkauft hatte, hatte ich gesagt: »Für eine Engländerin habe ich schöne Zähne.« Jetzt machte Kathleen im *Letzten Taikun* diese Bemerkung zu Stahr. Als Scott mir allabendlich vorlas, was er während des Tages geschrieben hatte, wurde mir bewußt, daß die Liebesgeschichte zwischen Kathleen und Stahr — das Kernstück des Buches — die Geschichte *unserer* Liebe war.

Während Scott mir vorlas, befiel mich ein seltsames Gefühl von Unwirklichkeit. War das nicht, von Scott auf magische Weise neu geschaffen, unsere Begegnung auf dem Ball der Schriftstellervereinigung?

... er sah Kathleen für sich allein in der Mitte einer langen weißen Tafel sitzen.

Plötzlich verwandelte sich alles. Als er auf sie zuging, traten die Menschen in die Wände zurück, bis sie schließlich nur noch Wandgemälden glichen; die weiße Tafel streckte sich und wurde zu einem Altar, an dem einsam die Priesterin saß. Lebenskraft durchpulste ihn, und er hätte lange Zeit so dastehen und sie über den Tisch hinweg ansehen und ihr zulächeln mögen. Die Pfründenhalter am Tisch verflüchtigten sich — Stahr und Kathleen tanzten. Als sie dicht bei ihm war, verschwammen ihre verschiedenen Abbilder vor seinem Auge; einen Augenblick lang war sie unwirklich. Im allgemeinen machte der Kopf ein Mädchen wirklich, doch diesmal war es anders — Stahr war noch immer verwirrt, als sie über die Tanzfläche dahinglitten — bis zum äußersten Rand, wo sie durch einen Spiegel in einen anderen Tanz eintraten, mit anderen Tänzern, deren Gesichter ihm bekannt vorkamen, doch nicht mehr. In dieser anderen Region sprach er, hastig und drängend.

»Wie heißen Sie?«

»Kathleen Moore.«

»Kathleen Moore«, wiederholte er.

»Ich habe kein Telefon, wenn Sie daran denken.«

»Wann werden Sie ins Studio kommen?«

»Es ist unmöglich. Wirklich.«

»Warum ist es unmöglich? Sind Sie verheiratet?«

»Nein.«

»Sie sind nicht verheiratet?«

»Nein, und ich war es auch nicht. Aber vielleicht werde ich es bald sein.«

»Jemand am Tisch dort.«

»Nein.« Sie lachte. »Welche Neugier.«

Doch es hatte sie ebenso leidenschaftlich gepackt wie ihn, was immer ihre Worte sagen mochten. Ihre Augen luden ihn ein zu einer romantischen Vereinigung von

unglaublicher Intensität. Als ob sie sich dessen bewußt würde, sagte sie angstvoll:
»Ich muß jetzt zurück. Ich habe diesen Tanz versprochen.«
»Ich möchte Sie nicht verlieren. Können wir nicht zusammen zu Mittag oder zu Abend essen?«
»Es ist unmöglich.« Doch ihr Geischtsausdruck änderte hilflos die Worte zu einem: »Es ist gerade eben noch möglich. Noch ist die Tür einen Spaltbreit offen, ach wenn du nur durchschlüpfen wolltest. Aber schnell — so wenig Zeit.«
»Ich muß zurück«, wiederholte sie laut. Dann ließ sie die Arme sinken, hörte zu tanzen auf und sah ihn an, eine lachende Verführerin.
»Wenn ich mit Ihnen bin, kann ich nicht richtig atmen«, sagte sie.
Sie wandte sich um, nahm ihr langes Kleid auf und trat zurück durch den Spiegel. Stahr folgte ihr, bis sie kurz vor ihrem Tisch stehenblieb.
»Danke für den Tanz«, sagte sie, »und nun wirklich: Gute Nacht.«
Und sie rannte beinahe davon.

Unsere Begegnung im Coconut Grove und unseren Tanz im Clover Club ein paar Abende darauf, als Eddie und Jonah geduldig am Tisch saßen und auf uns warteten — wie hatte er sich ihrer bemächtigt und sie magisch verwandelt!

Tiefbewegt hörte ich zu und dachte: Sah er mich so? Bedeute ich ihm dies? Ich fühlte Stolz und Demut darüber, daß er mich so begehrenswert gezeichnet, mir solche Schönheit verliehen hatte, solche Macht, ihm Vitalität und Kraft zu schenken. Und ich empfand Verlegenheit, so als habe Scott einen Teil seines Selbst bloßgelegt, der selbst mir hätte verborgen bleiben sollen.

Dann machte ich eine weitere Entdeckung. Stahr ist ein einsamer Mann, der noch immer Minna liebt, seine tote Frau.

Als er Kathleen zum erstenmal sieht, entschwindet sie, ehe er etwas sagen kann. Er macht sich auf die Suche nach ihr, muß jedoch erkennen, daß das Mädchen, das er für Kathleen hält, eine andere ist. So war es auf Benchleys Party gewesen, erinnerte ich mich, als Scott in der Hoffnung zurückgekommen war, mich zu finden — und statt meiner Tala Birrell angetroffen hatte. Als Stahr im Roman Kathleen wiederfindet, steht sie im Eingang ihres Hauses:

> **Da stand sie — Gesicht, Gestalt und Lächeln vor dem Licht, das aus dem Innern fiel. Es war Minnas Gesicht — die Haut mit ihrer eigentümlichen Leuchtkraft, als sei sie von Phosphor durchglüht, der Mund mit seinem sanften Schwung, der niemals Berechnungen anstellte ...**

Sah er mich so? Wenn ich Kathleen war, so war Minna Zelda. Wie sehr mußte ich ihn an Zelda erinnert haben! War ich ihm so erschienen an jenem Abend, als er an meiner Haustür stand und sich verabschiedete und ich ihn nicht hatte weggehen lassen wollen, ihn hereingebeten hatte und er eingetreten war?

Hatte er — hat er — mit mir sein Leben mit Zelda noch einmal gelebt? Mir fiel ein, daß er einmal gesagt hatte, ich sähe aus wie sie. Ich hatte das nicht gefunden. Ich hörte ihn vorlesen, in einem Wachtraum befangen, und versuchte das Mysterium der Liebe zu begreifen, der Sehnsucht, die zwei Menschen zueinanderzieht, auf daß sie eins werden. »Das ist wunderschön, Scott«, sagte ich, als er so weit gelesen hatte, wie er geschrieben hatte.

Er ließ das Manuskript sinken und sah mich lange an. Er lächelte und sagte weich: »Sheilo ...«

Wortlos barg ich mich in seiner Umarmung. In diesem Mann besaß ich etwas Kostbares und Unersetzliches, und ich liebte ihn unendlich.

Seltsam, dachte ich. Die Menschen von Hollywood existieren nur als Abschnitte in meiner Spalte. Es gibt keine Realität außer Scott und mir. Wir sehen niemanden; wir laden nicht ein; wir gehen nicht aus; wir leben in einer Welt, die begrenzt wird von unseren Wohnungen und Schwab's Drugstore. Selten nur erfuhren unsere Gewohnheiten eine Unterbrechung — einmal, als ich zur Welturaufführung des *Westerner* nach Dallas fuhr, und ein andermal, als Scott ein paar Wochen damit zubrachte, für Darryl Zanuck *The Light of Heart* von Emlyn Williams einzurichten.

Im Oktober las er mir wieder aus dem *Letzten Taikun* vor. Ich entdeckte neue und faszinierende Parallelen zwischen unserer Geschichte und der von Stahr und Kathleen. Ich war mit einem Marquess verlobt gewesen: Kathleen war mit einem König verlobt gewesen. Ich war Scotts Schülerin: Im Buch war Kathleen die Schülerin des Königs gewesen. An einer Stelle sagt Stahr zu ihr: »Du weißt viel, nicht wahr?« Sie antwortet: »Ich habe nie die Universität besucht, wenn du das meinst. Doch der Mann, von dem ich dir erzählt habe, wußte einfach alles, und er hatte eine Leidenschaft dafür, mich zu bilden. Er stellte Lehrpläne auf und veranlaßte mich, Kurse an der Sorbonne zu belegen und Museen zu besuchen.«

Es wurde ein hinreißendes Spiel für mich, allabendlich darauf zu warten, daß ich mehr von dieser Story hörte, unserer Story, die Scott in den Roman verwob, mit dem er sich seinen rechtmäßigen Platz unter den Zeitgenossen wiederzuerobern hoffte.

Ich hörte Scott nicht zurückkommen. »Ich gehe zu Schwab, Zigaretten holen«, hatte er zwanzig Minuten zuvor gesagt. Es war ein Donnerstagnachmittag im November, ein trüber, grauer Tag, und ich lag aufs Sofa gekuschelt und lauschte den massierten Stimmen des erregenden Chors von Bachs Kantate *Singet dem Herrn ein neues Lied*. Dann sah ich auf.

Da war Scott, grau und zitternd, und ließ sich langsam in seinen Sessel sinken. »Ist etwas nicht in Ordnung, Scott?« fragte ich aufgeschreckt. Ich beeilte mich, die Musik leiser zu drehen. Bedächtig zündete er sich eine Zigarette an, ehe er sprach. »Ich wäre bei Schwab beinah ohnmächtig geworden«, sagte er. »Alles verschwamm mir vor den Augen.« Etwas Derartiges sei ihm noch nie passiert. »Vielleicht sollte ich morgen früh zu Dr. Wilson gehen.«

»Das solltest du unbedingt, Scott«, sagte ich und dachte: *Scott und seine Hypochondrie*. Ich bemühte mich, nie näher auf seine Schmerzen und Leiden einzugehen, weil er meine Anteilnahme so leicht zurückwies.

Am nächsten Morgen fuhr er in die Stadt zur Praxis von Dr. Wilson. Eine Stunde später war er wieder da, mit ernster Miene. »Ich hatte einen Angiospasmus«, sagte er.

Ein heißer Schreck durchzuckte mich. »Ist das ein Herzanfall?«

»Nein …«, sagte Scott ausweichend.

»Hat er gesagt, du müßtest liegen?«

»Nein«, sagte Scott wiederum. Er log, und ich ahnte es nicht. »Doch ich muß langsam tun. Keine Treppen mehr.«

Ich war erleichtert. Dr. Wilson hatte ihm keine Bettruhe verordnet. Ich hatte über Herzanfälle gelesen. Wenn man einen hatte, wurde man sofort ins Bett gesteckt und mußte drinbleiben und flach auf dem Rücken liegen. Doch Scott mußte auf sich achten. Seine Wohnung lag im dritten Stock, meine im ersten. »Gut also«, sagte ich. »Du ziehst sofort zu mir.« Frances und ich würden nach einer geeigneten ebenerdigen Wohnung in der Nähe suchen. Solange würde er bei mir wohnen.

Scott war ein schwieriger Patient. Wie seinerzeit in New York nahm er mir das Versprechen ab, nicht unter vier Augen mit dem Arzt zu reden. »Ich will nicht, daß er dir irgend etwas sagt, was er mir verschweigt«, erklärte er. Wenn Dr. Wilson ihn besuche, dürfe ich ihn nicht beiseite nehmen. Ich fragte Dr. Wilson nie, wie es mit Scotts Herz bestellt war.

Ende November besuchten wir eine Voraufführung der Metro. Als Scott seinen kleinen Wagen auf dem Parkplatz zum Stehen brachte, fiel mir plötzlich ein, daß der Vorführraum der Metro mehrere Treppen hoch gelegen war. Ich wußte, daß Scott es verschmähen würde, die geringste Schwäche zu zeigen: Ich mußte irgend etwas unternehmen — und ich tat es. Als ich ausstieg, rief ich laut. »Oh!« und fiel beinahe hin. Ich hielt mir den Knöchel. »Ich hab' ihn verknackst, Scott«, stöhnte ich. Ich spielte meine Rolle gut. Er half mir, als ich zur Treppe hinkte, und hielt meinen Arm, während ich langsam hinaufstieg, wobei ich auf jeder Stufe ausruhte. Wir brauchten fünf Minuten, bis wir oben ankamen. Wenn Scott ahnte, daß ich um seinetwillen Komödie spielte, so ließ er mich das keinen Augenblick merken.

Tagsüber hielt er sich ruhig, blieb meist im Bett und schrieb ohne Unterbrechung, so daß Frances vollauf damit beschäftigt war, das Geschriebene abzutippen. Dann arbeitete er mit unendlicher Sorgfalt an den getippten Seiten, las sie durch, schrieb sie um, feilte. Er war in glänzender Stimmung. Nachts lag ich wach und grübelte. Wenn doch der Roman nie enden wollte! Nie zuvor hatte ich ihn so zufrieden gesehen. Und dann quälte mich die Sorge: Wenn es ein Erfolg würde, würde er dann trinken, um ihn zu feiern? Wenn es ein Fehlschlag würde, würde er dann wieder zu trinken anfangen, um zu vergessen?

Doch trotz seiner allgemein so guten Stimmung war er zuweilen unerwartet und unberechenbar gereizt. Einmal wöchentlich brachte ich frische Blumen heim und machte mich eifrig daran, die Vasen zu füllen, wie ich es in Malibu getan hatte. Eines Nachmittags, als ich mit Blumen beladen ankam, sagte Scott scharf: »Nimm die Blumen weg!«

Ich starrte ihn an. Mit gleicher Schärfe sagte er: »Ich hasse Schnittblumen!«

»Aber am Meer —«, begann ich.

»Auch da konnte ich sie nicht ausstehen.«

Ich war verblüfft, schwieg aber. Und die ganze Zeit, als wir am Meer waren, hat er kein Wort gesagt, dachte ich.

An einem anderen Nachmittag, vierzehn Tage vor Weihnachten, kam ich von einem Einkaufsbummel heim, voll Begeisterung über drei Kleider, die ich erstanden hatte. »Sie sind einfach himmlisch!« Und ich beschrieb sie in allen Einzelheiten. »Natürlich sind sie schrecklich teuer, aber sie sind es wert —«, plapperte ich weiter. — »Ach hör auf damit!« fuhr er mich an. »Mich interessieren deine Kleider und ihre Preise nicht!«

Ich war gekränkt. Im nächsten Augenblick entschuldigte er sich, doch ich hatte begonnen, mir meine eigenen Gedanken zu machen. Ich hatte die Kleider von meinem Geld gekauft. Wieso ärgerte es ihn? Seine Stimme hatte so gequält geklungen — die Worte schienen ihm gegen seinen Willen entfahren zu sein. War es das Geld? fragte ich mich. War Scott in Geldnöten? Ehe er nicht völlig wiederhergestellt war, konnte er keine neuen Drehbuchaufträge annehmen. Hatte er genügend Geld, um durchzuhalten, bis der Roman vollendet war? Ich fragte Frances danach. Und Frances, die alle Rechnungen für Scott bezahlte, gab zögernd zu, daß seine Mittel nur für drei Monate ausreichten. Er wäre noch mehr in der Klemme gewesen, wenn er nicht ein paar Wochen lang an *The Light of Heart* gearbeitet hätte.

An diesem Abend entwarf ich einen Brief, den ich zu gegebener Zeit an Maxwell Perkins zu schreiben gedachte, Scotts Lektor bei Scribner. Ich hatte mir an die dreitausend Dollar zusammengespart. Davon wollte ich zweitausend Scott geben, doch so, daß er nicht erführe, von wem dies Geld kam. Ich wollte es unter der Bedingung zur Verfügung stellen, daß Scribner eine Vorauszahlung von dreitausend Dollar leisten würde — so daß insgesamt fünftausend Dollar zusammenkämen, wobei der gesamte Betrag von Scribner kommen sollte, als Vorauszahlung an Scott, damit er die erste Fassung seines Romans beenden könne.

Meine Notizen für den Brief an Perkins lauteten:

> Scott darf es nie erfahren, selbst wenn das Buch Millionen bringt. Er würde es mir nie verzeihen. Hat das Buch Erfolg, so werde ich mich natürlich freuen, das Geld zurückzubekommen; wenn nicht, ist es auch recht. Für ihn ist es wichtig, daß er das Buch vollendet. Diese Korrespondenz darf nie erwähnt werden — er würde sich zu sehr gedemütigt fühlen und möglicherweise wieder zu trinken anfangen, nur um sich irgend etwas zu beweisen. Seit vorigem Dezember, also über zwölf Monate, hat er nicht getrunken. Fünf Monate lang hat er ohne Unterbrechung an dem Buch gearbeitet, abgesehen von dem, was er voriges Jahr geschrieben hat. Es wäre sträflich, wenn er gezwungen wäre, wieder in einem Studio zu arbeiten, wodurch sein Selbstvertrauen zerstört wird, was vielleicht bedeutet, daß er sein Buch nie vollendet. Doch das Geld muß allein von Ihnen kommen. Frage: Ist es besser, zu warten, bis Scott Sie um Vorschuß bittet? Oder sollte man es ihm vorher anbieten, für den Fall, daß er nicht darum bittet? Man muß eine unaufdringliche Art und Weise finden, ihm fünf Monate lang tausend Dollar monatlich zu geben. Das ist besser als eine große Summe. Sie können zunächst meine zweitausend Dollar verwenden, und falls etwas schiefgehen sollte, werde ich Sie informieren, und Sie brauchen den Rest dann nicht zu zahlen. Im schlimmsten Fall verliere ich zweitausend, und Sie verlieren dreitausend. Im günstigsten Fall, wenn es ein guter Roman wird, gewinnt Scott seine Position als Autor und Mensch zurück, und wir bekommen unser Geld wieder. Ich bin aufrichtig davon überzeugt, daß dies das Beste wird, was er je geschrieben hat.

Scott mühte sich mit dem *Letzten Taikun* ab. Er steckte mitten in einem schwierigen Kapitel. Er konnte die gesuchte Lösung nicht finden. Er hatte den ganzen Morgen im Bett zugebracht, jetzt war es Nachmittag, er wollte diktieren, und Frances war nicht da. Er war verdrießlich.

Ich setzte mich zu ihm auf den Bettrand, strich ihm über die Stirn und schob ihm die Haarsträhnen aus den Augen. »Du schläfst jetzt ein wenig, und ich verspreche dir, wenn du aufwachst, wird Frances da sein und alles viel besser aussehen.« Ich saß bei ihm und sprach leise auf ihn ein, bis er schläfrig wurde und schließlich einschlief. Auf Zehenspitzen schlich ich hinaus und schloß die Tür hinter mir.

Ich rief Frances an. »Bitte kommen Sie her. Scott braucht Sie.«

Er schlief etwa zwei Stunden, während ich an meiner Spalte arbeitete. »Sheilo ...«, rief er. Als ich in sein Zimmer trat, war er ein ganz anderer, gähnte und streckte sich. »Ich habe wunderbar geschlafen«, sagte er. Frances war gekommen und wartete, zum Diktat bereit.

Ungefähr eine halbe Stunde lang arbeiteten sie miteinander; dann ging Frances. Scott stellte sein Schreibbrett zurecht und begann voll Energie zu schreiben. In einer Stunde wollte Dr. Wilson kommen, um ein Kardiogramm zu machen. Scott rief mir zu, ich möchte ihn anrufen und bitten, erst am nächsten Tag zu kommen. Scott komme mit seiner Arbeit so gut voran, daß er jetzt nicht unterbrechen könne.

Erst um sieben Uhr stand er auf, um mit mir zu Abend zu essen. Er las mir den letzten Abschnitt vor, den er geschrieben hatte. »Ich habe die Lösung gefunden«, sagte er befriedigt.

»Siehst du«, sagte ich, »du arbeitest besser, wenn du dich nicht zerquälst und nicht alles so schwernimmst.«

Er küßte mich. »Wir wollen feiern.« Er war guter Dinge. »Laß uns ausgehen.«

Ich hatte Karten für eine Pressevorschau von *This Thing Called Love*, ein Lustspiel, in dem Rosalind Russell und Melvyn Douglas die Hauptrollen spielten. Seit Wochen hatte ich keine Vorschau besucht. Ein Lustspiel war genau das Richtige.

Scott kleidete sich an. Er stand vor dem Spiegel und knüpfte seine Frackschleife. Er zupfte sie abschließend an beiden Enden und warf mir einen koboldhaften Blick zu. Ich stand wartend an der Tür. »Ich hab' mir stets gewünscht, ein Dandy zu sein«, sagte er grinsend.

An jenem Abend, es war Freitag, der 20. Dezember, gingen wir ins Pantages Theatre und sahen uns *This Thing Called Love* an. Als der Film zu Ende war und die Lichter im Saal angingen, stand Scott auf, um mich an ihm vorbei in den Gang treten zu lassen. Ich blickte gerade rechtzeitig zurück, um ihn schwanken zu sehen, als habe ihn jemand aus dem Gleichgewicht gebracht. Er mußte sich niederbeugen und an der Armlehne Halt suchen. Ich glaubte, er sei gestolpert. Ich eilte zurück und nahm seinen Arm. Mit leiser, verzerrter Stimme sagte er: »Ich fühle mich scheußlich — alles fing wieder so an wie neulich bei Schwab.« Ich umklammerte seinen Arm. »Die Leute werden denken, ich sei betrunken«, sagte er. — »Niemand hat es bemerkt, Scott«, sagte ich. Ich stützte ihn unter dem Arm, so daß er soviel wie möglich von seinem Gewicht auf mich verlagern konnte, ohne daß wir Aufsehen erregten, und so gingen wir langsam den Gang entlang. Ein Schauder durchfuhr mich, als mir bewußt wurde, daß er meine Hand nicht fortgeschoben hatte wie sonst immer, wenn ich ihm hatte helfen wollen. Während wir zum Ausgang gingen, versuchte ich den Anschein zu erwecken, als plauderten wir angeregt. Erbittert dachte ich: Er hat seit einem Jahr nicht mehr getrunken, und nun werden alle denken, er sei wieder betrunken.

Langsam gingen wir zu seinem Wagen. Die Luft belebte ihn, und er atmete tief. »Wie sehe ich aus?« fragte er. Im strahlenden Licht des Pantages Theatre sah ich ihn deutlich.

»Du bist sehr blaß«, sagte ich. »Ob wir nicht lieber den Arzt rufen sollten?«

»Nein«, sagte Scott. »Dr. Wilson kommt ohnehin morgen. Laß uns keinen Wirbel machen.«

Langsam fuhr er heim, und als wir zu Hause anlangten, fühlte er sich besser. Er nahm seine Schlaftabletten, ging unverzüglich zu Bett und schlief sofort ein.

Später ging ich in sein Zimmer und betrachtete ihn. Er schlief sehr friedlich, wie ein müdes Kind.

Ich ahnte nicht, daß er am andern Tag sterben würde.

28

Hell schien die Mittagssonne durchs Fenster meines Wohnzimmers. Ich saß an der Schreibmaschine. Scott, bequem in weichen Schuhen, Hemd und Pullover, ging diktierend auf und ab. Es war ein Brief von mir an Scottie, in dem ich ihr schrieb, daß ich ihr zu Weihnachten meine Fuchspelzjacke und ein Abendkleid schicken würde. Ich wußte, daß Scottie, die jetzt im vorletzten Jahr ihres Studiums war, beides gut gebrauchen konnte. Ich trennte mich nicht leicht von meiner Pelzjacke — doch ich wollte ihr eine Freude machen. »Ich möchte nicht, daß sie denkt, ich wolle sie gönnerhaft behandeln oder ihr abgelegte Kleider schicken«, hatte ich zu Scott gesagt. »Sag mir doch bitte, was ich schreiben soll.«

Ich schrieb, was er mir diktierte:

21. Dezember 1940

Liebe Scottie,

ich habe dies Kleid gekauft, um mir in Dallas *The Westerner* anzusehen. Der Winter geht dahin, und infolge naturbedingter Unbeliebtheit habe ich keine Gelegenheit, es zu tragen. So hing es denn in meinem Schrank und wurde von Woche zu Woche unmoderner. Ich erwähnte das Deinem Vater gegenüber, und er sagte mir, daß Du

pro Monat ein Kleid verheizt und daß ich es dieser Feuersbrunst weihen solle, anstatt es vergammeln zu lassen.
Die Jacke scheint auch in meinem Schrank auf den Tag zu warten, wo wir den Sieg feiern können. Ich bin inzwischen der Ansicht, daß wir den Krieg nicht vor 1943 gewinnen werden, und bis dahin werden die Engländer keine Pelze mehr tragen.
Schick doch Deinem Vater mal ein Bild von Dir, wie Du jetzt aussiehst, sonst wird er Dich nicht erkennen, wenn Ihr Euch wiederseht. Ich hoffe, daß Du ein schönes Weihnachtsfest verbringen und alle Deine Wünsche im neuen Jahr erfüllt sehn wirst.

Deine
Sheilah

PS: Dein Vater fühlte sich nicht wohl, doch jetzt geht es ihm wieder besser. Seit über einem Jahr hat er keinen Alkohol mehr getrunken.

Scott hatte eine ruhige Nacht gehabt und war erst kurz zuvor aufgewacht. Ich brachte ihm Kaffee, während er im Bett saß und Notizen für ein neues Kapitel machte. Dann war er, von Unruhe gepackt, aufgestanden und hatte sich angezogen. Nach dem Mittagessen wollte Dr. Wilson kommen.

Frances schaute herein und brachte Scotts Post, die noch in seine Wohnung ging. Ein paar Rechnungen, mehrere Reklamesendungen und die neuste Nummer der *Princeton Alumni Weekly*. Ich gab Frances mein Kleid und die Jacke, und sie versprach, sie einzupacken und zur Post zu geben. Sie ging.

Es war kurz nach zwei Uhr.

Ich richtete Sandwiches und Kaffee zum Lunch, während Scott die Zeitungen überflog. Ich hörte einen Ausruf. Er begann laut zu lesen: Deutschland, Italien und Japan hatten einen Beistandspakt geschlossen. Er schüttelte den Kopf, als er weiterlas. Wenngleich er Mussolini verachtete, schätzte er doch Japans Kampfkraft hoch ein. Jetzt würden die Vereinigten Staaten gezwungen sein, in den Krieg einzutreten. Früher oder später würden wir hineingezogen werden. Wenn sein Buch Erfolg hätte, fuhr er fort, würde er gern nach Europa gehen und über den Krieg schreiben. »Dann hätte Ernest das Feld nicht ganz allein für sich«, meinte er mit einem wehmütigen Lächeln. Hemingway hatte brillant über den Spanischen Bürgerkrieg geschrieben; gegenwärtig schickte er Sonderberichte aus Europa. Und nach dem Krieg, sagte Scott — falls *Der letzte Taikun* ein Schlager würde —, sollte ich meinen Job aufgeben, wir würden im Osten leben und viel reisen. Er würde für mich sorgen. Früher einmal hatte er gesagt: »Wenn ich je aus dieser Misere herauskomme, werde ich dir alles vergelten, Sheilo ...«

Nach dem Lunch war er unruhig. Er ging in die Küche, und ich hörte ihn dort rumoren und die Schränke öffnen. Dann erschien er wieder. »Ich gehe zu Schwab, Eiskrem holen«, sagte er.

»Aber dann bist du nicht da, wenn der Arzt kommt — wenn du etwas Süßes möchtest, ich habe Hersheyschokolade da.«

»Fein«, sagte er. »Das tut's völlig.«

Ich brachte ihm zwei Riegel aus der Schachtel auf meinem Nachttisch. Er nahm die *Princeton Alumni Weekly* auf, setzte sich in seinen grünen Sessel beim Kamin und begann zu lesen. Während er las, knabberte er die Schokolade. Ich nahm eines meiner Musikbücher vor, kuschelte mich aufs Sofa und begann über Beethoven zu lesen.

In kurzen Abständen sahen wir auf und lächelten uns zu. Ich sah, daß Scott mit einem seiner Bleistiftstummel Notizen an den Rand eines Artikels über das Football-Team von Princeton machte. Wieder trafen sich unsere Blicke: Er grinste, während er sich betont die Schokoladenfinger abschleckte, und beugte sich dann wieder über seine Zeitschrift. Ich wandte mich aufs neue meinem Buch zu.

Aus dem Augenwinkel sah ich — so wie man etwas sieht, ohne direkt hinzuschauen —, wie er plötzlich aus seinem Sessel auffuhr, das Kaminsims umklammerte und dann lautlos zu Boden fiel. Er lag flach auf dem Rücken, mit geschlossenen Augen und schwer atmend.

Als er so unvermittelt aufstand, dachte ich: *Ach, er streckt sich.* Als er fiel, dachte ich: *Ach, er ist gestolpert.* Und dann: *Er ist ohnmächtig geworden!*

Im Sekundenbruchteil dieser Erkenntnis, während ich dasaß und aufstehen wollte, es aber nicht konnte, kam ein erstickter, keuchender Laut aus seiner Kehle.

Und dann war ich auf den Beinen, kniete am Boden neben ihm hin und sagte: »Scott … Scott …«

Mir schwirrte der Kopf. Er ist ohnmächtig geworden. Was tut man, wenn jemand ohnmächtig wird? Man flößt ihm Kognak ein. Aber Scott hat so lange nicht getrunken — wird ihn der Geschmack des Kognaks nicht am Ende wieder dazu veranlassen? Im Film öffnen sie ihnen den Kragen — ja, das ist vernünftig. Das ist harmlos. Ich öffnete seinen Kragen.

Ich kniete neben ihm und sah ihn an.

Diese Ohnmacht dauert lange, dachte ich.

Sein Körper schien sich sanft zu heben und zu senken. Ich sollte irgend etwas tun. Ich werde Dr. Wilson anrufen. Nein, er muß ohnehin jeden Augenblick hier sein. Nein, ich muß ihn anrufen, ich darf nicht warten. Welchen Arzt *soll* ich anrufen? Nein, der Kognak. Es muß Kognak her, und das sofort.

Ich rappelte mich auf und rannte in die Eßecke, fand die Kognakflasche und goß etwas in ein Glas, eilte zu ihm zurück und flößte ihm ein wenig davon ein. Seine Zähne waren fest aufeinandergepreßt. Ich goß ihm den Kognak zwischen die zusammengebißenen Zähne. Er lief ihm übers Gesicht und rann ihm über Kinn und Hals. Ich schämte mich. Es war ein

Frevel — ich nutzte Scotts Hilflosigkeit aus. Er konnte sich den Kognak nicht abwischen. Mit der Hand wischte ich ihn ab.

Dann war ich am Telefon und wählte Dr. Wilsons Nummer. Niemand meldete sich. Ich fuhr mit dem Finger das Ärzteverzeichnis entlang und rief irgendeinen an: »Jemand ist sehr krank — er ist bewußtlos — können Sie sofort kommen?«

Dann stürzte ich aus der Wohnung und hämmerte an die Tür des Hausverwalters Harry Culver. »Kommen Sie schnell — Mr. Fitzgerald ist ohnmächtig geworden, und es dauert schon so lange, ich bekomme Angst.«

Ich rannte zurück, und Mr. Culver folgte mir auf dem Fuße. Er kniete neben Scott nieder und fühlte nach seinem Puls. Er sah zu mir auf. »Ich fürchte, er ist tot.«

Sauerstoff, dachte ich. Ich lief zum Telefon und rief die Feuerwehr an. Dann die Polizei. Die Tür öffnete sich, und herein kam Pat Duff, meine Sekretärin. Dann verwirrte sich alles. Es schien, daß ich noch immer telefonierte, als die Wohnung schon voller Menschen und von leisem Stimmengemurmel erfüllt war und die Feuerwehrmänner mit einem Pulmotor um Scott bemüht waren, und ich hörte mich selbst unaufhörlich sagen: »Machen Sie schnell, bitte, machen Sie schnell, bitte, bitte, retten Sie ihn.« Unerwartet hielt mich Buff Cobb eng an sich gedrückt, die Feuerwehrmänner waren gegangen, und ein weißes Laken bedeckte Scotts Körper. Hysterie erfaßte mich. »Nehmt das weg, er kann ja nicht atmen, er wird ersticken, bitte, ach bitte!« Buff führte mich aus dem Zimmer. »Du bleibst heute nacht bei uns«, sagte sie sanft. »Wir kümmern uns um alles Nötige ...« Ich riß mich los und rannte ins Wohnzimmer, und Scotts Leichnam war fort.

Ich begann zu weinen. Ich weinte, doch es drang kein Ton nach außen. Die Tränen liefen mir über die Wangen, doch es war kein Laut zu hören.

»Wir bringen dich zum Arzt, Sheilah«, sagte Buff Cobb. Es verging einige Zeit, und es war Abend, und ich saß bei ihnen zu Hause am Tisch, und ihr Vater, Irvin Cobb, der am Kopfende des Tisches saß, sprach mit mir. Ich habe keine Ahnung, was er sagte, oder was ich antwortete. Ich weinte tonlos. Manchmal hörte ich zu weinen auf und redete, aber die meiste Zeit über zitterte und weinte ich. In dieser Nacht schlief ich in Buff Cobbs Zimmer.

Dann brach der nächste Tag an, und Scottie rief an. Sie war bei Harold Ober in Connecticut, wo sie das Weihnachtsfest verbringen wollte. Ihre Stimme klang gebrochen. Wie war es geschehen? Ich sagte es ihr. Ich war seltsam ruhig. Wir sprachen eine Zeitlang. »Arme Sheilah«, sagte sie. »Wie schrecklich für dich!« Und sie sagte, es müsse mir ein Trost sein, zu wissen, daß ich die letzten Jahre ihres Vaters glücklich gemacht hatte — darin müsse ich Linderung für meinen Kummer finden. Ich war ihr dankbar für diese Worte. Dann sagte sie, sie werde das College so bald wie möglich verlassen. O nein, erwiderte ich, das dürfe sie nicht tun. »Es war Scotts Herzenswunsch, daß du deine Studien zum Abschluß brächtest.« — »Nein«, sagte sie, »ich will abbrechen und mir meinen Lebensunterhalt verdienen. Es kann nicht viel Geld dasein.«

Sie dürfe das nicht tun, wiederholte ich. Sie müsse in Vassar bleiben. Wegen des Geldes brauche sie sich keine Gedanken zu machen. Irgendwie würde es sich schon auftreiben lassen. »Gut«, sagte sie, »ich werde darüber nachdenken.«

Und dann fuhr sie mit ihrer Achtzehnjährigenstimme fort: »Übrigens, Sheilah — wir werden Daddy in Baltimore begraben. Ich glaube, es wäre nicht richtig, wenn du zur Beerdigung kämst, nicht wahr?«

Ich hatte keinen Augenblick lang die Absicht gehabt, zur Beerdigung zu gehen. Ich hätte es nicht getan. Es gelang mir ein »Nein, natürlich nicht — auf Wiederhören« hervorzuwürgen. Ich legte den Hörer auf, und zum erstenmal begann ich, laut zu weinen. Ich schluchzte laut und konnte mich nicht beherrschen. Ich hatte Scott besessen, er hatte mir gehört, und nun war er tot, und die andern hatten von ihm Besitz ergriffen, sie hatten ihn mir weggenommen, und ich besaß nichts mehr. Wenn er noch lebte, dachte ich, hätte er nicht zugelassen, daß sie mir das antäten. Doch ich wußte, daß auch er, wäre er noch am Leben gewesen, gesagt hätte, du kannst nicht zu meiner Beerdigung gehen, Sheilo.

Ich blieb in meiner Wohnung. Ich vermochte sie nicht zu verlassen. Freunde kamen. Wie kannst du hier bleiben? fragten sie. Du mußt hier heraus. Geh irgendwohin. Es ist makaber. Bleib nicht in diesem Zimmer, wo er starb.

Warum? fragte ich. Hier ist Scott. Warum soll ich Scott verlassen?

Die Menschen waren freundlich zu mir. Ich wurde zu drei Weihnachtsfeiern eingeladen. Ich war wie in einem Wirbel: Die Menschen ergriffen mich und wirbelten mich herum, und wenn ich innehielt, stopften sie mir ein Truthahnbein in den Mund. Ich bekam drei Abendessen vorgesetzt und aß doch keines. Ich fuhr zu Dorothy Parkers Weihnachtsparty. Auf dem Weg geschah etwas Sonderbares. Plötzlich wollte mein Wagen nicht mehr vorwärts. Er fuhr nur noch rückwärts. Ich saß da und begann zu weinen. Ich zog mitten auf der Straße die Bremse an, stieg aus und sagte laut: »Bitte kann mir jemand helfen?«

Ein Mann kam heran. »Wo fehlt's?«

»Mein Wagen fährt nur noch rückwärts«, sagte ich weinend. Er setzte sich ans Steuer und versuchte sein Heil. »Wohin fahren Sie?«

»Geradeaus — North Bedford 602.«

»Steigen Sie ein, ich fahre Sie hin.«

Ich stieg ein, während mir die Tränen über die Wangen rannen. Er wird glauben, ich sei betrunken und hätte das heulende Elend, dachte ich, doch es ist mir gleich, was er glaubt. Beinahe hätte ich zu ihm gesagt: Der Mann, den ich liebte, ist gestorben; doch es gelang mir, die Worte zurückzuhalten.

Wir fuhren an dem Haus vorbei. »Hier ist 610«, sagte er.

»Ich möchte nach 602«, sagte ich.

Er wendete den Wagen und hielt auf der anderen Straßenseite. »Ich gehe hinüber«, sagte ich. Ich weinte haltlos. »Vielen Dank.«

»Nichts zu danken!« Er sah mir zu, wie ich einige Schritte tat. Sie waren so unsicher, daß ich überzeugt war, er müsse mich für betrunken halten. Wieder hätte ich ihm beinahe von Scott erzählt. Doch es schien würdelos, von Scott zu sprechen, und Scott würde es auch so empfunden haben. Doch es hätte Scott das Herz zerrissen, wenn er mein Elend gesehen hätte. Er hätte mich getröstet, und wir wären einander sehr nahe gewesen.

Sanft nahm mich der Mann beim Arm und brachte mich über die Straße. Und vorsichtig und stolpernd fand ich meinen Weg zu Dorothys Haus und ging hinein. Ich konnte das Lachen und Plaudern nicht ertragen. Ich ging in ihr Schlafzimmer und legte mich aufs Bett. Dort lag ich und weinte. »Was habe ich verloren!« sagte ich unaufhörlich. »Was habe ich verloren!« Gedichte kamen mir in den Sinn. Ich sagte mir Christina Rossettis »Wenn ich einst tot bin, Liebster, sing keine Klagelieder« auf und »Du keck Verliebter … sei nicht bang, nie welkt sie! Wirst du auch entbehren müssen, wird Liebe dich und Schönheit sie stets zieren …«. Und dann weinte ich aufs neue. »Was habe ich verloren, ach, was habe ich verloren!«

Dorothy setzte sich zu mir, und sie weinte mit mir.

EPILOG

Ich sitze in meinem stillen Arbeitszimmer in meinem Heim in Beverly Hills. Es ist September 1958, und der Herbst vorm Fenster ist der Herbst, den Scott kannte und liebte. Wie viele Jahre sind vergangen, und noch immer spüre ich seine Gegenwart. Vor mir auf den Bücherregalen steht Reihe um Reihe die Edition Encino. Die Zeit hat die Blätter vergilben lassen. Ich schlage aufs Geratewohl einen Band auf. Es ist: *Griechische Geschichte*. Ein kritischer Abriß. Auf dem Schmutztitel steht geschrieben:

Für S. G. Für Ihre guten Leistungen in vorsokratischer Philosophie, hellenistischer Anthropologie und Trojanischer Archäologie
von
ihrem liebenden Prof.
T. Themistokles Smith
Olympische Spiele 1910

Und hier, gefaltet zwischen den Blättern von Palgraves *Golden Treasury*, liegt ein Gedicht, das Scott für mich schrieb — wann, weiß ich nicht:

EIN PAAR UNTERBROCHENE ZEILEN FÜR SHEILAH

Einst warst du mir so fern
    Nichts war so fern
du warst am Rande des Weltalls
    wie ein weltferner Stern
noch dein zärtlichstes Wort
    in jener Woche, da wir uns trafen
glich einer kaum vernehmbaren Station
    aus einem Kurzwellensender
war ein gefahrumdrohtes verlorenes Boot
    das von ferne Notsignal gab
ach, so unendlich fern
    selbst noch in meinen Armen.
Nun bist du so nah mir, so nah,
    daß nicht die weiteste Flucht
dich hinträgt, wo ich nicht höre
    dein leises Flüstern
nicht höre das Klagen deiner Hände
    das Ungewitter deiner Augen
aus größter Ferne mich erreichend
    ruft mich dein Wunsch ins Paradies —
— da! Du riefst an — verspätet zehn Minuten
    die mich zum Wahnsinn trieben
warum sehn wir uns in der Stadt?
    Aufs neue bin ich hingehalten!

Wie fasse ich die Essenz dessen, was Scott war, frage ich mich, den Charme, die Güte, den beweglichen, wachen, unendlich sensiblen Verstand, die Lauterkeit, die der eigenste Maßstab dieses Mannes war? Was hat er für mich getan, daß er mir so lebendig bleibt? Vor allem hat er mich gelehrt, was mich nie zuvor jemand lehrte: daß ich einen Wert habe. Daß jedes menschliche Wesen einen Wert hat. Er hat meine Empfindungsfähigkeit in jeder Richtung vergrößert — für die Freude, für den Kummer, für das Verstehen. Als er starb, dachte ich, war ich einer großen Ehre teilhaftig geworden: Ich werde meine vier Jahre mit Scott wie eine Krone tragen.

Was würde Scott denken, was empfinden, wenn er an diesem Septembertag in meinem Arbeitszimmer neben mir säße und wüßte, wie hoch sein Name heute geachtet wird? Daß er Gegenstand zahlreicher kritischer Untersuchungen, einer Biographie, eines Romans und eines Theaterstücks ist; daß seine Kurzgeschichten für die Bühne dramatisiert worden sind; daß Studenten ihn heute lesen, nicht nur weil er Pflichtlektüre an den Universitäten ist, sondern weil sie seine Werke lieben. Er wäre glücklich, das zu wissen, denn sie waren die Leserschaft, die er verloren zu haben glaubte. Er glaubte, sie hielten ihn für zu altmodisch. Er glaubte, niemand läse mehr F. Scott Fitzgerald.

Er ist Mythos und Legende: Sein Ruhm ist unantastbar. Unlängst kam ein Buchhändler zu mir und kaufte mir kartonweise alte Bücher ab. Darunter waren Erstausgaben von Faulkner und Hemingway, von Dreiser und Dos Passos — Scotts Zeitgenossen. »Ich sehe, Sie haben Erstausgaben von Scott Fitzgerald«, sagte er. »Wenn Sie die verkaufen wollen, gebe ich Ihnen dafür so viel wie für alles andere zusammen.« Scott hätte das auf seine eigne ironische Art Spaß gemacht. Was würde er sagen, wenn er all das wüßte, wenn er wüßte, daß, wenn er und ich heute in eine Buchhandlung gingen, seine Bücher vielleicht nicht vorrätig wären — nicht weil niemand sie lesen will, sondern weil die Nachfrage so groß ist?

Ich sehe ihn jetzt vor mir. Er würde seine Schultern anspannen wie ein Boxer, der ermattet war, plötzlich aber neue Kraft gefunden hat. Er würde ans Fenster treten und mit einem glücklichen Lächeln hinausblicken — er hatte seine Position zurückgewonnen. Fast höre ich ihn sagen: »Ja, sie haben sich letzten Endes doch wieder belebt.«

Es würde ihn so freuen.

Michael Ondaatje im dtv

»Das kann Ondaatje wie nur wenige andere:
den Dingen ihre Melodie entlocken.«
Michael Althen in der ›Süddeutschen Zeitung‹

In der Haut eines Löwen
Roman
Übers. v. Peter Torberg
ISBN 978-3-423-**11742**-5
Kanada in den zwanziger und dreißiger Jahren. Ein Land im Aufbruch, wo mutige Männer und Frauen gefragt sind.

Der englische Patient
Roman
Übers. v. Adelheid Dormagen
ISBN 978-3-423-**19112**-8
1945. Vier Menschen finden in einer toskanischen Villa Zuflucht. Im Zentrum steht der geheimnisvolle »englische Patient«, ein Flieger, der in Nordafrika abgeschossen wurde …

Es liegt in der Familie
Übers. v. Peter Torberg
ISBN 978-3-423-**12425**-6
Die Roaring Twenties auf Ceylon. Erinnerungen an das exzentrische Leben, dem sich die Mitglieder der Großfamilie Ondaatje hingaben, eine trinkfreudige, lebenslustige Gesellschaft …

Die Kunst des Filmschnitts
Gespräche mit Walter Murch
Übers. v. Gerhard Midding
ISBN 978-3-423-**13690**-7

Die gesammelten Werke von Billy the Kid
Übers. v. Werner Herzog
ISBN 978-3-423-**12662**-5
Die größte Legende des Wilden Westens – Liebhaber und Killer, ein halbes Kind noch und stets dem Tode nah.

Anils Geist
Roman
Übers. v. Melanie Walz
ISBN 978-3-423-**12928**-2
Im Auftrag einer Menschenrechtskommission kehrt die junge Anil in ihre Heimat Sri Lanka zurück und begibt sich in größte Gefahr.

Divisadero
Roman
Übers. v. Melanie Walz
ISBN 978-3-423-**13743**-0
»Ein sonderbares, eigenwilliges, ein wunderschönes Buch, eine Liebesgeschichte, nein, viele Liebesgeschichten in einer, die Geschichte einer Selbstfindung, der Erschaffung einer eigenen Geschichte, einer Lebensgeschichte.« (Volker Weidermann in der ›Frankfurter Allgemeinen Sonntagszeitung‹)

H. G. Wells im dtv

Die Zeitmaschine
Roman
Übers. v. Alexandra Auer und Annie Reney
ISBN 978-3-423-**12234**-4 und
ISBN 978-3-423-**19123**-4

Die ersten Menschen auf dem Mond
Roman
Übers. v. Werner von Grünau
ISBN 978-3-423-**12237**-5

Tono-Bungay
Roman
Übers. v. Grit Zoller und Heinz von Sauter
ISBN 978-3-423-**12238**-2

Mr. Blettsworthy auf der Insel Rampole
Roman
Übers. v. Helene Maria Reiff
ISBN 978-3-423-**12239**-9

Die Perle der Liebe
Erzählungen
Übers. v. Maria Gridling, Gertrud J. Klett und Lena Neumann
ISBN 978-3-423-**12535**-2

Wenn der Schläfer erwacht
Roman
Übers. v. Ida Koch-Loepringen
ISBN 978-3-423-**13128**-5

Der Unsichtbare
Roman
Übers. v. Brigitte Reiffenstein und Alfred Winternitz
ISBN 978-3-423-**13175**-9

Menschen, Göttern gleich
Roman
Übers. v. Paul von Sonnenthal und Otto Mandl
ISBN 978-3-423-**13242**-8

Von kommenden Tagen
Roman
Übers. v. Liesl Nürenberger-Körbler und Andreas Ch. Körbler
ISBN 978-3-423-**13299**-2

Der Besuch
Roman
Übers. v. Hermann Fuchs
ISBN 978-3-423-**13361**-6

Kipps
Roman
Übers. v. Johann Wagner
ISBN 978-3-423-**13409**-5

Kinder der Sterne
Roman
Übers. v. Franziska Reiter
ISBN 978-3-423-**13487**-3

Die Insel des Dr. Moreau
Roman
Übers. v. Felix Paul Greve
ISBN 978-3-423-**14073**-7

John Steinbeck im dtv

»John Steinbeck ist der glänzendste Vertreter der leuchtenden Epoche amerikanischer Literatur zwischen zwei Weltkriegen.«
Ilja Ehrenburg

Früchte des Zorns
Roman
Übers. v. Klaus Lambrecht
ISBN 978-3-423-10474-6

Die Straße der Ölsardinen
Roman
Übers. v. Rudolf Frank
ISBN 978-3-423-10625-2
und dtv AutorenBibliothek
ISBN 978-3-423-19135-7

Die Perle
Roman
Übers. v. Felix Horst
ISBN 978-3-423-10690-0

Tortilla Flat
Roman
Übers. v. Elisabeth Rotten
ISBN 978-3-423-10764-8

Wonniger Donnerstag
Roman
Übers. v. Harry Kahn
ISBN 978-3-423-10776-1

Eine Handvoll Gold
Roman
Übers. v. Hans B. Wagenseil
ISBN 978-3-423-10786-0

Von Mäusen und Menschen
Roman
Übers. v. Elisabeth Rotten
ISBN 978-3-423-10797-6

Jenseits von Eden
Roman
Übers. v. Harry Kahn
ISBN 978-3-423-10810-2

Stürmische Ernte
Roman
Übers. v. Alfred Kuoni
ISBN 978-3-423-13794-2

Das rote Pony und andere Erzählungen
Übers. v. Rudolf Frank
ISBN 978-3-423-12850-6

Das Tal des Himmels
Roman
Übers. v. Hans Ulrich Staub
ISBN 978-3-423-12951-0

Die Reise mit Charley
Auf der Suche nach Amerika
Übers. v. Burkhart Kroeber
ISBN 978-3-423-13565-8

Autobus auf Seitenwegen
Roman
Übers. v. Rose Richter
ISBN 978-3-423-13746-1

König Artus und die Heldentaten der Ritter seiner Tafelrunde
Roman
Übers. v. Christian Spiel
ISBN 978-3-423-14020-1

Bitte besuchen Sie uns im Internet: www.dtv.de